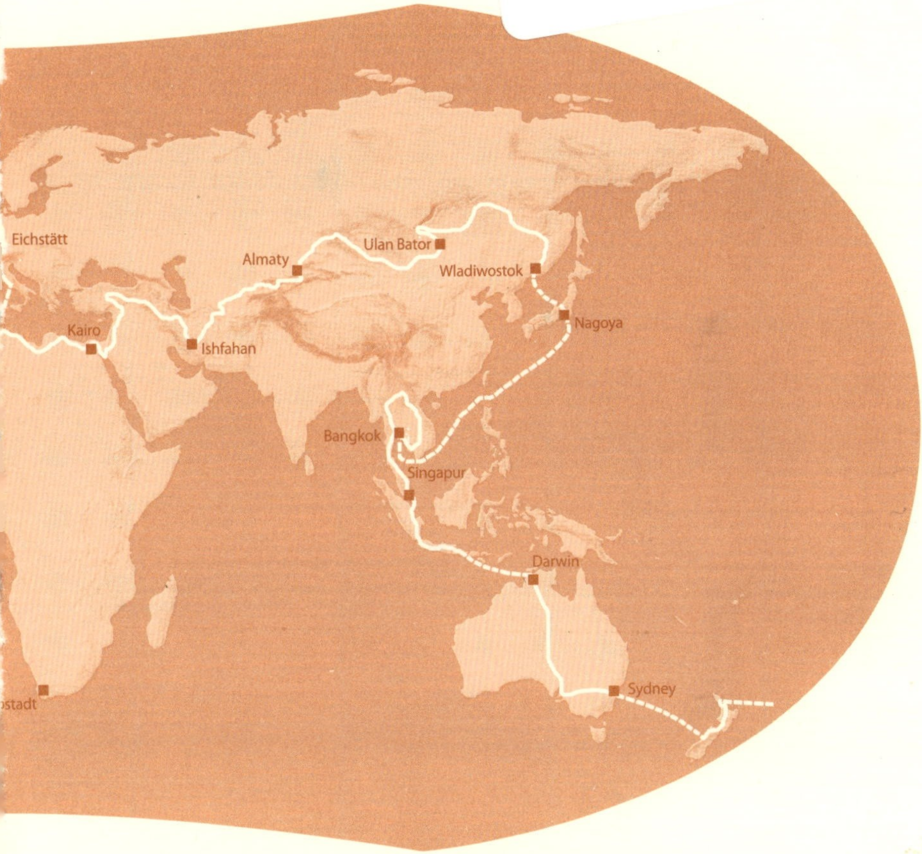

se Reise +++ die grosse Reise +++

Weltsichten

Für Oma

Susanne Bemsel & Daniel Snaider

- Erdanziehung -
Die große Reise

Abenteuer Weltumrundung

Weltsichten

Reihe Weltsichten

Impressum

RÜCKSEITENBILD: Übers Altiplano
UMSCHLAGKLAPPE vorn: In den Anden
Die Namen von Personen und weniger Orte wurden verändert, wenn es aus Gründen der Rücksichtname oder des Schutzes notwendig erschien.
2. Auflage 2009

FOTOS: S. Bemsel und D. Snaider
ENTWURF SCHUTZUMSCHLAG: J. Buhl, D. Snaider
ENTWURF KARTE: D. Snaider
SATZ & GESTALTUNG: Medienservice Feiß, Pößneck
LEKTORAT: Jörg Buhl
TEXTKONTROLLE:
Die Autoren bedanken sich bei folgenden Personen, die geduldig beim Verfassen und der Korrektur des Textes mitgewirkt haben: Ingrid Buhl, Günther Hanauer, Markus Schiegl,
Dominik Snaider, Jeanine Taut.
Mit besonderem Dank an Jörg Buhl.
HERAUSGEBER: Axel Brümmer & Peter Glöckner GbR, Verlag Weltsichten
DRUCK & BINDUNG: GGP Media GmbH, Pößneck

ISBN 3-934996-15-9

Inhalt

Vorfahrt		7
Kapitel I	Europa	13
Kapitel II	Nordamerika	45
Kapitel III	Mittelamerika	79
Kapitel IV	Südamerika – im Reich der Inkas	117
Kapitel V	Südamerika – im Reich des Windes	153
Kapitel VI	Neuseeland, Australien und Südostasien	187
Kapitel VII	Asiens Ferner Osten	221
Kapitel VIII	Zentralasien	255
Kapitel IX	Naher Osten, Nordafrika und Europa	289
Nachwort		323
Interview		327

Vorfahrt

»Mit dem Radl?«

Das Wetter hatte sich vollauf der Jahreszeit angepasst. Von draußen prasselten die Regentropfen gegen das Küchenfenster. Wir hatten Ende Oktober. Susi und ich saßen am Küchentisch unserer kleinen Wohnung eines alten Mietshauses und schwiegen uns an.

Schweigen! Auf alles war ich gefasst, nur nicht auf Schweigen!

Vor ein paar Monaten erst waren wir beide von unserer Heimatstadt Eichstätt in Bayern nach Hanau bei Frankfurt am Main gezogen. Meine Zusatzausbildung zum Silberschmied hatte uns hierher verschlagen. Susi hatte keine Probleme mit dem Tapetenwechsel. Ebenso wenig damit, einen Job als Krankenschwester auf der Intensivstation des ansässigen Krankenhauses zu finden. Und eigentlich war sie recht zufrieden mit der momentanen Situation – bis vor fünf Minuten. Hätte sie mir mal nur nicht dieses Buch geschenkt!

Eine Ewigkeit verging, zumindest kam es mir so vor, bis sie endlich das Schweigen durchbrach. Wieder war ich auf alles gefasst, doch mit ihrer Antwort überraschte sie mich aufs Neue: »Du ... mit dem Fahrrad? ... Bist du dir da sicher?« Susi sah mich stirnrunzelnd an. »Das passt doch genauso wenig zu dir wie die Lederhose zum Japaner!«

Eigentlich traf sie damit den Nagel auf den Kopf. Wie immer.

Das Fahrrad und ich, wir hatten bis dahin ein recht distanziertes Verhältnis. Na ja, streng genommen hatten wir gar keines. Ich besaß nicht mal eines. Wozu gab es Roller oder andere rationellere Möglichkeiten von einem Ort zum anderen zu kommen. Rad fahren, nur so zum Spaß – wie langweilig! Kurz, das Fahrrad und ich, das passte im Grunde so wenig zusammen wie Susi und Schweigen. So hätte ich das formuliert.

Die Lage änderte sich mit meinem fünfundzwanzigsten Geburtstag, als sie mir ein Buch über ein Radreiseabenteuer schenkte. Darin beschrieb ein junger Kerl, wie er mehrere Monate kreuz und quer durch Afrika geradelt war. Ein halbes Jahr lag das Buch unangetastet im Regal und legte Woche für Woche eine dickere Staubschicht an.

Was sollte ich mit einem Buch über Fahrradfahren? Und außerdem, wollten wir nicht nach dem Ende meiner Ausbildung in meine alte Heimat Südamerika, statt nach Afrika?

Warum mir Susi dieses Buch geschenkt hat, weiß ich bis heute nicht so genau. Sie auch nicht. War wohl mehr so ein Verlegenheitsgeschenk. Seit damals hat sie mir nie wieder ein Verlegenheitsgeschenk zum Geburtstag gemacht. Sie hat mir überhaupt kein Geburtstagsgeschenk mehr gemacht. Na gut, war ja auch so vereinbart.

In einer freien, verregneten Oktoberwoche landete das Buch schließlich mangels Alternative doch in meiner Hand. Und dann brach es ein für alle Mal aus. Das Reisefieber.

Hinter dem Plan einer kleinen Rundreise durch Südamerika steckte aber nicht nur der Wunsch, dorthin zurückzukehren, wo ich zwei Jahre meiner Kindheit verbracht hatte, sondern auch der lang gehegte Drang, die Welt, zumindest einen Teil davon, selber zu erfahren. Antworten zu finden auf die Frage: Warum ist unser Planet so, wie er ist? Trotz multimedialem Informationsnetz, das heutzutage den Globus umspannt, haben wir darauf bisher keine befriedigende Antwort bekommen.

Durch das Radreisebuch war mir eine neue, ganz andere Idee gekommen: keine Südamerikaurlaubsreise, nein, eine Reise von Deutschland nach Südamerika – mit dem Fahrrad!

Unmittelbar an allem dran, an den Menschen, der Landschaft, der Kultur und vermutlich auch an den Antworten. Man verpasst keinen Meter. Fahrrad fahren ist Abenteuer, Fahrrad fahren ist aufregend und überhaupt nicht langweilig! Das Buch hatte mir die wahre Daseinsberechtigung des Rades offenbart.

Wenngleich Susi anfänglich mit Schweigen reagierte, war der Funke schnell auf sie übergesprungen. ›Ausflüge‹ hatte sie ja bereits nach Afrika und Südamerika unternommen, war halt immer schon eine Rumtreiberin gewesen. Doch zu einer Radtour um die halbe Welt kamen ihr zunächst Bedenken. Obwohl ihre bisherigen Reisen immer einen negativen Aspekt besaßen: die Anzahl der Urlaubstage. Viel zu kurz!

Aber dann gleich für so lange von Freunden und vor allem von der Familie Abschied nehmen, den Job aufgeben und einer Zeit voller Ungewissheit, Entbehrungen und auch Strapazen entgegengehen? Die gewohnte Umgebung und die Sicherheit gegen Risiken und Gefahren eintauschen?

Susi brauchte genau einen Tag, um sich zu entscheiden. Spontan war sie schon immer.

»Aber wenn wir schon nach Südamerika radeln, dann können wir auch gleich bis ganz runter!«, lautete ihre Entscheidung. Und konsequent war sie auch ...!

Daraufhin setzten wir uns den südlichsten Punkt des südamerikanischen Kontinents, die Insel Feuerland als endgültiges Ziel.

»Wir radeln ans Ende der Welt!«

Das klang sogar richtig spektakulär.

Seit diesem alles entscheidenden Abend richteten wir unser Leben ganz auf die ›Große Reise‹, wie wir sie nannten, und den Abfahrtstermin aus. Bis dahin lagen aber noch zwei Jahre vor uns. Wir fingen an zu sparen, legten jeden erübrigten Pfennig auf die Seite. Bei unserer Rückkehr sollte es den dann nicht mehr geben. Ich schob in den Ferien wochenlang Nachtschichten. Susi verzichtete auf Restaurantbesuche, Kino und Shoppingtouren. Alleine machen die ja auch keinen Spaß. Wir kamen auf den bahnbrechenden Gedanken Firmen anzuschreiben, die uns mit Material und Geld unterstützen sollten. Einen derartigen Geistesblitz hatte vor uns natürlich noch niemand! Mit vollem Eifer schrieben wir ein kurzes Exposé, in dem wir unsere Reise als unglaublich kühnes Projekt mit Expeditionscharakter darstellten. Dazu entwarfen wir vermeintlich professionell aussehende Broschüren, ließen dazu passende Visitenkarten drucken, versuchten den Firmen einzureden, dass sie durch Sponsoring unserer Reise ihren Umsatz schlagartig vervielfachen würden.

In einem offensichtlich kompetenten Fachgeschäft kauften wir mir ein Fahrrad. Ich war unheimlich stolz drauf. Mein erstes selbst gekauftes Fahrrad. Nun konnte ich nicht mehr zurück. Wenn auch etwas widerstrebend, willigte ich zu einem Kurztrip nach Eichstätt im Altmühltal ein. Eine Testfahrt, ganze dreihundert Kilometer! Am zweiten Tag der Vorbereitungstour fing es zu nieseln an, am Nachmittag setzte sogar leichter Regen ein. Ich ohnehin, aber auch Susi fand die ganze Geschichte ziemlich ungemütlich. Zudem hatten wir kalte Füße. Der Regen hatte die dünne Stoffmembran unserer Turnschuhe durchnässt. Genug der Erkenntnis! Kurzerhand verlegten wir unsere Vorbereitungstour in den nächsten Nahverkehrszug.

»Radeln müssen wir noch genug!«

Susi klügelte einen detaillierten Impfplan aus. Sie war voll in ihrem Element. Wir ließen uns sogar als Testpersonen für einen neuen Impfstoff gegen Japan-B-Enzephalitis anheuern. Die Impfung bekamen wir dadurch kostenlos. Außerdem schickte mich Susi in einen Erste-Hilfe-Extrem-Kurs. Dort lernte ich, wie man eine verunglückte Person abseits jeglicher Zivilisation mithilfe zweier Holzstangen und einer Plane aus dem Urwald zerrt. Was tun, wenn man das geschafft hat und dort kein Krankenhaus vorfindet, wurde aber nicht erklärt. Anschließend ließ ich mir vorbeugend den Blindarm entfernen.

Ein halbes Jahr vor Abfahrt wurden die Fragen nach dem ›Danach‹ immer bohrender. Unsere Verwandten und Freunde gaben sich nicht mehr so leicht mit ausweichenden Antworten zufrieden. Als wir ankündigten, kurz mal nach Südamerika zu radeln, hatten sie meist abwartend und zurückhaltend reagiert. Kaum einer hatte es ausgesprochen, aber anscheinend trauten uns nur wenige zu, tatsächlich in Feuerland einzuradeln.

»Und überhaupt, wo liegt denn eigentlich Feuerland?«

»Ah, Südamerika, wie, und da wollt ihr mit dem Fahrrad hin?«

»... ein Jahr? Warum fliegt ihr denn nicht?«

»Seid ihr dann arbeitslos?«

»Wie geht denn das überhaupt?«

Gute Frage! Ein Konditionstraining stand jedenfalls nicht zur Diskussion. Wie gesagt, radeln mussten wir noch genug. Einmal unterwegs, wollten wir die Dinge auf uns zukommen lassen, wollten die Reise nicht überplanen. Unsere Motivation war die Neugierde. Hätten wir gewusst was uns erwarten würde, hätten wir ja nicht mehr losfahren brauchen. Wir wollten die Welt für uns selbst entdecken, möglichst frei von Vorurteilen und subjektiven Eindrücken anderer Reisender. Somit war die Reiseroute auch schnell ausgearbeitet. Wir wollten das überschaubare Europa nutzen, um uns ein wenig warm zu radeln. Rauf nach Island, von dort über den großen Teich nach Nordamerika. Einmal dort drüben, waren wir uns sicher, kann man sich sowieso nicht verfahren: Hält man sich immer südlich, kommt man schon irgendwann in Feuerland an.

Wir planten ein bis eineinhalb Jahre. Am wichtigsten und schwierigsten würde der Absprung sein. Der Rest ergibt sich schon.

Fast schneller als uns lieb war, holte uns der 31. März ein. Das Auto war verkauft, das Sparschwein erlegt, die Eltern wohl immer noch geschockt, und wir hatten es geschafft, zumindest einen richtigen Sponsor an Land zu ziehen: eine Metzgerei, die uns fünf Dosen Leberkäse spendierte.

Die voll bepackten Räder zerrten wir bei einem letzten und im Grunde einzigen Test von Susis Heimatdorf in das dreißig Kilometer entfernte Eichstätt. Beide Fahrräder waren hoffnungslos überladen. Wir versuchten uns einzureden, dass die Räder ja eigentlich ganz gut liefen – wenn sie mal liefen, was sie auch taten, bergab zumindest. Obwohl Freunde und Bekannte immer noch an unserem Vorhaben und dessen Gelingen zweifelten, standen wir in wasserfesten Lederschuhen am 1. April zur Abfahrt bereit. Ohne genau zu wissen, worauf wir uns da eingelassen hatten. Aber genau das machte die Sache ja so spannend …

KAPITEL I

Europa

»Pack' mas!«

Die Sonne strahlt mit der gesamten Kraft, die sie um diese Jahreszeit aufbringen kann. Der Himmel leuchtet im tiefen Blau. Einzelne weiße Wolken ziehen gemächlich vorbei. Es ist der 1. April, dieses Jahr ein Ostermontag. Eigentlich erinnert alles an einen normalen Fahrradausflug über die Feiertage. Gut, vielleicht sind die Radtaschen besonders prall gefüllt und der Menschenauflauf ungewöhnlich. Aber im Großen und Ganzen bilden wir keinen ungewohnten Anblick in der barocken Kleinstadt, die jährlich Anlaufpunkt für Hunderte von Radtouristen ist, die Erholung und Entspannung im Altmühltal suchen. Susi und ich stehen umringt von Verwandten und Freunde am Eichstätter Marktplatz. Einige Schaulustige haben sich dazu gesellt, stehen vor den überladenen Rädern.

»Wohin soll's denn gehen?«

»Nach Feuerland.«

»Ah so, ..., nach Feuerland!?!?«

Unruhig blickt Susi auf die Turmuhr des Rathauses. Schon kurz vor elf! Es wird Zeit sich zu verabschieden. Beide drehen wir eine Abschiedsrunde. Umarmung, Schulterklopfen, Abschiedstränen und die letzten Ratschläge.

»Passt bloß auf euch auf!«

»Viel Glück!«

»Ich drücke euch ganz fest die Daumen!«

»Ihr könnt mich jederzeit anrufen, wenn was ist!«, oder »... bis nächste Woche dann!«

Der erste Glockenschlag der Rathausuhr ertönt. Es ist soweit! Wir schauen uns an und nicken fast unmerklich mit dem Kopf: »Pack' mas!«

Während wir anrollen, werfen wir eine letztes »Servus!« in Richtung der applaudierenden Menge. Zum Glück geht es leicht bergab. Wir sind ganz darauf bedacht, in diesem Augenblick eine möglichst gute Figur zu machen. Soll ja niemand merken, dass wir, leicht überfordert mit den schweren Rädern, Schwierigkeiten haben, das Gleichgewicht zu halten. Wäre ja zu peinlich, wenn es einen von uns schon bei den ersten Metern auf die Schnauze haut. Es fehlt halt noch an Übung, rede ich mir ein.

Eine Hand voll Leute schwingen sich mit auf ihre Räder, um uns bis vor die Tore der Stadt zu begleiten. Onkel Hans führte das Feld an. Aus seinem Tagesrucksack ragt eine große, an einem Stock befestigte Bayernflagge, die jetzt munter im Fahrtwind flattert.

Nach einigen Kilometern lichtet sich das kleine Feld. Für einen lokalen Fernsehsender halten wir nochmals an, um ein kurzes Interview zu geben. Beim Passieren des Ortsschildes sind wir nur noch zu viert. Im nächsten Dorf heißt es dann auch Abschiednehmen von unseren letzten Begleitern. In einem kleinen Biergarten gönnen wir uns mit meinem jüngeren Bruder Dominik und unserem Freund Markus eine letzte ›Kameradschaftshalbe‹, eine gemeinsame Maß Bier. Abschiednehmen auf Bayerisch. Zünftig! Dann radeln wir alleine weiter.

Auf den nächsten Kilometern fällt kaum ein Wort. Fast schweigend fahren wir hintereinander her. Es fällt uns schwer zu erfassen, dass wir nach all der langen Vorbereitungszeit jetzt tatsächlich unterwegs sind. Der Trubel der letzten Wochen und die Vorbereitungen haben uns von der Reise selbst abgelenkt. Auf einen Schlag ist Ruhe um uns herum, wir haben Zeit, unsere Gedanken zu sammeln. Unser Ziel scheint mir plötzlich unerreichbar weit weg. »Feuerland, wo ist das gleich noch mal?«

Von zu Hause aus, in der gewohnten Umgebung, mit einem kalten Bier auf dem Sofa und dem Finger auf der Landkarte, sieht alles machbar aus. Nach der zweiten und dritten Halbe kinderleicht! Jetzt sind wir aber unterwegs, wenn auch erst seit ein paar Kilometern. Ein flaues Gefühl in der Magengegend tut sich auf. Die Neugier auf das Unbekannte hat uns auf diese Reise geschickt. Aber genau diese Ungewissheit, die vor uns liegt, verursacht in mir plötzlich ein ungeahnt mulmiges Gefühl.

Auch Susi hat momentan mit ihren Gedanken zu kämpfen. Der Abschied nimmt sie mehr mit als gedacht. Besonders der von ihrer achtzigjährigen Oma. Geistig topfit, beginnen zunehmend die körperlichen Gebrechen. In welcher Verfassung wird sie sein, wenn wir in einem Jahr wieder zurückkommen? Vielleicht auch einige Monate später. Eine lange Zeit. In diesem Moment erscheint sie Susi unendlich.

Statt das Bild zweier vor Energie, Ausdauer und Willenskraft strotzender Abenteurer abzugeben, legen wir die ersten Kilometer der Reise mit dem Elan und Enthusiasmus eines Galeerensträflings zurück. Am Abend ist unsere Stimmung kaum besser. Die erste Nacht verbringen wir in einem kleinen Waldstück, keine Autostunde entfernt von unserem Startpunkt. Bevor wir uns in die Schlafsäcke verkriechen, schauen wir uns die Szenen des Abschieds auf dem ausklappbaren Bildschirm unserer kleinen Videokamera an. Nochmals kullern bei Susi die Tränen.

Während des kurzen Mittagsstopps am nächsten Tag rufen wir von einer Telefonzelle zu Hause an, geben kurz durch, dass wir die erste Nacht gut überstanden haben und alles in Ordnung ist. Nach dem Anruf fühlt sich Susi bedeutend besser. Der Abschied ist abgehakt. Unser Blick pendelt sich so langsam nach vorne ein, auf das, was hinter der nächsten Kurve, hinter dem nächsten Berg auf uns wartet. Der Absprung ist geschafft, wir sind unterwegs!

Das Wetter hält und so erreichen wir trockenen Fußes nach vier Tagen unser erstes Etappenziel, Hanau. Na also, geht doch! In Anbetracht der kläglich gescheiterten Vorbereitungstour eigentlich ein Meilenstein. Der Besitzer des Ladens, aus dem unsere Räder stammen, hat uns zum Anlass einen kleinen Empfang organisiert. In einem kleinen Zelt vor seinem Geschäft spendiert er statt ›Handkäs‹ und ›Äppelwoi‹ bayerische Spezialitäten wie ›Leberkas'‹, ›Weißwürst'‹ mit Brezeln und Freibier. Sogar die Tische sind mit bayerischen Decken im weiß-blauen Rautenmuster ausgelegt. Und das in Hessen.

Anfangs halten wir uns weiter an die Radwege entlang der Flusstäler, wechseln von der Kinzig zur Fulda, weichen dann aber auf kleinere Nebenstraßen aus. Ab Kassel durchqueren wir die flache, norddeutsche Tiefebene und bei Hamburg geht es per Fähre über die Elbe.

»Ich dachte, so etwas wie Autofähren gibt's in Deutschland gar nicht mehr!«, äußert sich Susi verwundert über eine fehlende Brücke. Auch in Deutschland entdeckten wir so manch Neues.

»Der Bock macht es mir aber auch nicht leicht!«, klage ich Susi mein Leid.

Seit einigen Tagen spüren wir, dass sich unser Körper erst an die permanente und einseitige Belastung gewöhnen muss. Das Hinterteil drückt, die Beine sind schwer, die Knie schmerzen, die Muskeln sind hart, der Rücken verspannt und die Achillessehne angeschwollen. Das ungewohnt sonnige Aprilwetter hat zudem unsere Ohren und Handrücken verbrannt. Unzählige Wundermittel und Tabletten gegen jegliche Art von Beschwerden befinden sich in Susis Erste-Hilfe-Set, aber an so etwas Banales wie Sonnencreme haben wir beide nicht gedacht.

Meiner Ansicht nach sind die Räder viel zu schwer bepackt. Insbesondere meines natürlich. Anders kann ich mir auch kaum erklären, wie Susi ständig vorneweg fährt. Der kleine Fahrradständer, der bereits zweimal zusammengebrochen ist, untermauert meine Erkenntnis.

»Bei der nächsten Gelegenheit müssen wir noch mal die komplette Ausrüstung durchgehen und ausmisten!«, entscheide ich – zum dritten Mal seit der Abfahrt.

Im Gegenzug beklagt sich Susi über ihre Gangschaltung. Immer wieder springt ihre Kette unkontrolliert aufs benachbarte Zahnrad. Die Schaltung muss auf den ersten Kilometern nachgestellt werden. Aber an welcher Schraube muss ich jetzt drehen? Links- oder rechtsrum? Frei nach dem Motto, ›es kann ja nur schlimmer werden‹ drehe ich mehrmals planlos an den Schrauben der vorderen und hinteren Umwerfer. Auch, um damit mein Unwissen zu kaschieren. Ich will vor Susi nicht dastehen, als einer, der um die halbe Welt radeln möchte, aber keine Ahnung hat, wie man so eine blöde Fahrradübersetzung fehlerfrei zum Laufen bringt.

Es wird schlimmer! Susi hat mich längst durchschaut. Die Schaltung fleht zunehmend geräuschvoller nach professioneller Rettung. Kurzerhand nimmt sie die Sache selber in die Hand. Im nächsten Ort steuert sie schnurstracks das erste Radgeschäft an. Durch zwei kompetente Drehungen mit dem Schraubenzieher ist das lästige Problem behoben.

»Das hätte ich auch geschafft«, beteuere ich, »dauert halt nur ein bisschen, bis sich alles eingependelt hat!«

Dem Mechaniker habe ich bei seiner Arbeit ganz genau über die Schulter geschaut.

Tagsüber erreichten wir fast sommerliche Temperaturen von zwanzig Grad. Dass wir jedoch erst Anfang April haben, zeigt sich während der Nacht. Die Wasserflaschen sind am Morgen gefroren und eine dicke Schicht Raureif hat sich nachts über Räder und Zelt gelegt. Die Luft am Morgen ist schneidend kalt und die Finger und Zehen verwandeln sich binnen weniger Kilometer in reine Eiszapfen. Susi entwickelt eine mir bis dahin unbekannte Therapie: Kalte Finger und Zehen in die Tasse mit dem heißen Morgentee stecken. Vor zehn Uhr, bis die Sonne erst an Kraft gewinnt, ist ans Radeln kaum zu denken. Das kommt mir als Langschläfer sowie Susi als Langzeit-Frühstückerin an sich ganz gelegen. Die erste Fähre nach Island läuft erst in vier Wochen aus. Genug Zeit also.

»... acht! ... sieben! ... sechs! ...«

Laut zählen wir auf den letzten hundert Metern, jeden Zehnten rückwärts runter. Die ersten tausend Kilometer machen wir kurz vor der dänischen Grenze voll. Wir platzen fast vor Stolz. Mit dem Wasser unserer Radflaschen stoßen wir auf diesen Erfolg an.

»Ha, ein Kinderspiel!«

Alle Skeptiker, die der Meinung waren, dass wir spätestens in Hamburg kapitulieren, haben wir damit eines Besseren belehrt.

Mittlerweile hat sich auch in die kleinen, alltäglichen Abläufe, wie das Kochen oder der Zeltauf- und -abbau eine gewisse Routine eingestellt. Besonders deutlich wird das beim morgendlichen Zusammenpacken, wenn die Räder eine Stunde früher als in den Tagen nach der Abfahrt startklar gepackt sind. Die einzelnen Aufgaben und Handgriffe haben sich, ohne große Absprache, automatisiert und zwischen Susi und mir verteilt. Jeder von uns weiß, wo er anpacken muss. Bis ich endlich den Dreh raus habe, welcher Ausrüstungsgegenstand sich in welcher der sechs Taschen an meinem Rad befindet, sollten aber noch Wochen und Monate vergehen. Susi hat damit von Beginn an seltsamer Weise keine Probleme.

»Susi, weißt du vielleicht, wo ich mein Besteck habe?«

»Ja, in der gleichen Tasche, in der du es immer hast!«

Irgendwie hatten wir uns unseren ersten Grenzübertritt spektakulärer vorgestellt. Doch außer dem großen, blauen Schild, in dessen Mitte ein Kranz aus gelben Sternen und der Schriftzug ›Denmark‹ prangert, weist nahe Flensburg nichts darauf hin, dass wir in diesem Augenblick Deutschland verlassen. Noch ahnen wir nicht im Entferntesten, wie lange es dauern sollte, bis wir tatsächlich wieder unseren Fuß auf den heimatlichen Boden setzen sollten. Zumindest unsere Schaltung honoriert den Grenzübergang mit einem sanften, zustimmenden Schnurren. Knapp zwei Wochen sind wir jetzt unterwegs. So langsam begreifen wir, dass wir nicht nur auf einem Wochenendtrip sind, sondern tatsächlich unterwegs auf ›großer Reise‹.

Mit meinem älteren Bruder Patrick treffen wir uns wie vereinbart in Frederikshaven, an der Nordküste der dänischen Halbinsel. Obwohl wir uns erst vor Kurzem verabschiedet haben, ist die Freude des Wiedersehens groß, noch größer, als er den Kofferraum öffnet und unter seinem Fahrrad und der Ausrüstung die mitgebrachten ›Schmankerl‹ des heimischen Metzgers zutage kommen. Der Vorrat an gesponserten Leberkäsdosen ist längst aufgebraucht, auch aus Gewichtsgründen.

Den verrosteten alten Renault meines Bruders stellen wir in einer nicht zu ruhigen Seitenstraße nahe dem Hafen ab und radeln zum Passagierterminal. Dort besorgen wir uns die Tickets für die Fähre nach Larvik in Südnorwegen. In drei Wochen will Patrick wieder hierher zurückkommen.

Entspannt und gemächlich radeln wir nun zu dritt durch die kontrastreiche Landschaft Telemarks, dem südlichen Kernland Norwegens. Hier finden wir alte norwegische Stabkirchen, die in reiner Holzkonstruktion erbaut und in einer Art Baukastensystem ohne Metallschrauben oder Nägel zusammengesetzt sind. Sie stammen noch aus der Zeit der Wikinger, die zum Bau der Gotteshäuser ihr Wissen aus dem Bootsbau heranzogen.

Neben Bergen besitzt Norwegen unerschöpfliche Bestände an Wäldern und Wasser. Wasser in Form von Bächen, Flüssen, Seen, Fjorde und Regen! Erstmals seit unserer Abfahrt haben wir länger andauernden Regen. Regen, der in höheren Lagen noch als Schnee fällt.

Unseren Plan, die Räder für einige Tage gegen Rucksack und Wanderstiefel einzutauschen, verwerfen wir spätestens in Geilo, einem kleinen Ort am Rande der Hardangervidda, Europas größte Hochebene und ein ideales Trekkinggebiet. Zumindest im Sommer. Einzelne Schneeflecken am Straßenrand und gefrorene Seen lassen während des schleichenden Aufstieges auf das Plateau schon vermuten, dass wir dem Winter hinterherfahren. Meterhoch türmt sich der Schnee und weicht in dieser Höhe nur zögernd dem Frühling. Abseits der geräumten Straßen ist ein Vorankommen oder selbst eine Wanderung nicht denkbar, schon gar nicht quer durch die Vidda. Kurzerhand ziehen wir Plan B aus der Packtasche und entscheiden uns auf der Suche nach dem Frühling in Norwegens Fjordlandschaft einzutauchen. Und siehe da, unten auf Meereshöhe begrüßen uns Obstbaumblüten, Löwenzahn und Fliederduft und das nach nur einer einstündigen rauschenden Abfahrt.

In Deutschland und Dänemark war die Lagerplatzsuche für Susi und mich eine große Herausforderung. Die oft dichte Besiedelung, Zäune und Absperrungen, aber wohl am meisten die eigene Unsicherheit machten es uns schwer, eine geeignete, versteckte Stelle für unser Zelt zu finden. Hier in Norwegen haben wir die Qual der Wahl und finden die schönsten Stellen an einsamen Seen und Fjorden. Patrick entpuppt sich Abend für Abend als wahrer Meister der kulinarischen Improvisation, womit nicht gemeint ist, dass er abendlich wie ein Troll, ein norwegisches Fabelwesen, durch den Wald auf der Suche nach Wurzeln und Pilzen streift. Was Susi und mich freudig überrascht, ist eher die Erkenntnis, dass man auf unserem Benzinkocher noch etwas anderes als Nudeln mit Ketchup oder Teewasser zubereiten kann.

Eines späten Nachmittags schlagen wir unser Lager auf einer kleinen bewaldeten Halbinsel am Rande eines Fjordes auf. Mein Bruder und ich wollen die Gelegenheit nutzen, um ein paar Fische fürs Abendessen zu angeln, so wie einst Tom Sawyer und Huckleberry Finn: mit einer dünnen Angelschnur an einem Stock und einem leicht rostigen Haken. Ein Regenwurm ist bald gefunden und voller Spannung versenken wir ihn angeleint im Meeresarm.

Vergeblich! Es passiert rein gar nichts. Der Wurm ist längst ertränkt, einen Fisch aber haben wir nach mehreren Versuchen noch immer nicht am Haken. So leicht wollen wir uns nicht geschlagen geben und wechseln den Standort. Plötzlich entdecken wir an einem Ende der kleinen Halbinsel einen Teppich aus schwarzen Miesmuscheln, der den ins Wasser ragenden Felsen der Küste bedeckt. Mit der Aussicht, der Natur doch noch etwas abzutrotzen und das sogar ohne langwierigen Aufwand, hellen sich schlagartig unsere enttäuschten Mienen auf. Der tote Wurm und die Fische sind vergessen. Patrick und ich sammeln die Muscheln in den Topf und kochen sie im heißen Wasser.

»Hmmm, was für eine Delikatesse!«

Susis Gesichtsausdruck verrät Skepsis. Ihren Teller voll dampfender Muscheln lässt sie unangetastet stehen.

»Danke, äh, aber ich warte erst mal bis morgen ab, mal sehen, was eure Mägen dazu sagen.«

Aber wir sind ja tolerant. Mit vollem Mund zucken wir nur kurz mit den Achseln und zeigen vollstes Verständnis.

»Kein Problem!«, entgegnen wir fast gleichzeitig und beladen unsere bereits leeren Teller mit Susis Anteil.

Die gemeinsamen drei Wochen sind im Flug vorbei. Die Stadt Bergen liegt nur noch wenige Radtage entfernt, als wir uns von meinem Bruder trennen. Mit einem Schnellboot geht es für ihn nach Bergen und per Bahn zurück zum Ausgangspunkt der gemeinsamen Tour, wo hoffentlich sein Auto auf ihn wartet. Ein letztes Mal klopfen wir uns auf die Schulter.

Jetzt, wo wir wieder alleine sind, fiebern Susi und ich förmlich einem neuen Abschnitt entgegen. Lieber heute noch als morgen würden wir es vorziehen nach Island überzusetzen, statt noch eine weitere Woche bis zur Abfahrt der ersten Fähre der Saison zu vertrödeln.

Einen Tag bevor auch wir Bergen erreichen, lernen wir die Bedeutung des Wortes ›Nationalfeiertag‹ erst richtig kennen. Ganz Norwegen befindet sich in einem kollektiven rot-weiß-blauen Rausch. Jeder noch so kleine Ort ist mit Fahnen und Bändern geschmückt, die Menschen sind in norwegischer Tracht gekleidet, Umzüge finden statt und es herrscht eine lockere und ausgelassene Stimmung. Die Menschen sind sichtbar stolz auf ihre Nation.

»Klack!« Beide halten wir inne.

»Das hat sich aber gar nicht gesund angehört«, argwöhnt Susi.

Das Zelt haben wir um einige Meter verrückt und auf den Kopf gestellt, um den nassen Zeltboden vom Wind trocknen zu lassen. Mittlerweile haben auch wir Bergen erreicht und wieder hat es die ganze Nacht geregnet. Wir schauen uns das Zelt genau an. An den Nähten und der dünnen, aber laut Hersteller reißfesten Zeltwand ist auf den ersten Blick keine Beschädigung zu erkennen. Vorsichtig ziehen wir das Gestänge heraus. Lange müssen wir nicht suchen. An der Verbindungsstelle zweier Segmente hat sich ein fingerbreiter Riss aufgetan. Nach genauer Kontrolle aller Stangen stellt sich heraus, dass gleich mehrere Enden brüchig sind. Kurz vor Island, eine der windreichsten Regionen der Erde, für uns eine kleine Katastrophe.

»Und das an meinem Geburtstag!«, gebe ich meinen Unmut Ausdruck.

Wenn ich diesem Tag schon keine größere Bedeutung einräume, als all den anderen Tagen im Jahr – Geschenke gibt es ja seit drei Jahren nicht mehr – dann sollte er doch zumindest stressfrei und ohne böse Überraschungen verlaufen. Aber danach sieht es nun gar nicht aus.

Beide ärgern wir uns, dass wir beim Kauf des gebrauchten Zeltes versäumt hatten, auch das Gestänge zu kontrollieren.

»Das sind nur lebensverlängernde Maßnahmen. Starken Wind wird das Gestänge wohl nicht mehr standhalten!«, prognostiziere ich, während wir die Enden der Stangen mit Hilfe von Aluminiumhülsen und Gewebeklebeband provisorisch verstärken.

»Das bedeutet also, dass wir ein neues Zelt benötigen, oder?«
»Zumindest ein neues Gestänge!«

Vergeblich klappern wir zwei Tage lang sämtliche Outdoorläden und Sportgeschäfte in Norwegens zweitgrößter Stadt nach einem passenden Gestänge ab. Wir telefonieren mit Dieter, einem guten Freund in Deutschland und bitten ihn, mit der Herstellerfirma des Zeltes Kontakt aufzunehmen. Dieter ist in den siebziger Jahren mit einem Kleinwagen ein Jahr lang quer durch den afrikanischen Kontinent gefahren und kann sich aus eigener Erfahrung gut in unsere Situation hineinversetzen. Durch und durch ein Organisationsgenie ist er einer der Menschen, der für jedes Problem immer eine passende Lösung bereithat. Ein beruhigendes Gefühl, jemanden wie ihn im Hintergrund zu haben, bei dem im Notfall alle Fäden zusammenlaufen.

Nach einigen Telefonaten versichert man uns, Ersatz postlagernd nach Island zu schicken. Logistisch ist das nur in die Hauptstadt Reykjavik möglich. Das liegt aber am Ende unserer Islandetappe. Bleibt also nur zu hoffen, dass dem Wind die Puste ausgeht, zumindest solang wir auf der Insel sind.

Mit einem lauten Tröten verabschiedet sich die ›Norröna‹ bei frühlingshaftem Sonnenschein aus dem Hafen von Bergen und nimmt Kurs Nordwest. Auf dem obersten Deck genießen Susi und ich den Blick auf die Stadt, die sich langsam aber sicher immer weiter entfernt. Endlich, es geht nach Island. Der Insel im hohen Norden des Atlantiks lastet aufgrund seiner Abgeschiedenheit und geografischen Lage der Ruf eines letzten Außenpostens Europas an. Zudem umgibt dieses Eiland aus Feuer und Eis, auf denen Trolle und Elfen ihr Unwesen treiben sollen, ein Hauch von Mystik. Irgendwie spüren wir, dass das Abenteuer dort erst so richtig beginnt. Uns erfasst eine innere Aufregung. Island – allein der Name beflügelt unsere Phantasie. Dort ließ Jules Verne seine Mannschaft zum Mittelpunkt der Erde aufbrechen. Wir sind gespannt und voller Vorfreude. Das kaputte Gestänge versuchen wir zu verdrängen. Aus dem riesigen Schornstein steigt grauer Dieselqualm, der beim Austreten sogleich vom Wind zerfetzt wird.

Neben uns flattert die isländische Fahne im Wind. Das Parkdeck im Bauch des Schiffes bietet Platz für zweihundertfünfzig Pkws. Noch ist es sehr spärlich gefüllt. Erst in ein paar Wochen, wenn das Wetter beständiger und wärmer wird und die Touristensaison beginnt, wird auch das Schiff komplett ausgebucht sein. Mit Hilfe von Gummibändern und Seilen haben wir unsere Räder da unten an den Rippen der stählernen Schiffswand verzurrt.

Nachdem wir den Küstenbereich mit den vielen kleinen Inselchen, die so typisch sind für die norwegische Fjordlandschaft, bei langsamer Fahrt hinter uns gelassen haben, erreichen wir offenes Gewässer. Susi und ich stehen immer noch an der Reling und beobachten, wie Norwegen weiter und weiter schrumpft, bis nur noch eine waagrechte dunkle Linie am Horizont zu erkennen ist.

Der böige Wind wird steifer und kräftiger, ab und an erreicht uns ein Hauch von Gischt, der einen salzigen Geschmack auf die Lippen legt. Der Wellengang nimmt zu und bringt nicht nur das Schiff sondern auch unsere Mägen ins Schaukeln. Wir verziehen uns in die Kajüte. Nach und nach treffen auch die restlichen Zimmergenossen ein, denen es offensichtlich nicht besser geht. Das Abendessen fällt heute flach. Weder wir noch einer unserer Zimmergenossen hat in den nächsten Stunden das Bedürfnis, seine Koje zu verlassen.

Eine weiße Flagge mit blau-rotem Kreuz weht bei der Einfahrt über dem Hafengebäude der Hauptstadt Torshavn und signalisiert unmissverständlich: Wir sind ein autonomer Staat. Die Färöer, ein kleine Inselgruppe, bestehend aus achtzehn Inselchen, liegen auf halbem Wege zwischen Norwegen und Island. Genau genommen gehören sie zu Dänemark, sind aber eine eigenständige Nation im königlichen Staatenbund. Der nur zweistündige Aufenthalt auf dem Archipel schränkt unseren Radius ein. Wir schaffen es gerade mal in den lokalen Supermarkt. Der ist aber fast genauso unerschwinglich, wie das Schiffsrestaurant. Unsere restlichen Dänischen Kronen reichen noch für drei Dosen Thunfisch und eine Tafel Schokolade. Das Wechselgeld erhalten wir in Färöischen Kronen.

»Egal, auch wenn die Färöer irgendwie zu Dänemark gehören, sollten wir sie mit auf unsere Länderliste setzten«, beschließe ich über Susis Kopf hinweg. »Schließlich haben die eine eigene Fußballnationalmannschaft!«

Die wahre Schönheit des vierten Landes unserer Reise offenbart sich uns, nachdem wir aus dem Heimathafen der Fähre ablegen und der Weg zwischen den einzelnen Inseln hindurchführt. Links und rechts türmen sich steil abfallende, moosgrüne Hänge, die aus dem Meer heraus, hinein in die tief hängenden Wolken wachsen. Wasserfälle stürzen sich die Hänge bis ins Meer hinunter. Vereinzelt tauchen einsame Hütten und kleine Orte als rote Kleckse an geschützten Buchten auf. Das Meer wirft sich mit unermüdlicher Ausdauer gegen die schroffe Küste. Die wenigen Sonnenstrahlen, die das Wolkendach durchbrechen, bieten dem Zuschauer eine kleine Lichtshow. Wie Spotlights strahlen sie einzelne Partien dieser rauen Kulisse an und schaffen dadurch eine mystische Atmosphäre.

Kaum haben wir die geschützten Wasserpassagen der Färöer verlassen, wird das Meer schlagartig aufbrausender. Die ›Norröna‹ stampft dennoch unbeirrt durch die hohen Wellen und hält Kurs direkt auf Island. Die rauer werdende See zwingt uns zum Rückzug auf unsere Pritschen. Auch am zweiten Abend der Überfahrt singt uns das gleich bleibende monotone Brummen des Schiffsmotors in den Schlaf. Den Takt geben die in regelmäßigen Abständen gegen den Bug donnernden Wellen des Atlantiks. Durch die dreitägige Überfahrt steigt die Spannung auf Island merklich an. Was wird uns wirklich dort erwarten? Morgen werden wir es wissen.

Voller Vorfreude stehen wir an Deck und genießen die Einfahrt in den Hafen von Seydisfjordur, ganz im Osten der Insel. Susi und ich sind allerbester Laune, genauso wie die restlichen Passagiere, die gebannt auf das nahe Eiland schauen. Nur das Wetter scheint sich der allgemeinen Gemütslage nicht anzupassen. Das Ende der grün aufragenden Berghänge verschwindet in einer düsteren Wolkendecke und verleiht unserer Umgebung dramatische Züge. Beim Anlegemanöver beginnt eine Musikkapelle am Einlaufdock, ein Begrüßungsständchen zu spielen. Doch nicht wegen uns, oder? Je nachdem, wie man es sieht. Für die Bewohner des kleinen Ortes Seydisfjordur im Osten der Insel ist die Ankunft der ersten Fähre im Jahr ein ganz besonderes Ereignis. Bedeutet dies doch das Ende des langen harten Winters.

Leichte Hektik kommt auf. Auch wir befreien unsere Räder von der Vertauung und schieben sie nach dem Anlegen durch die riesige Bugklappe ins Freie.

Toll, wir sind auf Island! Susi und ich strotzen voller Tatendrang. So schnell wie möglich wollen wir in die Pedale treten.

Uns fällt ein knallgelbes Fahrrad mit ebenso gelbem Anhänger auf. Rad und Anhänger scheinen noch voller bepackt als unsere Stahlrösser. Daneben steht der Besitzer. Aufgrund seines grauen Vollbartes und der schweren, ledernen Bergstiefel erinnert seine Erscheinung eher an Heidis Großvater aus den Schweizer Bergen als an einen Islandradler.

Andererseits, wie sieht denn ein Islandradler eigentlich aus? Wir können uns jedenfalls nicht daran erinnern, den merkwürdigen Radler auf dem Schiff gesehen zu haben.

»Fahrt doch schon mal zur Tankstelle hinter der Brücke. Bestellt, was ihr wollt und sagt, der Josef zahlt!«, ruft er uns plötzlich mit schweizerischem Dialekt zu, als er bemerkt, wie wir ihn angaffen, vollauf damit beschäftigt sein Rad und den Anhänger mit unzähligen Ausrüstungsgegenständen zu beladen.

Josef ist ein echtes Unikat und tatsächlich ein Schweizer Urgestein. Seit neunzehn Jahren zieht es den rüstigen Rentner jedes Jahr mit der ersten Fähre auf die Insel, die er mit dem letzten Schiff des Jahres erst wieder verlässt.

»Jedes Jahr, wenn ich zurückkomme, fange ich an dem Punkt an, wo ich im vorigen aufgehört habe.«

Gespannt lauschen wir Josefs Erzählungen über Land und Leute, während unsere Hände die warmen Tassen umklammern. Für den sechsundsiebzigjährigen Schweizer ist es zu einem Ritual geworden, jeden Fahrradreisenden zum Einstieg auf einen Kaffee einzuladen.

»Mein Ziel«, so sagt er »ist die komplette Umrundung der Insel auf der Ringstraße. Aber das kann dauern, denn mehr als fünf bis zehn Kilometer am Tag sind bei mir nicht drin. Die meiste Zeit bin ich am Schieben!«

Josef hat sich aus Faszination für die Menschen und diese Insel Isländisch selbst beigebracht. Einmal Island, immer Island, erklärt er uns seinen Bezug zu diesem Land. Am Ende des Sommers stellt er sein original dreigängiges Schweizer Postrad mitsamt Anhänger zum Überwintern beim Hafenpersonal unter.

»Zelten«, so erzählt er weiter, »ist hier, wie ihr sehen werdet, überhaupt kein Problem. Ich allerdings baue mein knallrotes Zelt meist in Sichtweite der Straße auf. Bin ja nicht mehr der Jüngste, und es kann sein, dass ich doch mal Hilfe brauche!«

Josef hat eine Menge wundersamer Geschichten, gespickt mit vielen interessanten und praktischen Reiseinformationen auf Lager. Gespannt hören wir dem vollbärtigen Schweizer zu und vergessen dabei die Zeit. Seine Erzählungen stimmen uns nochmals richtig ein auf ›seine‹ Insel. Auch auf das isländische Hochland, das menschenleere Innere der Insel. Da wollen Susi und ich hin.

»Im Hochland ändert sich das Wetter schnell. Aus einem schönen blauen Sommertag kann schnell ein eisiger Wintereinbruch werden. Aber keine Angst, Island ist nicht lebensgefährlich!«

Mit einigen guten Ratschlägen verabschiedet sich Josef von uns.

»Wenn ihr also irgendwo ein rotes Zelt am Straßenrand seht, dann klopft doch einfach mal an!«, gibt uns Josef noch zum Abschied mit auf den Weg.

Ein paar Tage wird der Schweizer in Seydisfjordur noch bleiben, um alte Freunde zu besuchen.

Wir freuen uns über den gelungenen Einstand, treten voller Elan in die Pedale und machen uns auf den Weg. Rund zwei Stunden und ein Pass trennen uns von dem Ort Egilstadir, dem Knotenpunkt zur Ringstraße. Die Straße mit der Nummer 1, die einmal rund um die ganze Insel verläuft, ist Hauptverkehrsroute und Lebensader des Landes.

Leichter Regen fällt, Wind und Kälte breiten sich aus. Je weiter wir den Pass erklimmen, desto dichter tauchen wir in tief hängende Wolken ein. Die umliegende Landschaft bleibt, wie ein Geschenk, eingepackt in buntem Papier und goldener Schleife, verborgen. Zu sehr schwimmen wir auf einer Welle der Euphorie und sind voller Tatendrang, als dass wir uns davon die Stimmung vermiesen lassen. Dann packen wir das Geschenk eben erst später aus!

An Susis Gesichtszügen ist unschwer zu erkennen, dass ihre Freude über die ersten isländischen Kilometer der meinen in nichts nachsteht. Kurz vor Erreichen des Passes überholen uns die letzten motorisierten Nachzügler der Fähre. Die Sicht am höchsten Punkt beträgt keine zehn Meter. Das hat zumindest den Vorteil, dass man sich bei der eh recht spärlich vorhandenen Vegetation Islands nicht erst auf die Suche nach einem Gebüsch oder Baum begeben muss, um seine Blase zu entleeren. Wenn nur der Wind nicht alle paar Sekunden seine Richtung ändern würde …!

»Wie, und das ist der Hauptort und das Handelszentrum im Osten Islands?«, bringe ich meine Verwunderung zum Ausdruck. Auf halber Abfahrt nach dem Pass haben wir die Wolkengrenze durchbrochen und freie Sicht nach unten. Dort befindet sich ein kleiner Ort inmitten einer trostlosen, verregneten Ebene. Durch die Weite der baumlosen Landschaft wirkt er auf den ersten Blick wie eine Ansammlung Häuser, nicht größer als ein kleines Dorf. Auch Susi ist überrascht. Mit fragendem Gesichtsausdruck zieht sie die Schultern nach oben. Erst langsam fangen wir an zu begreifen, dass Ausmaße und Dimensionen von Landschaften, Orten, Straßen oder Distanzen nicht zwangsläufig mit den uns gewohnten, mitteleuropäischen Maßstäben zu vergleichen sind.

Die letzten Kilometer lassen wir die Räder direkt zum örtlichen Campingplatz ausrollen und stellen fest, dass der Ort doch mehr zu bieten hat, als der erste Eindruck offenbarte. Nachdem wir das Zelt aufgestellt haben, statten wir einem der zwei ansässigen Supermärkte hungrig einen Besuch ab. Erschrocken über das isländische Preisniveau, das sogar das norwegische noch um einiges übertrifft, verlassen wir Supermarkt mal wieder nur mit zwei Päckchen Nudeln und einer Flasche Ketchup.

Mit einer kleinen Kerze auf einem Fertigkuchen aus dem Supermarkt überrasche ich Susi am nächsten Morgen. Nur eine Woche nach mir hat sie Geburtstag. Das Wetter scheint sich zur Feier des Tages stabilisiert zu haben. Von Einheimischen auf der Fähre wurde uns die Region um den Myvatnsee aufs ›Heißeste‹ empfohlen. Der See und dessen Umgebung liegen in einer der vulkanisch aktivsten Zonen der Insel.

»Vielleicht finden wir ja auch eine heiße Quelle, in der es sich baden lässt!«, hofft Susi schwärmerisch.

Laut Karte können wir in den nächsten Tagen nur mit Bergen, Flüssen und ausgedehnten Lavafeldern rechnen. Ein Ort zwischendrin ist nicht eingezeichnet. Am frühen Nachmittag machen wir uns auf die Socken.

»Daniel, Daniel!«, höre ich Susis Stimme hinter mir rufen.

Ich drehe mich um und bemerke erst jetzt, dass der dichte Nebel alles um uns herum verschluckt hat. Von Susi keine Spur. Ich bremse ab und bleibe stehen. Die Sicht ist noch schlechter als auf dem gestrigen Pass.

»Es ist richtig unheimlich, der Nebel und diese Stille!«, meint Susi etwas fröstelnd, als sie mich eingeholt hat.

Von irgendwoher dringen ein paar gedämpfte Strahlen der Sonne zu uns durch. Woher genau lässt sich schwer sagen. Wir stecken mitten in einer dicken Nebelbank, die die Umgebung in ihren undurchdringlichen, grauen Schleier einhüllt. Ich verspreche Susi, nicht mehr so weit vorzufahren. Dicht hintereinander fahrend, folgen wir dem Verlauf der Piste, die unsere einzige Orientierungsmöglichkeit ist. Bis zum Abend tritt keine Besserung ein.

Bei ebenso schlechter Sicht geht es am nächsten Tag auf teilweise ungeteerter Piste und Gegenwind nur schwer voran. Kurzerhand entschließen wir uns an einem Abzweig, die alte Straße Richtung Myvatn zu fahren. Landschaftlich soll die alte Route recht sehenswert sein, was momentan eigentlich ziemlich egal ist, denn sehen tun wir eh nicht viel. Zumindest aber ist sie um einige Kilometer kürzer. Nach einigen Metern taucht links am Straßenrand ein umgelegtes Schild auf. Sandsäcke zum Beschweren des Fußes liegen daneben.

›Verbot für Fahrzeuge aller Art!‹

Darunter steht auf Isländisch ein Zusatz, aus dem wir nicht recht schlau werden.

»Hmmm, es scheint, als wäre die Straße gesperrt!«, gibt Susi ihre Skepsis zum Ausdruck.

»Oder war gesperrt!«, entgegne ich. »Vielleicht ist sie ja schon freigegeben worden!«

»Aber falls irgendetwas passiert? Es gibt ja jetzt schon keinen Verkehr mehr, dann wird auf dieser Piste erst recht kein Auto mehr auftauchen!« Susi bleibt hartnäckig.

»Komm, lass es uns versuchen. Was soll schon sein. Wenn es aus irgendeinem Grund nicht weitergeht, können wir immer noch umdrehen!«

Die Abenteuerlust überwiegt und wir lassen das liegende Schild hinter uns. Ganz wohl ist Susi bei der Entscheidung dennoch nicht. Der Nebel schafft eine eigenartig gespenstische Stimmung. Einen kurzen Augenblick später hat er uns wieder verschluckt.

Nach einer harten Steigung, die sich einige Kilometer zieht, haben wir ein Plateau erklommen. Wind kommt auf, der den weißen Vorhang langsam lüftet. Vor uns breitet sich eine gottverlassene grau-braune Einöde aus, über die der Wind die letzten hartnäckigen Nebelschwaden vor sich hertreibt.

»Richtig ungemütlich!« kommentiert Susi den einsetzenden, leichten Nieselregen fröstelnd.

Am Nachmittag erreichen wir eine der orangefarbigen Schutzhütten, die von der isländischen Rettungsgesellschaft in abgelegenen Gebieten wie diesen aufgestellt und unterhalten werden. Leute, die aufgrund der unbeständigen Witterung in einen Notfall geraten, finden hier Unterschlupf. Aus Neugier, aber auch, um dem ungemütlichen Wetter zumindest für eine kurze Zeit zu entfliehen, werfen wir einen Blick in das Innere. Die orange Holztür ist unverschlossen.

Susi rümpft beim Betreten die Nase. Es riecht etwas modrig. Durch das einzige, ziemlich verdreckte Fenster dringt nur spärlich Licht nach innen. Aber wen kümmert es schon im Notfall, ob hier auch jede Woche die Putzkolonne vorbeischaut?

Der kleine Raum ist recht gut ausgestattet. Er ist gerade so lang, dass ein robustes Stockbett Platz findet. Auf ihnen liegen säuberlich gefaltet je zwei Wolldecken auf den Matratzen. In einer Ecke des Raumes entdecke ich eine hölzerne Kiste. Innen befindet sich ein kleiner Campinggaskocher samt Streichhölzern und drei Dosen Fertigravioli. Aus reinem Interesse versuche ich, das Verfallsdatum zu entziffern. Susi hat auf einem der Wandregale neben heruntergebrannten Kerzen ein Gästebuch entdeckt. Der letzte Eintrag stammt aus dem vorigen Jahr und – welch Zufall – von einem Radfahrer.

»Ein unerwarteter Sturm hat ihn für ganze zwei Tage in diesem Unterschlupf festgehalten!«, liest Susi mir aus dessen Kurzbericht vor.

»Zu seinem Glück, war er auf die Ravioli nicht angewiesen. Dem Verfallsdatum nach hätte er keine Chance gehabt, jemals diese Hütte wieder zu verlassen.«

Susi blickt etwas skeptisch aus dem verdreckten Fenster. Ihr ist nicht nach Scherzen zumute.

»Was meinst du, sollen wir nicht auch hier bleiben. Ist es draußen nicht etwas ungemütlich?«

»Hm, nach Sturm sieht es eigentlich nicht aus. Es nieselt nur ein bisschen. So schlimm ist das Wetter nicht, und vor allem haben wir ja keinen Notfall!«

»Schließlich«, versuche ich meinen Vorschlag in einem Anflug von Abenteurerstolz zu untermauern, »werden wir noch öfters in solche Situationen kommen und nicht immer wird eine knallorange Schutzhütte auf uns warten!«

Als wir die Hütte verlassen, schlägt uns ein eisiger Wind ins Gesicht. Wir schließen den Reißverschluss unserer Regenjacken bis hinauf zum Kragen und ziehen die Mützen tief ins Gesicht. Über den knirschenden Geröllboden aus Lavakies schieben wir unsere Räder zurück auf die Piste.

Der lose Untergrund lässt ein Vorankommen nur mühsam zu. Nach einigen Kilometern verwandelt sich das Nieseln in leichten Regen, der Wind frischt weiter auf. Langsam, aber stetig, arbeiten wir uns voran. Die Umgebung nehmen wir kaum war. Als uns immer wieder starke Windböen erfassen, entscheiden wir, bei der nächsten Möglichkeit unser Zelt aufzuschlagen. Sind Schuhe und Klamotten einmal durchnässt, sind sie bei diesem nasskalten Klima nur sehr schwer wieder trocken zu bringen. Erst nach langen zwanzig Minuten taucht ein freistehender, großer schwarzer Felsbrocken rechts der Piste auf. In dieser lebensfeindlichen, flachen Mondlandschaft ist er weit und breit die einzige Erhebung, die uns zumindest einen kleinen Schutz vor dem Wind bietet. Und der pfeift uns jetzt kräftig um die Ohren. Höchste Zeit, schleunigst das Zelt aufzubauen.

Wie aus heiterem Himmel taucht urplötzlich ein Pick-up hinter uns auf. Das erste Auto überhaupt, das uns auf dieser Strecke begegnet. Das weiße Auto hält direkt neben uns und einer der drei Männer im Cockpit deutet auf die Ladefläche, während er uns auf Isländisch anspricht. Wir vermuten, dass er uns anbietet, mitzufahren. Wohin ist uns rätselhaft, da ja laut Karte kein Ort mehr verzeichnet ist. Wir nehmen an, dass er bis zum Myvatn fährt und entscheiden uns nach kurzer Absprache, das Angebot abzuschlagen. Bei jeder kleinsten Schwierigkeit gleich auf eine Mitfahrgelegenheit zurückzugreifen, erscheint auch Susi zu einfach. Die Männer nicken zum Verständnis und brausen davon.

In der Hoffnung, nicht voreilig entschieden zu haben, bauen wir zügig, dicht an den Felsen gedrängt, das Zelt auf. Der Boden aus feinem Lavasand ist locker und wie ein Schwamm mit Wasser voll gesaugt. Bei jedem unserer Schritte gibt der Untergrund um einige Zentimeter nach. Die Heringe haben somit keine Chance auf Halt. Wir behelfen uns mit den Fahrrädern und den wasserdichten Radtaschen, die wir am Ende der Abspannleinen befestigen. Als zusätzliche Beschwerung legen wir noch ein paar kleine Gesteinsbrocken drauf. Das Zelt ist nur notdürftig abgespannt. Susi wirkt plötzlich ziemlich nervös.

»Alles halb so wild!«, versuche ich unsere Lage schön zu reden.

Sind wir vielleicht doch zu leichtsinnig, haben zu naiv gehandelt, das Angebot der drei Isländer leichtfertig abgeschlagen? Im Falle, dass der Wind zunehmen sollte, würden wir tatsächlich Schwierigkeiten bekommen. Kurz überdenke ich unsere Möglichkeiten, denn der Wind wird immer böiger. Ich ziehe den Fahrradtacho zurate, um die Entfernung zurück zur Hütte zu kalkulieren. Wir sind weiter gefahren, als angenommen.

Schnell schmeißen wir Schlafsack und Isomatten in das Zelt. Während Susi die Sachen im Zelt einräumt, setzte ich einen Topf Teewasser auf. Nach Essenkochen ist uns nicht zumute und so begnügen wir uns mit einem Stück Brot und Käse.

Kaum sind wir beide im Zelt, verwandelt sich der Regen in Schnee, aus dem Wind wird ein Sturm. Auch das noch!

Binnen weniger Sekunden verwandelt sich die menschenleere

Mondlandschaft in eine arktische Wüste aus Eis und Schnee. Um uns herum versinkt die Umgebung unter einer weißen Decke, Fahrräder und Taschen sind nicht mehr zu erkennen. Draußen toben die Elemente und wir sitzen in einer unstabilen Stoffhülle mit angebrochenem Gestänge. Die Situation hat schon etwas Respekt einflößendes. Immer wieder erfassen jetzt starke Windböen das Zelt und lassen es wie einen riesigen Wackelpudding hin und her wabbern. Die aneinander schlagenden Nylonwände veranstalten einen Höllenlärm. An das Gestänge will ich gar nicht denken. Bei jedem Windstoß biegt es sich bedenklich.

»Zumindest wissen die drei Isländer in dem Pick-up von unserer Existenz hier draußen im Nirgendwo!«

Susi hat Recht. Das ist momentan das einzig Tröstende an unserer Situation.

Das Wärmen der Hände an den heißen Teetassen wirkt beruhigender, als meine schlecht vorgetragenen Witze. Witze konnte ich mir noch nie richtig merken. Ich schlage Susi vor, sich die Kopfhörer des kleinen Weltempfängers in die Ohren zu stöpseln und laut aufzudrehen, damit sie zumindest dem heulenden Sturm nicht zuhören muss. Sie verkriecht sich in die Tiefe ihres Schlafsackes. Bevor sie völlig verschwindet, vernehme ich ein Gemurmel, das so klingt wie: »Island ist nicht lebensgefährlich! Island ist nicht lebensgefährlich!«

So langsam bricht die Dunkelheit über uns herein. In regelmäßigen Abständen schüttele ich die Schneemassen vom Zelt, um das Gestänge zu entlasten.

Ich kann mich nicht erinnern, je etwas von einem Schneesturm in dem Afrikabuch gelesen zu haben.

Gegen sechs Uhr morgens hört es zu schneien und zu tosen auf. An Schlaf war diese Nacht kaum zu denken. Das Gestänge hat die Nacht überlebt. Der Sturm scheint vorüber zu sein. Vielleicht handelt es sich aber auch nur um eine vorübergehende Wetterberuhigung. Wir kriechen aus den Schlafsäcken, um so schnell wie möglich unsere Sachen zusammenzupacken. Eins steht fest, eine zweite Nacht wollen wir hier nicht verbringen. Taschen und Räder müssen wir draußen erst suchen. Sie sind unter einer weißen Decke verschwunden, ebenso die Piste. Wir haben große Mühe sie zu finden. Um uns herum herrscht ein einziges kontrastloses Weiß. Unschlüssig, in welche Richtung wir fahren sollen, werfen wir nochmals einen Blick auf die Karte. Zurück zur Hütte oder gerade aus weiter. Ungefähr fünfundzwanzig Kilometer voraus ist ein kleiner schwarzer Punkt eingezeichnet. Vielleicht ein einsames Gehöft. Ob es bewohnt ist, lässt sich nicht sagen. Von dort ist es nur noch ein kurzes Stück, bevor die Piste wieder auf die Ringstraße trifft. Also weiterfahren!

»Hörst du das auch?«

Gerade als wir aufsteigen wollen, hält Susi plötzlich inne.

Angespannt lausche ich.

»Ja, da muss von hinten ein Fahrzeug kommen.«

Und tatsächlich taucht plötzlich, genauso unverhofft wie gestern, ein Auto auf. Breitbeinig stellen wir uns in die Pistenmitte, winken, um das Fahrzeug anzuhalten. Der Fahrer, ein älterer Mann, ist offenbar nicht überrascht uns hier anzutreffen. Mit aller Selbstverständlichkeit der Welt hilft er, die Räder auf die freie Ladefläche zu hieven. Woher er kommt und wohin er fährt, ist uns eigentlich ziemlich egal. Hauptsache wir kommen hier raus.

Voller Staunen begutachten wir die Strecke. Selbst für den vierradangetriebenen Jeep ist ein Durchkommen nicht immer einfach. Meterhohe Schneeverwehungen hätten die Straße für unsere Räder unpassierbar gemacht. Im Führerhaus ist es eng. Susi muss sich mit dem schmalen Notsitz begnügen. Die Heizung ist ausgefallen und der Fahrer ziemlich wortkarg. Dass von unserem rettenden Engel zudem penetranter Schafsgeruch ausströmt, stört uns nicht im Geringsten. Selten waren wir so froh, in einem Auto sitzen zu dürfen.

Nach zwei Stunden haben wir das Ziel erreicht. Die kleinen schwarzen Punkte auf der Karte entpuppen sich in der Realität als großer Einsiedlerhof. Beim Ausladen kommen zwei der jungen Männer vom Abend zuvor hinzu und gehen uns zur Hand. Es stellt sich heraus, dass sie die Söhne unseres Fahrers sind. Von einer dreitägigen Einkaufstour in Egilstadir kommend, hatten sie ihn telefonisch darum gebeten, nach uns zu sehen. Dankend nehmen wir das Angebot der freundlichen Familie an, das kleine Gästezimmer im Untergeschoss des Wohnhauses zu beziehen. Nachdem wir die durchnässte Ausrüstung zum Trocknen aufgehängt haben, holen wir erschöpft den verlorenen Schlaf der Nacht nach.

Ebenso schnell wie der Schnee gekommen ist, hat er sich auch wieder verabschiedet. Bis auf ein paar weiße Fleckchen ist die Straße am nächsten Tag wieder frei. Nach einer langen Tagesetappe erreichen wir den kleinen Ort Reykjahlid am Myvatn, dem Mückensee und bauen unser Zelt direkt an dessen Ufern auf. Um diese frühe Jahreszeit ist von den kleinen Blutsaugern, die hier in wenigen Wochen in Scharen einfallen und denen der See seinen Namen verdankt, noch nichts zu spüren. Am Abend reißt die dichte Wolkendecke über dem stillen Gewässer auf. Nach den Tagen des Entzuges, ausgehungert nach Licht und Wärme, saugt Susi unsere ersten isländischen Sonnenstrahlen förmlich auf. Sie wird zum Sonnenanbeter. Minutenlang steht sie regungslos dem leuchtenden Gestirn zugewandt am Ufer. In der Luft schwebt ein wunderbarer frühlingshafter Duft. Die stürmische Nacht ist längst Vergangenheit.

Das Gebiet um den großen See zählt zu den aktivsten Vulkanzonen Islands. Bereits einige Kilometer vor dem Ort konnten wir unweit der Straße blaugrün schimmernde, kochende Schlammpötte und dampfende Rauchsäulen entdecken. Island ist lebendig und stinkt. Schwefliger Gestank nimmt uns den Atem, der Lärm des ausströmenden Dampfes übertönt unsere Stimmen, vom Gestein strömt Hitze aus. Um uns herum zischt und blubbert die Erde. Etwas Vergleichbares haben wir noch nie gesehen. Die Erde lebt.

Fasziniert von unserer blubbernden, höllischen Umgebung kommt Susi bei einem Ausflug in die Umgebung am nächsten Tag vom Weg ab. Plötzlich ein Schrei! Ich drehe mich um und sehe, wie Susi von Panik ergriffen mit beiden Beinen im Schlamm steckt. Mit hektischen Bewegungen versucht sie, sich daraus zu befreien. Ohne Rücksicht auf Verluste stampft sie Hals über Kopf zurück auf den befestigten Weg. Die Schuhe bleiben im Schlamm zurück.

»Ich hatte immer nur dieses Warnschild im Kopf: Vorsicht 80 – 100 Grad Celsius!«, erzählt Susi mir aufgeregt, als sie mit in ockerfarbene Klumpen eingehüllten Füßen vor mir steht.

Zum Glück befand sich die nächste kochende Quelle einige Meter entfernt. Was folgt, ist eine mühsame Rettungsaktion. Auf allen Vieren kriechend, versuche ich die vermissten Schuhe aus dem weichen Untergrund zu bergen, ohne selbst dabei zum Opfer der geothermischen Aktivitäten zu werden.

Mit den Naturkräften weiß man hier etwas anzufangen. Ganz in der Nähe der Ortschaft fahren wir an einem isländischen Geothermalkraftwerk vorbei, welches die Bodenwärme in nutzbare Energie verwandelt. Schlangenähnlich winden sich dicke Metallröhren durch die rote Landschaft und geben ihr etwas Futuristisches. Mitsamt der genutzten Wasserkraft deckt Island nahezu seinen kompletten Strombedarf aus erneuerbaren Quellen.

»Ein Geheimtipp!«, flüstert Susi mit geheimnisvoller Miene.

Inmitten eines schwarzen Lavafeldes, am Fuße eines bedrohlich wirkenden Vulkankegels hat sich die Erde zu einem drei Meter breiten Spalt aufgetan. Es scheint, als hätten wir den Eingang zum Paradies inmitten einer Landschaft, die vom Teufel selbst erschaffen worden zu sein scheint, gefunden. Susis Wunsch ist in Erfüllung gegangen. Lange hat sie auf den jungen Isländer eingeredet, bis er mit der Sprache herausrückte. Hartnäckig ließ sie nicht von ihrem Plan, eine heiße Quelle zu finden, ab und löcherte sämtliche Bewohner des kleinen Ortes. Bis der junge Kerl aus dem kleinen Supermarkt, ihr erlegen, sogar eine kleine Wegskizze aufzeichnete. Das Gekritzel entpuppte sich tatsächlich als eine Schatzkarte. Susi und ich stehen an der Kante der Erdspalte und blicken hinunter auf das glasklare, dampfende Wasser, das vier Meter unter uns verführerisch türkisblau schimmert. Über eine angebrachte Leiter steigen wir hinab. Unten, knapp oberhalb des Wassers, ist eine hölzerne Plattform angebracht, die den Einstieg in das körpertemperaturwarme Wasser erleichtert. Auf kleinen Felsvorsprüngen und Nischen stehen Teelichter und Kerzen. Nach all den Strapazen und der Kälte lechzen unsere ausgezerrten Körper danach, endlich wieder mal rundherum aufgewärmt zu werden. Vom kleinen Steg aus kann man langsam und genüsslich in das warme Wasser gleiten. Die heiße Quelle wirkt wie der reinste Jungbrunnen auf uns. Balsam für Körper und Geist. Bevor wir diesen geheimen Ort der totalen Entspannung wieder verlassen, sollten einige Stunden vergehen.

Die Region um den Myvatn verlassen wir mit dem Gefühl etwas ganz Besonderes, etwas Einzigartiges erlebt und gesehen zu haben. Dieses Gefühl erfüllt uns mit tiefster Zufriedenheit.

Unser Vorhaben, vom Myvatn quer durch das Hochland an die Südküste zu gelangen, haben wir nach dem Schneesturm schnell fallen gelassen. Die Saison fürs Hochland ist nur ganze acht bis zehn Wochen kurz. Außerhalb dieser Zeit sind die Pisten oft unpassierbar und das Wetter zu unbeständig. Vor allem Schnee und Schmelzwasser machen die Wege unbefahrbar und lassen kleine Bäche zu reißenden Flüssen anschwellen.

So entscheiden wir uns für die andere Alternative und kehren zu unserer Ausgangsposition zurück. Von dort wollen wir entlang der südlichen Ringstraße in die rund siebenhundert Kilometer entfernte Hauptstadt Reykjavik gelangen.

Zurück in Egilstadir treffen wir auf ein knallrotes Zelt. Wie versprochen, klopft Susi an. Josef ist länger als geplant in Seydisfjordur geblieben und erst gestern am Campingplatz eingetroffen. Diesmal sind die Rollen vertauscht. Bei einem gemeinsamen Abendessen erzählen wir von unseren Erlebnissen der letzten Tage. Wir freuen uns, den rüstigen Schweizer nochmals getroffen zu haben. Seit unserem ersten Zusammentreffen in Seydisfjordur ist gut eine Woche vergangen. Uns kommt es vor wie ein Monat.

Der Regen meint es nicht gut mit uns. Erst gestern haben wir uns auf den Weg nach Westen gemacht und befinden uns in einem grünen Tal, welches wir das ›Tal der tausend Wasserfälle‹ tauften. Inmitten dieser rauen, aber atemberaubenden Landschaft zwingt uns das Wetter zu einer zweitägigen Zwangspause. Um uns herum donnern unzählige kleine und große Fälle die steil aufragenden Felshänge hinunter. Es regnet fast ununterbrochen. Der Platz liegt, fünfzig Meter von der Schotterpiste entfernt, an einem der kleinen Bäche. Aufgrund des Dauerregens droht er über seinen Lauf zu treten. Da wir uns nahe der Küste befinden, ist das Klima mild und die Landschaft hat nicht mehr viel mit dem lebensfeindlichen Charakter der toten Wüste aus schwarzem Basalt aus der Sturmnacht gemein. Im Vergleich dazu wirken unser Lagerplatz und dessen Umgebung geradezu idyllisch. Das finden wohl auch die wilden Rentiere, die mit großem Sicherheitsabstand zu unserem Zelt durch das Tal streifen. Viele Flächen um uns herum sind mit Moos und Gras bewachsen und sogar ein paar wenige zarte, kleine Blümchen sprießen hervor.

Der Regen drückt auch in den nächsten Tagen, als wir bereits wieder weiterstrampeln, auf unsere Stimmung. Die Sonne hat einen harten Stand gegen die dicken Regenwolken.

Nach wenigen Tagen erreichen wir den Ort Hövn direkt an der Südküste. Unsere Verwunderung über die geringen Ausmaße der bis Reykjavik größten Siedlung hält sich diesmal in Grenzen. Auch wir lernen dazu.

Hier treffen wir Carlo. Der groß gewachsene Deutsche ist sichtlich erfreut, auf andere Radreisende zu stoßen. Aufgeregt winkt uns der junge Fuldaer schon von Weitem zu, als hätte er Angst, wir könnten uns verpassen. Auf der einzigen Straße weit und breit kaum möglich. Eigentlich ist Carlo auf Island, um ein Praktikum auf einem Bauernhof zu machen. Doch nach nur einer Woche, erzählt er uns, hat er sich entschieden, die Arbeit vorzeitig abzubrechen und doch lieber mit seinem Fahrrad die Insel zu erkunden. Da auch er keinen festen Terminplan hat und in der gleichen der zwei möglichen Richtungen unterwegs ist, schließt er sich uns kurzerhand an.

Neben Carlo und dem Atlantischen Ozean zu unserer linken Hand gesellt sich ein weiterer Begleiter für die nächsten gut zweihundert Kilometer zu uns: der Vatnajökull, der Wassergletscher! Aufgrund seiner Ausmaße und der Stärke seines Eispanzers ist er einer der mächtigsten Gletscher Europas. Seine langen Gletscherzungen reichen im Süden hinunter bis auf Meereshöhe und schieben sich teilweise bis zur Küste vor. Zu seinen Füßen schlängelt sich die Ringstraße. Dadurch bekommen wir ab und an einen Hauch seines eiskalten Atems zu spüren.

In den nächsten Tagen radeln wir vorbei an grauen Gletscherseen, in denen gewaltige Giganten aus blauem Eis treiben, an braunem Schwemmland und gewaltigen Moränenfeldern, die nur dank unzähliger Brücken zu überwinden sind. Saftiggrün leuchtendes Moos bedeckt riesige Lavafelder und die raue Küste des kalten Atlantiks formt eine einzigartige Kulisse. Riesige Wolken rollen über die Landschaft, lassen durch Lücken Lichtfinger zu Boden schießen, die als Sonnenflecken mit atemberaubender Schnelle über das kahle Land jagen. Vor unseren Augen erstreckt sich hügelige Landschaft mit kaum beeinträchtigtem Ausblick. So eine kontrastreiche Landschaft haben wir bis dahin noch nie gesehen. Sie macht Lust auf mehr.

Geduldig passt sich Carlo unserem langsameren Rhythmus an. In Gesellschaft macht es doch irgendwie mehr Spaß, meint er grinsend. Auch Susi und mir macht es in diesen Tagen mächtig Spaß, sich bei dieser einzigartigen Kulisse auf dem Fahrrad auszutoben. Fahrrad fahren ist toll. Ich hab's ja schon immer gewusst!

Um tiefer in die Landschaft einzutauchen, machen wir uns eines Abends auf, um zu der Bruchkante einer Gletscherzunge, die uns der Vatnajökull entgegenstreckt, zu gelangen. Unsere Zelte haben wir am frühen Abend auf einer grünen Ebene direkt hinter einem kleinen Hügel aufgestellt. Keine fünf Meter entfernt mündet ein Bach mit kristallklarem Wasser in einen kleinen Fluss. Wirklich dunkel wird es um diese Jahreszeit nur noch ein paar Stunden. Bis weit nach Mitternacht können wir Tagebuch schreiben oder lesen. Wir empfinden das als Vorteil, denn so haben wir keinen Zeitdruck nach einem passenden Schlafplatz Ausschau zu halten. Wie von Josef bereits angekündigt, ist das auf Island aber sowieso kein Problem.

Ohne Hast stolpern wir über ein riesiges Moränenfeld, folgen einem Fluss, dessen braungraues Wasser darauf schließen lässt, dass es sich um einen Abfluss für das Schmelzwasser des Gletschers handelt. Nach einer knappen Stunde haben wir drei schätzungsweise die halbe Distanz zwischen Lagerplatz und Bruchkante hinter uns gebracht. Plötzlich streift ein Vogel knapp über Susis Kopf hinweg. Er steigt wieder auf, dreht eine kurze Schleife und rast im Sturzflug ein weiteres Mal direkt auf Susi zu, nur um eine Handbreit vor ihrem Kopf abzudrehen. Im letzten Augenblick kann sie sich ducken und schlägt schützend die Hände über den Kopf zusammen. Ich finde die ganze Szene eher belustigend.

»Du hast ja einen Vogel!«, rufe ich ihr scherzhaft zu.

Kaum habe ich den Satz ausgesprochen, sehe auch ich mich plötzlich der Attacke eines Vogels ausgesetzt. Auch in Carlo hat ein weiterer Kamikazevogel sein Opfer gefunden. Alle drei stehen wir plötzlich unter Beschuss.

Susis Entscheidung steht fest.

»Ich laufe keinen Schritt mehr weiter!«

Dem schließe ich mich an. Unter Abwehr eines weiteren Angriffes ziehen Susi und ich den Rückzug an. Carlo jedoch möchte sich von ein paar lästigen Vögeln nicht abschrecken lassen. Er geht alleine weiter. Doch nur ein paar Minuten nachdem Susi und ich zurück an unserem Lagerplatz angekommen sind, trifft auch Carlo ein.

»Es wurden doch zu viel!«, erklärt er uns den Grund seiner frühen Rückkehr.

»Was war denn das? Das war ja wie in einem Hitchcockfilm!«, meint Susi immer noch leicht geschockt und blickt zurück, um sich zu vergewissern, dass keiner dieser fliegenden Angreifer uns verfolgt hat.

Später erfahren wir von einem Einheimischen, dass wir die Bekanntschaft mit einer großen Raubmöwe, namens ›Skua‹ gemacht haben. Besonders während der Brutzeit verteidigt sie ihr Revier und macht dabei auch vor dem Menschen nicht halt.

»Aber keine Sorge«, gibt uns der amüsierte Farmer noch auf den Weg, »ansonsten ist die isländische Tierwelt recht friedlich!«

Schmunzelnd deutet er auf die kleinen Islandponys, die in einiger Entfernung seelenruhig auf der Weide grasen.

Das Wasser ist kalt, eiskalt. Nur mit größtem Kraftaufwand können Carlo und ich gemeinsam das Fahrrad durch die reißenden Fluten schieben. Einer vorne am Lenker, der andere hinten am Gepäckträger. Die vollen Taschen am Rad bieten der starken Strömung eine zu große Angriffsfläche. Das Wasser drückt gegen das Rad, will es mit sich reißen. Um nicht gegen die volle Kraft des Wassers ankämpfen zu müssen, arbeiten wir uns schräg zur Strömung leicht flussaufwärts vor. Wir angeln uns von einer Sandbank zur nächsten, sind froh um jede kleine Verschnaufpause. Froh vor allem, die Füße aus dem eisigen Fluss zu bekommen. Die Hosen bis zu den Knien raufzurollen war überflüssig, denn sie sind völlig durchnässt. An den tiefsten Stellen reicht uns das Wasser fast zur Gürtellinie. Die Füße spüre ich vor Kälte längst nicht mehr. Sie scheinen abgestorben zu sein. Den peitschenden Regen nehme ich kaum noch war. Zumindest müssen wir uns keine Sorgen um unsere Klamotten und Schlafsäcke machen. Die sind sicher in den wasserdichten Radtaschen verpackt.

Seitdem wir Hövn gemeinsam mit Carlo verlassen haben, ist das Wetter an der Südküste stetig besser geworden. Die wahre Schönheit Islands findet man im Hochland, wurde uns von den meisten Isländern immer wieder bestätigt. Das war jedes Mal wie Salz in der offenen Wunde. Umso mehr wurmt Susi und mich, dass wir dort nicht durchfahren konnten. Das Hochland ist das Einzige, was uns zu unserem Islandglück noch fehlte. Mit diesem Bewusstsein und in der leisen Hoffnung, auf ein irdisches oder überirdisches Zeichen, das uns mitteilt, »Ja, ihr könnt ins Hochland!«, legten wir an der Abzweigung zur Hochlandpiste 208 eine kurze Kekspause ein. Die Piste führt laut Karte direkt ins Hochland nach Landmannalaugar. Das ›Bad der Landmänner‹ ist ein alter isländischer Ort im Hochland, an dem zwei kleine Flüsse, der eine warm der andere kalt, zusammentreffen und es sich in dem gut temperierten Mischwasser ein entspannendes warmes Bad nehmen lässt. Seit der Erkenntnis über die regenerierende Wirkung, die heiße Quellen auf uns haben, ziehen sie uns förmlich magisch an.

Als nach der halben Packung Kekse immer noch nichts passierte, aßen wir auch noch die andere Hälfte. Geduld ist eine Tugend der Weisen! In unserem Falle auch der Hungrigen. Wie aus heiterem Himmel tauchte das Wunder, in Gestalt zweier schwedischer Touristen in einem Allradjeep aus Richtung Hochland auf. Auf offener Straße hielten wir sie an und bombardieren das Pärchen überfallartig mit Fragen in der Hoffnung nach brauchbaren Informationen. Am Ende waren wir genauso schlau wie vorher. Die zwei waren von der Gattung ›dickes Leihfahrzeug, aber von Kartenlesen keine Ahnung!‹

Egal! Auch wenn sie nicht aus Landmannalauger kommen sollten, Hochland ist Hochland! Susi, Carlo und ich sind uns einig. Selbst wenn es ein Weg ins Ungewisse ist, wollten wir es zumindest versuchen.

Die Verlockung war einfach zu groß. Ausschlaggebend für diese Entscheidung war vor allem, dass wir zu dritt sind. Und was kann Schlimmeres passieren als ein weiterer Schneesturm? Und: Island ist ja nicht lebensgefährlich!

Susi hatte bei der Strömung schon ohne Fahrrad Probleme, die andere Seite zu erreichen. Sie und zwei der Räder befinden sich bereits sicher am anderen Ufer. Zwei Stunden haben wir benötigt, um eine passende Furt auszukundschaften. Aufgrund des Regens und der Schneeschmelze haben die Flüsse weit mehr Wasser als normal. Der Fluss besteht aus unzähligen Armen, die sich immer wieder aufs Neue verzweigen und ein breites Schwemmland, durchzogen von unzähligen kleinen und großen Wasseradern gebildet haben. Anfangs fanden wir die Flussdurchquerungen noch abenteuerlich. Die zweite war auch noch spannend, doch dann wurden sie lästig und irgendwann zur Qual.

Nach mehr als drei Stunden haben wir endlich auch diesen Fluss durchquert und alle drei Räder am anderen Ufer. Alleine oder zu zweit wäre das nicht zu meistern gewesen.

»Aber wo ist deine Sandale?«, fragt mich Susi mit zittriger, durchfrorener Stimme.

Ich blicke verwundert auf meine Füße herab. Tatsächlich, die rechte Sandale fehlt! Meine Füße sind Eisklumpen und so taub, dass ich den Verlust nicht einmal gemerkt habe. Der scharfkantige Lavasand hatte sie an einigen Stellen aufgeschlitzt, sie bluten.

Erschöpft und ausgekühlt setze ich mich auf die hölzerne Picknickbank. Picknickbank? Tatsächlich! Mitten im Hochland steht einsam und verlassen eine hölzerne Tischgarnitur. Man hätte sich keinen skurrileren Ort als diesen aussuchen können. Alle drei sind wir aber zu ausgezehrt, um uns darüber Gedanken zu machen, wieso sich jemand die Mühe gemacht hat, sie hierher zu bringen. Mit einem Handtuch versuche ich meine Zehen warm zu rubbeln. Es ist eine Wohltat, nach dieser langen Zeit im Wasser endlich wieder in trockene Socken und feste Schuhe zu schlüpfen. Während ich mir meine Wunden verbinde, leert Carlo das Wasser aus seinen Wanderstiefeln aus. Ich beneide ihn kein bisschen. Anschließend zieht er sich die durchtränkten Lederstiefel wieder über. Sandalen für das kalte Island einzupacken, wäre ihm vorher nicht im Traum eingefallen. Alle drei sind wir durch den Wind, das Wasser, den Regen, die schlechte Piste und vor allem die unzähligen Flüsse erschöpft und ausgekühlt. Dennoch beschwert sich keiner von uns – bei wem auch? Wir haben es ja selber so gewollt. Island wird zu einer richtigen Bewährungsprobe und das weitab jedes Bahnhofes! Das ›Sich-warm-radln‹ haben wir uns irgendwie anders vorgestellt.

Sand, Geröll, tief ausgewaschene Fahrrillen und böiger Seitenwind zwingen uns, auch weiterhin das Fahrrad zu schieben. Eine äußerst kräftezehrende Angelegenheit, vor allem für Susi. Doch sie hält sich tapfer, kämpft und beißt sich durch. Ich habe gehörigen Respekt vor ihrer Leistung.

Auch von Carlo erntet sie höchste Anerkennung.

»Sie ist wirklich ein zäher Hund!«

Hinzu kommen kurze, dafür aber überaus steile Anstiege. Anstiege, die sehr viel Kraft kosten. An manchen Stellen ist die Piste noch mit Eisplatten gepflastert. Teilweise fehlt Susi die Kraft, aufgrund des losen Untergrundes und der Steigung das Rad alleine raufzustemmen. Wann immer ich kann, gehe ich ihr zur Hand. Kilometer für Kilometer arbeiten wir uns vor. Es geht nur noch im Schneckentempo voran.

In der Hoffnung auf das Ende der Strapazen starten wir am vierten Tag der Odyssee recht zeitig. Nochmals müssen wir zwei Flüsse furten, bevor wir die Brücke passieren, die das Ende unserer Anstrengung bedeutet. Wir sind angekommen. Auf der anderen Seite der Brücke ist in der Mitte der Piste ein Schild aufgestellt. Da das Verkehrszeichen in die andere Richtung aufgestellt ist, können wir nicht sehen was draufsteht. Aber wir wissen es auch so:

›STRASSE GESPERRT!‹

Wir klopfen uns zur gegenseitigen Anerkennung auf die Schulter. Susi nehme ich in den Arm. Zu guter Letzt lassen wir den Selbstauslöser noch ein Bezwingerfoto schießen.

Die Strapazen haben sich voll gelohnt, sind fast schon wieder vergessen. Wie immer im Nachhinein.

»Zweiundzwanzig Flussdurchquerungen!« Susi zieht Bilanz, als wir drei am Abend unsere geschundenen Körper im heißen Bad der Landmänner verwöhnen. Ein hart erkämpfter Sieg.

»Und wir haben einen Rekord aufgestellt: Am dritten Tag haben wir in neun Stunden Fahrzeit ganze sieben Kilometer zurückgelegt!«

»Mein lieber Schwede!«

Karge Berge, bekleckst mit letzten kleinen Schneeflecken, schimmern in allen möglichen Gelb-, Braun-, Rot- und sogar Grüntönen. Die Atmosphäre in dieser urzeitlichen, rauen Landschaft inmitten des Hochlandes, haucht den nordischen Sagen und Geschichten über Trolle und Elfen tatsächlich Leben ein. Wir erfreuen uns an den seltenen isländischen Sonnenuntergängen und vor allem an der heißen Quelle. Susi verlässt das Bad jedes Mal erst, wenn ihre Haut so schrumpelig aufgeweicht ist, wie die uns umgebende, zerfurchte Berglandschaft, geformt aus erkalteter Lava. Bevor wir uns auf einer relativ guten Piste auf den Weg Richtung Reykjavík machen, unterziehen wir unsere Räder einer ausgiebigen Pflege. Einen ganzen Nachmittag sind wir damit beschäftigt, Ketten, Zahnräder und Lager von einer starken Patina aus Schlamm und rauem, aggressiven, schwarzen Sand zu befreien.

Die Bauarbeiten, welche die mit Schlaglöchern und Wellblech übersäte Piste in den nächsten Monaten mit einer Asphaltdecke versehen, kommen für Susi, Carlo und mich definitiv zu spät. Seit wir Landmannalaugar vor einigen Tagen verlassen haben, bläst uns der Wind direkt ins Gesicht. Heute besonders aggressiv.

»Muss man sich denn in diesem Land alle Sehenswürdigkeiten so verdammt hart erarbeiten?« Ich mache meinem Unmut lauthals Luft.

Bei unserer Ankunft steht der Parkplatz voller Tourenbusse. Anhand der Menschenmassen wird mir plötzlich bewusst, dass die Saison schon voll im Gange ist und wir uns bereits seit über einem Monat auf Island befinden. Deshalb ist es auch nicht verwunderlich, dass der Gullfoss, der größte Wasserfall Islands und damit eine der Hauptattraktionen der Insel, die Touristen in Scharen anzieht. Zumal nur wenige Kilometer entfernt der große Geysir, nachdem alle Geysire dieser Welt benannt sind, seine Wasserfontänen gen

Himmel schießt. Alle drei wissen wir nicht so recht, was wir von den Menschenmassen halten sollen. Wir fühlen uns seltsam unbehaglich zwischen all den Leuten. Hatten vor allem Susi und ich doch in den vergangenen Wochen mehr Rentiere als Zweibeiner gesehen.

Die kleinen Miseren an diesem Tag wollen nicht abreißen. Denkwürdig schlecht hat der Tag damit begonnen, dass sich beim Abbau des Zeltes zwei der Stangen endgültig für den Mülleimer empfohlen hatten. Gut, damit haben wir ja schon recht lange gerechnet, sodass uns das nicht wirklich überraschte. Zu allem Überfluss bricht aber auf dem Weg vom Gullfoss zu den nahen Geysiren auch noch eine der beiden Befestigungsösen an meinem Fahrradrahmen ab, an der der Gepäckträger montiert ist. Der Berg aus Taschen und Tüten hinter meinem Sattel wackelt wie ein loser Kuhschwanz. Allein das macht ein Vorrankommen unmöglich. Im selben Atemzug fällt mir auf, dass der Hinterreifen fast platt ist. Ans Weiterfahren ist nicht mehr zu denken. Susi und ich beratschlagen genervt die Lage. Bis zum Geysir und dem dazugehörigen Souvenirshop und Restaurant sind es knapp zwei Kilometer. Wir einigen uns darauf, dass sie schon mal vorfährt und sich nach einer Mitfahrgelegenheit in die nahe Hauptstadt erkundigt. Der Fahrradrahmen muss geschweißt werden. Einige Minuten später taucht auch Carlo, der sich länger am Gullfoss aufgehalten hat, hinter mir auf.

»Was ist los?«, fragt er als er mich eingeholt hat und wundert sich, dass ich mein Fahrrad schiebe.

Ohne dabei anzuhalten, gebe ich ihm eine kurze Zusammenfassung. Der Reifen verliert weiter Luft.

»Ja, einen Bus gibt es heute Abend noch«, erklärt mir Susi, als auch ich endlich eintreffe.

»Ob er allerdings auch Platz für das Gepäck und die Fahrräder hat, ist nicht garantiert!«

Als Susi, Carlo und ich uns beratschlagen, löst sich das Problem plötzlich schlagartig von selbst. Ein deutscher Reiseleiter hat von unseren Schwierigkeiten mitbekommen. Der Zufall will, dass er heute noch mit einem leeren Minibus nach Reykjavík zum dortigen Campingplatz fährt. Prima, doch der Geysir geht uns flöten. Unser Reiseleiter hat es eilig. Nach einem kurzen Hin und Her entscheidet auch Carlo sich für den Express in die isländische Hauptstadt.

Die Tage in der Hauptstadt der bunten Wellblechdächer stehen ganz im Zeichen der Organisation. Wir teilen die Aufgaben unter uns auf. Im Zentrum Reykjavíks finde ich einen kleinen Radladen. Der Besitzer, ein ausgewanderter Engländer, schweißt das abgebrochene Rahmenteil an seine ursprüngliche Stelle. Beim Bezahlen treibt mir das skandinavische Preisniveau wieder mal Tränen in die Augen.

Doch die Forderungen des Monteurs wirken im Vergleich zum isländischen Zoll geradezu wie ein Freundschaftspreis. Mit einem Lächeln, das man unter anderen Umständen als freundlich bezeichnen würde, mir in diesem Moment aber als boshaft, hämisch und vor allem habgierig erscheint, bekomme ich von der Zollbeamtin mitgeteilt, dass ich erst den Einfuhrzoll in Höhe unseres halben Monatsbudgets entrichten muss. Erst dann kann sie mir das Paket mit dem neuen Zeltgestänge aushändigen. Seit der Ankunft in Reykjavík vor zwei Tagen nehmen Susi und ich mit unseren kleinen Biwaksäcken vorlieb. Zwischen all den Expeditionszelten auf dem Campingplatz geben sie ein Mitleid erregendes Bild ab. Ich schlucke und zahle. Jede Diskussion erweist sich sowieso als sinnlos.

Susi hat auch nicht allzu viel Erfreuliches zu berichten. Alle Flüge nach Kanada sind aufgrund mangelnder Nachfrage gestrichen. Somit wird unsere grobe Routenplanung, die vorsah, die kürzest mögliche Flugstrecke zu nehmen, bereits jetzt auf den Kopf gestellt. An dem Spiel der sich täglichen wiederholenden Improvisation, sich dem Lauf der Dinge anzupassen, haben wir aber längst Gefallen gefunden. Als Alternative bleiben uns Flughäfen in den Vereinigten Staaten. Wir entscheiden uns für Boston an der Ostküste, da es am nähesten zu Kanada liegt.

Tragödie und Traum liegen auch an diesem Tag ganz dicht beieinander.

»In Hamburger umgerechnet, wie viel wären das ...?«, fragt Susi freudestrahlend, als wir das Büro mit den Flugtickets in die USA verlassen.

Ohne viel Mühe ließ sich die Dame hinterm Schalter davon überzeugen, uns den Studententarif zu berechnen. Das Geld für Zeltstangen und Reparatur ist somit wieder eingespart.

Bis zum Abflug sind es noch zwei Tage. Auch Carlo hat sich Flugtickets besorgt. Tickets für den Flug zurück in die Heimat. Der Sprung über den großen Teich wäre für ihn zu groß. Island hat Susi und mir das Gefühl gegeben, uns tatsächlich ›warm‹ geradelt zu haben. Und die Vulkaninsel am nördlichen Polarkreis hat Lust auf mehr gemacht. Lust auf mehr Reise. Sie hat uns in unserer Entscheidung bestärkt. Wir sind neugieriger als je zuvor.

KAPITEL II

Nordamerika

»Bist scho a brav's Rindviech!«

Über den Köpfen der wartenden Menge hängt mahnend die Fahne und darüber das Wappen der Vereinigten Staaten, als wollten sie jedem sagen, der hier einreist: »Leg dich nicht mit mir an!«

Das wollen Susi und ich auf keinen Fall. Um einen möglichst seriösen Eindruck zu erwecken, haben wir uns vor dem Abflug in Schale geschmissen. Zumindest so gut, wie der Inhalt unserer Radtaschen es zuließ. Unsere Klamotten sind mangels Bügeleisen etwas geknittert, aber zumindest sauber. Susi hat ihre blonde Mähne mit einem Haargummi artig zusammengebunden und ich mir meinen ewigen Dreitagebart abrasiert. Wir haben uns gut vorbereitet. Sind alle möglichen Fragen der Beamten bei der Einreise durchgegangen und haben uns abgesprochen. Die Aufgabe, die vor uns liegt, hat uns aufgepuscht. Was uns beunruhigt, ist der Ruf der amerikanischen Einreisebehörde, eine der striktesten und kompromisslosesten der Welt zu sein. Nach den Ereignissen des 11. Septembers 2001, dem Attentat auf das World Trade Center und dem anschließend ausgerufenen ›Kampf gegen den Terror‹ ist zu erwarten, dass sich die Situation nochmals drastisch verschärft hat. Die Einreise in die Vereinigten Staaten ist eigentlich nur mit gültigem Rückflugticket möglich. Aber genau das haben wir nicht. Für was auch?

Nervös reihen wir uns in eine der kurzen Schlangen vor den Schaltern. Unsere Wahl viel auf die am wenigsten streng blickende Beamtin. Wir sind auf einiges gefasst. Sogar darauf, dass wir von den Behörden mit dem nächsten Flieger zurück nach Europa geschickt werden.

Das schaffen wir schon. Susi und ich sind an der Reihe, einer nach dem anderen. Ich rolle den Gepäckwagen vor den Schalter und schiebe der Beamtin mit feuchten Händen den Reisepass durch die kleine Öffnung des Glasfensters entgegen.

»Ist das Ihr erster Besuch in den Vereinigten Staaten?«, beginnt sie mich auszufragen.

»Ja!«

»Der Grund für Ihren Besuch?« Das Verhör geht weiter, während sie den Pass durch den Scanner zieht, um die Daten zu erfassen.

Ich lege los. Voller ungebremsten Enthusiasmus beginne ich in meinem holprigen Schulenglisch von unserer großen Reise zu erzählen, deute dabei immer wieder auf die Kartons mit den verpackten Rädern. Ab und an blickt die Herrscherin der Stempel zu mir auf.

Schließlich bin ich fertig, mit meinem Englisch am Ende. Die Beamtin schweigt, blättert nochmals den Pass durch. Ich beiße mir auf die Zunge.

»Was habe ich eigentlich während meines Englischunterrichts in der Schule getrieben?«, schießt es mir durch den Kopf.

Dann hebt sie den Kopf und schiebt mir meine Papiere entgegen.

»Welcome, enjoy your stay! Next, please! Willkommen. Einen schönen Aufenthalt. Der Nächste bitte!«

Wie, das war's? Alle Aufregung umsonst? Ich kann es kaum fassen. Innerlich jubilierend, äußerlich möglichst gelassen, mache ich Susi Platz. Bei ihr verläuft die Passkontrolle ebenso reibungslos. Keine Fangfragen, keine Verhöre nach TV-Krimi-Manier, nicht mal besondere Aufmerksamkeit oder persönliche Ansprache. Wir atmen erst mal tief durch.

»Das war aber einfach!«, macht Susi ihrer Erleichterung Luft und bewundert ihren ersten Stempel im Pass: Admitted! – Einreise genehmigt!

»Geschafft!«

Die scheinbar schwerste Hürde des heutigen Abends ist gemeistert. Doch auf dem Erfolg können wir uns nicht ausruhen, noch nicht. Am Touristeninformationsstand des Flughafens erkundigen wir uns nach der preisgünstigsten Übernachtungsmöglichkeit. Als einzig bezahlbare Möglichkeit erscheint uns die Jugendherberge im Zentrum von Boston. Es ist erst neunzehn Uhr, doch vor dem Flughafengebäude spiegeln sich bereits die allerletzten Sonnenstrahlen des Tages in der Glasfassade. Aus Respekt vor der Dunkelheit und der uns unbekannten amerikanischen Großstadt beschließen wir, uns mit öffentlichen Verkehrsmitteln zu der auserwählten Bleibe durchzuschlagen. Die Räder werden aus den Kartons befreit, montiert und mit den insgesamt je elf Taschen beladen. Ein Shuttlebus bringt uns zur nächsten U-Bahnstation. Das klappt prima. Doch die Information, nach der an jeder U-Bahnstation ein Lift vorhanden wäre, stellt sich als glatte Ente heraus. Es gibt nur Treppen. Mühsam lassen wir die Räder mit angezogenen Bremsen über die steilen Stufen unter die Erde holpern. Mehrmals springen die Vorderradtaschen aus der Verankerung, verfangen sich in den Speichen. Einmal müssen wir umsteigen. Doch dazu kommt es nicht. Beim Versuch die Räder in den Zug der neuen Linie zu schieben hält uns ein heraneilender Sicherheitsbeamter zurück. Höflich aber bestimmt teilt er mit, dass Fahrräder in der U-Bahn nicht erlaubt sind, jedenfalls nicht in der ›Green Line‹.

»Rot, Grün oder Blau, was spielt das denn für eine Rolle, und was wenn wir farbenblind wären?« Wir versuchen, das drohende Unheil abzuwenden.

Vorschrift ist Vorschrift, er tue nur seine Arbeit. Wir müssen raus auf die Straße, ohne genau zu wissen, wo wir uns jetzt befinden. Bis zum Hostel werden es noch ein paar Blocks sein, bloß in welche Richtung? Genau dieses Szenario wollten wir vermeiden. Wieder kein Lift!

Susi ist total verschwitzt und von der bisherigen Aktion genervt. Mir geht es nicht anders. Ein junger Kerl mit Aktenkoffer und Krawatte geht uns zur Hand, als er sieht, wie sich Susi an den Stufen nach oben abmüht. Der Sicherheitsbeamte hat sich längst verdrückt. Oben angekommen, ist der erste Eindruck erschlagend. Die Dunkelheit ist beängstigend schnell hereingebrochen. Über uns türmen sich Wolkenkratzer in den Nachthimmel. Doch es ist alles andere als dunkel. Leuchtreklamen blinken und strahlen grell in allen Farben, der Lärm der Autos vermischt sich mit dem Stimmengewirr der Straße, Menschen hasten über die breiten Gehwege, drücken sich aneinander vorbei. Wow! Einen größeren Kontrast zu den Orten, an denen wir die letzten Wochen verbracht haben, kann es nicht geben. Wir fühlen uns wie gestrandete Außerirdische auf einem fremden Planeten und scheinbar verhalten wir uns auch so. Dem hilfsbereiten Amerikaner ist nicht entgangen, dass wir leicht überfordert sind. Dankbar nehmen wir sein Angebot an, uns durch die Innenstadt zum Hostel zu begleiten. Nach zwanzig Stunden auf den Beinen fallen wir erschöpft in einen bleiernen Schlaf. Heute sind wir einen großen Schritt weiter gekommen. Wir haben Europa verlassen und befinden uns auf dem Kontinent, auf dem auch unser Ziel liegt – knapp 25 000 Kilometer von uns entfernt.

Aufgekratzt vom gestrigen Abend, stehen wir bereits um sechs Uhr in der Früh wieder auf der Matte. Wir wollen raus, sind neugierig auf Amerika bei Tag, neugierig auf das Land, dass wir aus unzähligen Hollywoodstreifen zu kennen glauben. Zu Fuß streifen wir durch die Schluchten Bostons, genießen die Sonne und die sommerlichen Temperaturen, nach denen wir uns in Island so oft gesehnt haben. Wir verlieren uns in einem Potpourri aus anmutigen, viktorianischen Herrenhäusern und Wolkenkratzern aus Glas, Beton oder Granit. Noble Boutiquen finden sich neben Fastfood-Restaurants, Straßencafés neben Coffee-Shops und indische Restaurants neben chinesischen Bäckereien.

Wir haben Blut geleckt. Vier Stunden Fahrt trennen uns von der einzig möglichen Steigerung unserer Stadtekstase. Unter dem hypnotisierenden Einfluss unserer neuen Umgebung kaufen wir uns aus einer Laune heraus zwei Bustickets nach New York, das im Süden liegt. Die Räder und überflüssiges Gepäck lagern wir in der Herberge. Drei Tage lang verlieren wir uns im geometrischen Gitternetz aus den Streets and Avenues Manhattans, saugen alle Eindrücke und die Atmosphäre in uns auf. Times Square, Central Park, Broadway, Chinatown, Little Italy – ziellos schlendern wir durch die Straßen, gelenkt vom Rhythmus der Stadt. Alles ist in Bewegung, ständig. Wir lassen uns mitziehen und schaffen es kaum, mitzuhalten. Die Metropole ist eine eigene Welt für sich. Sie pulsiert, vibriert und tickt vierundzwanzig Stunden am Tag.

Der Ground Zero weckt uns aus unserem Rausch. Dort, wo früher die Türme des World Trade Centers standen, ist nur noch eine große Baustelle zu finden. Rund um das abgesperrte Gelände finden sich kleine Gedenkstätten mit Bildern von Opfer, Blumen und Kränzen. Amerikanische Flaggen in jeder Größe sind ausgelegt. Mit Abzeichen und Fahnen aus der ganzen Welt nehmen Feuerwehrmänner Anteil am Tod ihrer verunglückten Kollegen. Um das Gelände zieht sich noch ein drei viertel Jahr nach den Anschlägen eine Zone aus Fassungslosigkeit und leichter Ohnmacht, die sich nur zögerlich in dem Gewirr de Straßen auflöst.

Vom pulsierenden Rhythmus der Megastädte voll gedröhnt, überkommt uns nach unserer ersten amerikanischen Woche ein dringendes Bedürfnis nach Ruhe und Gemächlichkeit. Wieder tief durchatmen können, Luft schnappen und dem unüberschaubaren Gewirr entfliehen. Susi überkommt die Sehnsucht nach Bäumen. Es sollen nicht nur ein paar schön gezüchtete Parkbäume sein, sondern viele Bäume. Am besten ein Wald. Und wir sind neugierig auf das Amerika, das sich hinter der Fassade des Großstadtdschungels befindet. Uns zieht es raus aufs Land. Dort hoffen wir einen tieferen Einblick in den Charakter des Landes zu bekommen, als den in einer anonymen Großstadt.

Mit dem neuen Selbstvertrauen, das wir aus der Islanddurchquerung gewonnen haben, brechen wir Richtung Kanada auf. Auf kleinen Straßen, abseits der großen Hauptein- und Ausfahrtstraßen mogeln wir uns vom Zentrum durch den Großraum Bostons mit seinen knapp fünf Millionen Einwohnern durch das Labyrinth der Vororte. Als es Abend wird, erfasst uns eine wachsende Nervosität. Immer noch reihen sich Häuser an Häuser und Vorgarten an Vorgarten entlang der Straße. Die wenigen freien Lücken sind mit ›Privat Property‹ und ›No Trespassing!‹-Schildern geradezu verbarrikadiert. Privatbesitz wird in diesem Land offensichtlich wichtig genommen. Uns ist total rätselhaft, wie wir hier jemals einen Platz für unser Nachtlager finden sollen. So einfach wie in Island wird das bestimmt nicht. Beide sind wir unsicher, wissen nicht, wie die Amerikaner auf Wildcamper reagieren. Genau genommen können wir noch gar nicht abschätzen, wie sie überhaupt auf irgendetwas reagieren. In der Hoffnung, das Ende des Ballungszentrums noch vor Einbruch der Dunkelheit zu erreichen, legen wir bei drückender Hitze einen Gang zu. Auch das Klima ist ungewohnt für uns.

Kurz vor Beginn der Dämmerung finden wir doch einen versteckten Platz. Susi bekommt ihr Wäldchen. Aufgrund eines nahen Weihers, in dem ein paar Kinder im letzten Abendlicht planschen, ist dieser mückenverseucht. Heerscharen von durstigen Moskitos veranstalten dort ein blutrünstiges Konzert. Optimal! Das mindert das Risiko von abendlichen Spaziergängern, die ihren Hund Gassi führen oder von sonstigen nächtlichen Besuchern entdeckt zu werden. Um die Haut von der klebrig-salzigen Schweißschicht zu befreien, springen auch wir kurz in den flachen Teich, bevor wir unentdeckt verschwinden und unser Zelt in Rekordzeit aufbauen.

Die ersten Kilometer auf dem neuen Kontinent fühlen sich gut an. Voller Tatendrang legen wir ungebremst in den nächsten Tagen und Wochen ein enormes Tempo vor. Fröhlich strampeln wir durch die kleinen Bundesstaaten Massachusetts, New Hampshire, Vermont und New York State in Richtung Westen. Geprägt ist dieser Teil des Landes durch eine waldreiche, hügelige Mittelgebirgslandschaft, die uns nicht zuletzt wegen der größer werdenden Hitze immer mehr zu schaffen macht. Es sollte ein besonders trockener Sommer in diesem Jahr werden. Schon nach wenigen Tagen haben wir auch unsere anfängliche Unsicherheit überwunden und sind selber überrascht, wie einfach sich der Reisealltag in diesem neuen Kontinent gestalten lässt. Den großen Ontario-See erreichen wir nach einer knappen Woche und folgen ihm meist in Sichtweite seines Südufers. Alle fünf großen nordamerikanischen Seen, die die Grenze zu Kanada markieren, sind miteinander verbunden. Zwischen den einzelnen Seen besteht ein erheblicher Höhenunterschied. Das bekannteste Gefälle des Wassers auf dem Weg zum Meer ist unser nächstes Etappenziel, die Niagarafälle. Dort wollen wir die Grenze nach Kanada überqueren.

Unsere Kombination ›Sport und Abenteuer‹ scheint bei den Amerikanern voll anzukommen. Sie übt auf die Leute hier eine regelrechte Faszination aus.

»Gorgeous! Awesome! – Prächtig! Großartig! Wunderbar! Fantastisch!« sind die meist benutzten Schlagwörter, die fallen, wenn wir locker und ungezwungen, mit einer kindlichen, fast überschwänglichen Begeisterung auf unsere bepackten Räder und die Reise angesprochen werden. Über mangelnden Kontakt können wir uns nicht beklagen. Deutschland ist ein tolles Land, auch wenn mancher im Augenblick gar nicht so recht weiß, wo es liegt. Doch die Amerikaner scheinen sich überhaupt nur mit Dingen auseinander zusetzen die ›wunderbar‹ oder ›fantastisch‹ sind. Selten hören wir irgendwelche negativen oder kritischen Äußerungen. Die gute Laune will man sich nicht mit Problemen, heiklen Themen oder negativen Dingen verderben. Das Leben muss Spaß machen. Alles ›easy going‹ also. Immer locker bleiben!

Als einen weiteren Eckpfeiler der amerikanischen Seele machen wir einen ausgeprägten Patriotismus aus, dem sie in Form der Amerikanischen Flagge und Sprüchen wie ›Vereint sind wir stark‹ oder ›Gott schütze Amerika‹ selbst auf den billigen Plastiktüten an der Supermarktkasse Ausdruck verleihen. Kaum ein Haus, ein Vorgarten oder ein Auto, das nicht mit den ›Stars and Stripes‹ verziert wurde. Anfänglich wirkt dieser Patriotismus übertrieben und selbstverherrlichend auf uns, doch schon bald gehört dies zum täglichen Anblick, wie die Werbetafeln der Getränkehersteller oder die Reklametafeln der unzähligen Motels.

Susi ärgert sich. Die Hitze am Nachmittag ist unerträglich, trotzdem mache ich Druck. Morgen ist der amerikanische Unabhängigkeitstag und an den Niagarafällen soll ein spektakuläres Feuerwerk direkt über den Fällen abgehalten werden. Susi zieht eine ausgedehnte Pause unter Schatten spendenden Bäumen vor, statt sich durch die größte Hitze des Tages zu quälen. Die Sonne knallt nun, seit wir Boston verlassen haben, dermaßen stark vom Himmel, dass die Asphaltdecke der Straßen sich in weiche Lakritze verwandelt. Unsere Waden und die Unterseite unserer Taschen sind mit schwarzen Spritzern einer breiigen Masse überzogen. Beide hassen wir Lakritze. In diesen Tagen besteht unsere Hauptbeschäftigung darin, unsere Betriebstemperatur unterhalb der roten Markierung zu halten. Die Hälfte unseres Wasserverbrauches verschwenden wir, um unsere T-Shirts feucht zu halten. Susi klemmt sich zusätzlich ein nasses Tuch in den Nacken, das jedoch binnen kürzester Zeit nur noch zum Schweißaufsaugen dient.

»Das macht doch überhaupt keinen Spaß«, beschwert sich Susi. »Ein Feuerwerk haben wir doch schon tausendmal gesehen!«

»Ja, aber ein Feuerwerk über den Niagarafällen ist was Besonderes«, erwidere ich hartnäckig.

Susis ohnehin gereizte Stimmung heizt zudem ihr lädierter Sattel an. Beim Abstellen des Rades ist vor einigen Tagen der Ständer im weichen Teer versunken und beim Umfallen ist der Gel-Überzug aufgerissen. Teilweise sitzt sie nur noch auf der harten Schale des Sattels. Das ist ihrem Sitzfleisch alles andere als gut bekommen. Sie hat dabei schon alles, von improvisierten Polstern aus T-Shirts bis zu den verschiedensten Sattelpositionen ausprobiert. Es half nichts. Der Hintern drückt! Wir einigen uns darauf, die Mittagspause um eine Stunde zu verlängern. Zwischendurch wollen wir immer dann, wenn die Straße sich nahe genug an das Südufer des Ontario-Sees anschmiegt, für eine kurze Abkühlung ins Wasser springen. Auch wenn die Aussicht auf ein kühles Bad sie besänftigt, bleibt die Stimmung gereizt. Bei der nächsten Gelegenheit müssen wir Susi einen neuen Sattelüberzug besorgen. Und ich muss zur Post.

Hitze, körperliche Anstrengung und technische Probleme sind beherrschbar. Aber gekoppelt mit Hunger bedeutet das den Genickbruch. Die Nach-Wasser-fragen-Masche hat uns auch an diesem Abend wieder zu einem Übernachtungsplatz verholfen. Auf einer Wiese erlaubt uns ein Farmer hinter seinem freistehenden Geräteschuppen das Zelt aufzustellen. Zu allem Überfluss an diesem Tag bemerken wir zu spät, dass sich der Verschluss der Benzinpumpe unseres Kochers gelöst hat und undicht ist. Die Nudeln sind zwar weich gekocht, aber schmecken nach Benzin. Ungenießbar! Beim anschließenden Reiskochen geht das Benzin aus. Der Farmer ist ausgeflogen und unsere Vorräte erschöpft. Nun bin auch ich völlig genervt. Die Stimmung ist auf dem absoluten Tiefpunkt. Die Situation ist einfach zu paradox. Hungrig, mit leerem Magen, liegen wir beide schwitzend im Zelt, und das in einem Land, welches geradezu als Sinnbild für Überfluss, Verschwendung und Konsumrausch gilt. Falls es zu so einer Situation jemals kommen sollte, dann haben wir sie zu einem späteren Zeitpunkt der Reise erwartet. Vielleicht in abgelegenen, ärmlichen Regionen Lateinamerikas, aber sicher nicht in einem Land, in dem zwei Drittel aller Erwachsenen als übergewichtig und fettleibig gelten. Irgendwie sind wir im falschen Film.

»Morgen«, durchbreche ich das Schweigen, »haue ich mir ein fettes Beefsteak rein. Egal, was das kostet!«

»Und als Nachtisch gibt's eine Riesenportion Softeis im Maxibecher«, stimmt mir Susi zu.

Kurz nach neun Uhr am nächsten Vormittag setzen wir unsere Ankündigung in einem kleinen Truckerrestaurant in die Tat um. Quälend langsam vergehen die Minuten, bis die Erlösung in Form des ›Menüs des Tages‹ vor uns auf dem Tisch steht. Saftig gegrilltes Beefsteak mit gebratenem Speck und Spiegelei und einer extra Portion Pommes. Wie das auf der Zunge zergeht! Ausgiebig kauen wir an dem zarten Fleisch, um möglichst lange unsere enthaltsam gewordenen Geschmacksnerven zu belohnen. Knappes Reisebudget hin oder her, obwohl in unserer Reiseplanung Restaurantbesuche keinen Platz haben, bestellen wir uns zum Nachtisch nochmals einen Cheeseburger nach Art des Hauses. Das Softeis verschieben Susi und ich dann aber doch auf einen späteren Zeitpunkt. Der erste Restaurantbesuch der Reise lohnt sich doppelt. Von Ed, dem Chef des Ladens, bekommen wir die Adresse von seinem Neffen Alan.

»Der ist genauso ein Rumtreiber wie ihr!«, meint Ed und fuchtelt dabei mit seinem Pfannenwender in der Luft herum.

Heute ist unser Glückstag. Alan wohnt keine acht Meilen von den Wasserfällen entfernt. Er ist vom Typ kalifornischer Sunnyboy mit stechend blauen Augen. Von seinem Onkel verständigt oder auch gewarnt, bekommen wir, noch bevor wir absteigen können, ein Willkommensgeschenk in die Hand gedrückt. Den größten Hamburger unseres Lebens. Da soll noch jemand sagen, die Amis hätten keine Esskultur. Essen und Trinken auf Kosten des Hauses. Alan betreibt ein Hamburgerrestaurant in einem umgebauten zylinderförmigen Getreidespeicher direkt am Lawrence River. Als Fahrradfahrer ist Nordamerika unser Paradies. Mit den Worten: »Feel like home! Fühlt euch wie zu Hause!« drückt er uns nach dem opulenten Mahl den Hausschlüssel in die Hand. Er muss noch arbeiten und seine Frau ist auch noch unterwegs. Wow, was für ein Vertrauen. Wir sind verblüfft über die Selbstverständlichkeit, mit der wir von Menschen, denen wir zum ersten Mal begegnen, ohne Berührungsängste oder Misstrauen aufgenommen und mit ihrer Gastfreundschaft beschenkt werden.

Das angekündigte Feuerwerk fällt am Abend ins Wasser. Warum, weiß keiner so recht. Die Niagarafälle selber sind trotzdem wegen ihrer Größe beeindruckend. Doch an dem kommerziellen Drumherum, den hässlichen Casinos und Hotels haben wir uns bald satt gesehen. Wir bleiben zwei Tage, wollen die Gastfreundschaft nicht allzu lange ausnutzen. Bei der Abfahrt sitzt Susi stolz auf einem neuen Sattel. Einem richtig bequemen ›Oma-Sattel‹, mit doppelt so weicher und doppelt so großer Sitzfläche wir ihr alter.

Sprachlich, landschaftlich und kulturell stellen wir nach dem problemlosen Grenzübertritt nach Kanada zunächst keinen großen Unterschied fest. Nur anhand der Fahnen an den Häusern lässt sich erkennen, dass wir nicht mehr in den USA sind. Kanadas Ausmaße sind gewaltig. Über einen Monat benötigen wir, nur um die Provinz Ontario zu durchqueren. Deutschland dagegen haben wir innerhalb zweier Wochen hinter uns gelassen. Nördlich der großen Seen beginnt die große kanadische Wildnis, wie wir sie von den Fotos aus den unzähligen Bildbänden kennen, auf die man unweigerlich in jeder Buchhandlung in Deutschland stößt. Der Trans Canada Highway ist die einzige durchgehende Straßenverbindung, will man Kanada von Ost nach West oder umgekehrt durchqueren. Tagelang folgen Susi und ich der einsamen Schneise, die sich durch die endlosen Wälder zieht, und halten vergeblich Ausschau nach einem Elch oder gar einem Bären. Doch stattdessen werden wir kilometerlang von dicken schwarzen Pferdebremsen verfolgt, mit der Absicht ihren kurzen aber dicken Stachel äußerst schmerzhaft in unsere verschwitzte Haut zu rammen. Übergangslos ändert sich plötzlich unsere Umgebung mit dem Überschreiten der Provinzgrenze. Wir lassen die Seen und dichten Wälder Ontarios auf einen Schlag hinter uns, während sich vor uns das weite baumlose Farm- und Grasland der kanadischen Prärie ausbreitet.

»Nehmt doch den Greyhound Bus!«

»Versucht es doch per Anhalter!«

Als flach und eintönig wurde uns die Prärie beschrieben. Es macht ein Unterschied, ob man im Auto sitzt oder im Sattel eines Fahrrads. Flach mag die Prärie sein, für Autofahrer. Für uns ist die Prärie ein sanftes Auf und Ab. Und auch als langweilig empfinden wir sie nicht. Ein stetiger Wind streichelt die Halme der Gräser und Getreidefelder. Grüne unbewaldete Hügel wechseln sich mit leuchtendem Raps und Mais ab. Antilopen springen unbeeindruckt über die endlosen Zäune, die sich ihnen in den Weg stellen. Land und Wolken treffen sich erst am weiten Horizont. Die Hitze der vergangenen Wochen hat spürbar nachgelassen.

Miloš treffen wir auf einem Picknickplatz neben der Straße, als er seinen wohlverdienten Mittagsschlaf auf der Parkbank hält. Wohlverdient ist er wirklich, denn sein Tacho zeigt bereits um kurz nach zwölf einhundertundsechzig Kilometer an. Irgendwas machen wir falsch! Sein Fahrrad, das neben ihm an der Bank lehnt, hat schmale, harte Straßenbereifung und ist beneidenswert unbepackt. Bei dessen Anblick fasse ich wieder mal den Entschluss, bei der nächsten Gelegenheit die Taschen auszumisten und überflüssiges Gepäck abzustoßen. In der Hoffnung, Ballast loszuwerden, überkommen mich trotz der Monate, die wir schon unterwegs sind, solche Anwandlungen immer noch regelmäßig. An das Gewicht des Fahrrades habe ich mich vielleicht gewöhnt, aber längst nicht damit abgefunden. Miloš stellt sich als Australier vor. Sein Akzent lässt jedoch vermuten, dass er dort nicht geboren wurde. Tatsächlich ist dem Radnomaden vor zwanzig Jahren mit seiner Familie die Flucht aus der damals kommunistischen Tschechoslowakei geglückt. Über Umwege ist er letztendlich in Sydney gelandet. Dort hat er ein kleines Klempnergeschäft aufgebaut. Fahrrad, erzählt uns der kleine drahtige Mann mit ergrautem Schnauzer bei einem gemeinsamen Käsebrot nicht ohne Stolz, fährt er, seit er denken kann. Das war schon immer ein Teil seines Lebens. Wie unterschiedlich Menschen doch sein können, stelle ich insgeheim fest. 1972 hat Miloš es sogar mit der Auswahl seines Landes zu den Olympischen Spielen nach München gebracht.

Aha, so langsam klärt sich die Sache mit den Tageskilometern also auf. Momentan ist Miloš unterwegs von San Francisco nach New York. Einmal quer durch die USA, mit einem Abstecher nach Kanada. Und das in fünf Wochen! Der Zweifel nagt an uns. Von seinen täglich mindestens zweihundert Kilometern können wir nur träumen.

»Wir würden ja viel zu viel verpassen!« Susi sieht das Positive an unserer, in meinen Augen ausbaufähigen, Reisegeschwindigkeit.

»Im Grunde will ich ja gar nicht schneller unterwegs sein, nur eben leichter!«

Mein Hang zur Rationalität bricht wieder durch.

Einige Tage später kommt uns ein kanadischer Radreisender entgegen, der es mit der Rationalität auf die Spitze getrieben hat. Er ist unterwegs an die Ostküste. Seine Tageskilometer pendeln sich bei ›nur‹ einhundertfünfzig ein. Verwundert fragen wir ihn nach seinem nicht vorhandenen Gepäck. Statt zu antworten, öffnet er lachend einen Klettverschluss an seinem papageienbunten Raddress und zieht triumphierend eine Kreditkarte heraus. Das ist Freiheit!

Der ständige Kampf gegen den Wind hat uns müde gemacht. Seit Tagen mühen wir uns durch hügeliges Ackerland gegen den permanenten steifen Westwind, der uns vor eine erste mentale Belastungsprobe stellt. Eine Besserung, so wurde uns mehrmals gesagt, ist um diese Jahreszeit nicht zu erwarten. Im Anflug einer trotzigen Reaktion überlegen Susi und ich den Lenker um neunzig Grad nach links zu drehen und direkt die US-amerikanische Grenze anzusteuern. Sie verläuft keine Tagesreise südlich. Somit würden wir aber unser Vorhaben, Kanada bis zu den Rocky Mountains zu durchqueren, fallen lassen müssen. Seit Wochen sitzen wir täglich, ohne Unterbrechung auf unseren Rädern. Vielleicht brauchen wir auch einfach eine Pause. Nicht nur die schwindenden Kräfte treiben uns zunächst wenige Kilometer von der Hauptroute ab in die kleine Stadt Wawanesa. Die Schweißnaht an meinem Fahrradrahmen weist einen Riss auf. Wir müssen uns was einfallen lassen, etwas Dauerhaftes. Zudem wollen wir nach langer Funkstille wieder mal Lebenszeichen via Internet nach Hause schicken.

In der beschaulichen Kleinstadt geht das Leben ohne erkennbare

Anzeichen von Hektik einen gemächlichen Gang. Der Ort liegt wie ein Wasserschloss idyllisch eingebettet inmitten einer Flussschleife, an deren Ufer wir unser Zelt im ansässigen Park des ›Lions Club‹, einer in Nordamerika weit verbreiteten Wohltätigkeitsorganisation, aufbauen. Auf der Suche nach einem Computer mit Internetanschluss landen wir in dem kleinen Museum des Ortes. Sichtlich erfreut über das Erscheinen zweier Besucher aus Übersee bietet uns Margret voller Eifer eine kostenlose Führung an. Anscheinend sind Besucher generell eine Seltenheit. Auch wenn wir uns eher als Opfer sehen, bringen wir es nicht übers Herz, der fröhlichen Seniorin, die ehrenamtlich Dienst schiebt, den Gefallen abzuschlagen. Ihr Computer auf dem Empfangstisch mit Internetanschluss besitzt zudem ausreichend Überzeugungskraft. Der ist ein Opfer allemal wert.

Unsere Befürchtung bewahrheitet sich. Fünf fensterlose Räume sind voll gestopft mit wild zusammengetragenen Exponaten aus der Geschichte des Ortes. Das Highlight ist laut Margret ein verblichenes Nachthemd mit Rüschchenkragen aus den 20er Jahren, das lieblos über den Körper einer kopflosen Schaufensterpuppe gestülpt wurde. Es hat mal irgendeiner wichtigen Dame der Kleinstadt gehört.

Dennoch, das Opfer hat sich gelohnt. Anschließend steht uns der Computer zur freien und kostenlosen Verfügung und wir verschicken neue Lebenszeichen an die Familie und Freunde gen Heimat. Als zusätzliche Belohnung stellt uns Margret ein Abendessen in Aussicht, weil so interessierte Besucher selten sind.

»Fahrt in die nahe gelegene Huttererkolonie. Die Leute dort sind ausgezeichnete Handwerker und können das Problem bestimmt dauerhaft lösen«, schlägt Gene, Margrets Mann spontan vor, als wir das Problem mit dem Fahrradrahmen ansprechen.

Wir sitzen mit Margret und Gene gemütlich an dem ovalen Esstisch ihres Hauses. Es ist ein netter Abend mit den beiden rüstigen Senioren. Margrets üppiges Dreigängemenü schmeckt vorzüglich. Susi äußert ihre Bedenken, dass die Hutterer uns vielleicht als unerwünschte Eindringlinge empfänden. Die Kolonie stellt sicher eine geschlossene Gemeinschaft dar. In Ontario hatten wir bereits Kontakt mit Mennoniten, die einen tieferen Einblick in ihre Lebensweise nicht zuließen. Doch Gene winkt ab und klärt uns ein wenig über die Hutterer auf, mit denen er sich viel beschäftigt hat.

Knapp fünfhundert Jahre ist es her, dass die religiöse Glaubensgemeinschaft der Hutterer aus ihrer Heimat im deutschsprachigen Alpenraum wegen ihres Glaubens flüchten musste. Nach langer Verfolgung kamen sie nach Nordamerika und siedelten sich vorwiegend im Westen der USA an. Später wanderte die Mehrzahl nach Kanada aus. Grundlage ihres christlichen Glaubens ist die Bibel. Teile der Heiligen Schrift werden sogar wörtlich befolgt. So, wie die Zehn Gebote, sie sind Gesetz. Einer der Eckpfeiler ihres Glaubens ist die Ablehnung der Kindstaufe, ebenso Kriegsdienst und weltliche Gerichte. Alle männlichen Hutterer einer Kolonie beherrschen in der Regel mehrere Handwerksberufe. Sie können also ebenso gut einen Traktormotor reparieren, wie Schweine schlachten oder Seife sieden. Und alles wird untereinander geteilt. Die Arbeit, die Bibel und der Besitz! Einer für alle, alle für einen.

»Macht euch keine Gedanken. Wenn wir mal etwas benötigen, dann fahren wir auch zu ihnen raus auf die Kolonie. Die Hutterer sind wirklich nett und hilfsbereit. Und ihr seid aus Deutschland, das ist sicher ein Vorteil.«

»Ob die wirklich noch Deutsch sprechen?«, überlegt Susi interessiert.

Und wenn, wie mag sich das wohl anhören? Das wollen wir herausfinden. Und vor allem hoffen wir dort Hilfe zu finde, um das leidige Problem Fahrradrahmen dauerhaft zu beheben.

Als wir Wawanesa verlassen, machen wir uns auf den Weg in die einige Kilometer entfernte ›Green Acres Colony‹. Dort angekommen passieren wir das geöffnete Tor einer großen Wellblechhalle in der Traktoren, Mähdrescher und Kipper untergebracht sind. Nebenan befinden sich weitere landwirtschaftliche Gebäude und lang gestreckte Wohnhäuser. Doch keine Menschenseele ist auf dem großzügigen Gelände auszumachen. Plötzlich taucht ein Mann hinter einem der Traktoren auf. Er ist in schwarzer Hose aus schwerem Stoff gekleidet, die von breiten Hosenträgern gehalten wird, und trägt ein kurzärmliges kariertes Hemd. Der Vollbart ist leicht ergraut und auf seinem Haupt sitzt eine Baseballmütze.

Ohne Umschweife fragen wir auf Deutsch nach Tim, an den wir uns laut Gene und Margrit wenden sollen. Unser Gegenüber antwortet auf Deutsch. Irgendwie klingt es altmodisch und stark verfremdet, hört sich nach einem starken bairisch-tirolerischen Dialektgemenge an. Als Bayern haben wir keine Verständigungsschwierigkeiten. Er stellt sich als Ed vor und führt uns zu einer weiteren Halle, in der die Metallwerkstatt untergebracht ist. Tim schweißt gerade an einem großen Alugehäuse herum. Wir stellen uns vor und erklären unser Problem. Tim, nur wenige Jahre älter als wir, untersteht die Metallwerkstatt. Mit großem Erfolg konstruiert und baut er Feuerwehrautos mit Aluminiumaufsatz, die er in der Provinz und in ganz Kanada an Gemeinden und Städte verkauft. Wie alle Einkünfte wandert jeder einzelne verdiente Penny des Erlöses in das ›Säckel‹ des Pastors, der mit wachem Auge zum Wohle der Gemeinschaft die Finanzen verwaltet, wie wir später erfahren.

Mit fachmännischem Blick inspiziert Tim die schadhafte Stelle am Rahmen. Susi und mir fällt auf, dass vor allem bei technischen Fachbegriffen viele Wörter aus dem Englischen benutzt werden. Mit Begriffen wie ›Schraubenzieher‹ und ›Schweißapparat‹ kann Tim seltsamerweise gar nichts anfangen. Das wundert uns, denn ansonsten können wir uns mit unserem Bayerisch und die Hutterer mit ihrem alten Deutsch problemlos verständigen. Das Fahrrad wird entladen, das Hinterrad demontiert und der Rahmen in einen Schraubstock eingespannt. Tim möchte die Befestigungsösen auf beiden Seiten gegen lange Metallstreifen ersetzten, um mit der langen Schweißnaht ein erneutes Abbrechen zu vermeiden.

In Windeseile hat sich herumgesprochen, dass zwei ›Weltmenschen‹ die ›göttliche Arche im Meer der irdischen Sünden‹ aufgesucht haben. Hier gibt es keine Geheimnisse. Susi ist mittlerweile mit einigen Frauen verschwunden. Hier wird wirklich alles geteilt. Eileen und andere Frauen in der Kolonie führen Susi in der Kolonie herum und nutzen wissbegierig die Gelegenheit, etwas von der sündigen Welt, die sie umgibt, zu erfahren. Die menschliche Neugier siegt.

Wie die Männer auch, tragen die Frauen eine schlichte, doch bunte Einheitstracht. Die knielangen Haare werden zu einem Zopf gebunden, mit Schnüren und Spangen zu einem Dutt zusammengeknebelt und unter einem schwarzen Kopftuch versteckt. Unter den selbst genähten ärmellosen Kleidern tragen die Frauen weiße Blusen. Die Kinder sind ein Abbild der Erwachsenen, mit dem Unterschied, dass viele von ihnen barfuß herumlaufen. Die Wohnhäuser besitzen alle dieselbe einfache Ausstattung, bei der nicht die Dekoration, sondern die Funktionalität ausschlaggebend ist. Keine bunten Teppiche, keine Bilder an den Wänden, keine kitschigen Souvenirs in den Regalen und schon gar keinen Fernseher in der Ecke.

»Ti-wi macht das Gehirn giftig!«, erklärt Eileen und drückt damit das tiefe Misstrauen der Hutterer auf die menschliche Standhaftigkeit gegenüber all den sündigen Versuchungen und Verführungen der äußeren Welt aus. Deshalb minimieren die Hutterer den Kontakt mit der Außenwelt, soweit es geht. Nur zum Arztbesuch etwa fährt man ins ›Stadtl‹ oder um Geschäfte zu machen. Jedoch stehen die Hutterer keineswegs neuen technischen Errungenschaften ablehnend gegenüber, was allein schon die modernen und effektiven Maschinen im Fuhrpark und die Ausstattungen der Schreinerei und Metallwerkstatt beweisen. Die Hutterer sind auf der Höhe der Zeit, zumindest, was die Technik betrifft. Solange es dem Nutzen der göttlichen Gemeinschaft dient, ist man Neuem aufgeschlossen. Susis Führung setzt sich durch die Buchbinderei, Schusterei und Wäscherei fort. Alles ist sehr zweckmäßig ausgestattet. Die Kolonie kann sich zum großen Teil selbstständig versorgen. Vom Brot bis zur Seife und den Kleidern wird möglichst viel selber in der Kolonie produziert. Enten und Schweinestall, Gemüsebeete und eine Imkerei komplettieren diese in sich funktionierende Kooperative.

Mittlerweile hat Tim die alten Ösen abgeflext und längliche starke Metallstreifen angeschweißt. Mit jedem Handgriff wächst die Zufriedenheit in mir. Die Schweißnaht ist wie aus einem Guss und hat nicht mehr viel mit dem Gekleckse ihres Vorgängers zu tun. Während der aufgetragene Rostschutz trocknet, ziehe ich mit den Männern in den Speisesaal gegenüber der Halle ein. Dort warten bereits dampfende Töpfe auf einem Küchenwagen. Das Essen wird mit einem kurzen Gebet eingeleitet. Nach Geschlecht getrennt, sitzt Susi bei den Frauen und ich bei den Männern. Frauen aus der Kolonie wechseln sich mit dem Küchendienst ab. Rollen und Aufgaben sind klar verteilt.

Trotz eines reichhaltigen Frühstücks sind Susi und ich ziemlich hungrig. Radfahrer sind immer hungrig. Vor allem bei dem Anblick der dampfenden Töpfe. Uns beiden läuft das Wasser im Mund zusammen. Gemüse, Entenkeulen und -brust, Salat und Kartoffeln. Ohne viel auf Etikette zu achten, schaufeln sich die einzelnen Koloniemitglieder ihre Teller voll. Männer vor Frauen, Ältere vor Jüngeren. Wir machen es ihnen nach. Für uns ist das Essen ein wahrer Festschmaus. Nudeln mit Ketchup werden wir bis Feuerland noch zur Genüge haben. Die Männer an meinem Tisch bombardieren mich mit Fragen. Ob wir verheiratet seien? Ob wir Kinder haben? Wie das Leben in Deutschland ist? Warum wir mit dem Fahrrad unterwegs sind? Ich bin im Zwiespalt. Essen oder Antworten. Die Hutterer schlingen das Essen geradezu in sich hinein. Hauptsache, alles geht möglichst schnell. Nach nur einer Viertelstunde läutet die Glocke. Die Essenszeit ist vorbei. Als sich alle zu dem abschließendem Gebet erheben, ist mein Teller fast unangetastet. Ich habe die falsche Entscheidung getroffen.

Nach dem Essen habe ich Zeit, mich mit Tim und Ed, dem Lehrer zu unterhalten. Wie groß die Kolonie ist, will ich wissen. Derzeit zählt sie knapp einhundertzehn Personen. Das bedeutet, dass es bald zu einem ›Auseinandergehen‹ kommen wird. Wenn ein Bruderhof auf einhundertfünfundzwanzig Seelen angewachsen ist, gilt es einen neuen Hof zu kaufen, sich aufzuteilen und eine neue Kolonie zu gründen. Das passiert bei einem Kinderreichtum von bis zu zwölf Kindern pro Frau alle fünfzehn bis zwanzig Jahre. Auch interessiert mich, ob es Hutterer gibt, die die Gemeinschaft verlassen. Tim erklärt mir, dass es sehr selten ist, aber vorkommt. Es ist ein sehr trauriges Ereignis für die Gemeinschaft. Doch die meisten kommen in der Welt da draußen nicht zurecht und kehren reumütig in den Schoß der Kolonie zurück.

Zurück in der Werkstatt, besprüht Tim die Schweißnähte mit schwarzem Lack und ich kann das Rad wieder zusammenbauen. Ich bin den Hutterern überaus dankbar. Das Rad ist an dieser Stelle besser als jemals vorher. Eine Bezahlung lehnt Tim kategorisch ab. Etwas unsicher fragen wir, ob wir zur Erinnerung ein gemeinsames Foto machen könnten. Bereitwillig stellen sich die anwesenden Hutterer zusammen und geben das Bild eines bunten, fröhlichen Trachtenvereins ab. Ed kommt nochmals zu mir und steckt mir einen Zettel zu. Ich soll doch mal schreiben ›wie es steht um uns‹, bittet er mich. Seine E-Mailadresse steht auf dem Papier geschrieben. Überrascht, dass die Hutterer Zugang zum Internet besitzen, verspreche ich, ihn auf dem Laufenden zu halten.

Wir verabschieden uns. Es ist später Nachmittag und wir können noch zwei Stunden radeln. Tief beeindruckt über diese Begegnung lassen wir Green Acres hinter uns. Die Landschaft um uns herum nehmen wir kaum war. Mit unseren Gedanken sind wir noch in der Kolonie und bei deren Bewohnern. Es ist eine Lebensform ohne soziale Ungerechtigkeit, ohne Konsumdenken, ein friedfertiges Miteinander ohne Neid, Zorn, Rachgier oder Feindschaft. Eine Lebensform, in der nur die Gemeinschaft zählt. Besonders bemerkenswert ist, dass diese gemeinschaftlich orientierte Grundeinstellung der Hutterer, sich dreihundert Jahre vor den Thesen des Karl Marx gegründet hat und auch heute noch, nach dem Zusammenbruch des Kommunismus, weiterhin Bestand hat. Susi und ich vermuten, dass der Schlüssel zu dieser Lebensart wohl in den tief religiösen Motiven zu suchen ist.

»Diese Lebensart scheint fast zu paradiesisch. Was dem System fehlt, ist das, was diese Reise uns im Überfluss schenkt: Freiheit und Selbstbestimmung«, stelle ich fest, als wir nebeneinander herradeln.

Um in diesem System leben zu können, muss man wohl darin geboren sein.

»Jetzt ist mir klar, warum die Hutterer mit Begriffen, wie ›Schraubenzieher‹ und ›Schweißapparat‹ nichts anfangen können!«, erklärt mir Susi.

»Und was wäre der Grund?«

»Ihr Deutsch beschränkt sich auf den Wortschatz der Bibel. Und Petrus, der war ja bekanntlich Fischer und kein Automechaniker. Die besitzen einen konservierten Wortschatz, der vierhundert Jahre alt ist«, vermutet Susi.

Abseits des Trans Canada Highways, entlang kleiner Nebenstraßen, radeln wir weiterhin den Bergen entgegen. Die Orte werden kleiner. Viele wirken ausgestorben, manche sogar ganz verlassen. Die jüngere Generation ist hier kaum noch zu finden. Sie zieht es in die Städte. Oft bleibt ihnen auch keine andere Wahl. Außer Farming steht nicht viel zur Auswahl. Nachdem mein Fahrrad geheilt wurde, ist Susis an der Reihe. Das Kugellager ihres linken Pedals hat sich in alle Einzelteile aufgelöst. Weit und breit nur weites Ackerland. Doch auf den Farmen ist immer Hilfe zu finden. Die Menschen empfangen uns mit offenen Armen, sind wohl selber dankbar für ein wenig Abwechslung. Ein uraltes Bike, zumindest optisch aus der Zeit der ersten Siedler und prima passend für Magrets Museum, wird aus der Scheune geholt. Wie es der Zufall will, passt dessen Pedal.

Manitoba, Saskatchewan und Alberta. Durch alle drei Prärieprovinzen begleiteten uns außer dem unnachgiebigen Gegenwind Heuschreckenschwärme. In diesem heißen Sommer sind sie besonders zahlreich. Nicht nur für die Farmer, sondern auch für uns sind diese kleinen Insekten eine wahre Plage.

»Die sind richtig eklig!«, beschwert sich Susi über die lästigen Biester.

Aber so klein sind sie gar nicht. Wie Kletten heften sich die mehrere Zentimeter langen, grünen Insekten an die Kleidung. Immer wieder springen sie uns ins Gesicht, in die Ohren und die Nase. Irgendwann geben wir es auf, auszuweichen und so begleitet uns ein permanentes Knacken unter den Reifen. Bei einem anderen Tier lassen wir mehr Vorsicht walten. Die Rede ist von Klapperschlangen. Sie liegen in regelmäßigen Abständen auf dem warmen Asphaltboden regungslos in der Sonne. Um die machen wir jedoch einen ganz besonders großen Bogen.

Einige Kilometer hinter dem paradiesisch klingenden Ort Milk River tauchen die ersten blassblauen Silhouetten des mächtigen, parallel von Nordwest nach Südost, über den Kontinent verlaufendem Gebirgszug auf. Wir haben die Rocky Mountains erreicht.

»Vaya con dios!«, gibt der Mann in Uniform uns mit auf den Weg.

»Habe ich da gerade richtig gehört?«

»Ja, irgendwie kam mir das auch Spanisch vor!«

»Viel Glück und Gott beschütze euch! Na, dann kann ja nichts mehr schief gehen!«

Wir sind wieder zurück in den USA. Die erneute Einreise an einem winzigen Grenzübergang gestaltet sich ohne Probleme, wenn auch die Verabschiedung des Beamten scheinbar lateinamerikanischer Herkunft etwas landesuntypisch ausfällt. Nach einem Rückflugticket oder Visum fragt auch hier keiner.

Zur Feier unserer Rückkehr schlage ich vor, ein kleines amerikanisches Barbecue zu veranstalten. Dazu besorgen wir uns in einem Supermarkt ein paar hundert Gramm Hackfleisch, die wir am Abend auf unserem Kocher brutzeln wollen. Doch unsere kleine amerikanische Feier fällt ins Wasser, zumindest für mich. Seit zwei Tagen schleppe ich eine Entzündung im Mundraum mit mir herum, die jetzt beginnt, auf einen Backenzahn auszustrahlen. Mein Schädel brummt. Am Abend pocht der Zahn so stark, dass ich mir von Susi eine ›Hammertablette‹ verschreiben lasse. Kurz nach dem Zeltaufbau ziehe ich mich in meinen Schlafsack zurück. Susi bleibt nichts anderes übrig, als einsam und allein die Fleischpflanzerl in der verbeulten Edelstahlpfanne herauszubraten. Eine lustige Party sieht anders aus.

Ich schlage die Augen auf. Draußen ist alles Dunkel. Ich wache auf, nicht wegen Zahnschmerzen, sondern aufgrund naher Würgegeräusche. Ich denke sofort an einen Bären. Gesehen haben wir bis jetzt immer noch keine, doch überall weisen Schilder darauf hin, dass wir uns in einer Region, in der Bären hausen, befinden. ›Attention, you are in bear country!‹

Schlagartig bin ich hellwach. An die nächtliche Geräuschkulisse in der Wildnis, rund um unser Zelt, haben wir uns nur sehr langsam gewöhnen können. Ein Ohr schläft, das andere wacht. Auch wenn wir wissen, dass die Waschbären, Elche oder Füchse, die sich in ihrer Unwissenheit über den Inhalt des sonderbaren grünen Iglus in ihrem Revier bis auf wenige Meter heranwagen, mehr Angst vor dem Menschen haben als wir vor ihnen, schrecken wir bei jedem dieser Besuche extrem auf. Vor Bären haben wir besonderen Respekt. So geräuschvoll wie in diesem Moment waren die Laute jedoch noch nie. Ich überlege. Haben wir etwa vergessen, alle Lebensmittel bärensicher auf einen Baum zu hängen?

Ich taste zu Susi herüber und bin verwundert: Ihr Platz ist leer. Ein mir allzu gut bekanntes »Shit!«, dringt aus Richtung Würgegeräuschen zu mir herüber. Plötzlich bin ich beruhigt.

Doch kein Bär. Es ist das Hackfleisch!

Am nächsten Morgen hat Susi zum Glück ihre nächtliche Magenattacke ohne Spätfolgen überwunden.

»Die Party war echt langweilig und das Catering miserabel. Wir sollten doch lieber bei Nudeln mit Ketchup bleiben«, lautet ihr einziger Kommentar zu den Geschehnissen der letzten Nacht.

Auch wenn mich die Zahnschmerzen vor Schlimmerem bewahrt haben, hat das Leiden für mich noch kein Ende. Die Wirkung des Mittels hat längst nachgelassen. Wieder bettele ich um eine Schmerztablette. Beim nächsten Zahnarzt kommt er raus, das steht fest. Doch der befindet sich auf der anderen Seite der Berge.

Die Straße mit dem verheißungsvollen Namen ›Going to the sun road‹ führt quer durch den Glacier National Park und bringt uns direkt zum höchsten Punkt, dem Logan Pass. Nach über drei Wochen Prärie kommt uns diese Abwechslung ganz gelegen. Dank einer erneuten Dosis Schmerztabletten sind nicht nur die Zahnschmerzen weniger, sondern auch das Radfahren geht mir heute leicht vom Fuß. Ich überlege, ob es einen Zusammenhang gibt, denn Susi hechelt hinterher. Das ist ungewöhnlich.

Der Klimawandel hat auch hier seine Spuren hinterlassen. Eis und Schnee haben sich im Laufe der Zeit immer mehr zurückgezogen, sodass kaum noch größere Gletscher, wie der Name des Parks vielleicht vermuten lässt, zu finden sind.

Oben am Pass treffen wir Shongo, einen jungen Radreisenden aus Taiwan. Er ist ein witziger kleiner Kerl, der einen unglaublich überladenen Anhänger hinter sich herzieht. In ihm finde ich einen Leidensgenossen. Auch ihn plagen seit einigen Tagen Zahnschmerzen. Als wir uns gegenseitig bedauern, zieht Shongo geheimnisvoll ein kleines Döschen aus seiner Lenkertasche. Der Inhalt: eine bestialisch stinkende Salbe. Doch mit innigstem Vertrauen in die asiatische Heilmedizin schmiere ich mir die Salbe dick auf die entzündete Stelle um den schmerzenden Zahn. Es würgt mich. Sie schmeckt zehnmal schlimmer als sie riecht. Doch sie hilft. Schon am Abend ist die Entzündung verschwunden und rettet mich vor einem lückenhaften Lächeln.

Seit wir die Rocky Mountains erreicht haben, radeln Susi und ich durch eine uns aus zahlreichen Wildwestfilmen bekannte Landschaft. Vorbei an vielen Ghosttowns aus der Zeit des Gold- und Silberrausches und noch mehr kleinen Ortschaften, denen ein künstlicher Wild-West-Anstrich verpasst wurde, um Touristen in die Souvenirläden, Kneipen, Pups und Restaurants zu ziehen. Der Bundesstaat Montana, den wir durchqueren, ist der eigentliche Grund, warum wir uns in den nördlichen Westen Nordamerikas begeben haben. Die mexikanische Grenze wäre von Boston aus auf direkterem Wege zu erreichen gewesen. Es gibt Regionen auf Erden, die allein durch ihren Namen eine besondere Anziehungskraft auf jemanden ausüben, die Fantasie beflügeln, ohne dass man den genauen Grund dafür kennt. Man will es einfach mal gesehen haben, dort gewesen sein. Susi ging das so mit Island, mir mit Montana.

Das große weiße Tipi neben der Blockhütte ist schon von Weitem auszumachen. Es handelt sich um das Basislager der Bison-Aktivisten, wenige Kilometer nördlich des Yellowstone National Parks. Wir haben den Tipp bekommen, hier nach einer Zeltmöglichkeit zu fragen. Äußerlich scheint es, als hätten sich die Tierschützer ihren Schutzbefohlenen angenähert. Zotteligkeit ist offenbar Pflicht: Bärte, lange Haare. Es ist eine wilde Mischung aus Aussteigern und Politkämpfern, Veganern und Studenten, Freaks und New Age Kids, die sich hier versammelt haben.

»Der Nationalpark ist für die Tiere eines der letzten natürlichen Rückzugsgebiete auf der Erde«, erklärt uns Mike, auf dessen Kopf eine gestrickte Wollmütze in Jamaikafarben sitzt. Bei ihm haben wir uns nach einer Übernachtungsgelegenheit erkundigt.

»Im harten Winter müssen die Tiere den Park verlassen. Der Yellow-

Island verzaubert

Eiskalt erwischt. Island

Amerika bringt uns immer wieder zum Staunen.

Lichtspiel im Antelope Canyon

Nach Regen kommt Sonnenschein.

Mexikanische Sonnenuntergänge sind traumhaft.

Lateinamerikas Fast-Food-Restaurants bieten meist nur Reis und Bohnen.

Susi findet in dem französischen Abenteuerer Gilles einen begeisterten Partner für ausgedehnte Kaffeepausen.

In den Anden sind wir oft stehend k.o.

Daniel hinkt mal wieder hinterher.

Auf dem Altiplano legen wir weite Strecken entlang der Bahngleise zurück.

Sand ist das Schlimmste.

Mit dem Rad kommen wir überall durch. Andere haben mehr Probleme ...

Bolivianischer Altiplano

Radek erschöpft am Cotopaxi, kurz vor dem Gipfel. Ecuador

Mittelamerika ist ein heißes Pflaster. Vulkan Arenal, Costa Rica

Bis auf 5000 Meter schrauben sich die peruanischen Pässe.

Emerald Lakes im Tongariro Nationalpark. Neuseeland

Märkte in Mittelamerika sind ein Feuerwerk der Farben.

Buenos Aires hat es uns angetan.

Otavalo-Mädchen, Ecuador

Masken, Guatemala

Das Lama ist das wichtigste Nutztier in den Anden. Ecuador

No pasar caminando – Betreten verboten

Das Ziel ist erreicht. Ende der Nationalstraße No. 3: die Bucht Lapataia auf Feuerland

Perito Moreno, Patagonien

In Australien und Neuseeland füllen wir Reisekasse und Vitaminhaushalt wieder auf.

Alternative Schlafplätze finden wir immer. Australisches Outback

Auf Bali ist der Hinduismus noch sehr lebendig.

Stopp an einer der zahlreichen Cola-Buden. Indonesien

Abendliche Männerrunde beim Glücksspiel in Indonesien.

Wir radeln in die Megametropole Bangkok. Wieder mal purer Stress.

stone ist einer der frostigsten Plätze der USA mit Temperaturen bis zu minus fünfzig Grad Celsius. Kein Bisonschädel dringt dann mehr durch die Schnee- und Eisdecke auf der Suche nach Gras. Die Parkverwaltung glaubt, dass der Park nicht mehr als dreitausend Bisons verkraftet und gibt jährlich in der Wintersaison eine bestimmte Anzahl der Tiere, die sich zu ihrem Unglück außerhalb der Parkgrenzen befinden, zum Abschuss frei!«

Die Aktivisten haben sich ganz dem Schutz dieser Tiere verschrieben. Die Tierschützer verstehen den Nationalpark nur als Aufzuchtgebiet. Von hier aus sollen die Tiere sich über ihren historischen Lebensraum ausbreiten. Um die Öffentlichkeit für ihr Ziel zu sensibilisieren, patrouillieren sie den ganzen Winter und versuchen jeden Abschuss, jede Maßnahme gegen die Tiere dokumentarisch festzuhalten und anzuprangern.

Neben einem von Unkraut umwucherten Wohnwagen finden wir einen Platz für unser Zelt. Beim Zeltaufbau quietscht und wackelt der jedoch gewaltig. Als unser Zelt steht, kriecht ein verschwitztes Dreadlockpärchen aus dem Anhänger. Prophylaktisch verschieben wir unser Zelt hinter einen Holzstoß. Man weiß ja nicht, wie frequentiert dieser Wohnwagen ist. Ich räume das Zelt ein, Susi geht duschen. Auf dem Weg dorthin schleicht sich völlig unerwartet von hinten eine kleine struppige Promenadenmischung an sie heran und zwickt ihr mit den scharfen Zähnen in die Wade. Mit einem entsetzten Schrei springt Susi zurück. Der Hund kläfft weiter angriffslustig auf sie ein.

»Mistköter!«

Erst als Susi den Hund anschreit, mischt sich zögerlich die alternativ angehauchte Besitzerin ein.

»Sorry, aber das hat er noch nie getan!« Sie nimmt den kleinen kläffenden Köter auf den Arm.

Die Entschuldigung klingt eher wie ein Vorwurf. Damit ist die Sache für sie scheinbar vom Tisch. Hund und Besitzerin verziehen sich und lassen Susi alleine zurück. Frauchen ist hundert Prozent Tierschützerin, keine Frage. Wie tief die Wunde ist, ob Susi Schmerzen hat oder ob sie Tetanus geimpft ist und vielleicht ins Krankenhaus gebracht werden will, interessieren sie nicht. Der Biss ist zum Glück nur ein Kratzer. Wütend und weinend steht sie unter der Dusche. Doch mehr als die Wunde schmerzt der Schock. Als Kind wurde sie von einem Vierbeiner gebissen und ist seitdem keine Hundefreundin. Jetzt ist es fast ausgeschlossen, dass sie jemals eine wird.

Schon der erste Eindruck im Yellowstone haut uns von den Socken. Unweit der Straße wandert eine Herde Hirschkühe seelenruhig durch einen knietiefen Bach, ein Kojote kreuzt in fünf Metern Entfernung im leichten Trab die Straße. Etwas weiter entfernt ragt ein mächtiges Hirschgeweih aus dem hüfthohen, gelben Präriegras und kurze Zeit später taucht ein erster Büffel inmitten einer freien Fläche auf.

»Wow, das sind wahrlich mächtige Tiere. Von Kühen kann hier keine Rede mehr sein!«

Um tiefer in den Park eindringen zu können, lassen wir unsere Räder an einer Rangerstation und ziehen per Daumen und Rucksack durch den Nationalpark. Zwei Tage streifen wir durch das Hinterland des Yellowstone. Auf dem Weg zu einem unserer Lagerplätze mitten in der Wildnis bläst Susi permanent in eine Trillerpfeife. Ich klatsche ständig in die Hände. Wir kommen uns ziemlich dämlich dabei vor. Aber lieber dämlich als urplötzlich zwischen einem Jungbären und dessen fürsorglicher, aufgeschreckter Mutter zu geraten. Das kann böse enden. Hinter jedem Busch oder Baum erwarten wir, auf einen Bären zu treffen.

Endlich taucht der kleine Fluss auf, hinter dem sich unser Zeltplatz befinden soll. Den bekamen wir von den Rangern zugewiesen. Eigentlich ist der Platz nur eine zum Zelten ausgewiesene Wiese. Wir betreten den aus zwei Balken bestehenden schmalen Steg. Die Landschaft leuchtet sanft im letzten Abendlicht, die hohen Kiefern werfen sanfte Schatten über die mit gelbem Gras überzogene Hügellandschaft. Hier und da übertrumpfen sich Schmetterlinge und Libellen mit akrobatischen Flugmanövern. Idyllischer kann ein Ort nicht sein. Unsere Gedanken sind bereits bei den saftigen Würstchen, die wir über unserem Lagerfeuer zubereiten wollen.

Auf einen Schlag zerstört Raul unsere Tagträumerei. Keine fünf Meter steht er direkt vor uns und versperrt uns wichtigtuerisch den Weg. Auge in Auge stehen wir ihm gegenüber. Raul ist ein ausgewachsener Bisonbulle und besetzt unseren vorbestellten Zeltplatz. Das gibt's doch nicht! Die Sonne ist bereits hinter den Bergen verschwunden. Es ist spät. Was tun? Raul ist groß, sogar sehr groß. Nein, Raul ist ein Koloss. Doch so einfach wollen wir das Feld nicht abtreten. Schließlich haben wir reserviert und auf die Würstchen wollen wir auch nicht verzichten. Ohne dass wir ihn und er uns aus den Augen lässt, schleichen wir mit laut pochendem Herzen um das Tier.

»Bist scho' a brav's Rindviech«, versucht Susi behutsam auf ihn einzureden.

Vielleicht können wir Freunde werden. Er schnaubt, uns zittern die Knie. Wahrscheinlich nicht!

Uff! Wir schaffen es den Abstand wieder zu vergrößern und erreichen wenige Meter weiter einen Holzpflock, der die Stelle für das Zelt markiert. Abwechselnd schauen wir uns und das Tier an.

»Wo Bison Raul ist, können auch dessen Familie und Freunde nicht weit sein!«, überkommt uns ein Gedankenblitz.

Bilder von donnernden Bisonherden, die über die Prärie jagen aus ›Der mit dem Wolf tanzt‹, schießen mir durch den Kopf. Ich schlucke.

»Hm, vielleicht doch lieber zurück!« Susi teilt meine Einschätzung.

»Wer zuerst kommt, malt zuerst. Reservierung hin oder her«, pflichtet sie mir bei.

Auch ihr ist bei dem Gedanken mit Raul den Schlafplatz zu teilen, nicht ganz wohl. Mir geht es mehr um die Würstchen. Wieder Herzklopfen, nochmals Adrenalinschübe. Raul schnaubt kräftiger, unsere Knie schlottern. Nein, Freunde werden wir wohl nicht.

Die Nacht verbringen wir nur wenige Minuten weiter auf dem von zwei jungen Studenten besetzten Lagerplatz. Der kleine Fluss zwischen uns und Raul schafft eine beruhigende Distanz. Die beiden Jungs sind über menschliche Gesellschaft ebenso erfreut wie wir. Geteilte Angst ist halbe Angst. Die Nacht erwacht und mit ihr die Geräusche der Wildnis. Kojotengeheule und die Brunftrufe einsamer Rotwildmännchen dringen zu uns vor. Keiner will mit mir Würstchen am Stock braten. Allein habe ich dazu auch keine Lust. Was bei einer Ein-Mann-Party rauskommen kann, weiß ich seit Susis Barbecue. Die Würstchen baumeln mit allen restlichen Lebensmitteln und der Zahnpasta an einem Rucksack, in hundert Meter Entfernung bärensicher an einem Seil, über dem Ast einer Kiefer. Als Letzter trete ich den Rückzug ins Zelt an.

»Was ist?«, frage ich Susi.

»Ach nichts. Ich dachte nur gerade das Gejaule, erinnert mich irgendwie an Werwolf!«

Den Rangern zufolge hat es auch Wölfe im Park. An diesem Abend vergewissern wir uns zweimal, dass die Reißverschlüsse der Zelteingänge auch wirklich geschlossen sind.

Am ersten Montag im September feiern die Amerikaner ihren Nationalfeiertag, den Labour Day. Mit ihm endet die Feriensaison und Kolonnen von Wohnmobilen, Reisebussen und Privatautos, die den Sommer über auf den Straßen der Nationalparks rollen, lösen sich auf. Im südlichen Teil des Parks überqueren wir, wieder auf unseren Drahteseln, die nordamerikanische Wasserscheide. Eine Gratlinie, die den Wasserabfluss in den Pazifik und in den Atlantik trennt. Wenige Kilometer hinter der Parkgrenze türmen sich die gewaltigen Gipfel eines weiteren Nationalparks, des Grand Teton.

Susi ist seit einigen Tagen recht schweigsam. Ihr merkt man immer gleich an, wenn irgendwo der Schuh drückt. Susi ist kein Mensch, der sich gut verstellen kann. Ich sehe das als Stärke. Sie ist bedrückt. Sie redet weniger und was mich besonders sorgt, ist, sie lacht weniger als sonst. Ihre Oma hat den achtzigsten Geburtstag und zu Hause steigt zu diesem Anlass eine große Party. Die ganze Familie kommt zusammen und feiert.

»Das geht schon wieder vorbei!«

Obwohl sie voll in der Reise aufgeht, sind das Tage, an denen sie das Heimweh überkommt. Mit jedem Tag, den wir unterwegs sind, wird der Abstand, der uns geistig an die Heimat bindet, größer. Wir merken, wie wir immer mehr von den Dingen, die uns zuvor noch so wichtig erschienen, loslassen können, um uns tiefer in die Eindrücke der Reise fallen zu lassen. Durch Amerika und Kanada zu reisen, macht riesigen Spaß. Wir fühlen uns wohl in diesem Land, mit dem wir uns vor der Reise eigentlich am wenigsten befasst haben, weil es uns am uninteressantesten und unspektakulärsten erschien. Jetzt ist es uns vertraut und ans Herz gewachsen.

Doch Amerika zeigt sich nicht nur von seiner glänzenden Seite. Dreiunddreißig Kilometer radeln wir auf der Interstate 70, in ständiger Erwartung darauf, jeden Augenblick von einem ›Highway cop‹ gestellt und von der autobahnähnlichen Schnellstraße verwiesen zu werden. Laut Karte gibt es jedoch keine Alternative. Doch weder Blaulicht noch Sirene stoppen uns. Unbehelligt erreichen wir die nächste Ausfahrt. Wir erreichen Cisco, einen kleinen Ort direkt neben dem Highway, der in unserer Karte als Kleinstadt eingezeichnet ist. Dringend müssen wir die Wasservorräte auffüllen. Doch Wasser werden wir hier keines bekommen. Der Ort ist eine Geisterstadt und bis auf den warmen Wüstenwind, der durch die Straßenzüge und die zerbrochenen Scheiben der halb verfallenen

Gebäude fegt, scheint alles still zu sein. Es wirkt unheimlich. Bei der Einfahrt passieren wir die alte Tankstelle des Ortes. Die Zapfsäulen sind noch mit Handpumpe ausgestattet. Auf der gegenüberliegenden Straßenseite weist ein schief hängendes, verblichenes Schild darauf hin, dass es sich bei dem Gebäude einst um ein Motel gehandelt hat.

»Das Hotel California aus dem Song der Eagles!«

Mir läuft ein Schauern über den Rücken.

All die verfallenen Gebäude zeugen von einer blühenden, besseren Vergangenheit, als noch die alte Hauptroute durch den Ort führte und bevor der neue Highway sämtliches Leben mit sich nahm. Viele Dächer der Häuser sind bereits eingestürzt, weiße Farbe blättert von den Holzfassaden und alte Autos rosten schweigend vor sich hin. Doch überraschend finden wir Leben in dieser Geisterstadt. In einem Winkel stehen vier alte Wohnwägen, die von zwölf Leuten bewohnt sind. Scheinbar stehen Amis auf Wohnwägen. Dabei dachten wir, das wäre eine niederländische Marotte. Hier haben sich Leute zusammengetan und sich fern der Gesellschaft ein eigenes kleines Reich aufgebaut. Leute, denen das Land der unbegrenzten Möglichkeiten seine Grenzen aufgezeigt hat. Eines der alten Gebäude haben sie als Kneipe hergerichtet, in der sie allabendlich vermutlich selber ihre einzigen Gäste sind. Dementsprechend karg fällt das Angebot aus. Bier und Chips. Irgendwo knattert ein Generator. Wir fragen nach Wasser. Umständlich erklären sie uns, dass Wasser kostbar ist in der Wüste. Selber müssen sie es aus einem dreißig Kilometer entfernten Ort in Kanistern heranschaffen. Wir bekommen mit, dass eine Frau vor kurzem von einem Hund gebissen wurde. Susi bietet an, sich die Wunde mal anzusehen. Das Geld für einen Arztbesuch kann oder will die Frau nicht ausgeben. Die klaffende Wunde sieht nicht gut aus, sie hat sich entzündet. Susi reinigt die Wunde und bringt einen frischen sauberen Verband an. Eigentlich müsste sie genäht werden. Eine Tetanusimpfung besitzt die Frau nicht. Sie ist zuversichtlich, dass die Wunde auch so wieder verheilt. Susi kann ihre Zuversicht nicht ganz teilen und versucht ihr vergeblich klarzumachen, dass sie zum Arzt müsste. Dafür ist kein Geld da.

Zum Dank für die notdürftige Versorgung dürfen wir unsere Trinkflaschen jedoch mit dem Wasser aus einem herangeschleppten Kanister befüllen. Die ›Eagles‹ summen mir danach mehrere Tage als hartnäckiger Ohrwurm durch den Kopf.

Wir haben Ende September. Seit letzter Nacht droht der Winter. Die Bäume beginnen, sich in ein gelb-rotes Gewand zu hüllen. Seit einigen Tagen haben wir morgens gefrorene Wasserflaschen. Erster Schnee bedeckt umliegende Bergkämme und Gipfel. Es ist an der Zeit, in südlichere Gefilde vorzustoßen.

Die zwei alten Haudegen wären die Idealbesetzung eines amerikanischen Westernstreifens. Breitkrempliger Cowboyhut, kariertes Hemd, verstaubte Stiefel und einen grauen Vollbart. Jim und sein Jagdpartner Matt sind neben uns die einzigen Gäste auf der Dorfwiese, die als kostenloser Campingplatz ausgeschildert ist. Die zwei Mittfünfziger sind hier an der Grenze zum Bundesstaat Utah, um für eine Woche auf Jagd zu gehen, erzählen sie uns bei einer lauwarmen Dose ›Bud Light‹, das in scheinbar unerschöpflichen Mengen in ihrem Wohntrailer lagert. Stolz präsentieren sie uns ihr Waffenarsenal, bestehend aus Revolver und zwei Gewehren mit Zielfernrohr. Doch momentan ist Vorsaison.

»Aus diesem Grund ist es nur erlaubt mit Pfeil und Bogen auf Rotwildjagd zu gehen«, erklärt uns Jim.

Eine besondere Herausforderung. Der Jäger muss sich bis auf mindestens fünfundzwanzig Meter an das Tier heranschleichen, damit die rasiermesserscharfen Schneiden der Pfeilspitze zielsicher das Tier erreichen können. In Susis Fall wäre das sicherlich eine kleine, hässliche Promenadenmischung. Mit einem umfunktionierten Plastikrohr einer alten Waschmaschine demonstriert uns Jim, wie er die Brunftlaute eines Hirschs imitiert, um die Tiere anzulocken. Verblüffend ähnlich klingen diese Laute jenen die uns nachts umgeben, wenn wir im Wald schlafen. Die zwei kennen sich aus, zumindest mit Waffen. Über Bier reden wir lieber nicht.

Einige Tage später nächtigen wir auf einem abgelegenen Platz nahe des Highways hinter Büschen. Gegen halb drei werden wir durch ein lautes Knallen aus unseren Radlerträumen gerissen. Im Halbschlaf klingt es, als würde einer von unseren Hinterreifen bei voller Fahrt zerreisen. Doch der Albtraum ist in Realität noch viel schlimmer. In unserer unmittelbaren Gegend ballert irgendjemand laut grölend wild in der Gegend herum. In welche Richtung er schießt, lässt sich kaum ausmachen. Nur wissen wir, dass unser Zelt nicht als kugelsicher gilt. Das ist beunruhigend, das ist sogar mehr als beunruhigend. Das ist ein Scheißgefühl! Mit einem dumpfen Knall schlägt plötzlich eine Kugel unweit gegen einen Stein. Aufstehen wäre jetzt wohl am wenigsten ratsam. Susi und ich drücken unsere Nasen noch näher an den Boden. Unsere dünnen Matten kommen uns in diesem Augenblick vor wie fette Luxusmatratzen eines französischen Himmelbetts. Gerade als ich lauthals losschreien will, um den Schützen aufzufordern, das Geballere einzustellen, heult ein Motor auf. Reifen drehen auf dem losen Untergrund durch. Danach ist der Spuk vorbei.

Amerika wirkt auf Susi und mich in vielen Dingen extremer als Europa. Diese Einsicht schlägt sich auch in den Dimensionen und Größen, seien es Autos, Grundstücke, Entfernungen, Softeisportionen oder Hamburger nieder. Vieles fällt einfach eine Nummer größer aus, als wir es gewohnt sind. Dazu gehören auch die Naturgewalten.

Irgendwo zwischen Utah und Arizona springt der Kilometerzähler auf ›10000‹ um. Damit, da sind Susi und ich uns einig, ist der Ruf des blutigen Anfängers endgültig abgeschüttelt. Beflügelt legen wir trotz steigender Temperaturen ein enormes Tempo vor.

Kurz bevor wir das Monument Valley erreichen, geraten wir unversehens mitten in das gewaltigste Unwetter, dass wir je erlebt haben. Das Land ist offen und weit. Blitze zucken im Sekundentakt vom Himmel, ohrenbetäubende Donnersalven lassen die Erde beben. Die gewaltigen Tafelberge aus rotem Sandstein, die wir schon vor einigen Kilometern erspäht haben, hat die undurchdringliche Regenwand verschluckt. Eine Hand voll unbesetzter Holzstände am Straßenrand, an denen normalerweise kitschige Indianersouvenirs an vorbeikommende Touristen verkauft werden, sind die höchste Erhebung im Umkreis. Wir lassen unsere Fahrräder am Zaun zurück und kauern uns in eine Senke im offenen Feld. Regen peitscht auf uns nieder, Sturmböen drücken das Wasser in jede winzige Öffnung unserer Regenkleidung. Selbst in der Schneesturmnacht auf Island haben wir uns den Naturgewalten nicht so hilflos ausgesetzt gefühlt. Diese Gewalt ist Angst einflößend. Die Götter der Indianer sind immer noch erzürnt. Weltuntergang am Monument Valley.

Seit der nächtlichen Schießübung zelten wir meist auf Baseballplätzen kleiner Ortschaften. Fußballplätze gibt es keine, dieser Sport ist in den USA nur was für Mädchen. Wir streifen ›four corners‹ nur mit wenigen Kilometern Abstand. ›Vier Ecken‹ ist der einzige Punkt der USA, an dem vier Bundesstaaten aufeinander treffen. Utah, Colorado, New Mexico und Arizona. Grund genug, daraus gleich eine Sehenswürdigkeit zu machen, wenn man schon keinen Äquator hat. Obwohl die Amerikaner das sicher nicht nötig hätten. Denn wir können uns kaum vorstellen, dass in einem anderen Land der Erde eine noch größere Konzentration an Naturwundern zu finden ist. Unser Weg wird jetzt geradezu gesäumt von Nationalparks. Doch Wichtigeres kommt uns zunächst dazwischen.

Die Überreste von Susis Stimmungstief sind wie weggeblasen. Besuch hat sich angekündigt.

»Es steht fest, wir kommen euch besuchen! Mit im Gepäck eine ganze Ladung Gummibärchen«, erreicht uns eines Tages die freudige Nachricht per E-Mail aus der Heimat.

Soni und Karin, zwei von Susis ›Mädels‹, haben einen Flug nach Phoenix in Arizona gebucht. Als Treffpunkt vereinbaren wir die Kleinstadt Prescott, zwei Autostunden nördlich der größten Stadt Arizonas. Bis dahin bleiben uns nur wenige Tage. So heißt die Devise erst mal ›Gummibärchen statt Grand Canyon‹.

Die kürzeste Route führt quer durch das Reservat der Navajo-Indianer. Viel ist nicht mehr zu spüren vom Geist ihrer Vorväter. Doch die Indianer müssen immer noch kämpfen. Sie führen einen Kampf gegen Arbeitslosigkeit, ein unzureichendes Sozialsystem, den Alkoholismus und vor allem kämpfen sie um ihre Identität. In einem Land, das sie vor weniger als zweihundert Jahren noch ihr Eigen nannten, sind sie zur Randgruppe geworden.

»Hast du mal einen Dollar?«, werden wir nicht unfreundlich von zwei vorbeiziehenden Männern angequatscht. Beide tragen T-Shirts und ausgetragene Jeans. Der eine trägt Turnschuhe und ein ausgewaschenes Trikot der ›49er‹, der andere Cowboystiefel und Hut. Es ist nicht das erste Mal, dass wir in einem Reservat um Geld angepumpt werden.

Einer der beiden deutet auf die leere Bierdose in einem Flaschenhalter an meinem Fahrrad.

»Alkohol ist hier im Reservat strengstens verboten«, belehrt er uns.

Beide kichern und ziehen weiter. Die Alkoholfahne, die sie zurücklassen, benebelt uns noch einige Minuten danach.

Ich sträube mich, doch Glen schiebt mir den gefalteten Geldschein kompromisslos in die Hosentasche. Widerrede ist zwecklos. Gerne lassen wir uns zu einer Pizza oder einem Frühstück einladen, freuen uns über das Angebot, im Vorgarten zelten zu dürfen oder über manche spontane Einladung, im Gästezimmer zu übernachten. Mehrmalig schon wurden uns fünf oder zehn Dollar als Zuschuss für unsere Reisekasse zugesteckt. Doch Geld von im Grunde fremden Menschen anzunehmen, ist nicht unsere Sache. Auch wenn oder obwohl wir aufgrund des knappen Reisebudgets jeden Dollar zweimal umdrehen. Glen und Lyan, ein älteres Pärchen, das mit seinem Wohnwagen zur Überwinterung nach Süden unterwegs ist, haben uns spontan zu einer langen Kaffeepause am Straßenrand eingeladen. Nachdem wir uns verabschiedet haben und die beiden davongebraust sind, ziehe ich den Geldschein aus der Tasche, um ihn nicht zu verlieren. Wir sind platt. Ein Einhundertdollarschein liegt zerknüllt in meiner Hand.

Mit Helen und Dave, ein uns entgegenkommendes französisch-englisches Pärchen, das seit einigen Monaten mit dem Tandem auf Weltreise ist, teilen wir uns am Abend unser Lager, versteckt hinter Büschen. Auch sie sind erstaunt über diese großzügige Finanzspritze. Sie haben aber eine Erklärung.

»Wenn euch oder uns Leute Geld schenken, dann tun sie das gerne, sonst würden sie es ja nicht machen. Betrachtet es mal als eine Art Tauschhandel. Sie tauschen das Geld, um ein Teil der Reise zu werden, von der sie wissen, dass sie sie selber nie machen werden oder können. Sie kaufen sich damit ein Stück von Abenteuer und Freiheit, das für sie immer ein Traum bleiben wird. Deshalb, schreibt ihnen von unterwegs, lasst es sie wissen, wie es euch ergeht, lasst sie ein wenig Anteil haben. Damit könnt ihr das Geld mehr als zurückzahlen.«

In unserem Fruchtgummiwahn erreichen wir Prescott am Tag vor dem vereinbarten Zusammentreffen mit Soni und Karin. Susi ist seit Tagen ganz zappelig und kann das Wiedersehen kaum erwarten. Der Ranger an der Empfangstheke der Forstverwaltung ist fröhlichen Gemüts, äußerst kommunikativ und begeisterungsfähig. Charaktereigenschaften, die in diesem Land so typisch wie weit verbreitet sind. Tom gibt uns nicht nur den Tipp, wo wir eine kostenlose Zeltmöglichkeit unweit der Stadt finden, sondern in seiner Garage können wir auch die Räder für die Zeit, die wir mit Soni und Karin im Auto unterwegs sind, unterstellen. Die unaufdringliche, natürliche Hilfsbereitschaft, auf die wir immer wieder treffen und die sich wie ein roter Faden auf unserem Weg durch Nordamerika zieht, ist schlicht umwerfend.

Das Wiedersehen der Mädels ist einfach genial. Es gibt viel zu erzählen und bei drei Freundinnen, die sich ein halbes Jahr nicht mehr gesehen haben, wird der Gesprächsstoff auch sicher nicht ausgehen. Ich werde mich in der Zwischenzeit mit den fruchtigen Bären beschäftigen. Mit im Gepäck befinden sich unzählige Geschenke, Briefe, Bilder und Süßigkeiten aus der Heimat. Zwölf gemeinsame Tage, in denen wir mit einem Mietauto den Südwesten bereisen wollen, liegen vor uns. Die erste Nacht verbringen wir auf dem Campingplatz in Prescott, um die Mädels in die Geheimnisse des Outdoorlebens einzuweihen. Lange dauert es nicht und ein gellender Schrei hallt durch Prescotts Wälder. Der Auslöser ist eine kleine Tarantel, die Karins Weg gekreuzt hat. Das kann ja heiter werden.

Die Gummibären in der Tasche, können wir uns nun getrost den Sehenswürdigkeiten im Südwesten Amerikas widmen. Grand Canyon, Antelope Canyon, Bryce National Park, Zion National Park, Valley of Fire. Wie schon der Yellowstone lässt jeder einzelne Nationalpark beim ersten Anblick unsere Kinnlade herunterklappen. Jede einzelne geologische Wunderwelt fasziniert uns aufs Neue. Diese dichte Konzentration an spektakulärer Natur, die Möglichkeit sie nicht nur zu bestaunen, sondern sich auch mitten hinein zu begeben, empfinden wir als einzigartig. Klar, dass wir auch der Glitzerwelt Las Vegas einen Besuch abstatten. Zwei Bier brauchen Susi und ich, um uns zu einigen. Rot oder Schwarz. Der Einsatz – ein ganzer Dollar.

Den hätten wir besser in ein weiteres Bier investiert.

Es ist kalt, saukalt!

»Arizona – klingt das nicht nach Sonne, Wüste, Western und ›Morricone‹? Warum also liegen wir dann bei Temperaturen knapp über dem Gefrierpunkt im Schlafsack und würfelgroße Hagelkörner donnern auf unser Zeltdach?«, frage ich Susi, die eingemummt neben mir liegt.

Dass wir nicht schon längst südlich des ›Rio Paso‹ durch einen mexikanischen Kakteenwald radeln, schieben wir dem schlechten Wetter in die Schuhe. Seit wir uns vor drei Tagen von den Mädels getrennt haben, spielt das Wetter verrückt. Kälte, Regen und Wind. Unser Zelt versinkt im Schlamm. Dass es nicht davonschwimmt, ist allein dem Graben zu verdanken, den wir mühselig rund um das Zelt gezogen haben. Keine fünf Meilen von Prescott entfernt, haben wir unser Lager auf einer, von der staatlichen Forstverwaltung als Zeltplatz ausgewiesenen schiefen, jetzt matschigen Lichtung in einem verkümmerten Kieferwald aufgestellt. Als Toilette dient ein Loch, das wir selber ausgehoben haben. Wasser schleppen wir aus der Stadt heran.

Auch dem Zustand unserer Räder lasten wir die Verzögerung der Abfahrt an. Für den lateinamerikanischen Härtetest sollen die Räder bestmöglichst vorbereitet sein. Wir wechseln die Ketten, erneuern die alten Seilzüge, fetten sämtliche Lager und tauschen die bis aufs Gewebe abgefahrenen Hinterreifen. Auch wenn es von uns beiden keiner deutlich ausspricht, beide wissen wir, dass der Grund, warum wir die Weiterfahrt Tag für Tag hinausschieben, woanders liegt.

Knapp sechs Monate sind wir nun kreuz und quer durch die USA und Kanada geradelt. Wir haben uns an das Land, die Menschen und ihre Mentalität gewöhnt, haben vielleicht selbst ein Stück davon angenommen. Mexiko zu betreten, bedeutet mit einem Schlag diesen bekannten und auch bequemen Komfortbereich zu verlassen und in eine neue Welt einzutauchen, die für uns fremd ist. Eine Welt, vor der wir, so nahe dran, plötzlich einen Heidenrespekt haben. Je dichter wir uns an die mexikanische Grenze herantasten, desto lauter wurden die Warnungen:

»Mittelamerika ist unsicher, Mittelamerika ist gefährlich! Es ist ein wildes gesetzloses Land, eine unerschöpfliche Brutstätte für illegale Einwanderer, Drogenschmuggler und Guerillas. Sie schneiden euch die Ohren ab und schicken sie an eure Botschaft, um Lösegeld zu erpressen«, lautet nur eine der vielen Warnungen, die wir zu hören bekommen.

Auch wenn wir nicht allzu viel auf diese Sprüche geben, setzt sich eine merkwürdige Beklemmung in uns fest. Trotz des Bewusstseins, dass maßlos übertrieben wird und Geografie, sowie politisches und geschichtliches Wissen, was Dinge außerhalb der eigenen Staatsgrenzen betrifft, keine der amerikanischen Stärken zu sein scheinen. Aber allein die jüngere, von Bürgerkriegen geprägte Geschichte vieler Länder Mittelamerikas, gibt diesen Warnungen einen Ansatz von Berechtigung.

Verunsichert versuchen wir, unsere Fahrräder auf alt zu trimmen. Über unsere Wasserflaschen stülpen wir alte Socken und bemalen unsere neongelben Bremsen mit einem schwarzen Stift. Alles das in dem Unwissen, dass allein schon jedes Fahrrad, das mehr als einen Gang besitzt und dessen Bremsen funktionieren, in den kommenden Ländern einer Sensation gleicht.

»Schön, wieder auf dem Rad zu sitzen!«, stelle ich nach drei fahrradlosen Wochen fest, nachdem wir endlich den Absprung geschafft haben.

»Entwickelt sich vielleicht zwischen dir und dem Rad so etwas wie Sympathie?«, fragt Susi gut gelaunt.

»Ja, könnte sein, aber nur wenn es weiterhin so bergab geht, wie die letzten Kilometer!«, grinse ich zurück.

Wir erreichen den kleinen Grenzort San Luis, der beiderseits der Grenze den gleichen Namen trägt. Das US-amerikanische San Luis ist klein, besteht aus einer einzigen Straße, die direkt zum Grenzübergang führt. Überqueren wollen wir ihn erst morgen. Schon jetzt dringen hauptsächlich spanische Wortfetzen zu uns durch. Der Hauptanteil der Menschen auf der Straße besteht aus Mexikanern. Einer der zahlreichen patrouillierenden, protzigen Jeeps der Grenzbehörde hält uns für seltsam verdächtig, als wir etwas ziellos nach einem geeigneten Vorgarten Ausschau halten. Pflichtbewusst kontrolliert der Grenzer unsere Ausweispapiere. Kann er ernsthaft in Betracht ziehen, dass wir illegale Einwanderer sind? Vielleicht handelt es sich bei uns aber auch um eine Schlepperbande! Als ob er den Braten gerochen hätte, rät er uns vom Wildcampen eindringlich ab. Doch so nahe der Grenze ziehen wir das sowieso nicht in Betracht. Schließlich haben wir keine Lust, von dem grellen Lichtkegel eines mit Halogenscheinwerfen ausgestatteten Helikopters oder von einer patrouillierenden Hundestaffel auf der Suche nach illegalen Einwanderern unsanft aus dem Schlaf gerissen zu werden. Die 3 200 Kilometer lange Grenze zwischen Mexiko und den USA zählt zu den bestbewachtesten Grenzen der Welt und wird von rund 10 000 Grenzbeamten, ausgestattet mit modernstem Gerät vom Himmel und von der Erde aus, rund um die Uhr bewacht. Diese Grenze ist einzigartig, weil es nirgendwo sonst auf der Welt zwei Länder gibt, wo die Extreme so deutlich aufeinander treffen, wo der Einkommensunterschied innerhalb weniger Meter so groß ist wie hier.

Den Pfarrer der katholischen Gemeinde bitten wir um Asyl für eine Nacht. Er versteht kein einziges Wort Englisch. Das Gelände um die Kirche ist mit einem hohen Zaun eingefasst und besitzt einen gut gepflegten Rasen. Mit meinen verstümmelten Spanischkenntnissen versuche ich ihm beizubringen, dass der Rasen ausgezeichnet zu unserem Zelt passt. Doch Pfarrer Sanchez ist ein gewiefter Taktiker. Er lässt sich nicht so leicht über den Tisch ziehen. Wir erhalten die erste Lektion, wie man in Lateinamerika Geschäfte macht. Eine Hand wäscht die andere. Mit dem Zugeständnis, die abendliche Messe zu besuchen, erkaufen wir uns ein Stück der Grünfläche für die Nacht.

Das Problem der leeren Kirchen ist im lateinamerikanischen Kulturkreis scheinbar unbekannt. Vielleicht liegt es aber auch nur an der Geschäftstüchtigkeit des Pfarrers, dass das Gotteshaus brechend voll ist. Der Gottesdienst wird in Spanisch abgehalten. Zum Abschluss der Messe werden wir vom Pfarrer der Gemeinde vorgestellt. Von den voll besetzten Kirchenbänken starren uns um die hundert kastanienbraune Augenpaare aus gebräunten Gesichtern an. Als bekannt wird, dass sich die zwei Milchgesichter aus ›Alemania‹ auf Fahrrädern durch Mexiko wagen wollen, hallt ein erstauntes Raunen durch die heiligen Hallen. Spontan wird ein Gebet für uns angestimmt. Als die Messe zu Ende ist, kommen die Leute auf uns zu und schütteln uns die Hand.

»Mucha suerte! Viel Glück und Gott schütze euch!«

Klingt fast so, als wäre ihnen ihr eigenes Land nicht ganz geheuer. Sehr beruhigend! Einige Leute wollen uns sogar ein paar Dollar zuschieben. Warum, bleibt uns ein Rätsel, denn sicherlich haben sie in Mexiko Familie, die auf das Geld dringender angewiesen ist als wir.

An diesem Abend gehen wir mit sehr gemischten Gefühlen ins Zelt. Was erwartet uns wohl auf der anderen Seite des Zaunes?

Kapitel III

Mittelamerika

*»Des is' die stade Zeit,
die i so mog!«*

Wir sind angespannt, fühlen uns unwohl und beobachtet. Das mexikanische San Luis wirkt um einiges größer als sein amerikanisches Gegenüber und ist für uns völlig unübersichtlich. Die schmalen Straßen sind verstopft, auf den Gehsteigen drücken sich Menschenmassen an Verkaufsständen. Zwischendrin liegen abgemagerte Straßenköter träge in der Sonne und aufgeschreckte Hühner gackern durcheinander. Die Beschilderung ist einseitig: Alle Wegweiser führen zur Grenze. Wir suchen die nächste Bank. In meinem Kopf spielt sich gedanklich schon der Überfall ab, der passiert, nachdem wir die Bank wieder verlassen haben. Unser Misstrauen verstärkt die Unsicherheit. Eine Bank taucht erst nach längerer Sucherei auf. Aus dem Automaten ziehen wir uns ein paar Pesos. Im Ort finden wir reihenweise Apotheken. Ihre Marktlücke sind Billigmedikamente. Alles erhältlich, natürlich ohne Rezept. Das lockt die Amerikaner und auch uns.

»Vielleicht bekommen wir hier Malariatabletten. Die brauchen wir noch!«, teilt mir Susi mit.

Die Räder lasse ich keine Sekunde aus den Augen. Ich warte draußen vor der Apotheke. Ein mexikanischer Grenzpolizist fährt, oder besser holpert, vorbei. Anstatt wie seine amerikanischen Kollegen in einem PS-starken Off-Road-Schlitten zu patrouillieren, eiert der arme Mann auf einem alten Mountainbike über die löchrige Straße aus Staub und Sand. Susi kommt mit leeren Händen zurück. Den Kauf der Pillen will sie auf einen späteren Zeitpunkt verschieben. Sie ist sich nicht sicher, ob die Tabletten, die der Apotheker ihr andrehen will, tatsächlich gegen Malaria oder doch eher gegen Magen-Darm-Verstimmung helfen. Der Apotheker vermutlich auch nicht. Es ist mittlerweile dreizehn Uhr. So schnell wie möglich wollen wir die chaotische Grenzstadt hinter uns lassen und in die Stille der Wüste im Hinterland der kalifornischen Halbinsel verschwinden.

Aggressive Straßenköter heften sich zähnefletschend an unsere Fersen. Für Susi der wahre Albtraum. Außerhalb der schmutzigen Dörfer reihen sich armselige Hütten aus Pappkarton und Sperrholz entlang der Straße. Die Eigentümer hoffen auf den Absprung und eine bessere Zukunft im reichen Nachbarland. Ihre starren Blicke verfolgen uns, vereinzelt hallen »Gringo«-Rufe hinter uns her.

Mexiko ist laut, staubig und schmutzig. Zumindest empfinden wir es so auf den ersten Kilometern. Hatten die Amis doch Recht? Am liebsten würden wir der Beschilderung folgend wenden und zurückfahren, da wo wir hergekommen sind.

Besondere Umstände bedürfen besonderer Maßnahmen. Vergeblich halten wir Ausschau nach einer der grell-bunten Leuchtröhrenreklamen eines Motels, an denen wir in den letzten Monaten tausendfach vorbeigeradelt sind. Der Zeitpunkt für das erste Hotel der Reise ist gekommen. Hauptsache weg von der Straße, weg von den neugierigen, gaffenden Leuten. Doch wir sind in einem anderen Amerika. Keine Hotels, keine Motels, nicht einmal ein überteuerter Campingplatz.

Linker Hand taucht eine schäbige Bretterbude auf. Ein kleiner Laden, dessen scheinbar einziges Angebot aus geköpften Kokosnüssen mit Strohhalm aus dem Kühlschrank besteht. Unter dem Vordach aus Palmenblättern sitzen drei Männer in der mexikanischen Abendsonne. Die Szene macht einen entspannten Eindruck.

»No hay!« Hier gibt es kein Hotel, erfahren wir. Mich beschleicht die Vermutung, dass wir uns an das ›no hay!‹ gewöhnen sollten.

Wir sollen uns erst mal setzen. Victor, der dickste der drei, stellt sich als Besitzer des Straßenkioskes vor. Die anderen zwei seien Ismael und Augustin. Die drei sind Brüder. Nachdem wir erklärt haben, dass wir keine Gringos sind, sondern aus ›Alemania‹ kommen, dreht sich das Gespräch ziemlich bald nur noch um Fußball. Die Freundlichkeit hilft, die Anspannung etwas abzulegen. Sie übertrumpfen sich mit der Aufzählung der Namen deutscher Nationalspieler. Susi stupst mich mit der Zehenspitze an. Soll heißen, jetzt bin ich gefragt.

Krampfhaft versuche ich, mir den Namen eines mexikanischen Spielers ins Gedächtnis zu rufen. Zumindest einen muss ich doch auf die Reihe bekommen. Mich rettet ein Gedankenblitz.

»Jose Campos!«, werfe ich fast brüllend in die Runde, erleichtert, dass mein Gehirn mich jetzt nicht im Stich lässt.

»Jorge Campos!« verbessern mich die drei Brüder im Chor.

Ein Platz für die Nacht ist gefunden.

Durch das vor allem im Sommer heiße und trockene Klima gehört die Baja California zu den am dünnsten besiedelten Gebieten der Erde. Tausendvierhundert Kilometer lang streckt sich die schmale Halbinsel entlang des mexikanischen Festlandes. Das kommt uns sehr gelegen und gibt uns den Raum, den wir brauchen, um uns zu akklimatisieren.

Mir tränen fast die Augen. Die Strahlen der Mittagsonne werden grell vom gelben, steinigen Boden reflektiert. Permanent halte ich die Augen zu einem schmalen Schlitz zusammengekniffen. Susi war wieder mal schlauer. Sie hat beim Zusammenstellen der Ausrüstung an eine Sonnenbrille gedacht und kann so der verfrühten Faltenbildung entgegenwirken. Der staubige Fischerort ›Puertecitos‹ auf einer kleinen Anhöhe wirkt wie eine einsame Sträflingskolonie auf einem verlassenen Planeten aus einem Star-Wars-Film. An dem tristen Anblick kann der verführerisch türkis leuchtende Golf von Mexiko im Hintergrund nichts ändern.

Wir halten an einem kleinen schmuddeligen Laden am Eingang des Ortes. Dieser macht einen noch erbärmlicheren Eindruck, als der von Viktor. Hundert Kilometer einsame Schotterpiste liegen vor uns, bevor wir die ›MEX 1‹ erreichen sollten. Die einzige Straße mit asphaltiertem Belag nach La Paz am südlichen Ende der Halbinsel. Hundert Kilometer sind bei guten Verhältnissen für Susi und mich mittlerweile durchaus in einem Tag machbar. Wir decken uns mit Lebensmitteln ein, füllen unsere gesamten Wasservorräte auf, insgesamt vierzehn Liter, und stellen uns darauf ein, das Wasser zu rationieren.

In regelmäßigen Abständen donnern voll gefederte Off-Road-Monster, mit hundert Sachen rücksichtslos an uns vorbei, stauben uns von oben bis unten ein und bombardieren uns mit einem Hagel aus kleinen fliegenden Steinchen.

›Rallye Baja 1000‹ – angeblich das härteste Off-Road-Rennen der Welt. Eintausend Kilometer durch die Wüsten der Baja California. Darüber kann Susi nur lachen.

»Alles Weicheier!«

In den darauf folgenden Tagen fängt Susi an, an sich selbst und ihrem Tun zu zweifeln.

»Wie verrückt muss man sein, um sich so etwas anzutun?«

Sie ist total erschöpft und frustriert. Zuerst die Anspannung der letzten Tage nach der Grenze, die Hunde und jetzt auch noch diese miese

Piste. Einige Kilometer nach dem wir ›Puertecitos‹ verlassen hatten, verwandelte sich Straße in eine Wellblechpiste übelster Art. Hitze, Steigungen, Pistenqualität und das zusätzliche Gewicht des Wassers sind die Komponenten, die eine äußerst quälende Mischung entstehen lassen. Immer wieder zwingen uns Sandpassagen zum Schieben, faustgroße Steine lassen die Vorderradtaschen aus ihrer Verankerung springen und sich in den Speichen des Vorderrades verheddern. Durchschnittsgeschwindigkeit sechs Stundenkilometer, bei vierzig Grad im Schatten. Aber den gibt es hier nicht. Aus dem traurigen Tagesrekord von neun Kilometern auf Island haben wir scheinbar nichts gelernt. Nicht daraus, dass man anhand der Kilometerangaben auf der Karte nicht automatisch auf die Dauer der Reisezeit folgern kann und genauso wenig, dass man immer mit allem rechnen sollte. Oder eben mit gar nichts. Dennoch haben wir wieder mal unverschämtes Glück. Unser Trinkwasservorrat ist bereits am Nachmittag des zweiten Tages aufgebraucht. Uns retten allein drei amerikanische Angler in einem Pick-up, die sich als Einzige neben den Rennautos ebenfalls auf diese Piste verirrt haben. Von ihnen bekommen wir ausreichend Wasser.

»Belohnt werden Sie mit tollen Ausblicken auf den Golf von Kalifornien!«, steht in der kleinen Broschüre über die Baja, die wir an der Grenze in die Hand gedrückt bekamen. Zumindest fünfzig Kilometer am Tag wollten wir schaffen, um nach zwei Tagen hier raus zu sein. Nach mehr als fünfundzwanzig sind wir beide total am Ende und die Aussicht ist Susi längst schon egal!

Wenige Kilometer bevor wir am vierten Tagen auf die erlösende Hauptroute stoßen, treffen wir auf einen großflächig eingezäunten Bretterverschlag. Meterlang sind leere Bierdosen auf einer Schnur aufgezogen und laufen als Zaunersatz um das Grundstück. Unter dem Schatten spendenden Palmendach hängen unzählige Damenslips von der Decke. Bunte Fahnen und Transparente verleihen dem Ganzen den irrealen Touch einer Fata Morgana. Wir haben von dieser seltsamen Oase mitten in der Wüste gehört. Auch davon, dass sie einem merkwürdigen, alten Einsiedler gehört, der seltene Besucher mit kühlen Getränken bewirtet, um möglichst lange unterhalten zu werden. Unsere ausgetrockneten, verstaubten Kehlen dürstet es nach Abwechslung. Gierig zieht Susi alle paar Minuten an der zum Wasserbehälter umfunktionierten Colaflasche. Nach jedem Schluck verzieht sie angewidert das Gesicht. Das heiße, abgestandene Wasser aus den

Plastiktrinkflaschen erfrischt uns längst nicht mehr. Unsere Körper verlangen dringend nach einer eiskalten Zuckerlösung. Die Begrüßung fällt recht vorwurfsvoll aus.

»Wo seid ihr gewesen? Ich warte seid gestern Abend auf euch!«

Ein ergrauter Einbeiniger ist der Herr über dieses Reich in Abgeschiedenheit. Auch er hat schon von uns gehört. Wir haben unser Nachtlager jedoch erschöpft nur wenige Kilometer zuvor hinter einem großen Kaktus errichtet. Mehrere Platten hatten uns zudem an diesem Tag besonders geärgert. Wir überhören diesen barschen Empfang. Das Einzige, was zählt, ist kalte Limo.

Ja, natürlich habe er kalte Getränke, dafür ist er schließlich bekannt, erwidert er brüsk. Scheinbar weiterhin verstimmt, bleibt er sitzen. Unsere Erklärung, dass man mit dem Fahrrad einfach nicht so zügig vorankommt, klingt fast nach einer Entschuldigung. Der Durst ist quälend. Ob wir jeweils eine Dose bekommen könnten, fragen wir in einem freundlichen Ton. Die Zunge klebt am Gaumen. Es ist zum verrückt werden! Unmutig erhebt sich der alte Kauz und schlürft langsam davon.

»Hey Susi, schau mal!«

Die Bretterwand hinter Susi ist mit tausenden Aufklebern zugepflastert. Einer sticht mir besonders ins Auge.

»I love FV Obereichstätt«

Das gibt's ja nicht! Wie klein ist die Welt. Wir quälen uns mit Erinnerungen an die erfrischende Halbe Bier, die wir am Abfahrtstag gemeinsam mit meinem Bruder und Markus unter schattigen Kastanienbäumen getrunken haben. Wenn etwas Irdisches dem Paradies nahe kommt, dann ist es in diesem Augenblick dieser Biergarten in dem kleinen Vorort unserer Heimatstadt Eichstätt.

Endlich. Zurück kommt der einbeinige Alte mit zwei abgewetzten Dosen irgendeines lokalen Getränkeherstellers.

»Gracias!«

Mit leicht zittrigen Händen öffnen wir die kondenswasserfeuchten Dosen, können es kaum erwarten, den ersten, kühlenden Schluck in unsere brennenden Kehlen zu schütten.

»Plopp!«, die Dose ist offen, sogleich führen wir sie zum Mund.

Es kommt kein Tropfen!

»Das kann nicht sein!«

Der Inhalt ist plötzlich zu Eis erstarrt. Halb krank vor Verlangen, hängen wir an den Dosen, wie Verliebte bei ihrem ersten Zungenkuss und versuchen durch die kleine Öffnung an den vereisten Inhalt zu kommen. Das Leben kann wirklich grausam sein. Eine weitere halbe Stunde dauert es, bis der Inhalt in der Sonne geschmolzen ist und in einem einzigen tiefen Zug die Kehle hinunter läuft. Eine Dose ist viel zu wenig. Noch mal quälendes Warten! Wie nah Traum und Tragödie doch beieinander liegen.

Auf der nahezu glatten Oberfläche des kristallklaren Wassers schaukeln drei Pelikane. Ein vierter setzt majestätisch zur Landung an. Der Meeresbucht vorgelagert sind kleine Inseln, die auf ihren steinigen Klippen Hunderte von Möwen und andere Seevögel beherbergen.

Für Susi stand fest, dass sie nach dem steinigen Weg endlich wieder eine Pause braucht. Einziges Licht an den vergangenen Tagen war die Aussicht auf ein paar Ruhetage an einem der Strände am Golf von Kalifornien. Mittlerweile haben wir gemerkt, dass uns, wenn auch nur kurze Unterbrechungen von ein bis zwei Tagen wirklich gut tun. Angetrieben von einer anfänglichen Hast zu Beginn der Reise, können wir die Tage von Boston bis Prescott, an denen wir nicht im Sattel saßen, an einer Hand abzählen. Eine innere Unruhe und die Ungewissheit, nicht zu wissen, ob wir Feuerland tatsächlich in spätestens eineinhalb Jahren erreichen können, trieben uns permanent voran. Wie schnell lassen sich auf Fahrrädern größere Distanzen zurücklegen? Wird unser Geld überhaupt so lange reichen? Kanada und USA, auf der Weltkarte zwei Länder mit gewaltiger Ausdehnung haben wir mittlerweile durchquert. Das hat uns den Druck, dauernd Kilometer machen zu müssen, ein wenig genommen. Mittlerweile können wir auch den Finanzhaushalt abschätzen. Wir sind überrascht, mit wie wenig Geld wir bisher ausgekommen sind. Durch diese beruhigende Erkenntnis können wir es uns leisten, in regelmäßigen Abständen fahrradfreie Tage einzubauen.

An einem abgelegenen Strand finden wir mehrere provisorisch zusammengezimmerte Verschläge aus Palmenblättern. Unter einem bauen wir für mehrere Tage unser Innenzelt auf. Wir sitzen im Schatten der Hütte und stecken die Füße in den feinkörnigen Sand. Die US-amerikanische Gastfreundschaft erreicht uns sogar in Mexiko. Von unseren Nachbarn, einem amerikanischen Rentnerpärchen im ›Motorhome‹ aus Montana, werden wir mit eiskaltem, nicht gefrorenem Tecate-Bier versorgt. Mit dem kühlen Gerstensaft in der Hand haben wir endlich die Ruhe, die wir uns seit Tagen herbeisehnen, um den spektakulären Ausblick auf den Golf von Kalifornien auch gebührend würdigen zu können.

Entgegen unserer Befürchtung geht es auf der Hauptverkehrsader der Halbinsel ziemlich ruhig zu. Das Schnurren der Reifen auf dem Asphalt ist Musik in unseren Ohren. Wenig Verkehr, kaum Anstiege und Rückenwind bringen uns den Spaß am Radfahren nach der Pause schnell zurück. Die Tage sind warm, doch nachts sinkt das Thermometer bis nahe an den Gefrierpunkt. Das Zelt ist allmorgendlich von einer feinen, nassen Schicht überzogen. Wir sind in der Wüste. In einer Wüste, in der Kakteen-Fans voll auf ihre Kosten kommen. Über hundert Arten wachsen auf der langen Halbinsel und viele davon gibt es nirgendwo sonst auf der Welt. Die Suche nach einem passenden Platz für die Nacht gestaltet sich ziemlich problemlos. Wir müssen uns nur entscheiden, ob links oder rechts der Straße. Der schönste Kaktus bekommt den Zuschlag. Wie stolze Wächter ragen die Wüstenpflanzen, auf deren Spitzen vereinzelt Adler oder Geier Ausschau nach Beute halten, meterhoch in den leuchtenden Abendhimmel.

Die Pistenfahrt hat uns so in Anspruch genommen, dass unsere Unsicherheit und das Misstrauen fast gänzlich verschwunden sind. Doch werden wir das Gefühl nicht los, dass das Verhältnis der Einheimischen zu den ›Gringos‹ arg gestört, fast schizophren ist.

»Hast du etwa kein Geld?«, fragt die junge Frau des kleinen Ladengeschäfts schnippisch mit einem leicht abfälligen Unterton.

Dass jemand die Nudeln wieder zurücklegt, nachdem sie mit dem Preis herausgerückt ist, ist ihr wohl noch nie vorgekommen.

»Doch, habe ich«, entgegnet Susi gelassen, »aber im Laden gegenüber kosten sie nur die Hälfte«.

Einerseits sehen viele Mexikaner in Nordamerika das Gelobte Land, auf der anderen Seite werden wir den Eindruck nicht los, dass sie die Amerikaner verachten. Automatisch bekommen auch wir den Stempel des reichen Amis aufgedrückt. Die Mexikaner treten uns gegenüber zwar nicht unfreundlich, aber doch sehr zurückhaltend und kühl auf. Gespräche kommen über ein kurzes, distanziertes Frage-Antwort-Spiel nicht hinaus. Antworten auf Fragen nach dem Weg oder der nächsten Bäckerei fallen wortkarg und dürftig aus, oft müssen wir mehrmals nachhaken. Mit Ausnahme der Begegnung an Victors Straßenkiosk wollen die Leute nicht viel mit uns zu tun haben, mehr schon aber mit unserem Geld. Wir werden den Eindruck nicht los, dass Mexiko sich viel zu sehr mit seinem großen Nachbarn beschäftigt als mit sich selbst. Doch nach der Begegnung mit Victor und seinen Brüdern haben wir die Hoffnung, dass sich das Verhältnis vielleicht mit dem Abstand zu Grenze immer weiter entspannt.

Die letzten zwei Tagesetappen bis La Paz legen wir in einem Konvoi zurück. Das Radlerpärchen Walli und Steffen aus dem Stuttgarter Raum hat uns infolge unserer Ruhetage eines Morgens eingeholt. Die zwei haben sich eine einjährige Auszeit von Deutschland verschrieben und sind auf dem Weg nach Südamerika. In den USA gestartet ist das Ziel dort, wo die Zeit zu Ende ist. Alle vier freuen wir uns, gleich Gesinnte in diesem fremden Land zu treffen und plappern beim ersten Aufeinandertreffen fröhlich durcheinander und tauschen ausgelassen am Straßenrand bisherige Erlebnisse aus.

Das Off-Road-Rennen ›Baja 1000‹ ist am Vorabend zu Ende gegangen. Das Ziel haben die Schnellsten nach knapp dreizehn Stunden Fahrt erreicht. Auch wir haben unsere ›Baja 1000‹ erfolgreich gemeistert und radeln nach neunzehn Tagen auf mexikanischen Boden in La Paz ein. Hier kommt es zur verschobenen Premiere: Mit Walli und Steffen quartieren wir uns im Zentrum der Stadt in ein billiges Hotel ein.

Gemeinsam stürmen wir am nächsten Tag das Büro der Fährgesellschaft. Die nächste Fähre zum Festland geht morgen Nachmittag nach Mazatlan. Unsere beiden Freunde schlagen zu und kaufen sich ihre Tickets. Unsere Pläne sehen anders aus. Die Stadt Los Mochis ist der Ausgangspunkt für eine der spektakulärsten Zugfahrten der Welt. Wir finden die Beschreibung verlockend, obwohl dies geografisch bedeutet, einen Schritt in die falsche Richtung zu machen. Das nächste Schiff dorthin läuft allerdings erst in knapp einer Woche aus. Zurück im Hotel erzählt uns die Chefin, dass einmal wöchentlich ein Frachtschiff zwischen La Paz und Los Mochis hin- und herpendelt. Sie glaubt zu wissen, dass das Schiff morgen Abend ausläuft. Wir wittern unsere Chance.

Die Verabschiedung von Walli und Steffen fällt herzlich aus. Wir verabreden, per E-Mail in Kontakt zu bleiben. Gegen Mittag des nächsten Tages stehen wir vor der Absperrung am abgelegenen Fährhafen

Pichilingue. Von einem Hafenangestellten, der über das Gelände schlendert, erhalten wir eine seltsame Auskunft:

»Nur Lkws, keine Fahrräder und erst recht keine Frauen!«

Trotzdem sollen wir um achtzehn Uhr noch mal vorbeischauen.

Pünktlich deutsch stehen wir um fünf vor sechs wieder an der Schranke. Typisch mexikanisch passiert zwei Stunden lang erst mal gar nichts. Nach einigem Hin und Her gelingt es uns, auf dem Frachtschiff anzuheuern. Das größte Problem ist am Ende nicht die Frau, sondern der Preis. Ein LKW-Fahrer, der die Verhandlungen mitbekommen hat, bietet uns spontan an, die Räder auf seinen Laster zu schmeißen. Wir sind begeistert und bedanken uns überschwänglich für seine Hilfsbereitschaft. So können wir zumindest die Kosten für die Räder einsparen.

Kaum sind unserer Fahrräder auf der leeren Ladefläche verstaut, verlangt das Schlitzohr zehn Dollar. Die Vermutung liegt nahe, dass der Fahrer einst Religionsunterricht bei Pfarrer Sanchez hatte.

Seit 1961 windet sich der ›Ferrocarril Chihuahua al Pazifico‹, kurz Chepe genannt, auf sechshundertundfünfzig Kilometern Gleisstrecke über neununddreißig Brücken und knapp neunzig Tunnel. Diese Linie verbindet die Pazifikküste mit dem nördlichen mexikanischen Hochland. Die Diesellok schlängelt sich auf einer teilweise serpentinenähnlichen Gleisführung von Meereshöhe auf eine Höhe von zweitausendvierhundert Metern durch die Berge der Sierra Tarahumara. Touristenfreundlich legt der Zug nach dem kräftezehrenden Aufstieg eine kurze Ruhepause ein. Am Bahnsteig direkt neben den Gleisen lagern Indianerfrauen des Tarahumarastammes mit ihren Kindern und versuchen handgewebte Wolldecken, geflochtene Korbwaren und Lederriemensandalen an den Mann zu bringen. Besitzer kleiner Garküchen bieten ihre fettigen, mit Hackfleisch gefüllten Maisblättertaschen, so genannte Tamallos den hungrigen Fahrgästen als Wegzerrung an. Neben den anderen Leuten an Bord nutzten auch wir die Gelegenheit, um von dem Aussichtspunkt nahe der Haltestation einen kurzen Blick auf die berühmte ›Kupferschlucht‹ zu werfen. Mal wieder kommen die ›Estados Undios‹, die USA, ins Spiel. Laut einer Tafel soll die Schlucht tiefer sein als der Grand Canyon. Der Vergleich hinterlässt den Eindruck, als wären die Mexikaner stolz, die Amis mit irgendetwas übertrumpfen zu können.

Nach der Hitze der Baja California freuen wir uns über die kühleren

Temperaturen der mexikanischen Berge und die ausgedehnten Pinien und Kieferwäldern, die so gar nicht in unser bisheriges von Kakteen und Wüste geprägtes Mexikobild passen.

Die Stadt Cuahutemoc ist unsere Endstation, von der aus wir uns wieder auf die Räder schwingen. Umringt von unzähligen Apfelplantagen ist die Stadt im Norden Mexikos das Zentrum der Mennoniten. Unser Kontakt beschränkt sich auf wenige kurze Gespräche, über deren Inhalt wir Tage später noch rätseln. Denn ihr angeblich altdeutscher Dialekt bleibt uns im Unterschied zu dem ihrer kanadischen Glaubensbrüder unverständlich.

Anfangs folgen wir dem breiten Seitenstreifen der Autobahn. Wir erreichen eine Mautstelle und werden am Kassenhäuschen angehalten.

»Nein, Reiter, Ochsenkarren und Fahrradfahrer haben freie Fahrt. Aber ihr dürft trotzdem nicht durchfahren, nicht hier.«

Wir befolgen die Anweisung. Unsere Räder müssen wir umständlich die Böschung hinunter schieben und die Mautstelle umfahren. Jedes Fahrzeug, das durchfährt, muss auch bezahlen. So die lapidare Antwort. Ordnung muss sein.

Zwanzig Jahre ist es her, dass ich das letzte Mal Spanisch gesprochen habe. Ohne dass ich mich auch nur einmal daran erinnern kann, ein Lehrbuch in die Hand genommen zu haben, haben meine beiden Brüder und ich damals in wenigen Monaten spielerisch die spanische Sprache gelernt. Von anderen Kindern, beim Fußballspielen auf der Straße oder in der Schule. Doch viel ist davon nicht übrig geblieben. Umso überraschter bin ich, wie von Tag zu Tag das Spanisch, das wir auch diesmal wieder von der Straße aufschnappen, flüssiger und besser wird. Es scheint als habe ich zwar die meisten Vokabeln verlernt, nicht aber das Gefühl für diese Sprache. Auch Susi überrascht mich. Nur vier Wochen lang hatte sie vor einigen Jahren einen Sprachkurs in Ecuador absolviert. Doch auch ihr Spanisch macht bemerkenswerte Fortschritte. Ohne Berührungsängste geht Susi auf die Leute zu und spricht mit ihnen. Aber das müssen wir auch. Wir sind auf die Leute angewiesen. Nur sie wissen, welcher der richtige Weg ist, wo der nächste Laden versteckt ist und wo wir wieder Trinkwasser auffüllen können. »Vier Wochen Lateinamerika mit dem Fahrrad bringt tausendmal mehr, als vier Monate Abendkurs in Deutschland!«, ist sich Susi sicher.

Beflügelt durch den Fortschritt macht uns das Sprechen dieser Sprache besonderen Spaß. So haben wir das Gefühl, dass nicht nur unser Spanisch, sondern auch das Verhältnis zu den Mexikanern ständig besser wird. Die Gespräche nehmen an Intensität zu, werden erfüllender und weniger einseitig. Wir lernen die Menschen besser zu verstehen und sie uns.

»Das gibt's doch nicht«, schimpft Susi und tritt dabei von einem Bein aufs andere.

Seit einer Stunde schon muss sie dringend mal hinter die Büsche verschwinden. Wie aus dem Nichts tauchen immer irgendwoher Leute auf. Mexiko ist voll. Die Menschen sind überall. Kaum ein Kilometer, wo wir keinen Menschen begegnen. Sie sitzen oder liegen unter Bäumen, am Straßenrand, sogar auf der Straße, arbeiten auf Feldern, schlagen Feuerholz. Je näher wir uns nach Süden, ans zentral gelegene Mexiko-Stadt heranarbeiten, nehmen der Verkehr und die Besiedelung drastisch zu. Das Land hat über einhundert Millionen Einwohner und die lassen sich schwer verstecken. Kaum eine Frau, die nicht ein Kind auf dem Arm trägt, eines an der Hand und ein anderes am Rockzipfel hinter sich herzieht. Die Frage nach der Anzahl unserer Kinder lässt nie lang auf sich warten. Wir ernten Verblüffung und mitleidige Blicke, wenn wir gestehen, keine zu haben.

Nach der Siesta, wenn sich offenbart, was über den Nachmittag hinter den Rollläden verborgen blieb, platzen die Ortschaften aus allen Nähten. Das Angebot ist vielfältig. Es reicht von Eisenwaren, Schreibwaren, Foto- und Haushaltswarengeschäfte, Lebensmittel bis hin zu Plastikschüsseln in jeder Farbe und Größe. Die Straßen sind laut, bunt und überfüllt mit Autos, Passanten und Verkäufern. Zeitungslesende Krawattenträger thronen auf Podesten, lassen ihre Schuhe auf Hochglanz polieren. Der Mexikaner ist eitel. Friseure und Schönheitssalons haben dauerhafte Hochkonjunktur. An jeder Straßenecke hängt der Duft einer anderen mexikanischen Spezialität in der Luft. Die Straßenzüge schmücken sich mit bunten Girlanden und Lichterketten und verkünden das herannahende Weihnachtsfest. Die Dekorationen wirken kitschig und überladen. Auf dem ›Zócalo‹, dem Hauptplatz jeder Ortschaft, steht ein blinkender Weihnachtsbaum, übersprüht mit weißem Kunststoffschnee aus der Dose. Allein die hohen Temperaturen wollen sich der Weihnachtsmarktstimmung nicht anpassen.

Wir breiten die Mexikokarte vor uns auf den Schlafsäcken aus, planen unsere Weiterfahrt in verschiedenen Varianten und schätzen den Zeitbedarf ab. Zusätzlich ziehen wir den Kalender zurate. Wir haben noch knapp drei Wochen bis Weihnachten. Erst jetzt wird uns bewusst, wie groß Mexiko ist. Einmal in Mexiko, sind wir fast schon in Panama, hatten wir irgendwie im Kopf. Mit dieser Einschätzung liegen wir voll daneben. Mexiko streckt sich wie ein lang gezogener Kaugummi. Der Mexikaner würde sagen: »Die Nord-Südausdehnung übertrifft die der USA!«

Als ausgeprägter Familienmensch ist Weihnachten für Susi ein ziemlich wichtiges Ereignis. Wenn schon nicht mit der Familie, dann wollen wir Weihnachten zumindest nicht allein verbringen. Per Internet vereinbaren wir, mit Walli und Steffen Weihnachten gemeinsam in Palenque zu feiern. Der Ort im Süden des Landes, nahe der guatemaltekischen Grenze ist für seine nahen Maya-Ruinen mitten im feucht heißen Regenwald bekannt. Die kürzeste Route zu der Weihnachtsfeier würde uns direkt durch die zentral gelegene Megametropole Mexiko-Stadt führen. Für uns als Fahrradfahrer eine einzige Horrorvorstellung, wenn man bedenkt, dass ein Viertel der Bevölkerung in der Hauptstadt und deren Speckgürtel lebt.

»Also außen rum, und das möglichst weit!«, stellt Susi fest.

»Die Frage ist nur links oder rechts herum!«

Wir entscheiden uns für die östliche Route, möglichst nahe an der Küste, um den größtmöglichen Abstand zu wahren. Die Verkehrsdichte nimmt dennoch weiter zu. Unzählige bestialisch stinkende Tierkadaver und ausgebrannte Autowracks zeugen vom mexikanischen Wahnsinn, der sich auf der Straße abspielt. Dabei droht dem verunglückten Vieh wie dem Auto das gleiche Schicksal. Binnen kurzer Zeit sind sie komplett ausgeschlachtet. Zurück bleibt allein ihr trauriges Skelett. Bei den Tierkadavern übernehmen das die hungrigen Aasgeier.

Die Horrorgeschichten über die halsbrecherischen Fahrkünste der Mexikaner haben wir nach der Baja und dem geruhsamen Norden des Landes schon fast als Ammenmärchen abgestempelt. Langsam aber sicher werden sie zur Realität und wir befinden uns mittendrin.

Die gewissenlosen Fahrer der vierrädrigen Schrottlauben rauschen an uns vorbei, überholen rücksichtslos trotz Gegenverkehr, verpassen uns um Haaresbreite. Unter anderen Umständen sicherlich eine fahrerische Glanzleistung, die uns Respekt abgezollt hätte.

Wenn vorhanden, weichen Susi und ich auf parallel verlaufende Sandpisten aus. Nach dem dritten Stachel binnen einer Stunde ziehen wir diese Alternative nicht mehr in Erwägung.

Wir verfeinern und tüfteln an unserer Überlebensstrategie. Ganz dicht fahren wir hintereinander. Besonders pikant wird die Situation, wenn zwei Brummis aufeinander losgehen. Der mexikanische Bleifuß bleibt auf dem Gaspedal. Ein lautes Hupen soll uns dazu animieren, die Straße zu verlassen. Läuft es auf einen Engpass exakt auf unsere Höhe hinaus, hat der Hintermann das Kommando: »Kommt was?«

»Dauert noch!«

»Gleich ... Achtung ... Runter!«

Der Rückzug in den abschüssigen Straßengraben ist die einzige Überlebensgarantie. Das ganze Szenario erinnert an ein schlechtes Computerspiel. Doch uns vergeht die Lust daran, denn wir werden das Gefühl nicht los, diejenigen zu sein, die hier zum Abschuss frei gegeben sind. Und tatsächlich kommt es soweit.

Im Schatten eines zurückgelassenen Autos legen wir komplett gestresst eine Pause ein. Susi wurde von einem rücksichtslos überholenden Auto gestreift und durch den Stoß unsanft in den Straßengraben befördert. Wie durch ein Wunder ist ihr nichts passiert. Doch der Schreck sitzt ihr immer noch in den Knochen. Auch am Rad scheint alles heil zu sein. Ganz anders sieht das an dem Fahrzeug aus, an das wir uns mit dem Rücken lehnen. Unschwer ist zu erkennen, dass die Hinterachse des verbeulten Fahrzeugs gebrochen ist. Mein Blick fällt auf einen Zettel, der unter dem einzigen Scheibenwischer klemmt:

»Hole nur Werkzeug. Dieses Fahrzeug ist meine einzige Möglichkeit, mich und meine Familie zu ernähren! Bitte, lasst es so stehen!«

Vor zwei Tagen haben wir die Stadt Zacatecas verlassen. Mit ihren Kolonialbauten, den steilen Bruchsteingassen und viel Atmosphäre ist sie die schönste Stadt, die wir bisher in Mexiko besucht haben. Genau das Gegenteil trifft jedoch auf die momentane Situation auf der Straße zu. Brummi nach Brummi, Stoßstange an Stoßstange, zwängen sich auf einer viel zu engen Straße ohne Seitenstreifen voreinander her und aneinander vorbei. Auf zwanzig hölzerne Kreuze am Fahrbahnrand kommen mindestens fünf überfahrene Hunde. Wir haben die Schnauze voll.

»Keinen Kilometer mehr fahre ich auf dieser Straße!«, teilt mir Susi ihre Entscheidung mit entschlossenem Gesichtsausdruck mit. Wann immer ein Streckenabschnitt zum Schlachtfeld werden sollte, will sie sich ab sofort nach einem alternativen Transportmittel umschauen. Die rund fünfhundert Meter bis zu einer Tankstelle legen wir schiebend neben der Straße zurück. Dort heuern wir nach mehreren Anläufen auf einem monströsen Truck mit imposanter Schnauze an. Der Fahrer, ein schmächtiger, klein gewachsener Mann, hilft uns beim Verladen der Räder. Wenn schon nicht seine Statur, so passen zumindest die spitz nach vorne lang auslaufenden Cowboystiefeln im Schlangenlederlook zu seinem imponierenden Gefährt. Ein Statussymbol, das jeder Landbewohner Mexikos, der etwas auf sich hält, zur Schau trägt. Zu dritt steigen wir in das hochgebaute Cockpit ein. Bis zur nächsten Stadt sind es nur fünfzehn Kilometer. Bis dahin kann er uns mitnehmen. Nur mühsam kann der alte Truck, der seine besten Zeiten schon längst hinter sich hat, Geschwindigkeit aufnehmen. Das gesamte Cockpit vibriert. Der Ganghebel schlenkert lose wie der Rührstab eines Mixers. Die Anzeige der Geschwindigkeiten bleibt, wie alle anderen, auf Null stehen. Der Fahrer kann kaum über das imposante Lenkrad blicken und hält sich krampfhaft an ihm fest. An dem dreckigen Handtuch um seinen Nacken wischt er sich permanent die feuchten Hände ab. Salzige Schweißperlen tropfen ihm von der Stirn. Die Kontrolle über das Monster zu behalten, erfordert einen gewaltigen Kraftaufwand. Es ist reine Schwerstarbeit. Der Abstand zum LKW vor ihm beträgt weniger als zehn Meter. Kein Problem, der Kollege wird die Fahrbahn schon freihalten. Die kurze Fahrt nutzt der LKW-Fahrer, um uns stolz seine gesamte Familiensituation aufs Auge zu drücken. Eine Ehefrau, zwei Freundinnen und bereits sechs Kinder nennt er sein Eigen. Ob alle von derselben Frau stammen, verrät er nicht. Wie viele Kinder wir haben? Keine? Keine! Warum nicht?

Endlich, wir sind da. Beim Aussteigen stürze ich beinahe aus der Fahrerkabine. Verstreut liegen leere Bierdosen auf den Fußmatten, auf denen ich ausrutsche. Es bedarf keiner weiteren Veranschaulichung.

Mit jedem Kilometer zieht sich die immergrüne Wand aus Schlingpflanzen, farbenfrohen Blüten, wilden Zitrusbäumen und vereinzelten Orchideen links der Straße höher und höher. Riesige Farne wachsen zwischen Klippen, kleine Bäche kreuzen leise plätschernd die Straße. Die Abfahrt in das küstennahe Tiefland ist berauschend. Fasziniert ziehen wir die warme, feuchte Luft in unsere verstaubten Lungen und verlassen die trockene Hochebene der Sierra Madre. Unweit der Küste tasten wir uns Weihnachten entgegen. Nur selten gewähren uns Bananenfelder, Obstbaumplantagen und träge wippende Ölpumpen einen fernen Blick auf die Gewässer des Golfes von Mexiko.

Zwei Tage früher als erwartet radeln wir über die Hauptstraße in Palenque ein. Der Ort ist überschaubar und wirkt relaxt. Einige Backpackertouristen mit großen Rucksäcken stapfen die Straße entlang. Schon von Weitem stechen uns zwei bekannte Motorräder mit seitlich angebrachten Alukoffern, voll gestapelten Beifahrersitzen und deutschen Nummernschildern ins Auge. Sie stehen vor einer kleinen Bar. Genüsslich an ihrem Eisgetränk schlürfend, winken uns Elke und Bane grinsend zu. Oh, so ein Drink würde uns jetzt auch gut tun! Die beiden groß gewachsenen Allgäuer sind uns mit ihren schweren Motorrädern im Norden Mexikos begegnet. Auch sie sind dem Ruf eines gemeinsamen Weihnachtsfestes in Palenque gefolgt. Walli und Steffen sind bereits gestern eingetroffen. Wir sind komplett. Auf halbem Weg zu den Maya-Ruinen außerhalb der Stadt nisten wir uns gemeinsam auf einem Campingplatz ein. Die Stimmung ist ausgelassen, alle freuen wir uns über das Wiedersehen. Wir haben uns viel zu erzählen. Jeder hat Mexiko auf einer anderen Route durchreist und entdeckt. Wir tauschen Erfahrungen und Eindrücke aus, doch über den Verkehr sind wir uns alle einig.

Weihnachtszeit bedeutet Päckchenzeit. Unsere Namen auf der aushängenden Liste für postlagernde Sendungen können wir aber nicht finden. Drei Päckchen sollten eigentlich auf uns warten.

Wir werden vertröstet: »Mañana!« – auf Morgen, vielleicht!

Pakete brauchen um diese Zeit einfach ein paar Tage länger, gestehen wir uns ein. Um zumindest einen Hauch von Weihnachtsstimmung, auch ohne die erhofften Weihnachtsbriefe aus der Heimat aufkommen zu lassen, verzieren wir den Tisch fürs Festessen unter einer Palme mit kitschigem Weihnachtsschmuck. Der Rest der Truppe zaubert in der Campingküche mexikanische Fleischspieße auf dem Grill. Als Beilage gibt es haufenweise Knoblauchbrot, Salat und Guacamole, eine würzige Avocadosoße. Die Stimmung ist ausgelassen und durch die Ablenkung hält sich das Heimweh bei Susi in Grenzen. Der Höhepunkt des Abends ist aber das traditionelle Piñata-Schlagen, dass die beiden Motorradfahrer zu unserer freudigen Überraschung vorbereitet haben. Piñatas sind bunt gestaltete Figuren aus Pappmaché, die traditionell mit Süßigkeiten, Früchten und Geschenken gefüllt sind. Bane und Elke haben einen Pappmachéstern in der Größe eines Fußballs mit allerlei Leckereien gefüllt und mit einem Seil an einem Ast befestigt. Um an den Inhalt zu kommen, müssen wir abwechselnd die baumelnde Piñata mit verbundenen Augen mithilfe eines Stockes zerschlagen. Für Lateinamerika und insbesondere für Mexiko ist die Piñata das Symbol für Fiestas schlechthin. Die Pappmachéfiguren gibt es in allen möglichen Variationen und Formen. Besonders ausgefallen finden wir die Version mit bekannten Politikerköpfen. Von den mexikanischen Angestellten des Campingplatzes wurde uns versichert, dass bei diesen Modellen besonders kräftig zugeschlagen wird. Bei unserer Weihnachtsfiesta geht es weniger radikal zur Sache. Ein paar Gläser Weihnachtsbier retten unserer Piñata bis tief in die Nacht das Leben und sorgen für wahre Heiterkeitsausbrüche bei denen, die nicht gerade am Zuge sind.

Auch nach einer Woche lässt sich kein Päckchen für uns auffinden. Somit begraben wir die Hoffnung, gemeinsam mit Walli und Steffen Richtung Guatemala aufzubrechen. Wir wollen noch ein paar Tage warten.

Das Wetter passt sich in den nächsten Tagen vollends unserer Gemütslage an. Kübelweise fällt Regen vom dunkelgrauen Himmel und nach dem dritten Besuch der Ruinen können wir ihnen wirklich kein neues Geheimnis mehr entlocken. Umso erleichterter sind wir, dass Bane und Elke noch ein paar Tage Urlaub dranhängen und uns Gesellschaft leisten.

Silvester verbringen wir wieder zu sechst. Unsere Gruppe wird von Marika und Bas, einem holländischen Pärchen komplettiert. Die beiden sind in Feuerland mit dem Ziel Alaska gestartet. Das sorgt für genügend Gesprächsstoff und vertreibt die aufkommende Langeweile.

Andere Reisende stellen sich immer wieder als die verlässlichste und sicherste Bezugsquelle für Informationen heraus. Die Topadressen sind natürlich andere Fahrradreisende. Während der Regen weiter unaufhörlich gegen das dichte Palmendach des Pavillons prasselt, tauschen wir stundenlang Informationen über die zurückgelegte Reise aus. Interessant für unsere weitere Routenplanung ist, wie die beiden Mittelamerika erlebt haben. Insbesondere aber El Salvador, dem wir etwas skeptisch entgegen sehen. Von vielen Seiten, auch vom Auswärtigen Amt, wird uns von der Durchreise des kleinen Landes abgeraten. Die beiden holländischen Radler hatten dort keine Probleme. Im Gegenteil, sie haben nur positive Erfahrungen mitgenommen. Wir wissen, dass das keine Sicherheitsgarantie bedeutet, aber es hinterlässt einen gewissen beruhigenden Eindruck.

Bas hält sich bei unseren Gesprächen jedoch auffallend zurück. Erst nach einiger Zeit rückt er mit der Sprache raus. Die beiden werden sich bald trennen. Marika wird alleine weiterfahren.

»Was ist los?«, fragen wir.

Bas versucht es uns zu erklären. Er hat keine Kraft und vor allem keine Lust mehr, beichtet er uns. Die Reise übt auf ihn einen zu großen Erfolgsdruck aus. Die körperlichen Anstrengungen des Radfahrens sind weniger das Problem. Sich jedoch jeden Tag mit neuen Menschen auseinander zu setzen, die unzähligen kleinen und großen Herausforderungen und Entbehrungen im Reisealltag, sich Tag für Tag in einer neuen Welt zurechtfinden zu müssen, haben sich als ein zu großer Kraftakt und Stressfaktor herausgestellt. Dem möchte er sich nicht weiter aussetzen. Schmerzlich vermisst Bas die gewohnte Umgebung, die Arbeit und das normale, geregelte Leben zu Hause in Holland. Er wirkt müde und ausgelaugt. Seine Entscheidung ist lang gereift. Marika will nun alleine bis Alaska weiterfahren. Von ihr ist auch die Initiative zu dieser Reise ausgegangen. Die Tour bedeutet für die Reiseleiterin die Erfüllung ihres Lebenstraumes. Wir finden, es gehört Mut dazu, allein weiterzufahren. Erleichtert nehmen die beiden zur Kenntnis, dass wir das Risiko für allein reisende Frauen in den USA und Kanada nicht größer als in Europa einschätzen.

»Wie viel Kilometer habt ihr denn seit Feuerland zurückgelegt?«, fragt Susi plötzlich.

Ich wundere mich, dass keiner von uns beiden diese Frage schon früher gestellt hat. Die Antwort schlägt ein wie eine Bombe.

»Fünfzehntausend Kilometer!«

Die gleiche Zahl steht auch auf unserem Tacho. Wir haben Halbzeit.

»Das sind doch alles Banditen«, schimpft Susi enttäuscht. »Vorne am Schalter erzählen sie uns es gibt kein Paket und hinterher schieben sie sich grinsend unsere Lebkuchen in den Mund!«

Wir haben bereits Heilige Drei Könige und unsere Geduld hat ein Ende. Die Pakete sind seit vier Wochen überfällig. Die Floskel ›Mañana es otro dia‹ – ›Morgen ist auch noch ein Tag‹, hängt uns bereits zu den Ohren raus. Auf die Bitte nochmals genauer nachzuschauen, ernten wir nur einen mürrischen Verweis auf die Liste. Wenn unsere Namen dort nicht stehen, gibt es auch kein Paket. Am schmerzlichsten vermissen wir den Nachschub an Diafilmen. Für den Fall, dass eines der vermissten Pakete jedoch auftauchen sollte, lassen wir uns die Telefonnummer des Postamtes geben.

Unsere Weihnachtsgemeinschaft bricht endgültig auseinander. Bane und Elke machen sich auf den Weg Richtung Yucatan-Halbinsel in der

Hoffnung, dort einen neuen Ersatzreifen aufzutreiben. Ein wenig neidisch schauen wir den beiden hinterher, als sie nur durch eine kleine Bewegung der rechten Hand ihre schweren Motorräder davonbrausen lassen. Wie einfach das doch sein könnte! Die beiden Holländer haben sich schon zwei Tage zuvor auf den Weg nach Norden gemacht.

Auf einer rotbraunen Lehmpiste gelangen wir nach drei Tagen in das isolierte, winzige mexikanische Grenznest ›Frontera Corozal‹ am Strom des Usumacinta. Der guatemaltekische Grenzort liegt etwa fünfundvierzig Minuten flussaufwärts am gegenüberliegenden Ufer. Die Besitzer der schmalen länglichen Boote stürmen, kaum haben sie uns erspäht, auf uns zu und reißen uns fast die Räder aus der Hand. Jeder will mit uns das Geschäft seines Lebens machen. Doch zunächst müssen noch die Ausreiseformalitäten erledigt werden. Als Dienstzimmer dient den zwei gelangweilt wirkenden Beamten in grüner Militärkleidung ein klappriger, alter Holztisch unter zwei Bäumen. Träge legt einer der beiden das Maschinengewehr zur Seite, das ihm zuvor als Kopfstütze gedient hat und nimmt sich unsere Pässe vor. Ein halbe Ewigkeit blättert er in unseren Pässen, dreht sie zweimal um, bevor er mit krakeliger Handschrift unsere Daten in einem Buch mit vergilbten Seiten einträgt. Unter der Spalte Ausreise stehen nun zwei neue Namen: Susanne Deutsch und Daniel Deutsch.

Der starke Außenbordmotor schiebt die kleine ›Lancha‹ zügig stromaufwärts. Mit der Sicherheit jahrelanger Erfahrung steuert der Kapitän das kleine Boot zielsicher um die vielen Untiefen herum. Der Fluss ist breit und schmutzigbraun. An beiden Ufern versperrt dichter Dschungel den Blick auf das Hinterland. Ab und an tauchen ein paar von Stelzen getragene Urwaldhütten auf, vor denen Kinder im seichten Wasser des Ufers planschen. Frauen dreschen mit Knüppeln auf ihre Wäsche ein, Kühe stillen ihren Durst, von irgendwo ist das Kreischen eines Brüllaffen zu vernehmen. Wir fühlen uns wie in ›Expedition auf dem Amazonas‹.

Wie sein mexikanisches Gegenüber besteht der guatemaltekische Grenzort aus nicht mehr als einer ärmlichen Ansammlung aus Bretterbuden. Wir fragen uns zu dem als solches nicht zu erkennenden Verschlag der Einreisebehörde durch und erledigen zügig unsere Formalitäten. Es herrscht ein heilloses Durcheinander, das jedoch reibungslos funktioniert. Nach weniger als einer Viertelstunde ist alles erledigt und wir verschwinden im dichten Regenwald des zu meist flachen, unbesiedelten Nordens Guatemalas, der Region des ›El Peten‹.

Es ist still. Wie schon in den letzten Tagen um diese Zeit, seit wir in Guatemala sind. Die ersten Sonnenstrahlen färben den Morgennebel in ein magisches Rot. Die frische Luft an diesem Morgen ist trügerisch. Sie verrät noch nichts von der kommenden Hitze des Tages. Die Gegend ist spärlich besiedelt. Die Straßen sind schlecht. Vereinzelt fahren wir durch kleine verschlafene Dörfer. Hähne krähen, Hunde bellen, Kinder weinen, eine Schweinefamilie schlendert über die Piste.

Wir sind erstaunt, als unsere Reifen plötzlich auf feinstem Asphalt schnurren. Noch überraschter sind wir, als der Asphalt nach einigen Kilometern abrupt in eine rotbraune feuchte Lehmpiste übergeht, als hätte es den schwarzen Belag niemals gegeben.

Meine Gedanken auf den letzten dreißig Kilometern kreisten unaufhörlich um dieselbe Frage: Warum bin ich heute so unglaublich schlecht gelaunt? Die vielen brutal juckenden Moskitostiche, die sich entzündet haben und meinen Körper übersähen, der zweite Plattfuß an diesem wunderbar feucht-heißen Morgen oder die dicke Wurzel, die sich heute Nacht direkt in mein Kreuz gebohrt hatte, können alleine nicht der Grund sein. Nein, es ist die allmorgendliche mit Wasser angemischte Haferflockenpampe, die mir schon seit Tagen zum Hals raushängt. Ich brauche endlich mal wieder Abwechslung, zumindest in der Früh. Morgens Haferflocken, mittags Kekse mit lackem Wasser aus der Wasserflasche und abends Nudeln. Seit Wochen, ja seit Monaten der gleiche Speiseplan. Susi hat ja zumindest ihren Kaffee am Morgen. Aber was habe ich: Haferflockenpampe! Ich brauche Milch!

Die Kinnlade des überraschten Verkäufers hinter der Theke klappt herunter. Scheinbar ist das noch nicht allzu oft vorgekommen, dass eine Blondine auf dem Fahrrad mitten in seinem Urwalddorf, das definitiv den Anschluss an das aktuelle Jahrtausend verpasst hat, nach frischer Milch fragt. Seine Sprachlosigkeit eröffnet uns tiefe Einblicke in die lückenhaften Überreste seines ehemaligen Gebisses. Die jedoch können sich sehen lassen. Vier gelbe Schneidezähne strahlen uns blinkend in Gold gerahmt entgegen. Ein eigentlich gewohntes Bild in diesen Breitengraden der Erde, das mich als Goldschmied aber jedes Mal aufs Neue fasziniert und für einen kurzen Augenblick sprachlos macht. Wie schafft es ein Zahnarzt, so eine perfekte Fassung hinzubekommen?

Nachdem der Verkäufer und wir uns vom gegenseitigen ersten Anblick wieder erholt haben, können wir uns um die geschäftlichen Dinge kümmern. Er stellt uns eine Packung Trockenmilch aus Europa vor die Nase.

»Haben Sie auch richtige Milch?«, bohrt Susi nach.

»Das ist doch richtige Milch. Schau, steht auch drauf!«, meint der Verkäufer und deutet auf die Vorderseite der Verpackung. Hinter dem Mann läuft das Hausschwein vorbei und grunzt bestätigend.

»Nein, wir meinen flüssige Milch, so wie sie von der Kuh kommt«.

»Wenn du sie flüssig haben möchtest, musst du sie mit Wasser mischen!«

Wasser ist flüssig, Cola kommt flüssig, aber flüssige Milch? So etwas kennt er nicht und hat davon auch noch nie gehört. Milch kommt immer in Pulver! Das Schwein grunzt wieder.

Wir begnügen uns mit dem Päckchen falscher Milch und erkundigen uns nach dem weiteren Straßenzustand.

Unser Gegenüber zuckt nur mit den Achseln. Das Dorf hat er seit Jahren nicht mehr verlassen.

Einige Kilometer weiter treffen wir auf eine Gruppe Feldarbeiter am Rande eines Zuckerrohrfeldes.

»Die Straße«, erzählen sie uns leicht frustriert, »wird nur auf Vordermann gebracht, weil die meisten Plantagen hier Leuten von der Regierung gehören. Das ist der einzige Grund!«

Die geteerten Abschnitte der Piste wirken tatsächlich wie Fremdkörper in einer Umgebung, in der sich ansonsten in den vergangenen Jahrzehnten nichts Wesentliches verändert hat. Die Häuser der Einheimischen sind aus ungehobelten Brettern zusammengenagelt und bestehen aus nur einem fensterlosen Raum. Gekocht wird auf offenem Feuer vor der Hütte. Der Platz rund ums Haus wird als Schweine- und Hühnerstall und Gemüsegarten verwendet. Gleichzeitig dient er als Müllhalde und Kinderspielplatz. Die Kinder haben oft nur schmutzige Fetzen am Leib. Fließend Wasser gibt es aus dem nächsten Fluss oder aus der einzigen Dorfpumpe. Von dort balancieren Frauen und Mädchen auf dem Kopf die aufgefüllten Kanister graziös, aber mühsam nach Hause. Ab und an sehen wir ein einsames durchhängendes Stromkabel, an dessen Ende mit ziemlicher Sicherheit der einzige Fernseher des Dorfes hängt. Die Männer beobachten wir beim Holz schlagen oder der Feldarbeit. Nicht selten sitzen sie auch nur tatenlos in einer Runde und trinken Bier. Mit dem Verkauf von Gemüse oder kleineren Handarbeiten auf dem nächstgelegenen Markt versuchen die Frauen, ein paar ›Quetzales‹ zu verdienen. Der eintönige Speiseplan besteht aus Bohnen und Maistortillas. Wer Hühner hat, hat auch Eier.

»Warum seid ihr mit dem Fahrrad hier?«, werden wir unaufhörlich gefragt.

Doch was soll man nach einem kräftezehrenden Anstieg bei tropischer Hitze auf einer staubigen Dschungelpiste darauf antworten? Das erste Mal, als uns diese Frage gestellt wurde, waren wir außerstande, darauf eine passende Antwort zu finden. Überrascht, beinahe verwirrt, hat Susi schließlich ehrlich gestammelt: »Wir haben keinen Grund! Wir sind hier um euch zu begegnen!«

Schon allein die Tatsache, dass wir uns an diesem Ort befinden, weit weg von zu Hause, macht uns für die Einheimischen reich. Aus welcher Motivation heraus wir diese Reise unternehmen, ist für die Menschen nicht zu begreifen. Gereist wird hier zu Verwandten, ins nächste Dorf, auf den Markt oder um Behördengänge zu erledigen. Die Reise in die nächste Stadt kommt einer Weltreise gleich. Irgendwann legen wir uns, nachdem wir nur Verständnislosigkeit geerntet haben, Geschichten zurecht. Wir erzählen, dass wir über die Länder zu Hause berichten oder dass wir für große Firmen die Ausrüstung testen und damit unser Geld verdienen. So hat für die Menschen, die in diesen abgelegenen, ärmlichen Regionen nur fürs Überleben leben, unser merkwürdiges Erscheinen zumindest den Ansatz einer Berechtigung. Während der nächsten Kilometer fühlen wir uns nicht wohl in unserer Haut. Die Armut der Menschen ist erschütternd. Was haben wir hier verloren? Während die Menschen hier tagtäglich um die eigene Existenz und die ihrer Familie kämpfen, verdeutlichen wir ihnen ihre rückständige, erbärmliche Situation. Dass die Welt und das Leben nicht fair sind, bekommen sie auch ohne uns täglich zu spüren. Aber müssen wir es ihnen mit unseren teuren Rädern und der Ausrüstung direkt vor Augen halten? Und das nur aus der Tatsache heraus, weil wir es uns leisten können, unsere Neugierde zu befriedigen? Wir kommen uns schäbig und schuldlos überheblich vor.

So oder so ähnlich scheinen die Leute unser Erscheinen auch aufzufassen. Lang gezogene ›Gringo‹-Rufe schallen uns entgegen. Die Schreie klingen spitz und gehässig, besonders bei den Kindern. Scharenweise laufen sie auf die Straße, zeigen mit dem Finger auf uns. In beleidigender Manier strecken sie die Hand nach Geld aus.

»Gib mir gefälligst ein paar von deinen Dollars, du hast es doch!«, verdeutlicht die Geste. Wenn die Gesichter der Erwachsenen zu Stein erstarren und eine ganze Meute Kinder »Gringo! Gringo!« grölen, dann wird das ›Gringo‹ zu ›Green go!‹ und damit zu ›Hau doch ab!‹. Wir sind Fremdkörper in diesem Teil der Erde. Noch nie im Leben haben wir uns so komplett fehl am Platz gefühlt, wie in diesen Tagen.

»Jetzt!«, gebe ich das Kommando.

Zügig verschwinden wir von der Straße und schlagen uns auf einem kleinen Trampelpfad ins Dickicht des Regenwaldes. Die Dämmerung ist bereits weit fortgeschritten. Kurz vor Dunkelheit, nachdem die letzten Feldarbeiter den Heimweg angetreten haben, gelingt es uns, unbeobachtet von der Straße zu verschwinden. Wir stehen unter Zeitdruck, der steigende Lärmpegel und das Rascheln in den Bäumen und Büschen lässt erahnen, was der Dschungel nach Einbruch der Dunkelheit an tierischen Überraschungen bereithält. Die winzige Lichtung ist nicht groß genug für unser Zelt. Schnell rollen wir das Zelt wieder zusammen und ziehen unsere Biwaksäcke aus den tieferen Sedimentschichten unserer Hinterradtaschen. Das letzte Mal haben wir in Island auf die Behelfsunterkünfte zurückgegriffen. Die Moskitos stürzen sich von Minute zu Minute aggressiver auf unsere verschwitzten Körper. Dennoch verzichten wir nicht auf eine kurze Dusche aus dem Wassersack. Das Abendessen fällt jedoch flach.

»Alles in Ordnung?«, frage ich Susi, als wir beide kurze Zeit später sicher verbarrikadiert in den Kokons aus wasserdichtem Zeltstoff liegen.

»Ja, jetzt fragst du schon wieder!«, entgegnet sie fast ein wenig brüsk.

Ihr geht mein permanentes Fragen nach ihrem Wohlbefinden mittlerweile auf die Nerven. Dabei müsste ich es doch inzwischen kapiert haben, dass sie gut auf sich selber aufpassen kann.

Lange liege ich noch wach. Verschlinge eine Packung Kekse, während ich etwas beengt die Tagebuchaufzeichnungen nachtrage. Den steigenden Druck in meiner Blase versuche ich erfolglos zu verdrängen. Was muss, das muss! Widerstrebend öffne ich den Reißverschluss meiner sicheren Behausung. In Windeseile erledige ich mein Geschäft und Sekunden später liege ich zerstochen von oben bis unten wieder in meinem ›Biwi‹. Wie beruhigend, dass Susi mittlerweile Malariatabletten auftreiben konnte. Ich bin schon im leichten Halbschlaf versunken, als ich plötzlich spüre, wie mir irgendetwas Schweres direkt über das Gesicht huscht. Mein Atem stockt. Adrenalin schießt durch meine Adern. Ich reiße die Augen auf und bin hellwach.

Ganz langsam taste ich mit den Fingern nach meiner Stirnlampe. In Zeitlupe drehe ich mich auf den Bauch, um das Geschehen an meinem Kopfende zu überschauen.

Ich entdecke nichts. Hab ich nur geträumt?

Vorsichtig und höchst angespannt schiebe ich die ›Survival-Tasche‹ am Kopfende des Biwisacks zur Seite.

»Uhhhh!« Erschrocken zucke ich zurück.

In der oberen Ecke sitzt argwöhnisch eine Spinne mit tropischen Ausmaßen. Meine Atmung geht nur noch oberflächlich und schnell, der Puls schießt in die Höhe. Schweißperlen laufen von der Stirn. Beunruhigende dreißig Zentimeter liegen wir voneinander entfernt und belauern uns gegenseitig. Was soll ich tun? Die Flucht ergreifen? Aber wohin? Draußen höre ich eine ganze Armee voller hungriger Moskitos summen und vermutlich wartet noch viel mehr Abschreckendes. Die größte Befürchtung jedoch ist, dass sich mein Bettgenosse in den Tiefen meines Schlafsacks verkrümeln könnte, während ich umständlich die Flucht ergreife. Der Gedanke allein ist Folter genug. Mein Kontrahent hat den Vorteil, sich frei bewegen zu können, während ich in dem engen Biwaksack in meiner Bewegungsfreiheit deutlich eingeschränkt bin.

Es gibt keinen anderen Ausweg. Es wird auf einen Kampf hinauslaufen. Je länger wir uns noch tatenlos gegenüberliegen und observieren desto klarer wird, dass es sich um ein Männchen handelt. Die Indizien sind eindeutig: unrasierte Beine, ungezupfte Augenbrauen über den großen schwarzen Kulleraugen und ein monströser, behaarter Bierbauch. Irgendwie beruhigt das mein Gewissen: ein Kampf unter Männern also!

Ich schlucke nervös. Bekomme fast einen Herzstillstand, als mein Gegner mit einem seiner kräftigen Beine nach mir ausschlägt – nur eine Finte!

Es muss schnell gehen. Ich habe nur einen Schlag. Die Wahl der Waffen stellt mich nochmals vor eine nervenzerrende Entscheidung. Weltempfänger oder GPS-Gerät? Mein Herz rast, ich schlucke, Schweiß tropft an mir herab. Ich ziele und ziele und ziele ... und schlage zu.

Susi ist inzwischen durch mein lautes Atmen und Schlucken aufgewacht.

»Alles in Ordnung bei dir?«

»Äh, ja natürlich!«

Das penetrante Blinken eines Warnhinweises auf dem kleinen Bildschirm der Kamera nervt. Seit Stunden drücke ich irgendwelche Knöpfe, die mir die Gebrauchsanweisung im Kapitel Fehlerbehebung empfiehlt. Die Technik des kleinen Camcorders spielt verrückt. Eigentlich dürfte uns das nicht wundern, nach all dem, was wir unserem elektronischen Equipment bisher zugemutet haben. Extreme Kälte, Hitze, hohe Luftfeuchtigkeit, Sand, Staub, Nässe und vor allem die permanente Rüttelei.

Nachdem der Regenwald des El Peten im nördlichen Guatemala hinter uns liegt, sind wir froh, dass die Menschen im bergigen Teil des Landes zurückhaltender sind. Die Pisten ziehen sich mit unbarmherzigen Steigungen die Berge auf und ab. An jedem noch so steilen Hang kleben kleine bewirtschaftete Parzellen. Die Größe des Feldes und die teilweise unglaublich steile Hanglage lassen den Einsatz von Maschinen nicht zu. Aber die könnte sich ohnehin kaum einer leisten. Einzelne Lehmhäuser liegen dahingestreut in der Landschaft. Obwohl wir an unzähligen Kaffeeplantagen vorbeiradeln, muss Susi auf ihr geliebtes, allmorgendliches Aufputschmittel mit Verwöhnaroma verzichten.

»Das ist doch schizophren. Da haben die den besten Kaffee der Welt und verkaufen ihn nach Übersee, nur um dann dieses grausame Kaffeepulver zu reimportieren«, seufzt Susi enttäuscht. In den Läden ist auch weiterhin nur der überteuerte, importierte Instantkaffee zu erhalten. Kaffee ist das Hauptexportprodukt des Landes. Jede Bohne bringt Devisen. Dieses Jahr bleiben jedoch viele, vorwiegend kleinere Plantagen ungeerntet. Zu tief ist der Preis für Kaffee dieses Jahr in den Keller gerutscht. Vor allem für die vielen Kleinbauern eine Katastrophe.

Eingezwängt in einem Bus sitze ich auf dem Rückweg nach San Pedro am Westufer des Atitlan-Sees. In dem kleinen Dorf am Fuße des gleichnamigen Vulkans haben wir uns nun schon seit einer Woche eingenistet. Den Rucksack mit der weiterhin kaputten Kamera halte ich mit beiden Armen fest umschlossen. In Mittelamerika, so wurde mir in der Hauptstadt Guatemala-Stadt gesagt, wird die Kamera keiner richten können. Es fehlen die Ersatzteile und bis die kämen, wenn überhaupt, könne das dauern. Eigentlich trauere ich dem auch nicht nach. Ich bin froh, die Hauptstadt so schnell wie möglich wieder verlassen zu können. Zum ersten Mal auf der Reise habe ich mich unsicher gefühlt. Guatemala-Stadt ist ein einziger Moloch: hässlich und verdreckt. Raubüberfälle und Angriffe, auch auf Touristen, sind nichts Ungewöhnliches. Obwohl der Bürgerkrieg schon seit einigen Jahren beendet ist, hat man es noch immer nicht geschafft, ein durchgreifendes, funktionierendes Justizsystem aufzubauen. Korruption, Bestechung und der Mangel an fähigen Polizisten machen die Durchsetzung von Recht und Gesetz in Guatemala zu einer äußerst inkonsequenten, undurchschaubaren Angelegenheit. Banken und Geschäfte, die es sich leisten können, greifen aus diesem Grund zur Eigeninitiative und engagieren privates Wachpersonal. Schwarzes Gold hat hier nicht viel mit Öl zu tun, kommt mir der Gedanke, als ich ein Cola-Lieferauto erblicke. Der Lieferant stapelt einige Kästen aufeinander, um sie auf einer Sackkarre auszuliefern. Sein Kollege auf der Ladefläche sitzt mit einem schweren Gewehr bewaffnet auf der Ladefläche und bewacht den Wagen und vor allem dessen kostbaren Inhalt.

Schon bei der Hinfahrt nach Guatemala-Stadt war das Betriebspersonal, bestehend aus Fahrer und Schaffner darauf aus, die Kapazität des Busses möglichst auszulasten. Jeder Fahrgast, jede Kiste und jedes Huhn bringt Geld. Eingequetscht sitze ich am Fenster. Neben mir ein dicker Kerl, an dessen Körper der Schweiß nur so herunterläuft. Mein Hintermann rotzt und spuckt ununterbrochen auf den Boden. Außer mir scheint das keinen zu stören. Obwohl der Bus längst voll ist, werden immer wieder neue Fahrgäste zugeladen. Der Schaffner fordert die Leute auf, sich hinzusetzen. Aber wohin? Mein feuchter Nachbar rückt dichter zu mir auf. Ich bin entsetzt und letztendlich bewegungsunfähig eingeklemmt. Jetzt sitzen wir zu dritt auf der kurzen Sitzbank, die eigentlich für uns beide schon zu eng war. Weitere Fahrgäste werden eingeladen, zwängen sich in die Lücke im Gang und nehmen ebenfalls Platz, trotz fehlender Sitzfläche! Auf den Boden durchzurutschen ist nicht möglich, denn sie werden von den beiden äußeren einer Sitzreihe eingekeilt. Was an Gepäck nicht mehr aufs Dach passt, geht irgendwie innen rein. Mit einer bewundernswerten Gleichgültigkeit lassen die Fahrgäste das Drücken, Schieben und Gezerre über sich ergehen. Ich schätze mich überaus glücklich, am Fenster zu sitzen. Meine Nase strecke ich so weit es geht in die frische Luft. Hauptbeschäftigung der Fahrgäste ist entweder Dahindämmern oder Essen, welches man von den fliegenden Händlern bei jedem Stopp durch die offenen Fenster gereicht bekommt. Was mich in meiner erdrückenden Situation ein wenig aufheitert, ist der Anblick der schlafenden Fahrgäste. Den

Kopf auf die Brust gestützt wackelt der halbe Bus im gleichen Takt. Ein herrlicher Anblick.

Gegen aufkommende Langweile wird den restlichen Insassen eine kleine Einmannshow geboten. Bei der Hinfahrt war es noch ein Wunderheiler, der die Fahrgäste zu überzeugen versuchte, dass seine einzige Salbe das Allheilmittel gegen Kopfschmerzen, Rückenprobleme, Rheuma und Menstruationsschmerzen sei. Diesmal ist es ein selbst ernannter Prediger, der sich neben dem Fahrer postiert. Mit der Bibel in der Hand zitiert er fromme Sprüche und teilt danach kopierte Heiligenbilder an die Fahrgäste aus. Jedermann darf sie behalten, gegen eine Spende versteht sich. Den Fahrer scheint die Predigt wenig beeindruckt zu haben. Er jagt weiterhin den Bus über die Piste als wäre der Leibhaftige hinter ihm her.

Bei meiner Rückkehr mit dem Bus in ›Panajachel‹, am Nordostufer des Sees, von wo die Boote nach San Pedro ablegen, sehe ich einen einsamen Radler, der etwas verloren in der Menge der Touristen und Souvenirstände steht. Der Ort Panajachel, wird scherzhaft auch als ›Gringo-Tenango‹ betitelt. Der Ort ist eine einzige Konzentration an Hotels, Restaurants, Souvenirshops und Internetcafés. Ich spreche den jungen Radreisenden an. Da auch ihm der Trubel in diesem Ort ein wenig zuviel ist, entscheidet er, sich mir anzuschließen und sich ein Quartier im ruhigeren San Pedro zu suchen. Während der Bootstour ans andere Ende erzählt mir Radek, dass er auf dem Weg nach Südamerika ist. Neben dem Radfahren ist die große Leidenschaft des Tschechen das Bersteigen. In den USA gestartet, hat er bisher keinen namhaften Hügel ausgelassen. Sofort werde ich hellhörig. Ich erzähle ihm von meinem Plan, den höchsten Berg Ecuadors zu besteigen. Auf dem Gipfel eines Berges, eines richtigen Berges zu stehen, das hat mich schon immer gereizt. Doch meine Idee hatte Susi, als ich ihr noch vor der Abfahrt davon erzählte, nicht gerade mit Begeisterung aufgenommen.

»Alles was du an Erfahrung mitbringst, ist ein netter Wanderausflug in den Schweizer Alpen und das, was du vom Sportklettern am Felsen mitbringst. Von richtig hohen Bergen hast du doch überhaupt keine Ahnung!« Sie versuchte mir damals, mein Vorhaben aus dem Kopf zu schlagen.

»Ja, aber die hatte ich ja vom Fahrradfahren auch nicht! Irgendwann muss man mal anfangen!«

»Aber muss es gleich der höchste Berg sein?«

Der Chimborazo wird eher in den mäßigen bis mittleren Schwierigkeitsgrad eingestuft. Die Herausforderung liegt in der Höhe von gut sechstausenddreihundert Metern. Dass ich nicht allein losziehe, ist mir klar. In Radek wittere ich jetzt meine Chance. In ihm sehe ich einen geeigneten Gipfelgefährten. Radek findet die Idee, gemeinsam auf den Chimborazo zu steigen, klasse. Dieser Berg stand sowieso auf seiner Liste. Das wird Susi gar nicht freuen.

San Pedro wird für die nächsten Wochen zu unserem Zuhause. Die Kamera haben wir mit einem Kurierdienst nach Deutschland gesendet. Um die Zeit nicht ungenutzt verstreichen zu lassen, frischen wir in einer der vielen Spanischschulen unsere Sprachkenntnisse auf. Der Unterricht findet draußen in einem Garten statt, mit Blick auf den dunkelblau schimmernden See, der von bräunlichen Berghängen und Vulkankegeln umringt wird. Wenn es nach Susi ginge, könnten die Übungen noch einige Stunden am Tag länger dauern.

»Es tut unglaublich gut, wieder mal den Kopf statt nur die Beine arbeiten zu lassen!«

Plötzlich erschüttert ein gewaltiges Rumpeln den Untergrund. Wir befinden uns auf dem Rückweg zu unserer Unterkunft. Wie angewurzelt bleiben wir stehen. Automatisch greift Susi nach meinem Arm. Zwei Einheimische kommen uns, sichtlich in Panik, entgegengelaufen. Wohin laufen die? Sollen wir da vielleicht hinterher? Susi und ich stehen mitten auf der Straße, irgendwo in der Nähe geht ein Glas zu Bruch. Nach nur fünfzehn Sekunden ist das kleine Erbeben vorbei.

Naturkatastrophen, Armut, Korruption, trotz aller Probleme erscheint Guatemala nicht grau und trist. Die Muster der Trachten, Decken und Tücher sind ein einziges Feuerwerk an Farben. Die Märkte vibrieren und leben, Busse sind farbenprächtig lackiert und mit grellen Lichtern aufgemotzt. Und die Menschen haben das Lachen nicht verlernt. Guatemala ist bunt. Es scheint, als versuchten die Menschen mit dem bunten Anstrich ihres harten Alltags ihren Optimismus anzukurbeln, sich für ihre Mühen selbst zu belohnen.

»Es gibt nichts Schöneres, als es sich so richtig gemütlich zu machen, wenn es draußen unbehaglich und kalt ist!«, steht auf der Verpackung des mitgeschickten Weihnachtstees. Wir liegen in den Hängematten in dem kleinen Vorgarten unserer Unterkunft und feiern ein zweites

Mal Weihnachten. Diesmal mit all den kleinen Geschenken, Leckereien und Briefen, die wir vor einigen Wochen so schmerzlich vermisst haben. Wir haben nicht locker gelassen und jede Woche in Palenque nach den verschollenen Paketen gefragt. Eigentlich haben wir mit dem Auftauchen gar nicht mehr gerechnet. Umso größer ist die Überraschung und Freude. In einer dreitägigen Marathonfahrt sind wir mit dem Bus zurück nach Palenque und haben unsere Pakete an der dortigen Post abgeholt. Auch der mexikanische Zoll hat sich über die Geschenke gefreut. Vom Schokonikolaus sind, wie Susi vermutet hat, nur noch ein paar Krümel übrig geblieben. Grün-weißer Flaum auf Käse und Wurst hat jedoch den restlichen Inhalt des Paketes vor weiteren Übergriffen geschützt und mexikanischer Beamtenwillkür Einhalt gebieten können.

Seit wir am Atitlan-See angekommen sind, sind die Temperaturen Woche für Woche merklich gestiegen. Aufgrund der hohen Lage des Sees auf über 1 500 Metern ist die Luft dennoch auch tagsüber noch erträglich geblieben. Der reparierte Camcorder trifft endlich per Kurierdienst in Guatemala ein. Das Gerät war in Deutschland wochenlang unangetastet in irgendeinem Büro irgendeiner Sekretärin verschollen, der es spanisch vorkam, die Videokamera nach Guatemala zu senden.

Nach dieser langen Zeit an einem Ort kommen wir in die Phase, wo es von Tag zu Tag einfacher wird, die Weiterfahrt zu verschieben.

»Mañana es otro dia!«, versucht Susi unsere Lethargie zu rechtfertigen. »Morgen ist ja auch noch ein Tag!«

Nur ungern verlässt sie ihre Hängematte unter dem schattigen Vordach. Ihr eisgekühlter Frucht-Shake ist schon wieder leer!

Doch die anfänglich noch leise Stimme im Kopf, die sagt »Los, bewegt endlich eure faulen Hintern, ihr habt noch einen langen Weg vor euch!«, wird lauter und lästiger.

Auch diesmal wird es nichts mit dem gemeinsamen Aufbrechen. Walli und Steffen, die ebenfalls eine Auszeit in San Pedro verbrachten, sind längst wieder über alle Berge. Radek, der tschechische Bergsteiger, war am Ende ebenfalls drei Wochen am Atitlan-See hängen geblieben und hat sich erst vor Kurzem auf den Weg nach Honduras aufgemacht. Susi hatte mit Erleichterung darauf reagiert, dass ich mit dem erfahrenen Tschechen auf den Chimborazo steigen will. Per E-Mail wollen wir uns gegenseitig auf dem Laufenden halten, um ungefähr zur gleichen Zeit in Ecuador einzutrudeln. Zu unserer Überraschung trudeln Bane und Elke nach ihrem Abstecher nach Belize mit neuem Hinterreifen kurz vor unserer Weiterfahrt am Atitlan ein. Es ist ein freudiges Wiedersehen.

In einem Internetcafé spricht mich ein hagerer Mann an, Mitte dreißig mit Nickelbrille auf der Nase. Sein Akzent lässt vermuten, dass er aus Frankreich stammt. Gilles ist ebenfalls mit seinem Rad nach Feuerland unterwegs. Das nächste Land, El Salvador bereitet dem Franzosen bezüglich der Sicherheit ein wenig Kopfzerbrechen. Ihm ist nicht ganz wohl bei dem Gedanken, alleine dort durchzuradeln und würde sich uns gerne anschließen. Wir haben nichts dagegen und beschließen, in zwei Tagen gemeinsam aufzubrechen.

Auf einer langen Abfahrt lassen wir die Räder ungebremst Richtung Pazifikküste rollen. Der Fahrtwind kann den drastischen Temperaturanstieg noch vertuschen. Umso heftiger erwischt uns die Ohrfeige, als wir an der Kreuzung zur Küstenstraße zum Stehen kommen. Es gibt also doch noch eine Steigerung zur Hitze in den USA! Die Luftfeuchtigkeit macht's möglich. Uns bleibt die Luft weg. Sie ist ein heißer, feuchter Brei, der sich nur zäh in die Lungen ziehen lässt. Wir haben das Gefühl, an Atemnot zu leiden. Ohne auch nur eine Pedalumdrehung zu tätigen, drückt der Schweiß aus sämtlichen Poren der Haut. Der Asphalt reflektiert die Hitze unerbittlich zurück, von oben verdörrt die Sonne gnadenlos das Gehirn.

»Kilometer 35!«, nuschele ich permanent vor mir her. Mein Kopf hat sich komplett auf dieses Ziel eingeschossen. Nur der Gedanke an den nächsten, bretterbudenähnlichen Kiosk lässt meine Beine auf- und abstrampeln. Diese regelmäßig am Straßenrand auftauchenden Colabuden sind Überlebensstationen, die rettenden Oasen in der radlerfeindlichen Wüste und die einzige Motivation, die uns in diesen Tagen im Sattel hält. Ich bin durstig, hungrig und total abgekämpft. Meine Tagesform weist gegen null. Bei mir läuft es heute überhaupt nicht. Gilles legen ein enormes Tempo vor. Susi hält gut mit. Ich drifte schon bald ab, verliere den Anschluss und hinke irgendwann hinter her.

»Kilometer 35, wann kommst du?«

Endlich tauchen verschwommen die Umrisse des versprochenen Holzverschlages in der Ferne auf. Ich erreiche den Kilometerstein. Die anderen beiden sind schon längst am Ziel. Abgekämpft schiebe ich das Fahrrad den sanften Geröllanstieg hinauf. Susi empfängt mich mit einer kleinen Flasche kalter Cola. Ich bin unendlich dankbar. Gierig kippe ich den Inhalt in einem Zug hinunter.

»Ohhh, wie gut das tut!«

»Bitte«, flehe ich die Frau am Straßenkiosk an, »habt ihr nicht irgendwo Wasser?«

Mein Kopf fühlt sich wie eine tickende Bombe an, kurz vor der Explosion. Seit mehreren Kilometern ist meine Ration an Kühlwasser bis auf den letzten Tropfen erschöpft. Ich brauche Kühlung, kann weder stehen, sitzen noch liegen. Die Frau erkennt den Notfall und kommt mit einem Eimer Wasser zurück.

»Das ist aber kein Trinkwasser!«, bekomme ich nur noch am Rande mit, bevor ich meinen gesamten Kopf in dem Eimer versenke. Ich bilde mir ein, dass es gezischt hat.

Mit Gilles verstehen wir uns auf Anhieb recht gut. Da weder Susi noch ich des Französischen mächtig sind und Gilles außer ›Meine Oma fährt im Hühnerstall Motorrad!‹ auch nur über die grundlegendsten Deutschkenntnisse verfügt, unterhalten wir drei uns in Spanisch. Der Franzose ist weder schüchtern noch aufdringlich. Er ist einer der Menschen, der sich selbst nicht zu wichtig nimmt, jedem sein Leben lässt und seines lebt. Von Beruf ist Gilles Sportlehrer, doch hat er schon alle möglichen Dinge ausprobiert. Irgendwo in Afrika war er in einer französischen Botschaft tätig, war mal bei der Post angestellt und eine Fahrlehrerlizenz hat er auch in der Tasche. Dennoch ist seine große Leidenschaft neben Frauen, der Sport. Vor allem die Leichtathletik und der Marathon. Nach zwei gemeinsamen Tagen wird uns das ewige Auseinanderrechnen nach dem Bezahlen der Einkäufe oder der Cola-Zeche zu lästig. Da wir sowieso das Gleiche essen und trinken, gründen wir eine gemeinsame Reisekasse, in die jeder von uns dreien zu gleichen Teilen einzahlt. Gilles hat seine Ansprüche an das Leben im selben Maße wie wir der Reise angepasst. Die Definitionen von Glück, Erfolg und Zufriedenheit haben sich aufs Einfachste reduziert. Das Einzige, was wirklich zählt ist Wasser, Essen und am Abend ein sicherer Platz zum Pennen. Auch er begreift die Reise mit all den Strapazen, Unwegsamkeiten und Herausforderungen als größten Luxus, den ihm das Leben bieten kann. Die Welt, die an uns vorbeizieht, bestätigt dies jeden Tag, jeden Kilometer aufs Neue. Wir sind überaus dankbar, auf der Sonnenseite des Lebens stehen zu dürfen und empfinden dies als einzigartiges Privileg. Auch, dass Gilles und wir das gleiche Ziel ansteuern, schweißt irgendwie zusammen. Wir mögen ihn.

Der Grenzübergang nach El Salvador gestaltet sich unkompliziert und problemlos.

»Was, aus Guatemala kommt ihr und ihr seid noch am Leben?«

Das Lied vom bösen Nachbarn klingt vertraut in unseren Ohren.

»Die ganze Strecke mit dem Fahrrad?«

»Überall lauern doch die Diebe!«, hören wir immer wieder von erstaunten Einheimischen. Salvador empfängt uns mit der besten Straße seit Monaten. Teilweise besitzt sie sogar einen breiten Seitenstreifen. Das Verkehrsaufkommen will jedoch nicht so recht zu dem perfekten Teerbelag passen. Ochsengespanne, Pferde und ab und an ein Auto. Wie schon in Guatemala überholen wir immer wieder Frauen in bunten Röcken, die Wasserkrüge und Kanister auf dem Kopf transportieren. Wie sie das barfuß auf dem heißen Asphalt machen, bleibt uns ein Rätsel.

Aufgrund der unerträglichen Hitze überlegen wir uns eine neue Reisestrategie. Am Abend haben sich unsere Körper so stark aufgeheizt, dass wir trotz mehrmaligem Duschen Probleme haben, auf eine normale Temperatur zu kommen. Wie ein Feuer, das nicht ausreichend gelöscht wurde, dauert es nach einer kurzen Dusche aus dem Wassersack keine fünf Minuten, bevor uns erneut Hitzewallungen überrollen. Nur sehr schwer fallen wir trotz Erschöpfung in einen unruhigen Schlaf. Wir versuchen deshalb, bei Sonnenaufgang meist schon dreißig bis vierzig Kilometer heruntergespult zu haben. Bis zehn Uhr ist die Luft noch erträglich. Das nutzen wir aus.

Gräser und Felder sind vertrocknet und gelb, wie auch die restliche Vegetation. Der geologische Ursprung Mittelamerikas lässt sich hier kaum verleugnen. Seit Guatemala radeln wir meist in Sichtweite eines oder mehrerer Vulkankegel.

Kurz vor Mittag haben die Temperaturen den Schmerzbereich erreicht. Es wird Zeit für ein zweites und diesmal ausgiebiges Frühstück, mit anschließender Siesta. In kleinen Straßencomedors bekommen wir für weniger Geld als ein Päckchen Nudeln kostet, Bohnenbrei mit Reis, Brot, ein paar Spiegeleier und natürlich die obligatorische Zweiliterflasche Cola aus dem Kühlschrank. Manchmal liegt zusätzlich eine Scheibe salziger Schafskäse mit auf dem Plastikteller. Ist der Laden gut besucht, ist das ein sicheres Indiz dafür, dass die Portionen reichhaltig und üppig sind. Genau das, was wir brauchen!

Bis zu neun Liter Flüssigkeit aus Wasser und schwarzer Zuckerlösung nehmen wir pro Tag zu uns und müssen dennoch kein einziges Mal pinkeln. So hangeln wir uns von einer Colabude zur nächsten. Auch wenn sie nur wenige Kilometer auseinander liegen, lassen wir keine aus. Zum ersten Mal sind wir richtig dankbar für den leichten Gegenwind, der uns einen Hauch von Kühlung beschert.

In El Salvador erleben wir keine einzige Situation, in der wir uns unsicher, geschweige denn bedroht fühlen. Unsere Befürchtungen bezüglich der Sicherheit haben sich schon nach nur wenigen Kilometern zerstreut. Die Leute begegnen uns offen, sind freundlich und winken zum Gruß. Je ärmer, so scheint es, desto herzlicher. Besonders Susi hat es den Menschen angetan. Immer wieder passiert es ihr, dass vor allem die älteren Frauen ihr über den Arm streicheln.

»Was für eine schöne Haut, so weiß!«

Dennoch bleiben wir stets wachsam. Aber das sind wir seit Beginn der Reise und besonders seit Mexiko. Gilles ordnet die Situation als ebenso entspannt ein und entscheidet sich für eine Route durch die Berge, um der Hitze zu entkommen. Nach fünf gemeinsamen Tagen trennen sich unsere Wege wieder. Mittlerweile kommen wir mit der Hitze und der hohen Luftfeuchtigkeit besser zurecht und ziehen sie den kräftezehrenden Anstiegen vor. Zumal, so glauben wir, die Berge nicht wirklich die ersehnte Abkühlung bringen. Wir verabschieden uns mit dem festen Glauben, uns nochmals unterwegs zu begegnen. Südamerika ist zwar groß, aber die Radlerwelt klein.

Ein Land reiht sich nun an das andere. Die bäuerlichen Szenen der Lehmhäuser, Eselkarren und Feldarbeiter ziehen an uns vorbei. Nach Salvador, dem kleinsten Land Mittelamerikas, erreichen wir Honduras. Drei Tage später stehen wir bereits an der Grenze zu Nicaragua.

Gegen ein paar Dollar bekommen wir auch hier ohne Probleme eine neunzigtägige Aufenthaltsgenehmigung in den Pass gedonnert. Wir dürfen passieren. Bei einer zweiten Kontrollstation werden wir nochmals aufgehalten.

»Papiere, bitte!«, fordern uns drei Beamte auf.

Einer von ihnen schleicht um die Räder.

»Wo ist denn der Motor?« Diese Frage wurde uns schon häufiger gestellt. Wir klären die Sache auf.

»Und wo sind die Papiere?«

»Was für Papiere?«, entgegne ich verwundert.

»Fahrzeugpapiere, Zollpapiere, Registrierung!«

»Ein Fahrrad mit Fahrzeugpapieren?« Susi findet das urkomisch.

Womöglich ist die Zahl der Gänge darin vermerkt und ein Nummernschild wird hinten am Gepäckträger befestigt? Sie findet den Spaß der Grenzer ausgesprochen gelungen! Sie wischt sich mehrmals die Tränen aus den Augen. Ihr Lachen ist ansteckend. Dem können sich die bierernst dreinblickenden Beamten nicht widersetzen. Auch ihnen huscht plötzlich ein Schmunzeln über das Gesicht. Fast unmerklich gibt uns einer von den Dreien das Zeichen zum Durchfahren.

»Hahaha! Macht's gut Jungs. Ihr seid wirklich gut drauf. Adios!«

»Lustige Leute, die Nicaraguaner!«, stellt Susi immer noch leicht kichernd fest.

»Ein wirklich gelungener Start!«

Am Abend sitzen wir mit Luis, dem Manager der Hospedaje, in der wir uns ein billiges Zimmer genommen haben, im Innenhof und unterhalten uns. Zuvor hatte er uns einen Teller gekochter Maiskolben vorbeigebracht. Er zeigt großes Interesse an unserer Reise. Unser Schlafraum ist zu winzig, um auch die Räder mit hineinzustellen. Deshalb stehen sie mit Kettenschlössern direkt an dem Fenstergitter gesichert vor unserem Raum. Das Fenster weist zum Innenhof.

»Seltsam«, sagt er plötzlich, als er die Räder inspiziert. »Habt ihr keine Nummernschilder? In Nicaragua braucht jedes Fahrrad eines!!!«

Luis erzählt uns von seiner einzigen Reise, die er bisher gemacht hat. Auf der Flucht vor dem Bürgerkrieg und mit Hoffnung auf ein besseres Leben hatte er all seine Ersparnisse zusammengekratzt und sich einem Schlepper anvertraut. Der versprach, ihn in das Gelobte Land USA bringen zu können. Mit acht weiteren Menschen versteckte er sich eingepfercht in dem schmalen Zwischenraum eines Schiffrumpfes. Der Hohlraum war so beengt, dass sich die Leute nur abwechselnd zum Schlafen hinlegen konnten. Um das Versteck zu tarnen, wurde es hermetisch abgeriegelt. Kaum Frischluft drang in das dunkle Gefängnis. Einmal am Tag wurde eine Planke geöffnet, durch die Nahrung und Wasser gereicht und der Toiletteneimer entleert wurde. Die Temperaturen waren eine Qual. Nach dreiundzwanzig Tagen, das hatte er sich nachher ausgerechnet, lief das Schiff endlich in einem Hafen ein. Die Gruppe war halb tot vor Erschöpfung, doch überglücklich, so nahe der Freiheit und am unerreichbar scheinenden Ziel angekommen zu sein. Einen weiteren Tag mussten sie in ihrem Versteck ausharren, bevor die Planken geöffnet wurden. Geblendet vom Licht, so erzählt er weiter, konnte er die bewaffneten Männer in grüner Uniform, die überall auf dem Schiff postiert waren nicht gleich erfassen.

»Wir waren«, so fährt er mit einem leicht verbitterten Lachen fort, »statt in Amerika auf Kuba gestrandet!«

Die kubanischen Behörden hatten das kleine verdächtige Fischerboot weit draußen auf dem Meer geschnappt. Keine zwei Tage später wurde er mit samt den anderen in seine Heimat per Flugzeug abgeschoben.

Die Hauptstadt Managua ganz zu umfahren, gelingt uns nicht. Wir streifen deren ländlich wirkende Vororte und erreichen das schöne Städtchen Granada am Nicaraguasee. Mit einem voll beladenen, kunterbunten Bananendampfer überqueren wir den größten See Mittelamerikas. Das gesamte Schiff ist mit Tonnen von Bananen und anderen Früchten, Körben und Säcken für den entlegenen Zielhafen San Carlos nahe der Grenze zu Costa Rica beladen. Ganz oben auf dem Warenberg liegen unsere verstaubten Drahtesel samt Gepäck. Die Nacht ist tropisch warm. Der Vollmond hängt wie eine riesige Straßenlaterne vom Himmel. Das gesamte Deck ist kreuz und quer mit Hängematten verspannt. Passagiere haben sich am Boden, auf Säcken und Sitzbänken auf dem gesamten Schiff niedergelassen. Berührungsängste sind fehl am Platz. Jede freie Lücke ist ausgenutzt. Der Anblick ließe das Herz jedes guatemaltekischen Busfahrers höher schlagen. Bei einem nächtlichen Zwischenstopp stürmen mindestens ein Dutzend mit Pappbecher und Thermoskanne bewaffnete Kinder und Frauen das Schiff und preisen lautstark ihre Ware an.

»Café, café, café calienteeeeeeeeeeeee!!!«

Susi hält sich die Ohren zu.

»Wer um Himmels willen braucht nachts um halb drei einen heißen Kaffee?«

Noch dazu, wenn man den auch in der schiffseigenen Küche bekommt. An Schlaf ist in dieser Nacht nicht zu denken.

»Also doch einen heißen Kaffee!«

Wir erreichen das schmuddelige San Carlos in den frühen Morgenstunden. Die kurze Nacht hängt uns nach. Die beginnende Schwüle des frühen Tages verstärkt die bleierne Schwere in den Beinen. Wir fühlen uns lustlos und schlapp. Nochmals müssen wir in eine kleine ›Lancha‹ umsteigen. Auf einem schmalen Fluss bringt sie uns über die

Grenze nach Costa Rica. Im Fahrpreis inbegriffen ist freie Sicht auf Krokodile, Schildkröten und viel exotisches Federvieh.

Gemauerte, bunt angemalte Häuser, mit gepflegten, blumenreichen Vorgärten haben die armseligen Bretterbuden abgelöst. Auf einen Schlag ist die Landschaft nicht mehr gelb und braun verbrannt. Nur wenig Müll und Abfall zieren die Straßengräben. Die Lebensmittelläden haben Ähnlichkeit mit kleinen Supermärkten, in denen die Produkte fein säuberlich geordnet in geputzten Regalen liegen. Das Angebot geht weit über ein paar Dosen Thunfisch, etwas Reis und Nudeln hinaus. Alles wirkt ein wenig geregelter und geordneter als anderswo in Mittelamerika. Die ›Ticos‹, wie sich die Menschen hier selber nennen, wirken locker und entspannt. Der Lebens- und Bildungsstandard ist um einiges höher, was man allein schon am Verkehr bemerkt. Statt Ochsenkarren und Pferden tummeln sich wieder richtige Autos auf den Straßen. Die Leute auf dem Land wissen, dass Europa kein Teil der USA, sondern ein eigenständiger Kontinent ist. Und noch etwas ist anders in Costa Rica. Das Land verschwendet keinen einzigen ›Colon‹ an Steuergeldern für seine Streitkräfte. Das Militär wurde vor bereits über fünfzig Jahren abgeschafft.

Rotglühende Lavabrocken kullern in unregelmäßigen Abständen den steilen Vulkankegel des Arenals herunter. Wieder einmal haben wir fast unverschämtes Glück. Angelehnt an einen gefällten Palmenstamm sitzen Susi und ich vor unserem Zelt und schlürfen genüsslich ein kaltes Bierchen. In dieser Nacht zeigt sich der Himmel wolkenlos und bietet uns dadurch freien Blick auf dieses wunderbare Spektakel.

»Costa Rica gefällt mir!«, teilt Susi mir ihre Sympathie für das kleine Land mit.

Ich kann ihr nicht widersprechen. Das Bier schmeckt auch prima!

Über eine alte Eisenbahnbrücke schieben wir unsere Räder auf panamesischen Boden. Die baufällige Brücke spannt sich über den braungefärbten Grenzfluss Sixaola. Die ›Ticos‹ haben den Ausreisestempel erst herausgerückt, nachdem wir einer Hilfsorganisation eine kleine Spende zukommen ließen. Dafür ziert nun eine Briefmarke mit rotem Kreuz eine Seite unseres Passes. Costa Rica ist wirklich außergewöhnlich! Die Beamten auf panamesischer Seite sind weniger sozial eingestellt. Dafür dauert die Grenzprozedur auch nur die Hälfte der Zeit.

»Wieso heißt dieses Land eigentlich nicht Banama?«, fragt Susi plötzlich.

Kilometerlang strampeln wir an unendlichen Plantagen vorbei. Wir sind in ›Chiquita-Country‹. Bananen, soweit das Auge reicht. Nur noch selten mogeln sich ein paar Zuckerrohrfelder dazwischen. Unreif geschnitten, werden die Bananen mit der Plantagen-Seilbahn direkt zur Verpackungsstation gebracht, dort gewaschen, sortiert, in Kartons verpackt und mit dem bereitstehenden LKW zum nächsten Hafen gebracht. Ab geht es in die weite Welt. Wie schon die Kaffeebohnen, ist die krumme Frucht fast ausschließlich für den Export bestimmt. Die Bananen, die wir an den vielen Fruchtständen am Straßenrand angeboten bekommen, sehen im Vergleich klein und mickrig aus und sind bereits leicht angeschwärzt. Aber hier beweist es sich mal wieder, dass man nichts und niemanden und schon gar nicht Bananen nur nach ihrem Äußeren beurteilen sollte. Es lohnt sich durchaus, an der Oberfläche zu kratzen. Das hellrote Fruchtfleisch hat einen unglaublich intensiv-fruchtigen Geschmack und würde jede Exportbanane vor Neid erbräunen lassen.

»Weißt du, was heute für ein Tag ist?«, fragt mich Susi eines morgens beim Zeltabbau.

»Keine Ahnung. Montag? Mittwoch?«

»Nein, ich meine das Datum.«

»Eigentlich müssten wir März haben, oder?«, frage ich verunsichert.

»Nein, heute ist der erste April!«

Ich kann es kaum glauben. Jeder einzelne Tag der letzten zwölf Monate war so voll gepackt mit Eindrücken, so erfüllt und intensiv. Sind wir wirklich schon seit einem Jahr unterwegs? Bevor die kleine Feier am Abend stattfinden kann, muss noch ein letzter großer Pass überwunden werden. Die Hauptroute nach Panama-Stadt liegt auf der dem Pazifik zugewandten Seite der Kordilleren. Dicke Regenwolken hängen tief in den Bergen. Erste Tropfen fallen auf den heißen Teer, verdampfen in wenigen Sekunden. Dann öffnet der Himmel seine Schleusen und wolkenbruchartig prasselt der Regen auf uns nieder. Genauso wie der ausgetrocknete Boden, saugen auch Susi und ich das Wasser dürstend auf. Die Arme ausgebreitet, stellen wir uns minutenlang mitten auf die Straße und lassen den warmen Tropenregen auf uns herunterprasseln, bis auch die letzte Haarspitze an unserem Körper durchnässt ist.

Auf ›große Reise‹ zu gehen, war eine gute Entscheidung, eine sehr gute! Vielleicht die bisher beste meines Lebens. Dass Susi genauso fühlt, spüre ich an ihrem fröhlichen Lachen.

Bis zur Hauptstadt Panama-Stadt liegen laut Straßenschild noch knapp vierhundertfünfzig Kilometer entlang der legenderen Panamericana, einem Netz von Straßen, welches sich von Alaska bis Feuerland zieht. Das sumpfige Urwaldgebiet des ›Darién‹ im Grenzgebiet zwischen Panama und Kolumbien stellt die letzte Lücke in dem Straßennetzwerk zwischen Nord- und Südamerika dar. Schon seit längerer Zeit wird geplant, diese Lücke zu schließen, doch verstärkte Guerilla-Aktivitäten, Schmugglerbanden und eine wachsende Bewegung von Naturschützern haben dieses Vorhaben bisher verhindert. In David, der zweitgrößten Stadt des Landes, informieren wir uns aus diesem Grund in mehreren Reisebüros über Flugverbindungen nach Südamerika. Über Kolumbien wurden in den letzten Wochen wieder vermehrt über Entführungen, auch von Ausländern, berichtet. Aufgrund der angespannten Lage in Kolumbien ziehen wir einen Flug nach Ecuador vor.

Wie in einem Rausch strampeln wir die letzten mittelamerikanischen Kilometer nur so herunter. Jedes Kilometerschild beflügelt aufs Neue. Die Kilometer purzeln. ›Suerte – Viel Glück!‹ und ›Bienvenidos – Willkommen!‹, rufen uns die Leute freundlich zu, wenn wir an ihnen vorbeirauschen. Die Menschen hier in Panama sind gut drauf. Sie winken und klatschen uns aufmunternd hinterher. Irgendwie fühlen wir uns wie bei einem Zieleinlauf. Jetzt, wo feststeht, dass wir direkt nach Ecuador fliegen, wo Freunde auf uns warten und wo ich mich an einer neuen Herausforderung, dem Bergsteigen, versuchen will, freuen wir uns um so mehr auf Südamerika. Auf ›meinen alten Kontinent‹!

Vor uns taucht das stählerne Gerüst der ›Puente de las Americas‹ auf, die Brücke, die Nord- und Südamerika symbolisch miteinander verbindet. Eine letzte Hürde. Die Konstruktion überspannt eines der berühmtesten Bauwerke der Erde, den Panamakanal. Diese Wasserstraße durchschneidet Mittelamerika an seiner schmalsten Stelle und verbindet den Atlantik mit dem Pazifik. Nochmals kommen wir ins Straucheln. Der dichte Verkehr auf der vierspurig ausgebauten Brücke ist ein einziger langer Zug. Um ihm zu entgehen, schieben wir die Räder auf dem schmalen Gehweg rechts der Fahrbahn über die Brücke. Der Weg ist eng. Die Hinterradtaschen scheuern an den hüfthohen Begrenzungsmauern. Unmerklich verjüngt sich der Weg. Knapp ein Drittel des Weges liegt hinter uns, als die Räder feststecken. Nichts geht mehr. Alles Fluchen hilft nichts, wir müssen wieder zurück. Eine geschlagene Stunde benötigen wir, um die schweren, sperrigen Räder rückwärts aus dem Schlamassel heraus zu manövrieren. Meine Ungeduld macht die Sache nicht einfacher. Immer wieder verkeilen sich die Räder. Letztendlich ist die Fahrbahn der einzige Weg über die Brücke. Das heißt vollste Konzentration. Auto für Auto rauscht an uns vorbei. Der Verkehr schiebt uns förmlich über die Brücke. Hinter uns hat sich eine lange Schlange aus Fahrzeugen gebildet, die nicht zum Überholen kommen. Jetzt nur nicht nervös werden. Ein schnelles Foto oder ein kurzer Blick auf den Kanal ist nicht drin. Nur aus dem Augenwinkel erkennen wir, dass ein gigantisches Kreuzfahrtschiff mitten unter uns hindurchfährt. Direkt hinter der Brücke tauchen die ersten Häuser der Hauptstadt auf.

Wir sind durch. Alle Ohren sind noch dran!

KAPITEL IV

Südamerika – im Reich der Inkas

»Schau, da hupft a Wolpertinger«

Puls und Blutdruck steigen merklich an. Die Kopfschmerzen verschlimmern sich zunehmend, von Hunger keine Spur. Ein Schluck Wasser geht nur mit äußerster Überwindung runter.

»Kein guter Einstand«, denke ich bei mir. Drei Wochen schon halten wir uns permanent über dreitausend Meter auf. Ich hätte erwartet, dass diese Zeit ausreicht, um sich gleich in der ersten Nacht bis an die Gletschergrenze zu wagen.

Ich richte mich auf. Die rasche Bewegung verursacht Schwindel, das typische Symptom einer beginnenden Höhenkrankheit. Radek liegt neben mir und hat zwei schwarze Stöpsel im Ohr. Er hört dösend Musik. Ich rüttle ihn wach.

Nach einer kurzen Absprache entscheiden wir uns für den Abstieg. Wir packen Schlafsack und Zelt zusammen und verstauen den Rest der Ausrüstung hinter einem Felsen. Eine große Hilfe bin ich dem jungen Tschechen dabei nicht. Mein Körper fühlt sich instabil und schwach an, ich habe Schwierigkeiten mein Gehen zu koordinieren. Graue Wolken am Himmel künden Schnee an. In weniger als einer halben Stunde wird es dunkel sein. Radek schnallt sich den Rucksack auf den Rücken und wir machen uns zügig an den Abstieg. Jeden Meter bergab fühle ich, wie sich Puls und Blutdruck langsam beruhigen. Nur zweihundert Höhenmeter reichen aus, um eine ruhige und erholsame erste Nacht am Cotopaxi auf 4600 Metern zu verbringen.

Tags darauf steigen wir problemlos wieder zurück zum ursprünglichen Camp vom Abend zuvor. Dafür taucht ein anderes Problem auf.

»Weißt du, wo die Benzinflasche ist?«, erkundigt sich Radek, als er den kleinen Kocher aufstellt, um sich eine warme Suppe zu kochen.

Die darauf folgende Suchaktion bleibt ohne Erfolg. Ich laufe nochmals die gesamte Strecke ab, die wir gestern Abend zum unteren Lager zurückgelegt haben. Die Flasche ist weg, sie fiel der gestrigen Eile zum Opfer.

»Do prdele! – Verdammt!«, flucht Radek.

Auch ich ärgere mich über diesen unnötigen, dummen Verlust. Wegen mir haben wir für die gesamte Zeit am Berg keinen warmen Tee, keine Suppe und keine warme Mahlzeit. Keine besonders guten Aussichten!

Was für ein Empfang in Ecuador! Vroni, Caro und die ganze Familie Arcos hatten uns am Flughafen in Quito abgeholt. Besonders für Susi war das ein rührender Augenblick. Sie hatte die Familie schon einmal vor ein paar Jahren in Quito besucht und freute sich wahnsinnig, alle wiederzusehen. Vroni hatte sie in Deutschland kennen gelernt, als diese in unserer Nachbarschaft als Au-pair-Mädchen gearbeitet hat. Ihre Schwester Caro kam im darauf folgenden Jahr nach Deutschland. Aus diesem Grund stand ihre Entscheidung, nicht mit auf den Berg zu gehen, schon im Vorfeld fest. Sie freute sich auf die kleine Auszeit, die vor ihr liegenden Wochen ohne Abenteuer, ohne Anstrengungen und den ständigen ›Kick‹ der Straße. Endlich wieder eine Familie um sich haben, die sich rührend um sie kümmert. Sie genoss die Aussicht mit Vroni und Caro durch die Altstadt und die Märkte zu bummeln, abends mit den Mädels Salsa tanzen zu gehen. Vor allem aber genoss sie es, mal wieder über herrlich belanglose Dinge zu quatschen, die man wohl als Frauengespräche bezeichnen würde.

Die Verhältnisse sind viel versprechend, auch wenn am Nachmittag wieder Wolken aufziehen. Das ist normal. Leichter Schneefall setzt ein. Kein Lüftchen regt sich. Radek und ich fühlen uns gut. Heute ist die dritte Nacht am Berg. Wir wollen den Aufstieg wagen.

Leicht angespannt versuchen wir Schlaf zu finden. Um dreiundzwanzig Uhr klingelt der Wecker. Die Nacht ist sternenklar und bitterkalt.

»Ein warmer Tee würde jetzt gut tun«, murmelt Radek sehnsüchtig, während er nochmals seine Ausrüstung überprüft.

Wortlos schultern wir die Rucksäcke. Beide sind wir nervös, von Müdigkeit keine Spur. Zu zweit über Gletscherspalten ist nicht ohne. Ausgerüstet mit Steigeisen, Stirnlampe und Eispickel stapfen wir über ein steiles Geröllfeld bergauf.

Auf Susis ultimative Forderung hin, hatten Radek und ich reihenweise Touranbieter und Reiseagenturen in der Hauptstadt Quito abgeklappert und uns über geführte Touren, Bergführer und Preise informiert. Es stellte sich heraus, dass die meisten der Touren, die uns angeboten wurden, eher kommerziell als bergsteigerisch ausgerichtet sind. Wie lange sich jemand vorher in Quito oder den Bergregionen Ecuadors aufgehalten hat und wie es um seine physische Kondition bestellt ist, spielt bei vielen Anbietern eine zweitrangige Rolle. Aber irgendwie waren wir ganz froh darüber, so wurde uns die Entscheidung, alleine auf den Berg zu gehen, leicht gemacht. Unsere Art zu reisen hat uns mittlerweile zu uneingeschränkten Individualisten werden lassen. Als Radreisende sehen wir uns als Einzelkämpfer im Heer der Individual- und Rucksacktouristen. Das ständige ›Auf-sich-allein-gestellt-sein‹ macht den Reiz aus. Täglich werden wir mit neuen Situationen konfrontiert, sind darauf eingestellt, jedes kleinste Detail zu beachten, jede kritische Entscheidung selber zu treffen und dafür auch die Folgen zu tragen. Sich dann plötzlich in einer Gruppe wiederzufinden, einer von vielen zu sein, sich einzuordnen und sich in gewisser Weise dadurch in die Abhängigkeit anderer zu begeben, würde sehr schwer fallen. Warum also sollten wir es nicht auch allein auf den Gipfel schaffen?

»Cotopaxi in zwei Tagen«, mit einem bunt zusammengewürfelten Haufen, bei einer Gipfelquote von knapp zwanzig Prozent – nein, das ist nicht, was wir wollten. Wir wollen auf eigene Faust losziehen. Vive la libertad!

Vor uns registrieren wir das Aufblinken mehrerer Lampen. Eine Gruppe samt Führer bereitet sich auf den Gletscher vor. Plötzlich finden wir Gruppen gar nicht mehr so schlecht. Auch wir legen das Seil an und folgen ihren Spuren im Neuschnee in einiger Entfernung. Das weiße Licht des Vollmondes macht unsere Stirnlampen fast überflüssig. Immer wieder müssen Radek und ich das Tempo zügeln. Die kleine Gruppe ist sehr langsam. Bald ist klar, dass bei dieser Geschwindigkeit der Gipfel nicht zu erreichen ist. Umkehrzeitpunkt ist spätestens acht Uhr morgens, mit oder ohne Gipfel. Danach weicht der Schnee durch die erwachende Sonne auf. Gletscherspalten und Schneefelder werden zu einem unkalkulierbaren Risiko. Wieder führt eine schmale Eisbrücke über eine Gletscherspalte. Die Teilnehmer der Gruppe entscheiden sich, umzukehren. Erschöpfung und wohl auch Angst geben den Ausschlag. Wir gehen alleine weiter.

Die Route führt durch knöcheltiefen Neuschnee, über Schneefelder und Gletscherspalten stetig bergauf. Mehrmals muss ich meinen eigenen Schweinehund überwinden. An einem steilen Schneefeld hat sich ein langer Riss aufgetan. An einer Stelle der Spalte finden wir eine

Eisbrücke, gut zwei Meter unterhalb der Eiskante. Ich suche mir einen festen Stand, kontrolliere nochmals das Seil. Radek steigt zu erst ab. Verbissen rammt er Eispickel und Steigeisen in die fast senkrecht abfallende Eiswand. Kleine Eisbrocken brechen heraus, und fallen lautlos in die Tiefe.

»Langt es nicht nach Feuerland zu radln? Nein, ich Depp muss jetzt auch noch das Bergsteigen anfangen!«, schießt es mir durch den Kopf.

Was tue ich hier? Mir geht der Hintern auf Grundeis.

Die Zeiten zwischen den regelmäßigen Pausen werden nun auch bei uns immer kürzer. Verschnaufen, Luft holen, Sauerstoff in die Lungen pumpen. Die Stunden vergehen. Schritt für Schritt bohren sich die Steigeisen in den Schnee. Die Beine gehorchen nur widerwillig. Radek fühlt sich schlapp und versucht dies mit Schokoriegeln aufzufangen. Wir kämpfen uns weiter voran, wir müssen uns beeilen.

Gegen fünf Uhr dreißig tauchen am Horizont die ersten Anzeichen des Tages auf. Eine halbe Stunde später erreichen uns die zaghaften Strahlen der aufgehenden Sonne. Für einen kurzen Moment ist es nicht die Höhe, sondern die Aussicht, die uns den Atem raubt. Vor uns breitet sich eine andine Hochsteppe aus, in die der pyramidenförmige Schatten des Berges, auf dem wir uns befinden, hineinragt. Weit entfernt bilden die schneebedeckten Gipfel der beiden ›Illinizas‹ und der strahlend blaue Himmel eine spektakuläre Hintergrundkulisse. Das Licht der ersten Sonnenstrahlen bricht sich in Vorhängen aus bizarren Eiskristallen und glitzert märchenhaft in der Sonne. Verzaubert gönnen wir uns einige Minuten Pause. So etwas haben wir noch nie gesehen.

Die Route wird jetzt anspruchsvoller. Schritt für Schritt tasten wir uns dem Gipfel näher.

Gegen sieben Uhr teilte Radek mir plötzlich mit: »Daniel, ich kann nicht mehr! Geh alleine weiter!«

Ich bin überrascht. Ich hatte nicht mitbekommen, dass er so kämpft.

»Was ist los?«

»Ich bin völlig fertig, kriege kaum noch Luft. Jeder Schritt ist eine Qual!«, japst er.

Mein Blick geht zum Gipfel. Auch ohne die Höhenanzeige des GPS-Gerätes weiß ich, dass wir kurz vor dem höchsten Punkt sind. Der Gipfel ist zum Greifen nahe.

Weniger als hundert Höhenmeter eigentlich leichten Geländes trennen uns vom Gipfel. Auf die Variante allein weiterzuziehen bin ich überhaupt nicht eingestellt. Beide oder keiner, mit dieser Devise sind Susi und ich bis nach Südamerika gekommen. Alleine kommt für mich gar nicht in Frage. Der Cotopaxi ist auch nur als Testlauf für unser eigentliches Ziel, dem Chimborazo, gedacht. Wir brechen ab.

Erst Tage nach unserer Rückkehr vom Cotopaxi verspürte ich ein wenig Enttäuschung. Radek aber hadert mit sich selbst. Er macht sich Vorwürfe, dass wir den Gipfel seinetwegen nicht erreicht haben. Ich sehe das anders. Ohne Benzinflasche hatte der Tscheche den Aufstieg schon in der zweiten Nacht wagen wollen. Nur war ich noch nicht soweit. Umso motivierter sind wir eine Woche später für den mit 6 310 Meter höchsten Berg Ecuadors.

Wir passieren unzählige Kreuze, Steintäfelchen und Gedenktäfelchen mit den Namen verunglückter Bergsteiger. Mit gemischten Gefühlen erreiche ich hinter Radek die Hütte. Dort begegnen wir einem deutschen Bergsteiger, der uns von zu viel Schnee in den letzten Tagen und sehr unbeständigem Wetter erzählt. Er wünscht uns dennoch viel Glück.

Unser Camp errichten wir etwa einen Kilometer von der Hütte entfernt, direkt an einer kleinen Schmelzwasserlagune. Der Platz bietet idealen Schutz gegen Wind und herabkullernde Steinchen. Nachmittags ziehen Wolken auf. Es beginnt zu schneien. Bevor wir den Rückzug ins Zelt antreten, teile ich wie jeden Tag um die gleiche Zeit Susi per Handy mit, welches Vroni mir mitgegeben hat, dass alles in Ordnung ist.

Wieder wollen wir in der dritten Nacht den Aufstieg wagen. Am Vormittag treffen wir auf eine Gruppe, die gerade vom Berg kommt. Ziemlich wackelig auf den Beinen, machen sie einen erschöpften Eindruck. Den Gipfel haben sie nicht erreichen können, aber die Bedingungen waren nicht so schlecht wie erwartet. Das Wetter hatte gut mitgespielt. Zurück im Camp bereiten wir uns auf die Nacht vor. Stolz präsentiert mir Radek eine kleine Kühltasche, die er bisher vor mir versteckt hielt. Sie ist randvoll gefüllt mit feinstem vorgebratenem Hühnchenfleisch. Dazu gibt es Putenbrustfilet, würzigen Weichkäse, bestreut mit Haselnussraspeln, Pasta mit Cremekäse, Championsuppe. Den Nachtisch bildet ein Fünfhundert-Gramm-Glas Nutella kombiniert mit Platanos, der kleinen süßen Version der Banane. Scheinbar will Radek mit diesem Festschmaus sein Cotopaxitrauma überwinden. Mir jedoch schießt ein Begriff durch den Kopf, den ich vergeblich zu verdrängen versuche: Henkersmahlzeit!

Die Zeit bis zum Aufstieg verbringen wir im Zelt mit unruhigen Versuchen, Schlaf zu finden. Bauchlage ist unmöglich. Endlich piepst der Wecker, vierundzwanzig Uhr. Wir füllen unsere Thermoskanne mit heißem Tee und machen uns zum Abmarsch bereit. Die Nacht ist rabenschwarz, kein Mond, der uns hilfreich und beruhigend zur Seite steht. Im spärlichen Licht der Stirnlampe gelangen wir zum Gletscher. Schnee und Eis bringen nicht die erhoffte Aufhellung. Wir seilen uns an. Etwas unruhig richten sich unsere Blicke zum Himmel. Von Osten schiebt sich eine schwarze, undurchdringliche Wolkenwand langsam auf den Berg zu.

Radek geht voraus. Es hat viel geschneit am Nachmittag. Die Route ist kaum zu erkennen. Immer wieder blicken wir nach oben. Die Wolkenfront schiebt sich weiter voran, versperrt die Sicht nach unten und oben und verschluckt nach und nach die weit entfernten Lichtpunkte kleiner Andendörfer. Wir befinden uns inmitten eines schwarzen Vakuums ohne Halt. In einiger Entfernung zucken vereinzelt Blitze. Wind kommt auf. Eine Entscheidung muss her.

»Warum gerade heute Nacht?!«, flucht Radek, »das Wetter der letzten Tage war doch viel besser«.

Wir entscheiden weiterzugehen. In diesem Moment rutscht meine Trinkflasche aus der seitlichen Befestigung des Rucksacks. Sie gleitet auf dem Schnee den steilen Abhang hinunter und schießt über die Eiskante hinaus. Es ist nichts zu hören, außer dem Wind, der uns zunehmend um die Ohren pfeift.

»So etwa muss es auch der Benzinflasche am Cotopaxi ergangen sein«, kommentiert Radek die Szene trocken.

Eine weitere halbe Stunde benötigen wir, um ein längliches Schneefeld zu durchqueren. Wir befinden uns unterhalb einer Felsformation mit dem Name El Castillo, die Burg. Die Blitze zucken zahlreicher, kommen näher und näher.

An diesem Punkt entscheiden wir uns schweren Herzens, das Abenteuer Chimborazo abzubrechen. Das Risiko ist einfach zu groß. Es sieht ganz nach einem Wetterumschwung aus. Bei einsetzendem Schneegestöber machen wir uns zügig und enttäuscht an den Abstieg.

»Das war's! Und was bleibt?«, schließe ich meine Erzählung ab, als wir Susi die Ereignisse am Berg schildern.

»Oberflächlich und rein statistisch betrachtet eine miserable Ausbeute. Zwei Berge – kein Gipfel! Erfolgsquote gleich null Prozent!«, fasse ich nüchtern zusammen.

»Keine besonders gute Voraussetzung, um sich irgendwo als Bergführer zu bewerben«, pflichtet Susi mir bei.

Dass wir beide Male nicht den Gipfel erreichen konnten, empfinde ich dennoch nicht als Niederlage. Wer wirklich Neues entdecken will, muss über Grenzen gehen. Und da oben fand ich tatsächlich eine für uns ganz neue Welt vor, Respekt einflößend, aber genauso anziehend. Radek sieht das etwas verbissener. Zumindest einen Gipfel hätten wir verdient!

Wir wollen noch etwas Zeit in Quito mit unserer Gastfamilie verbringen. Radek schwingt sich bereits einige Tage nach unserer Rückkehr wieder in den Sattel. Für ihn ist das Abenteuer Bergsteigen noch nicht zu Ende. Er möchte sich in Peru aufs Neue versuchen.

Quito ist eine Stadt der Kontraste. Auf der einen Seite die Altstadt mit ihrem von der UNESCO zum Weltkulturerbe erhobenen kolonialen Flair und auf der anderen Seite Hochhäuser und Betonklötze. Topmoderne Einkaufszentren neben schmuddeligen, kleinen Läden. Auf dem Gehweg, wie auch auf der Straße, herrscht geschäftiges Treiben. Schlipsträger im Anzug, Bettler, Straßenhändler, Studenten und Indigenas – Indianerinnen mit ihren typischen bunten Trachten und Gewändern. An den Ampeln und den unzähligen Verkehrskreiseln aber findet man den Warenumschlagsplatz Nummer Eins. Inmitten von Autoabgasen und Straßenlärm verkaufen unzählige Händler ihre Waren. Von Telefonkarten bis Süßigkeiten, Obst, Handytaschen und aufblasbaren Globen, Fotoalben, Tageszeitungen und TV-Antennen. Diejenigen, die nichts zu verkaufen haben, meist Kinder, hoffen durch Feuerspeien, Radschlagen und Scheibenputzen auf ein paar Centavitos der Autofahrer. Auch ums Einparken muss man sich keine Gedanken machen. Bereitwillig und gegen eine kleine Gebühr winken einem die selbst ernannten Parkwächter, bewaffnet mit Trillerpfeife, in die Parklücke.

Mit großer Hilfsbereitschaft unterstützen uns Vroni und Caro, Punkt für Punkt unserer Organisationsliste abzuhaken. Fahrradcheck, Ersatzteilbeschaffung, Diafilme und, und, und ... Zwischendurch geben wir dem ecuadorianischen Fernsehen auf Spanisch ein Interview. Zumindest sprachlich haben wir keine Probleme mehr. Natürlich darf auch der Besuch am Monument ›mitad del mundo‹ nicht fehlen. Mit einer gelben Linie ist dort am Boden der Verlauf des Äquators markiert. Mit einem Bein stellen wir uns für das Foto auf die südliche Erdhalbkugel, mit dem anderen auf die nördliche.

Die Familie Arcos gibt uns das Empfinden, zu Hause zu sein. Wir fühlen uns pudelwohl. Doch nach vier Wochen Quito wird es Zeit, weiterzuziehen. Schweren Herzens nehmen wir Abschied.

Leicht geschädigt durch den Glutofen Mittelamerika, entscheiden wir uns für die Route durch die Berge Richtung Süden. Ecuador hat viel zu bieten. Im Osten ragt das Land tief in das Amazonasbecken hinein. Im Westen geben sich in der meist flachen, fruchtbaren Küstenregion Kakteen und Plantagenfelder ein Stelldichein. Getrennt werden beide Regionen durch die schneebedeckten Gipfel der ecuadorianischen Anden. Die Galapagosinseln mit ihrem einmaligen Tierbestand komplettieren die Vielfalt des Landes.

Die Strecke ist kräfteraubend. ›Abril, aguasmil‹ – lautet eine ecuadorianische Wetterweisheit. Der April gilt als regenreichster Monat. Nun haben wir schon Mitte Mai und es gießt trotzdem in Strömen. Was der Regen im niederschlagärmsten April seit Jahren verpasst hat, holte er jetzt nach. Die Straßen sind schlammig und glitschig, teilweise von Erdrutschen weggespült. Unzählige tiefe Schlaglöcher verwandeln die Piste in eine Seenlandschaft. Aber nicht nur der Dauerregen zerrt an unseren Kräften, sondern auch die Berge. Auf einem zwanzig Kilometer langen Anstieg folgt eine ebenso lange Abfahrt, nur um sich anschließend in einem wiederholten Anstieg fortzusetzen.

Die Häuser sind aus Stein gebaut und haben nicht mehr viel mit der mittelamerikanischen Bretterversion gemein. Vor ihnen sitzen Frauen, gehüllt in bunte Tücher, waschen Wäsche, und kümmern sich um die Kinder. Unzählige kleine Felder, dicht an dicht, schillern in allen Gelb-, Braun- und Grüntönen und überziehen das hügelige Land wie ein Fleckerlteppich.

»Juhu!« jauchzt Susi ausgelassen vor Freude.

Mit zwanzig Stundenkilometern rasen wir den Berg nicht hinunter, sondern hinauf. Beide hängen wir seitlich an einem überladenen Lkw. Keuchend schleppt sich der Truck mühsam den Berg hinauf und zieht uns mit. Dieselqualm bläst uns mitten ins Gesicht. Egal! Die Fahrt ist ein fantastisches Gefühl. Das empfindet unser linker Arm, der unter dem Gewicht der voll beladenen Räder zu leiden hat, etwas anders. Darauf können, besser wollen wir keine Rücksicht nehmen. Entweder Arm- oder Beinschmerzen, die Entscheidung ist klar. Auslassen werden wir auf keinen Fall. Ganze sieben Kilometer dauert unser Lift. Oben am Pass lassen wir los, endlich. Der Arm ist steif und schmerzt gewaltig, aber es hat sich gelohnt. Dem Fahrer brüllen wir ein lautes »Gracias!« hinterher, das mit einem ohrenbetäubenden Tröten aus der Presslufthupe erwidert wird.

Wir freuen uns wie kleine Kinder und klatschen uns ab. Wieder haben wir einem dieser gemeinen Berge mit radfahrunfreundlicher Steigung eins auswischen können!

Am Abend erreichen wir einen abgelegenen Hof.

»Ja, natürlich könnt ihr hier euer Zelt aufschlagen!«

Die alte Frau im Ordensgewand stellt sich passend als Maria vor. Sie erzählt uns, dass sie eigentlich in einem sechzig Kilometer entfernten Kloster lebt.

»Ich möchte euch noch meinen Vater vorstellen, er müsste jeden Moment vom Feld kommen!«

Wir müssen uns verhört haben. Die Frau schätzen wir selbst auf um die achtzig. Von ihren elf Geschwistern leben noch neun, zwei von ihnen hier auf dem Hof. Wenige Augenblicke später machen wir Bekanntschaft mit ›El Joven‹. Ein ganzes Jahrhundert hat der alte Mann auf dem Buckel, aber die sieht man ihm nicht an. Er scheint in bester geistiger und körperlicher Verfassung zu sein. Stark beeindruckt stellen wir uns bei ›El Joven‹, dem Jungspund, wie er genannt wird, vor. Der kräftige Händedruck des Hundertjährigen zwingt mich fast in die Knie.

In Loja, keine zwei Tagesreisen von der Grenze entfernt, treffen wir wieder auf Gilles. Per E-Mail haben wir vereinbart, uns in der Stadt im Süden Ecuadors wiederzutreffen. Ebenso wie El Salvador ist Peru unserem ehemaligen Reisegefährten nicht ganz geheuer. Zumindest für den Anfang wollen wir auch diesmal gemeinsam radeln. Wir freuen uns, den schlaksigen Franzosen wiederzusehen und auf die gemeinsame Zeit.

Eine Tagesreise vor der Grenze fällt die Straße ins Tiefland ab. Schlagartig tauschen wir die graue Wolkendecke gegen strahlend blauen Himmel.

»Woher kommt ihr?«, schallt es von den Straßenarbeitern herüber.

Wir haben kurz nach zehn Uhr vormittags und die Gruppe Männer liegt gemütlich im Schatten eines Baumes.

»Francia y Alemania!«, lautet unsere Antwort.

»Wir sind Peruaner. Willkommen!« schallt es noch mal zurück.

Spätestens jetzt sind wir sicher, wir sind in Peru.

Oder doch nicht? Kaum fahren wir durch den ersten größeren Ort, stecken wir inmitten eines Gewühls aus zahllosen dreirädrigen Fahrzeugen. Die Dinger sehen so aus, als hätte man den hinteren Teil eines Motorrades abgeschnitten und das fehlende Stück durch eine breite überdachte Sitzbank ersetzt. Geschäftig knattert eine Unzahl dieser Fahrzeuge hupend an uns vorbei und transportiert nicht nur Personen, sondern auch Schweine, Schafe, Hühner, Körbe und Kisten sämtlicher Größen. Solche Fahrzeuge hätte ich in Südostasien oder Indien vermutet, aber nicht in Südamerika. Autos sehen wir nicht.

»Das wäre doch auch ein geiles Reisegefährt«, platzt meine Begeisterung aus mir heraus.

Von Susi und Gilles ernte ich dafür nur ein mitleidiges Lächeln.

»Die Dinger sind doch wirklich witzig, findet ihr nicht?«, starte ich nochmals einen Versuch, meine Reisegefährten zu begeistern.

Beide sind schon längst weitergefahren.

Wir setzten uns in den spärlichen Schatten eines vertrockneten Baumes. Ein paar Minuten ausruhen. Auf der anderen Seite treibt ein Junge seine Esel mit dem Stock an. Das Tier zieht einen großen Wassertank hinter sich her. Immer wieder schwappt ein Schwall Wasser über die runde Öffnung an der Oberseite. Ein älterer Mann spricht uns an. Wir drehen uns um. Unbemerkt hat sich hinter uns eine Schar barfüßiger Rotznasen mit verdreckten Gesichtern und löchrigen Kleidern in Reih und Glied aufgestellt. Sie beobachten uns. Das kleinste Kind, keine zwei Jahre, versteckt sich hinter dem Mann, dessen Sandalen aus Reifengummi sind.

Wir kommen ins Gespräch. Hier muss wohl irgendwo eine Schule sein.

Nein, das sind alles seine Kinder. Wir zählen durch und kommen auf dreizehn schmutzige Nasen. Heut geht es auf die Jagd. Vielleicht Kaninchen, mit etwas Glück auch ein Leguan. Ob dreizehn Kinder nicht ein bisschen zu viel sind, wollen wir wissen. Ja, sagt er, momentan schon, aber sie sollen für ihn sorgen, wenn er alt ist. Ein Argument für den Kinderreichtum, dass wir seit Mexiko immer wieder hören. Irgendwie finde ich diesen Gedanken egoistisch. Wie soll diese Kinderschar jemals einer besseren Zukunft entgegenblicken, als er selber. Eine bessere Zukunft bedeutet Bildung. Bildung kostet Geld. Schulgeld kann er kaum für ein Kind aufbringen. Wo sollen diese Menschen wohnen, wenn sie erwachsen sind? Nutzbares Land ist rar und kostet Geld. Geld gibt's nur durch Arbeit. Wo gibt es die hier in dieser ärmlichen Region? Es ist ein Teufelskreis. Bei dem Anblick frage ich mich plötzlich, wie viele Menschen auf diesem Planeten eigentlich leben. Und wie viele er wohl noch vertragen kann.

Die Kinder saugen jede Bewegung auf, die Gilles, Susi oder ich machen, nachdem wir uns erhoben haben. Vor ihnen stehen tatsächlich drei leibhafte Gringos! Ob sie wissen, wo ›Alemania‹ liegt, frage ich nach, und hole wie schon des Öfteren den kleinen, aufblasbaren Globus aus der Lenkertasche. Nach dem ich die Kugel aufgeblasen habe, halte ich sie in die Höhe.

»Das ist die Erde ...«, beginne ich wieder mal meinen Kurzvortrag.

Großes Erstaunen!

»Die Welt ist eine Kugel? Und dann noch so eine bunte?«

Vor uns liegen sechshundert Kilometer peruanische Wüste. Der beständig trockene, schmale Küstenstreifen Perus setzt sich als Atacamawüste bis weit nach Chile hinein fort. Beiderseits der Straße nur Dünenfelder und Steinwüste. Hitze, die unsere Vorstellung einer Wüste prägt, finden wir zum Glück nicht vor. Zu sehr wird das Klima vom Humboldtstrom, einer kühlen Meeresströmung beeinflusst. Nur Regen mag auch er nicht bringen. Diese Wüste gehört zu den trockensten Regionen der Erde.

Unterbrochen wird die eintönige Umgebung von kleinen Dörfern umringt von einem knallgrünen Gürtel aus Reisfeldern. Nur künstliche Bewässerung lässt sie existieren. Für uns gleicht es einem Wunder, dass es überhaupt gelingt, in dieser kargen Gegend etwas anzupflanzen. Je weiter wir drei nach Süden strampeln, desto häufiger werden diese Oasen, auch Zuckerrohrfelder kommen hinzu. Die Trostlosigkeit lässt etwas nach. Nicht jedoch die Hässlichkeit der Ortschaften, dessen Hütten und Viehverschläge durchweg aus Müll, Lehm und Ästen errichtet sind.

Für die Großstadt Chiclayo bietet uns die Karte keine vernünftige Umgehungsroute. Bereits bei der Einfahrt haben wir eine ganze

Horde Kinder an der Backe. Auf ihren Gepäckträgern transportieren sie gewaltige Drahtkörbe, gefüllt mit frischem Brot. Einige der Räder sind viel zu groß und die Jungs können nur im Stehen radeln. Alle haben einen Mordsspaß daran, uns zu eskortieren. Sie treten auf ihren alten Ein-Gang-Rädern was das Zeug hält, um an uns dran zu bleiben. Wir ziehen das Tempo an und leisten uns ein ungleiches Wettrennen. Keiner von den Knirpsen lässt sich jedoch abschütteln. In einer Art Triumphzug ziehen wir in das Stadtzentrum ein, umhüllt von einer Schwade verführerischen Duftes aus frisch gebackenem Brot. Und da soll man nicht auffallen! Jeder Einzelne verabschiedet sich mit einem Winken. Die Horde schwärmt aus, um die Läden der Stadt zu versorgen. Wir halten kurz an einer Bank. Wieder mal spuckt der Automat nur Einhundert-Soles-Noten aus. Kein Mensch kann die wechseln. Schon bei zehn Soles, umgerechnet zwei Euro bringen wir die Verkäufer in den kleinen Läden und auf den Märkten in Verlegenheit. Zum Mittagessen haben wir die Stadtgrenze wieder hinter uns gelassen und sind wieder von der Wüste umspült. Dass der schäbige Straßencomedor kein Gourmettempel ist, hat sich wohl rumgesprochen. Wir sind die einzigen Gäste. Von den Fleischbrocken in der Suppe strömt ein seltsamer Geruch aus. Als wir sie an die sonst so zahlreichen Hausköter verfüttern wollen, fällt uns auf, dass es in diesem Restaurant keine gibt. Keine mehr gibt? Allen dreien vergeht uns der Appetit.

Unser Ziel für heute Abend ist Pacasmayo. Eine riesige Zementfabrik kündigt bereits zehn Kilometer vorher den Ort an. Ebenso lange sticht uns schon der permanente Fischgeruch einer nahe liegenden Lebertranfabrik in die Nase. Wir sind wieder am Pazifik. Das letzte Mal waren wir das in El Salvador. Den ganzen Tag schon weht ein ungewohnt kalter Wind, der uns frösteln lässt. Bei der Einfahrt macht der Ort den Eindruck, als hätten die Leute noch niemals etwas von dem Baustoff gehört, der vor ihrer Nase produziert wird. Die Häuser sind heruntergekommen und verfallen. Der Ortskern zeigt sich jedoch in einem anderen Licht. Hinter einer hübsch mit Bäumen und Sträuchern gestalteten Strandpromenade finden sich sogar einige schöne Herrenhäuser aus der Kolonialzeit.

Schon wieder ziehen wir eine Meute Kinder hinter uns her, die nach jeder Seitenstraße kontinuierlich anschwillt. Wer ein Rad besitzt, fährt voran, die anderen laufen kreischend hinterher.

Die tägliche Frage nach der Übernachtung hat sich zu einem abendlichen Schauspiel entwickelt, dessen Ergebnis unzählige Varianten und Überraschungen bereithält. Sie ist einer der roten Fäden, die sich neben dem Fahrradfahren durch die Reise zieht. Feuerwehrhäuser, Straßengräben, der Kreissaal einer Krankenstation, Hühnerfarmen, Parkanlagen, alles war bisher willkommen, nur sicher mussten wir uns fühlen. Und das taten wir auch, vor allem wenn wir unsere muffeligen Schlafsäcke in Kirchen und Kapellen ausrollten. Befinden wir uns abends nahe einer Ortschaft, greifen wir seit Guatemala ab und an auf billige Unterkünfte zurück. Die Preise von nur wenigen ›Soles‹ oder ›Colones‹ reißen keine tiefen Löcher in unsere Kasse. Von Zeit zu Zeit ist es einfach erholsam, die Nacht in einer sicheren, ungestörten Umgebung weg von der Straße zu verbringen. Eine Tür schließen und die Welt um uns herum draußen lassen. Komfort erwarten wir sowieso keinen, fast keinen.

Und auch heute erkundigen sich Susi und Gilles nach einem Zimmer für drei. Da lässt sich der Preis noch besser drücken. Das Schild ›Hospedaje‹ weist das schäbige Gebäude als Herberge aus. Ich bleibe draußen, während Susi und Gilles das Zimmer genauer unter die Lupe nehmen.

»Die Unterkunft hat kein warmes Wasser!«, berichtet mir Susi.

Nicht, dass wir anspruchsvoller geworden sind, nur erfahrener. Die zweite Hospedaje hat warmes Wasser, und kostet sogar drei Soles weniger.

Um uns für die Hilfe bei der Suche nach einem Hotel erkenntlich zu zeigen, flicke ich das Hinterrad eines kleinen Knirpses. Er ist die ganze Zeit schon mit platten Reifen hinter uns hergeeiert. Nach einer Stunde sitze ich immer noch am Straßenrand und schraube an hoffnungslos kaputten Rädern herum. Meist kommt jede Hilfe zu spät. Doch schon ein Tropfen Öl auf der verrosteten Kette reicht aus, um den kleinen Besitzern ein freudiges, zufriedenes Lächeln über ihr wieder fahrtüchtiges Rad zu entlocken. Als allerdings eine Mutti mit einem alten Plastikdreirad vorbeikommt und mich bittet, das nicht vorhandene Vorderrad zu richten, ergreife ich die Flucht unter die Dusche. Sie ist kalt! So viel zum Thema Reiseerfahrung.

Gilles ist ein echter Franzose und was wäre ein Franzose ohne Wein. An diesem Abend kippen wir uns einen Tetrapack ›Gato Negro‹ hinter die Binde. Wenn schon nicht die Dusche wärmt, dann zumindest dieser ›Schwarze Kater‹.

Susi hat am nächsten Tag Geburtstag. Vielleicht ist das der Grund, weshalb Gilles uns den gesamten Tag in seinem Windschatten fahren lässt. Eigentlich nur Susi, ich hechle mal wieder hinterher. Beide legen ein enormes Tempo vor. Wie machen die das nur? Manchmal, so hat Gilles uns erzählt, genießt er es sogar, gegen den Wind zu fahren und plappert irgendetwas von Meditation und Geistesübung. Ich verstehe nur die Hälfte, nehme mir aber vor, ihn irgendwann mal nach Details zu fragen.

Am Abend findet Susi in der kleinen Stadt sogar ein kleines Internetcafé und holt ihre Geburtstagsgrüße ab. Die Zeit nutze ich, um auf dem kleinen Markt des Ortes Kerzen, ein Stück Kuchen und sogar eine Rose aufzutreiben. Gilles ist dagegen urplötzlich aufgefallen, dass er unbedingt eine neue Hose und ein neues T-Shirt brauchen könnte. Er hat sich in die junge Verkäuferin an einem der Kleiderständer am Markt verguckt. Nicht nur Sport ist seine Leidenschaft, sondern offensichtlich auch Frauen. Das ist das Los des Alleinreisenden. Immer auf der Suche nach Beute.

Als wir zurückkommen, hat Susi tolle Nachrichten. Radek hat geschrieben. Er hat den Gipfel des mit sechstausendachthundert Meter höchsten Berges Perus bestiegen.

»Huascaran ist geschafft!«, lautete die E-Mail.

Unweigerlich muss ich schmunzeln. Wie viele Kühlboxen voller Hühnchenfleisch er wohl diesmal mit auf den Berg geschleppt hat?

Wir überraschen Susi mit einem Geburtstagsständchen. Gilles und ich singen im Kanon. Er auf Französisch, ich auf Deutsch. Es klingt grässlich. Susi ist natürlich die Erste, die bemerkt, dass die Blume eine Imitation ist. Typisch Mann! Und ich hab sie sogar noch ins Wasser gestellt. Zur Feier des Tages, aber irgendwie auch wie jeden Abend, bestellt sich jeder eine zweite Portion Pommes. Heute ist Bayerische Nacht. Mit einem kalten Cusceña-Bier stoßen wir auf Susis Geburtstag an.

Dank Gilles Meditationsübung sind wir ziemlich zügig vorangekommen. Die Tage der Flachlandradlerei sind vorerst Geschichte. Wir verlassen die Panamericana, die sich weiter ihren Weg an der Küste entlang nach Süden sucht und kehren dem Ozean den Rücken zu. Wir tauschen Asphalt gegen Schotterpiste ein und biegen in das Landesinnere ab, mitten hinein in die Achterbahn ›peruanische Anden‹.

Seit Tagen sind Streiks und Demonstrationen die Hauptschlagzeile in Zeitungen und Fernsehen. Bilder von Straßenblockaden und aufgebrachten Menschenmengen, die die Fäuste in die Luft recken, flimmern über die Mattscheibe.

»Unser Gehalt reicht vorn und hinten nicht«, spricht ein peruanischer Lehrer aufgebracht ins Mikrophon des Reporters.

»Wenn ich mittags mit der Schule fertig bin, muss ich zusätzlich als Klempner und Taxifahrer arbeiten«

Knapp zwei Jahre nach Amtsantritt des Präsidenten sind die Reallöhne der Lehrer trotz einer minimalen Inflationsrate gesunken. Überschwänglich versprochen war genau das Gegenteil.

In weiten Teilen des Landes herrscht deshalb der Ausnahmezustand. Zur Lösung des Konflikts setzt der Präsident auf Tränengas, Militäreinsatz und Gummigeschosse.

Glücklicherweise befinden wir uns in dem Teil des Landes, wo die größten Proteste schon vor einigen Tagen stattgefunden haben. Nur ab und an müssen wir unsere Räder durch die Überreste der Straßenblockaden aus verbrannten Gummireifen, Felsblöcken, Strommasten und Glasscherben manövrieren. Bei unserer Ankunft im Bergsteigerzentrum ›Huaraz‹ holen uns die Tumulte dann doch noch ein. Spuren von Tränengas hängen in der Luft und finden den Weg in unsere Atemwege und Augen. Die kommende Nacht bringt ein einziges Nieskonzert.

Die darauf folgenden Wochen sind eine wahre Achterbahnfahrt. Die Straße quält sich über unzählige Pässe oberhalb der Viertausend. Die Anstiege ziehen sich bis zu achtzig Kilometer in die Länge. Die wenigsten Abschnitte sind asphaltiert. Meist besteht der Belag aus grobem Schotter oder Lehm. Den höchsten Punkt registriert die Höhenanzeige bei 4890 Meter. Auf das obligatorische Bezwingerfoto verzichten wir, es weht ein lausig kalter Wind. Statt für die vorangegangenen Strapazen zu entschädigen, sind die Abfahrten extrem frustrierend. Endlich könnte man das Rad mal laufen lassen, die ersehnte Zehn-Stundenkilometermarke überschreiten. Von wegen! Statt der erhofften Föhnfrisur aber, bekommen wir durch das permanente Bremsen Krämpfe in den Fingern. Sämtliche Knochen werden durchgerüttelt. Wellblech, Schlaglöcher und grober Schotter lassen selbst die langen Abfahrten zu einer Kräfte raubenden Tortur werden.

An manchen Tagen sind aber nicht die Berge, sondern die Leute die eigentliche Ausdauerprobe. Auch wenn wir uns an die permanenten

›Gringo‹-Rufe nicht gewöhnen können, haben wir uns dennoch damit abgefunden. Doch wenn vor allem Kinder, wie vom Teufel gejagt, zur Piste laufen, Leute fordernd bei unserem Auftauchen die Hand ausstrecken, zahlreicher und aggressiver als in Guatemala, wenn dies die einzige, mögliche Konversation mit der Bevölkerung darstellt, tagein, tagaus, unzählige Male hintereinander, dann zerrt das an den Nerven, bis irgendwann der Kragen platzt.

»Wieso läufst du hinter mir her, zeigst mit dem Finger auf mich und schreist andauernd Gringa, Gringa!?«, platzt es plötzlich etwas grob aus Susi heraus.

»Uups!«, so kenne ich sie gar nicht.

»Also, wieso läufst du hinter mir her?«

Wir sind wieder ganz unten im Tal. Für die sinkflugartige Abfahrt bis auf den Grund des tief eingeschnürten Quertales haben wir genauso lang gebraucht, wie für das Erklimmen des Passes. Auf einem staubigen Weg durchqueren wir ein kleines Dorf an der Stelle, wo die Brücke über den Fluss führt. Hinter der Kehre zieht die Piste sich wieder dem nächsten quälenden Pass entgegen. Vor der Hand voll Häuser aus Lehmziegeln sind auf alten Stoffbahnen magere Maiskolben ausgelegt. Luft und Sonne sollen sie trocknen.

»Was würdest du denn davon halten, wenn ich andauernd mit dem Finger auf dich zeige und ›Latina, Latina!‹ rufen würde?«, lässt Susi nicht locker.

Sie ist wütend und auch frustriert. Sie ist auf der Suche nach einer Antwort.

Die Frau ist überrascht.

»Aber ich bin doch eine Latina!«

Halten wir innerhalb eines Dorfes an, sind wir unverzüglich von einer Menschentraube umringt. Jeder Handgriff, jede Bewegung wird genauestens und stillschweigend beobachtet. Selbst beim Mittagessen sind wir oft die absolute Show. Jeder einzelne Löffel, der zum Mund geführt wird, wird aufmerksamst beobachtet. Warum die drei Gringos eine Delikatesse, wie die aus der Suppe ragende Hühnerkralle unberührt lassen, wirft runzelige Falten auf die Stirn der ratlosen Gesichter.

»Wie heißt euer Dorf?«, versuchen wir ein Gespräch in Gang zu bekommen.

Wir ernten Erstaunen. Wie, der Gringo spricht Spanisch? Und dann noch so ein merkwürdiges.

»Wieso sprecht ihr kein Englisch?«

»Weil wir aus Frankreich und Deutschland kommen, also sprechen wir Französisch oder Deutsch!«

Die Verwirrung ist komplett. Gibt es außer Spanisch und Englisch noch eine andere fremde Sprache auf dieser Welt? In welchem Teil der USA liegen denn Deutschland und Frankreich?

Der aufblasbare Globus ist wieder gefragt ...

Einmal umzingelt, werden wir nur sehr selten direkt angesprochen. Die Fragen werden dann oft an eine andere Person, meist den Ältesten in der Runde weitergegeben. Derjenige wiederholt und richtet die Frage an uns. Er fungiert als eine Art lebendes Echo. Unsere Räder und Ausrüstung werden angefasst, die Klingel oder die Hupe betätigt, am Tacho rumgedrückt oder man versucht, unsere Helme aufzusetzen. Unser Erscheinen ist das Highlight einer ansonsten ereignislosen, eintönigen Woche.

Susi ist zum Heulen zumute. Die Anden sind unbarmherzig. Schon wieder bringen drei dieser verfluchten Köter sie fast zum Stürzen. Mit aggressiv fletschenden Zähnen heften sie sich an unsere Fersen und kommen gefährlich nahe an Susis Hintertaschen. Sie versucht zu beschleunigen, aber bei dieser Piste ist das ein unmögliches Unterfangen. Teilnahmslos gafft der Besitzer der Hunde zu uns herüber. Als wir ihn anschreien, gefälligst seine Köter zurückzurufen, verschwindet er achselzuckend in der Dunkelheit seiner Lehmhütte. Die Köter kommen immer näher an uns heran, starten Scheinangriffe und umzingeln uns. Angst und Wut bilden einen dicken Kloß in meinem Hals. Das ist heute schon die dritte Attacke. Das Maß ist voll! Ich ziehe das Pfefferspray und drücke gezielt in Richtung Schnauze des Rudelführers.

Über die Wirkung bin ich selber überrascht. Was für eine Genugtuung.

»Strafe muss sein!«

Und siehe da, plötzlich lässt sich auch der Besitzer wieder blicken.

»Was habt ihr mit meinen Hunden gemacht?«, schreit er uns böse hinterher.

An besonders penetranten Tagen zerrt diese Kombination aus Hund, Einheimischen und Bergen schon sehr an unseren Nerven. Abends sind wir dann nur noch froh, den Reißverschluss unseres Zeltes hinter uns zu schließen, die Stöpsel des Weltempfängers ins Ohr zu stecken und abzuschalten. So hangeln wir uns von einem Andendorf zum nächsten, erklimmen einen Pass nach dem anderen, der Inkastadt Cusco entgegen.

Wie sehr vermissen wir in diesen Tagen den ›Altmühlradweg‹!

Seit Ecuador plagen mich chronische Magen- und Darmprobleme. In der Stadt Ayacucho kommt es dann richtig dick, oder besser gesagt ziemlich dünn. Magenkrämpfe fesseln mich zwei Tage lang ans Bett und an die Toilette. Was jedoch Zuversicht gibt, ist die Gewissheit, eine Privatkrankenschwester um mich zu haben.

»Sie wird mich ganz bestimmt retten!«

Das denke ich zumindest, bis zu dem Zeitpunkt, als Susi aus der Apotheke zurückkommt und mir voller Eifer mitteilt, was sie für mich Gutes mitgebracht hat.

»Damit bekommen wir dich bald wieder auf die Beine!« und zieht eine Plastikflasche mit grellrotem Inhalt aus der Einkaufstüte.

»Elektrolytlösung mit Erdbeergeschmack in der Infusionsflasche zum oralen Verzehr«, klärt sie mich freudestrahlend auf.

»Ähh, danke Susi!«, versuche ich das für mich noch größer erscheinende Unheil abzuwenden »Aber mir geht es eigentlich schon viel besser!«

Keine Chance. Mit dem eisernen Blick einer resoluten Krankenschwester wird jeder einzelne Schluck überwacht, bis die Flasche endgültig leer ist. Und ich komme zu der Erkenntnis, dass peruanische Erdbeeren aber auch wirklich gar nichts mit den europäischen gemeinsam haben.

»Dabei hast du noch richtig Glück gehabt. Zur Wahl stand noch Anisgeschmack!«

Zum Nachtisch erhalte ich ein paar Tabletten Antibiotika und wie sollte es anders sein: Reisbreidiät.

Nach drei Tagen ist es mir dank Susis Zaubertrank möglich, wieder das Bett zu verlassen. Gilles hat sich mittlerweile wieder alleine auf den Weg gemacht. Er bekommt Besuch aus Frankreich, mit dem er sich in Cusco verabredet hat, und steht ein wenig unter Zeitdruck. Wir verabreden uns für Bolivien, ohne einen bestimmten Ort oder Termin festzulegen. Wenn das Schicksal es will, werden wir uns wieder treffen.

Ein anderer Patient benötigt dringend Hilfe. Bei meiner Hinterradfelge beginnen die Speichen auszureißen. Eine chronische Erkrankung, der mittlerweile schon drei Felgen zum Opfer gefallen sind. Susi schiebt das auf meinen Fahrstil, ich natürlich auf das Gewicht der Ausrüstung.

Da ich noch auf dem Weg der Genesung bin, rechtfertigt das die Benutzung eines ›Mototaxis‹, um mich auf die Suche nach passendem Ersatz zu begeben. Der Chauffeur des ›Mototaxis‹ kennt sich aus in der Stadt. Das Problem ist, erzählte er, dass zu viele Taxis rumfahren. Leere Hörsäle sind die Folge, denn eigentlich ist er Student. Wann er wieder weiterstudieren kann, kommt auf das Geschäft an. Wir klappern ein paar Radläden ab, aber eine brauchbare Felge wird sich nur in der Hauptstadt Lima auftreiben lassen, erfahre ich. Erinnerungen an den Moloch Guatemala-Stadt und die Busfahrt dorthin werden wach. Der Gedanke lässt mich schütteln. Großstädte sind einfach nicht unser Ding.

In einem kleinen Hinterhofladen haben wir dennoch Glück. Hier findet sich eine passende, wenn auch gebrauchte Felge, die nicht, wie sonst alle anderen erhältlichen Fahrradkomponenten und Ersatzteile, aus der chinesischen Billigproduktion stammt. Nach mehreren Anläufen kann ich mich mit dem jungen Besitzer des Schuppens auf einen Preis einigen. Bis morgen will er das Rad eingespeicht haben. Trotzdem ist klar, diese Felge ist nur eine Übergangslösung.

Die Idee, so ein klappriges motorisiertes Dreirad als Reisemobil zweckzuentfremden, begeistert mich immer mehr, besonders wenn ich an den weiteren Streckenverlauf durch die Anden bis Cusco denke. Die Teile sehen lustig aus, bieten genug Platz und wie beim Fahrrad auch ist man mittendrin im Geschehen. Der Unterschied ist nur, dass das strapaziöse Treten der kleine Motor übernimmt. Das Fahrrad hat Konkurrenz bekommen. Ich steigere mich hinein und löchere meinen Taxifahrer mit technischen Fragen über das Fahrzeug und dessen Wert. Er dreht eine extra Runde und plötzlich stehen wir vor einem Laden, der diese Dinger vertreibt.

Statt einer neuen Felge halte ich Susi voller Begeisterung eine Verkaufsbroschüre dieser Knatterkisten unter die Nase.

»Mit diesem Gerät würden wir keine hundert Kilometer, geschweige denn, den nächsten Berg hochkommen. Warum, meinst du, fahren sie nur da, wo es flach ist?«

Sie hat ja Recht, mal wieder! Unser Ehrgeiz würde ein Umsteigen auf ein neues Gefährt gar nicht zulassen. Die Reise hat sich mittlerweile auch zu einer Mission entwickelt, die heißt: Mit dem Fahrrad in Feuerland ankommen. Zu viele Kilometer haben wir schon zurückgelegt. Umzusteigen hätte den faden Beigeschmack des Aufgebens.

Dennoch, diese dreirädrigen Vehikel sind der absolute Hit!

Nach einem kurzen Telefonat mit Dieter in Deutschland ist eine neue Felge nach La Paz in Bolivien unterwegs und wir kriechen schwitzend und keuchend dem nächsten Pass entgegen.

Nur wenige Tage nach meinem Ausfall erwischt es Susi. In der Früh wacht sie auf und klagt über Übelkeit. Trotzdem schwingen wir uns auf die Räder, doch schon nach wenigen Kilometern ist sie total am Ende. Kalter Schweiß benetzt ihre Stirn, sie ist käsebleich. Vermutlich hat sie leichtes Fieber. Bei zwei Frauen mit sechs prall gefüllten Säcken am Straßenrand kommen wir zum Stehen. Hier erfahren wir, dass irgendwann heute noch ein Bus, in den nächsten größeren Ort fährt. Kein ›mañana‹ und kein ›no hay!‹, sondern ein ›pronto‹ – bald. Was ist denn hier los? Kaum hat sich Susi total erschöpft ins Gras gelegt, kommt der Minibus, in eine Staubwolke gehüllt, tatsächlich angebraust. Die Frauen stoppen ihn mit einer einfachen Handbewegung. Der Bus ist voll, aber das hat ja nichts zu sagen. Jedoch für vier weitere Leute, muss sogar der Fahrer einsehen, ist definitiv kein Platz mehr. Susi gibt ein elendes Bild ab. Die Frauen haben Mitleid und geben uns den Vortritt. Susi geht es zu schlecht, um zu widersprechen. Ich bin hin- und hergerissen, zwischen meiner Besorgnis um Susi und dem schlechten Gewissen. Es ist nichts Ungewöhnliches, dass Leute aus entlegenen Dörfern bis zu mehreren Tagen auf eine Mitfahrgelegenheit warten müssen. Der Fahrer macht Druck und hat schon begonnen, die Räder über dem Gepäck auf dem Dachträger festzuzurren. Ich bedanke mich bei den Frauen überschwänglich für diese außergewöhnliche Geste. Ich bin erleichtert, als der Fahrer den Frauen mitteilt, dass noch ein weiterer Minibus unterwegs ist. Heute ist großer Markttag, dort wollen die Frauen ihre Lamawolle verkaufen. Aus diesem Grund sind auch die anderen Insassen auf dem Weg in die Stadt. Das Dutzend Fahrgäste nimmt regen Anteil an Susis schlechtem Zustand. Nach einer kurzen Beratung sind sich alle über die einzig mögliche Therapieform einig. Susis Nachbarin, eine alte Frau mit gegerbter Haut und langem, schwarzen Zopf wurschtelt aus ihren unzähligen schmuddeligen Unterröcken eine kleine zerknüllte Tüte hervor. Bevor Susi überhaupt ablehnen kann, hat sie schon ein zerknäultes Bällchen aus grünen Blättern zwischen den Zähnen: Kokablätter. Bei den Andenvölkern besitzt das Kauen der unverarbeiteten Blätter eine jahrhundertlange Tradition. Sie helfen Hunger, Müdigkeit und Kälte zu verdrängen und sind sehr wirksam gegen die Höhenkrankheit. Durch Beimischung von Kalk wird die Wirkung noch verstärkt. Susis Gesichtsausdruck verrät jedoch unmissverständlich: dann doch lieber Elektrolytlösung.

Ein letzter Pass trennt uns noch von Cusco. Heute Abend kann unser Leiden ein Ende haben. Eigentlich sollte uns das beflügeln. Doch nach all den Bergetappen fühlen wir uns ausgelaugt und ausgepowert, vor allem mental. Die Luft geht uns aus, der Kopf ist leer. Wer wird da wagen können zu behaupten, wir hätten Urlaub gemacht. Eine nette Fahrradtour durch Südamerika und das gleich über ein ganzes Jahr. Wie oft werden Susi und ich uns das anhören müssen: »Ihr seid um die halbe Welt geradelt? Toll! Wahnsinn!«

Richtig, das ist Wahnsinn!

Trotz gegenseitiger Aufmunterungsversuche bleiben die Beine schwer. Lustlos strampeln wir hintereinander her. Zu allem Überfluss benutzen uns zwei Kinder als Zielscheibe für ihre Steinschleuder. Glücklicherweise sind sie noch in der Übungsphase. Susi fährt vornweg, um das Tempo vorzugeben. Ich kann nur immer wieder über ihre Kraftreserven und ihre Zähigkeit staunen. Da soll noch mal jemand sagen, dass Frauen das schwächere Geschlecht sind. Ich falle mal wieder zurück und hadere mit den vielen Dingen in den Packtaschen, die mir in diesem Moment wieder unglaublich überflüssig vorkommen.

Plötzlich taucht in der Serpentine unter uns einer dieser voll beladenen Lkws auf. Unsere Rettung! Im Schneckentempo quält er sich die Straßenwindungen hinauf. Die Aussicht, an diesem Berg keinen Meter mehr treten zu müssen, lässt mich aufs Höchste frohlocken. Mit erfahrenem Blick erkennen wir, dass der LKW ein Prachtexemplar von einem ›Lift‹ ist. Optimale Geschwindigkeit und seitlich perfekte Festhaltemöglichkeit. Als der LKW auf unserer Höhe angelangt ist, steigen wir in die Pedale und greifen ihn uns. Wir hängen dran wie Kletten. Die Aussicht auf einen Fünfundzwanzig-Kilometer-Lift ist berauschend. Verflogen sind all die Trägheit und das Selbstmitleid.

»Cusco – wir kommen!«

Der Anstieg wird lang. Um den Arm zu entlasten, beschließe ich spontan, ein paar Gänge tiefer zu schalten, um mittreten zu können. Dazu muss ich kurz loslassen. Eine selten dämliche Idee!

»Krack ... Krack ... Krack ...«, plötzlich habe ich den Leerlauf drin. Die Kette ist vom Zahnrad gesprungen.

»Ohhhh, Mist, Mist, Mist!«, schnell erneut schalten.

Ja, die Kette findet wieder Halt ... nein, schon wieder runter gerutscht!

Während ich hektisch versuche, die Kette durch Schalten auf einen Zahnkranz zu heben, stelle ich mit entsetztem Blick fest, wie sich die Distanz zwischen mir und dem Lkw samt Susi langsam aber sicher vergrößert. Hektik vermischt sich mit Panik.

Ich schalte rauf und runter, ignoriere die schmerzvollen Geräusche der Kettenübersetzung. Die Kette will einfach keinen Halt finden. Aber dann doch, sie greift. Alles spielt sich in Bruchteilen von Sekunden ab.

»Uff, schwerster Gang. Egal!« Ich trete wie ein Wahnsinniger in die Pedale. Meine Blutpumpe arbeitete auf Hochtouren. Ich hole alles aus mir raus. Zwischen mir und dem LKW liegen einige Meter. Ich komme näher, kann den Abstand auf zwei Armlängen verringern. Ich höre, wie Susi mich anfeuert, doch meine ganze Konzentration gilt dem kleinen eisernen Griff, der keine Armlänge vor mir entfernt darauf wartet, dass ich zupacke. Ich kämpfe wie ein Berserker.

Vergeblich! Ich komme einfach nicht mehr ran. Das Herz pocht wie wahnsinnig, die Lungen schmerzen und die Beinmuskeln, komplett übersäuert, brennen wie Feuer unter der Haut. Hinter der nächsten Schleife verschwindet meine Hoffnung, ohne mich.

Ich schmeiße mein Rad in den Straßengraben, lege mich auf den Boden wie ein verwundetes Tier. Erst mal irgendwie Luft holen. Ausgepowert und kraftlos schreie ich meine Wut, meinen Ärger weinend heraus. Ich verfluche Peru, verfluche mein Rad, und verfluche am meisten mich selber, dass ich Idiot jemals auf dieses Rad gestiegen bin. Ich hätte es besser wissen müssen, Rad fahren und ich, das kann nicht gut gehen. Für einige Minuten bleibe ich regungslos liegen.

Schwerfällig zerre ich das Rad aus dem Graben und stelle mich völlig demotiviert dem Anstieg. Weiter oben zieht der Lkw mit Susi im Schlepptau um eine weitere Serpentinenkurve.

Von hinten vernehme ich ein leises Motorgeräusch, diesmal ein weißer Pick-up. Hinter der Windschutzscheibe sitzt ein junger Kerl mit cooler Sonnenbrille. Aus dem Inneren der Fahrerkabine dröhnen laute Bässe. Fast instinktiv strecke ich die Hand heraus. Das Fahrzeug hält und die Fahrertür öffnet sich. Die Überraschung könnte nicht größer sein. Der coole Fahrer entpuppt sich als Pfarrer in schwarzer Kutte und die dröhnende Musik als Gregorianische Gesänge.

›Dich schickt der Himmel!‹, denke ich bei mir und gemeinsam heben wir das Rad auf die Ladefläche. Erst nach mehrmaligem Hupen registriert Susi, dass ich in dem Auto hinter ihr sitze. Endlich lässt sie los.

Voller Erleichterung stehen wir am Straßenrand und genießen den Blick auf das Meer roter Dachziegeln. Vor uns ausgebreitet liegt Cusco, einst Hauptstadt und Herz des Inka-Imperiums, der Nabel der Welt, das zu seiner Zeit mindestens so mächtig und reich war, wie das alte Rom. Für uns ist die Stadt in diesem Moment nicht minder bedeutend. Mit dem Erreichen haben die unglaublichen Strapazen der vergangenen Wochen ein Ende. Die peruanischen Anden liegen hinter uns und das Altiplano, die große andine Hochebene vor uns. Uns überkommt eine unglaubliche Erleichterung und auch Stolz. Wir haben die Schnauze voll, von all den Bergen, den Steigungen, den Rüttelpisten und den ungenießbaren Abfahrten. Das muss gefeiert werden. Wir stürmen am Abend eines der überteuerten Touristenlokale der Stadt und bestellen uns jeweils eine Pizza. Eine Pizza, die ihren Namen zu Recht trägt. Wir bestellen uns jeder eine Gladiatorpizza! Sie misst tatsächlich den Durchmesser unserer 26-Zoll-Bereifung. Bedienung und die anderen Gäste werfen immer wieder erstaunte Blicke zu uns rüber, wie wir beide mit innigstem Genuss und voller Inbrunst die beiden Gladiatorpizzas förmlich inhalieren.

Die Räder stellen wir eine Woche in die Ecke und rühren sie bis auf das Flicken eines schleichenden Plattens an Susis Rad nicht mehr an. Frühmorgens, wenn die ersten Sonnenstrahlen noch mit weichem Licht die Stadt durchfluten und in eine entspannte Atmosphäre tauchen, streifen wir ziellos durch die vielen kleinen Kopfsteinpflastergassen und bestaunen Ruinen, Paläste und Kirchen. In keiner anderen Region auf dem gesamten Kontinent sind die monumentalen Reste der einst so großen Inkakultur so reichhaltig zu bestaunen wie in Cusco und dessen Umgebung. Auf massiven Resten alter Inkamauern, die aus tonnenschweren Steinen millimetergenau zusammengesetzt wurden, sind anmutige koloniale Gebäude, Plätze und imposante Kirchen errichtet worden. Cusco ist eine Synthese aus Inkaruinen und Kolonialbauwerken. Über vielen Gebäuden weht die Regenbogenflagge, die Fahne der Inkas.

Wir erleben das Fest zu Ehren der Fünfzehn Heiligen. Begleitet von Blasmusikkapellen und farbenfrohen Tanzgruppen werden die Heiligen in Form von riesigen, in prächtigen Umhängen gekleideten Statuen, von der Kathedrale an der Plaza, dem Hauptplatz, zurück in die Kirchen der Gemeinden gebracht. Zwanzig bis dreißig Träger schleppen, die Gesichter vor Anstrengung verzerrt, ihre ›schweren Jungs‹ im Gleichschritt auf den Schultern durch die Gassen.

Wir genießen den Rummel, der auch ohne dieses Spektakel groß ist. Die Stadt ist voller Leben, voller Touristen und dem Drumherum an Souvenirshops, Unterkünften, Bettlern, Restaurants, Straßenhändlern und Taschendieben. Vor allem aber genießen wir es, in den Massen der Touristen unterzutauchen.

Geheimnisvoll liegt die Inkastadt Machu Picchu auf einem Bergrükken verborgen, eingebettet zwischen dicht bewachsenen Bergen über dem Flusstal des Urubamba. Nur zögernd lichtet sich der Schleier aus aufsteigenden Nebelschwaden und öffnet sich für die noch schwachen Strahlen der aufgehenden Sonne. Im Hintergrund ragt der markante Hügel des Waynapicchu in den Himmel und verstärkt die mystische Kulisse.

So oder ähnlich haben wir es uns zumindest vorgestellt. Aber das Einzige, was der Nebel nach vier Stunden an diesem kalten Morgen freigibt, sind die Umrisse neugieriger Lamas, die durch die Anlage streifen und uns ihren Hintern entgegenstrecken. Als der Nebel sich am späten Vormittag lichtet, haben wir längst unseren Aussichtspunkt verlassen und schlendern staunend zwischen Mauern, Treppen und dachlosen Gebäuden.

›Machu Picchu‹ ist eines der faszinierernsten, aber auch rätselhaftesten Zeugnisse der Inkazeit. War die Stadt einst Sommerresidenz eines Inkaherrschers, Zufluchtsort und Festung, Stadt der Zauberer, ein Lehrzentrum des Inkareiches oder diente sie als Versteck der Sonnenjungfrauen? Bis heute rätseln die Wissenschaftler. Fast im selben Maße wie Machu Picchu beeindruckt uns der Abstecher auf der Rückfahrt nach Cusco zu den Salzterrassen von Pinchigote. Wie zur Inkazeit wird dort auch heute noch Salz gewonnen. Ganze Familien arbeiten in der Anlage und bringen das mühsam gewonnene Salz ins Tal zum Weiterverkauf. Gleißend hell schillern Tausende von weißen und ockerfarbenen kleinen Becken, die, mit Salzwasser aus den Bergen gefüllt, sich terrassenförmig den Berghang hinaufziehen.

»Hmm, das klingt doch nach herrlichem Sandstrand, tiefblauem Wasser, Party und Caipirinha unterm Sonnenschirm, Samba, Fußball und viel nackter Haut!«, stellt Susi fest.

Das Ortsschild kündigt ›Copacabana‹ am Ufer des Titicacasees, einige Kilometer hinter der Grenze an. Wir sind in Bolivien.

Zumindest die ersten zwei Begriffe treffen auf dieses Copacabana zu. Vielmehr hat Boliviens wichtigster Wallfahrtsort aber nicht mit seinem brasilianischen Namensvetter gemeinsam. Nochmals legen wir einen Stopp ein, machen einen Tagesausflug auf vorgelagerte Inseln, die in der Inkamythologie eine große Rolle spielen. ›Isla del Sol‹ und ›Isla de la Luna‹, die Sonnen- und Mondinsel. Es heißt, die beiden Inseln seien die Geburtsstätten des ersten Inkaherrschers. Das Panorama mit den im Hintergrund Spalier stehenden schneebedeckten Gipfeln der Königskordilleren könnte würdiger nicht sein.

Vom Titicacasee rollen wir auf einer guten Teerstraße mit mäßigem Verkehr direkt auf La Paz zu.

Susi widerspricht mir. Na ja, eigentlich nichts Ungewöhnliches.

»Sucre und nicht La Paz ist die Hauptstadt Boliviens!«, davon ist sie felsenfest überzeugt.

»Von Sucre habe ich noch nie etwas gehört!«

Die Wette gilt. Aus unseren Hinterradtaschen dringt schon seit Tagen ein strenger, beißender Geruch. Als Einsatz steht die nächste Wäsche.

Die Durchfahrt durch El Alto zieht sich ewig hin. Der Vorort ist schmutzig und hässlich. Er hat annähernd die gleiche Größe wie die Stadt selbst. Aus Platzmangel im beengten Talkessel haben sich hier viele Industriebetriebe und der Internationale Flughafen auf einer Höhe von über viertausend Metern angesiedelt. Der gewaltige Kessel von La Paz ist gefüllt mit einem Häusermeer aus Bretterbuden, Lehmhäusern und Wolkenkratzern. Über all dem thront der gewaltige, schneebedeckte Berg Illimani.

Auf einer vierspurigen Schnellstraße donnern wir runter direkt ins Zentrum der Stadt.

Nochmals hängen wir mehrere Tage fest. Die neue Felge aus Deutschland lässt auf sich warten. Die nutzen wir, um vergeblich nach einer brauchbaren Straßenkarte von Bolivien zu suchen. Gutes Kartenmaterial hat sich für uns als unerlässlich herausgestellt. In Kombination mit den mal mehr mal weniger verlässlichen Auskünften, die wir bei den Einheimischen erfragen, ist eine Karte die wichtigste und oft einzige Orientierungshilfe. Ganz besonders im Hinblick auf Distanzen und Höhenangaben zwischen einzelnen Versorgungsmöglichkeiten für Lebensmittel und Wasser.

Auf unserer Suche passieren wir die Kirche San Francisco, die größte Kathedrale im Zentrum der Stadt. Ein Tourist meint scheinbar Vergebung für seine Sünden zu finden, indem er bettelnden Kindern Geld zusteckt. Jeweils einen Dollar. Das spricht sich natürlich rum, sogar bis tief in die peruanischen Anden, wie wir selber feststellen konnten. Um einen Dollar zu verdienen, muss ein Schuhputzer in den Straßen von La Paz fünfzehn paar Schuhe putzen.

Wieder mal stellen wir fest, wie stark die Nachfrage das Angebot bestimmt. Solch ›unnütze‹ Dinge wie Straßenkarten oder gute Fahrradersatzteile braucht hier kaum einer. Oder besser, kann sich kaum einer leisten. Es gibt Wichtigeres. Gelebt wird für den nächsten Tag. Dinge des täglichen Lebens werden hier zu Luxusgütern. Haarshampoo wird wenn, dann nur in Probepackungen und nur an Duschtagen gekauft. Von einer vollen Shampooflasche wird man schließlich nicht satt.

Am Ende begnügen wir uns mit einer Karte aus dem Touristenbüro, die aus der Zeit des Unabhängigkeitskämpfers Simon Bolivar stammen könnte. Sie stellt allenfalls eine bessere Skizze dar, verdächtig wenige Straßen sind darauf eingezeichnet.

»Aber vielleicht gibt es in Bolivien ja gar nicht mehr!«

Susi sollte mal wieder Recht haben. Wie immer!

»Noch eine Frage! Welche Stadt ist denn die Hauptstadt?«

Die Frau, die uns die Karte ausgehändigt hat, muss überlegen. Ganz sicher ist sie sich nicht. Sie meint Sucre, aber La Paz ist eigentlich viel wichtiger. Schließlich sitzt hier die Regierung. Susi und ich einigen uns auf unentschieden. Wenn die Einheimischen sich schon nicht sicher sind! Endlich habe ich gegen sie mal nicht den Kürzeren gezogen. Unsere Wäsche geben wir salomonisch in einem kleinen Waschsalon neben unserer Unterkunft ab. Für wenige Bolivianos wird hier noch von Hand gewaschen!

Nach fünf Tagen können wir mit drei Paketen das Postamt verlassen. Die Freude über die vielen mitgeschickten Briefe und Fotos ist mindestens ebenso groß wie über die Felge. Trotz Internet und E-Mail sind Briefe etwas Besonderes. Sie sind ein Stück versendete Heimat. Was uns jetzt noch zu unserem Glück fehlt, ist ein neuer Hinterradmantel. Susis Mantelprofile sind fast abgefahren. Unseren Abfahrtstag legen wir deshalb auf den Samstag fest. In ›El Alto‹ findet an diesem Tag der wöchentliche Großmarkt statt.

Wir müssen uns trennen. Susi bleibt mit den Rädern am Eingang des Marktes zurück. Immer und immer wieder fällt ihr Blick auf die Uhr. Die Minuten verstreichen. Sie hatte von vornherein kein gutes Gefühl gehabt, so ein komisches Ziehen in der Magengegend. Mittlerweilen ist der Markt voll geworden. Neugierige Augenpaare streifen sie. Sie fühlt sich unwohl und beobachtet.

Warum kommt Daniel nicht? Wo steckt der Kerl? Mototaxis gibt's doch hier keine! Irgendetwas ist faul!

Der Markt verteilt sich über die gesamte Vorstadt. Die Straßen sind von Händlern und Käufern verstopft. Es dauert fast eine halbe Stunde, bis ich mich überhaupt zu der Gasse mit den Fahrradersatzteilständen durchgefragt habe. Ketten, Zahnräder, Schaltungen, Bremsen, Sättel sind rings um die Buden aufgehängt und davor ausgebreitet. Ich kratze mein Kleingeld zusammen und nehme den einzig brauchbar erscheinenden Mantel mit. Jetzt schnell zurück zu Susi. Die wird sich schon Sorgen machen.

Plötzlich verspüre ich einen Stoß im Genick. Sofort drehe ich mich um und blicke in die Gesichter dreier Männer.

»Was ist los?«, frage ich überrascht.

Wortlos gehen die drei an mir vorüber. Ich werde stutzig. Fast instinktiv greife ich nach dem Geldbeutel in meiner Hosentasche. Nichts! Vielleicht auf der anderen Seite. Ebenso leer! Einen Moment bleibe ich ratlos stehen, halte Ausschau nach den Typen. Ausgerechnet heute habe ich statt des präparierten ›Überfallgeldbeutels‹, den richtigen dabei. In dem befinden sich nicht nur große Teile unseres Bargelds, sondern auch die Kreditkarten. Wut steigt in mir auf. Nach all den Ländern, die wir bisher problemlos durchquert haben, klaut mir jetzt so ein kleiner, aufgeblasener Taschendieb meinen Geldbeutel. Wie kann der Sauhund es wagen! Ich bin sauer, sauer auf den dreisten Dieb und über die eigene Leichtsinnigkeit. Der aufsteigende Zorn verstärkt meine Entschlossenheit. Ich drücke mir den Weg frei, schiebe die Leute zur Seite und nehme die Verfolgung auf. Die Bolivianer sind allesamt recht klein gewachsen. Mein Glück, sein Pech. Ein kurzer Rundblick und ich entdecke einen von den drei Kerlen, wie er sich durch die Menge drückt. Ich renne los und bekomme ihn zu fassen. Ich versuche einen möglichst furchterregenden Gesichtsausdruck aufzusetzen. Unsicher, ob er auch der Richtige ist, brülle ich ihn an,

»Gib mir mein Geld zurück!«

Der Kerl ist ein paar Zentimeter kleiner, dafür recht stämmig und hätte dringend einen Besuch beim Zahnarzt nötig.

Bei meinem Gebrüll zuckt er leicht zusammen, ich auch.

»Ich habe deinen Geldbeutel nicht!«, erwidert er nervös.

Vom Geldbeutel habe ich nichts erwähnt, er muss der Richtige sein! Meine rechte Hand schließt sich noch kräftiger um seinen Hemdkragen. Sie fängt an, den Dieb durchzuschütteln. Unbeholfen taste ich mit der anderen seine Taschen ab. Ich werde ihn nicht gehen lassen, bevor ich nicht mein Eigentum wieder habe. Die Beute ist nicht aufzufinden. Er leistet nur geringen Widerstand. Er weiß, dass der Geldbeutel bei ihm nicht zu finden ist. Den hat längst sein Kollege. Mittlerweilen hat sich um uns herum ein Kreis aus Schaulustigen gebildet. Wir beide stehen im Zentrum, sind die Hauptdarsteller. Die Show scheint anzukommen.

Das Einzige, was mir neben der permanenten Schüttelei einfällt, ist ihm mit der Polizei zu drohen.

»Auf geht's, da drüben steht die Polizei!«, teile ich ihm wütend mit und zerre ihn mit einem Ausfallschritt zur Seite.

Sämtliche Zuschauer drehen ihren Kopf in die Richtung und untermauern damit meine Drohung. Von der Polizei ist natürlich weit und breit nichts zu sehen. Doch meine Drohung scheint Wirkung zu zeigen. Er fängt an, Widerstand zu leisten. Ich schüttele weiter. Plötzlich löst sich eine Frau aus der Menge und hält meinen Geldbeutel in der Hand.

»Hier ist dein Geld!«

Ein Raunen geht durch die Mengen. Ich bin verdutzt, aber nicht zu verdutzt, um mir mein Eigentum zu schnappen. Den Augenblick nutzen beide, um sich aus dem Staub zu machen. Der Inhalt scheint auf den ersten Blick vollständig zu sein.

Nichts wie weg hier! Die Show ist zu Ende. Ohne den Applaus abzuwarten, durchbreche ich den Kreis und mache mich schleunigst auf den Rückweg. Bis ich bei Susi bin, halte ich Geldbeutel und Reifen fest umschlossen.

Den kleinen Ort Patacamaya, eine Tagesreise südlich der Hauptstadt, haben wir als Treffpunkt mit unserem französischen Reisekollegen vereinbart. Gilles hat seinen Vorsprung durch einen Kurztrip in einen nahe gelegenen Nationalpark eingebüßt. Seit wir zum ersten Mal in Nordamerika vom ›großen weißen See‹ gehört haben, hat er uns in seinen Bann gezogen. Gilles geht es nicht anders und so haben sich viele unserer Gespräche über den Salar de Uyuni, den größten Salzsee der Erde gedreht. Was für ein Gefühl es sein muss, mit dem Rad drüberzufahren und an seinem Mittelpunkt zu stehen. Während der Regenzeit kann die Salzkruste lokal mit mehreren Dezimetern Wasser bedeckt sein, doch jetzt, Ende Juni bis zum Beginn der Regenzeit Anfang Dezember, ist der Salar trocken.

Alle drei teilen wir die gleiche Faszination, umso schöner, dass wir das Abenteuer gemeinsam anpacken.

Wie schon in Peru holpern wir vereint über unebene Staubpisten. Wieder erreichen wir eine unbeschilderte Gabelung. Die Einheimischen können uns nicht wirklich weiterhelfen, unsere Karte erst recht nicht. Drei von fünf Antworten der Einheimischen favorisieren die rechte Piste. Doch auch diesmal kommen wir mit unserer erprobten Taktik, die Kekse essen und Abwarten heißt, zum Erfolg. Die erhoffte Eingebung kommt in Form eines knallroten Fahrrades angeholpert. Das Alter des Mannes schätzen wir auf etwa vierzig. Aber bei den von harter Arbeit und rauem Klima gezeichneten Gesichtern der Einheimischen ist das Alter schwierig zu bestimmen. Über dem rosaroten Hemd trägt der einsame Radler eine karierte Strickweste. Wir halten ihn an und fragen ihn nach seiner Meinung.

Wir müssten hier nach rechts. Und nach einer halben Stunde kommt eine weitere Abzweigung, da müssen wir wieder rechts. Bis dahin kann er uns begleiten, es liegt sowieso auf seinem Weg. Seine Aussage klingt für lateinamerikanische Verhältnisse recht glaubhaft und so holpern drei voll bepackte Tourenbikes und ein nagelneues, knallrotes, chinesisches Ein-Gang-Rad über eine miserable Sandpiste im weiten Altiplano.

Juan ist Lehrer. Jede Woche macht er sich mit seinem Fahrrad auf den langen Weg zu seinem Arbeitsplatz, einer Dorfschule in den Bergen. Für das Fahrrad hat er fünf Jahre lang gespart, erzählt er uns stolz. Sein Vater hat früher in einer der vielen Minen gearbeitet, nahe der Stadt Oruro. Als Minenarbeiter hätte er sich nicht so schnell ein Rad leisten können. Bolivien selbst hat riesige natürliche Ressourcen – Zinn, Schwefel, Kupfer, Eisen, Öl, Gas, Silber und Gold. Obwohl das Land unglaublich reich an Rohstoffen ist, gehört die Bevölkerung Boliviens zu den ärmsten Lateinamerikas. Ausländische Firmen und die Minenbesitzer sind die Gewinner. Die Mine, in der sein Vater gearbeitet hat, erzählt er, während wir gemeinsam über die Piste holpern, gehört dem Präsidenten. Viele Arbeiten werden noch von Hand mit einfachsten Werkzeugen verrichtet. Die Temperaturen unter Tage differieren zwischen knapp über null Grad bis hin zu fünfundvierzig Grad Celsius. Moderne Abbaumaschinen oder Absauganlagen gibt es nicht. Um unter den Strapazen und Bedingungen überhaupt arbeiten zu können, kauen die ›Mineros‹ ständig Kokablätter. Die Lebenserwartung der Arbeiter sinkt unter diesen Bedingungen rapide. Mehr als zehn Jahre im Stollen schaffen die wenigsten. Sein Vater ist vor drei Jahre gestorben.

Wie alt er selber denn sei, erkundigen wir uns.

»Sechsundzwanzig!«

»Estamos cerca! – Wir sind fast da!«, lautet die Auskunft, die so typisch ist für Lateinamerika.

Nach drei Stunden sind wir wirklich an der Abzweigung. Wir bedanken uns bei unserem Begleiter und verabschieden uns von ihm. Er biegt ebenfalls ab, in die uns entgegengesetzte Richtung. Allerdings hat er nicht das Glück, dass dort eine Piste vorhanden ist. Vor ihm liegen noch, zumindest so seine Einschätzung, zwei Stunden Querfeldeinschieberei.

Wir genießen die Einsamkeit und die herbe Schönheit der andinen Hochebene, die sich baumlos vor uns erstreckt. Einzelne Lamaherden streifen über den steinigen, unfruchtbaren Boden und grasen an den wenigen gelbbraunen Grasbüscheln. In der Ferne ragen die Kegel schneebedeckter Vulkane in den Himmel.

Barfuß durchwaten wir einen seichten, eisigen Fluss, an dessen Rändern sich Eis gebildet hat. In einer Höhe von durchschnittlich dreitausend Metern sind die Nächte bitterkalt. Tagsüber fahren wir deshalb mit Handschuhen und Mütze. Mitten im Fluss steckt ein LKW, von der Furt abgekommen, im losen Flusssand fest. Der Fahrer wartet bereits seit zwei Tagen auf Hilfe. Dankbar nimmt er die Lebensmittelration entgegen, die wir ihm anbieten. Verdursten wird er kaum. Wir versprechen im nächsten Dorf nochmals Bescheid zu geben, wann immer das auch kommen mag.

War der Verkehr bisher kaum erwähnenswert, ist er jetzt ganz zum Erliegen gekommen. Die mit Gras bedeckten Hütten und Viehverschläge der Ansiedlungen passen sich nahtlos in die farblose Umgebung ein. Sie wirken leer und ausgestorben. Nur wenige Menschen treffen wir an. Die Regale der kleinen Dorfläden sind so spärlich gefüllt, dass sogar unsere Packtaschen noch mehr zu bieten haben. Zumindest Thunfisch und Kekse gibt es immer. Frische Semmeln stammen aus den dorfeigenen Lehmbacköfen und werden fast täglich gebacken. Ein leerer, weißer Stoffsack weist auf die Tür hin, hinter der sie zu finden sind. Wasser beziehen wir, wie die Einwohner auch, aus einer nahen Quelle oder von der Dorfpumpe in der Ortsmitte. Trotz der Kargheit und Einfachheit haben wir uns in einem Land lange nicht mehr so wohl gefühlt. Und das liegt hauptsächlich an den Bolivianern. Sie begegnen uns freundlich und offen, sind dabei jedoch angenehm zurückhaltend. Kein Mensch fragt uns nach Geld, keiner schreit ›Gringo‹. Trotz ihrer kargen Lebensweise strahlen sie einen gewissen Stolz aus, der ihnen sehr gut steht.

Kurz vor Erreichen der kleinen Kuppe bremst Gilles plötzlich so stark ab, dass Susi ihm fast hinten draufknallt. Irgendetwas stimmt nicht! Mit skeptischem Blick inspiziert er seinen Aluminiumgepäckträger. Eine Strebe ist gebrochen. Im Umkreis von hundert Kilometern werden wir keine professionelle Hilfe finden. Wir müssen improvisieren. Mit etwas Lochband, Kabelbinder und Gewebeklebeband wird die gebrochene Strebe geschient.

Auch Susi scheint zufrieden mit der Reparatur.

»In zwei bis drei Wochen kann er es wieder voll belasten!«

Oben an der Kuppe hält Gilles nochmals an. Diesmal ist der Grund erfreulicher. Am Horizont taucht eine weiße endlose Ebene auf. Wir haben den größten Salzsee der Erde erreicht.

»Auf diesen kleinen Punkt müsst ihr zusteuern!« erklärt uns der Lamahirte.

Eine Decke über seinen Schultern schützt ihn vor dem kalten Wind. Wir stehen am Rande des Sees.

»Von dort könnt ihr die nächste Insel sehen und gelangt zum anderen Dorf!«

Wir sind zappelig, voller Vorfreude. Die Reifen legen ihre ersten Umdrehungen auf dem weißen Untergrund zurück. Das Knirschen ist ungewohnt. Das Salz ist hart und grobkörnig, reflektiert die Sonne gleißend hell. Ich muss meine Sonnenbrille aufsetzen, die ich mir in La Paz bei einem Straßenhändler für wenige Bolivianos speziell für diesen Anlass zugelegt habe. Übermütig toben wir uns aus und sind in Hochstimmung. Wie Verrückte fahren wir Kreise und Achter und beschleunigen auf ein ungeheures Tempo, ohne auf irgendeine Art von Hindernissen zu stoßen. Hier ist nichts, außer blauer Himmel und weißer Fläche.

Leicht außer Atem gekommen, schlagen wir die Richtung ein, die uns der Lamahirte vorgegeben hat. Rund vierzig Kilometer sollen es bis zu der kleinen Insel sein. Den trockenen See aus Salz überzieht ein perfektes Muster aus sechseckigen, auskristallisierten Salzrändern in der Größe einer Gladiatorpizza. Aus der Luft betrachtet, muss die Fläche wie eine gewaltige, weiße Bienenwabe wirken. Keine Bäume, keine Häuser, keine Berge, die an uns vorbeiziehen. Vertikale Linien gibt es keine. Durch das Überfahren der Salzränder entsteht ein gleichmäßiges ›to-tong ... to-tong ... to-tong‹. Die kaum merkliche Erschütterung ist das einzige Indiz, dass wir uns vorwärts bewegen. Meter für Meter, Kilometer um Kilometer, nichts ändert sich. Entfernungen zu schätzen ist aussichtslos, das Auge hat keinen Halt.

Das Gefühl auf dem Salzsee Fahrrad zu fahren, ist noch viel großartiger als wir es uns vorgestellt hatten. Es ist pure Freiheit!

Von einer aufkommenden Brise werden wir kurz vor Sonnenuntergang an Land gespült. Kaum ist der Feuerball in einem farbenprächtigen, fast kitschigen Spektakel verschwunden, kommt klirrende Kälte auf. Die felsige Insel ist so klein, dass man sie ohne Probleme innerhalb von zehn Minuten umradeln könnte. Meterhohe Kakteen besprenkeln das Eiland. Einziger Bewohner ist eine besondere Tierart, die wir in Bayern als ›Wolpertinger‹ bezeichnen würden – Viscachas. Kaninchengroße Tiere, die aussehen wie eine Mischung aus Hase, Biber, Minikänguru und Ratten, huschen beim letzten Licht des Tages über die aufgewärmten Felsen. Gestrandet auf einer einsamen Insel ziehen wir drei Robinson Crusoes uns vor der Kälte in die Zelte zurück.

Am nächsten Tag kommen wir uns vor wie im Zoo. Andauernd werden wir von Touristen angehalten, die mit Jeeptouren über den Salar preschen, werden gefilmt und fotografiert. Etwas unsicher steigen sie aus den Autos und machen ihre ersten zaghaften Gehversuche auf der harten Salzoberfläche. Nur ein paar Schritte trauen sie sich hinein in den unendlichen Salznapf. Wir bemitleiden sie fast. Oft sprachen wir schon darüber, wie froh wir sind, diese Reise mit dem Rad zu machen, unabhängig und frei, unmittelbar an allem dran.

Und besonders die Eindrücke der letzten Tage bestärken uns. Unscheinbares und doch so Einzigartiges wäre an uns vorbei gegangen, ohne dass wir davon Notiz genommen hätten. Viele Begegnungen sind nur entstanden, weil wir anfassbar und auch verwundbar reisen. Umgeben von den Elementen spüren wir den Wind auf unserer Haut, den tiefblauen Himmel über uns und schmecken die Luft, die uns umgibt. Um uns herum gibt es keine Ablenkung. Es gibt nur uns und die Welt.

Die zweite Nacht verbringen wir mitten auf dem See. Irgendwann konnten wir drei uns doch auf ein schönes Fleckchen einigen. Gilles ist der Meinung, dass die Salzkristallwaben an dieser Stelle besonders gleichmäßig ausgeprägt sind. Mit dumpfen Schlägen versucht er seine Aluheringe in das harte Salz zu schlagen, mit dem einzigen Ergebnis, dass er bereits den zweiten Metallstift zu einem Kunstobjekt verformt hat. Das Salz ist unglaublich kompakt und hart. Glücklicherweise weht kein Lüftchen, das das Zelt mit sich reißen könnte. Kaum ist die Sonne verschwunden, kommt eine durchdringende Kälte auf. Hier speichert nichts die Wärme des Tages. Uns erwischen in dieser Nacht Minustemperaturen von 22 Grad unter null.

Unzählige aufgehäufte Salzhaufen kündigen das kleine Dorf Colchani an. Wir treffen wieder auf das Festland. Vermummte Männer schaufeln das getrocknete Salz zum Abtransport auf alte, klapprige Lkws. Der größte Bodenschatz liegt aber noch unter dem weißen Gold verborgen. Darunter vermutet man ein gewaltiges Lithiumvorkommen, welches eine gewaltige Einnahmequelle für das Land, zumindest für eine kleine Oberschicht, bedeuten könnte.

Der Ort Uyuni wirkt wie eine verlorene Westernstadt in der Wüste. Der Wind treibt den Staub durch die ungeteerten Straßen. Unsere Benzinvorräte für den Kocher sind erschöpft. Doch an der Tankstelle bekommen wir keinen Nachschub. Neuer Treibstoff ist seit Tagen überfällig. Im Zentrum der kleinen Stadt wird klar, wovon die Leute hier in der kalten Wüste aus Stein und Wind leben. Der Salzsee ist das Highlight jeder Bolivienreise. Ein Touranbieter reiht sich neben dem anderen und alle haben die gleichen Rundtouren über den Salar auf dem Programm. An einer Auswahl an billigen Unterkünften mangelt es auch nicht.

Gilles ist am nächsten Tag überzeugt, dass er dringend einen Haarschnitt benötigt. Zudem muss er sich um seinen lädierten Gepäckträger kümmern. Susi und ich planen unsere Weiterfahrt über die Berge nach Chile.

Der Friseur ist zugleich der Mechaniker des Ortes und besitzt das einzige Schweißgerät. Augenscheinlich beherrscht er jedoch weder das eine noch das andere Geschäft sonderlich gut. Statt zusammengefügt ist die Strebe unbrauchbar verschmort. Nach langer Suche enthüllt sich der ›Mercado‹, der Markt, als rettende Fundgrube für beide Probleme. Gilles treibt dort ein geeignetes Metallstück sowie eine passende Mütze auf.

Unseren Plan, über die Kordilleren nach Chile zu radeln, müssen wir aufgeben. Fünf Minuten vor der Abfahrt bekommen wir die Nachricht, dass die Piste zugeschneit ist. Selbst für die Tourenjeeps gibt es kein Durchkommen mehr. Das macht Susi und mir bewusst, dass wir für die Planung des weiteren Reiseverlaufs wieder die Jahreszeiten in Betracht ziehen sollten. Feuerland rückt näher und die beste Zeit dort anzukommen ist der Südsommer, irgendwann um oder nach Weihnachten also.

Kurzerhand schließen wir uns Gilles an, der sich auf den Weg nach Argentinien macht. Die Piste Richtung Grenze ist nicht minder schlimm als die auf der Baja California. Nur damals war vieles neu und erschien uns deshalb extrem. Heute nehmen wir es gelassener, wie so vieles. Die Anspannung und Verkrampftheit, die wir zu Beginn der Reise mit im Gepäck hatten, haben wir längst abgeschüttelt, doch das hat über ein Jahr gedauert. Längst haben wir aufgehört, uns darüber den Kopf zu zerbrechen, wo wir am Abend schlafen werden. Einen Platz haben wir bis jetzt immer gefunden. Wir merken erst jetzt, dass wir auf stressige Situationen nicht mehr so genervt reagieren. Wir ereifern uns nicht über Dinge, die wir sowieso nicht ändern können. Jetzt wissen wir, dass auch diese Straße irgendwann ein Ende haben wird.

Hügel und Bergzüge rücken näher. Tiefe, von Flüssen ausgeschwemmte Schluchten sorgen für Abwechslung. Das Landschaftsbild ändert sich langsam. Der bis dahin tiefblaue, einzigartige Himmel der Hochebene verschwindet unter einer grauen Wolkendecke. Windböen erfassen Staub und Sand, jagen ihn uns in Augen, Mund und Nase. Die Tagestemperaturen sinken ab. Wir folgen ausgetrockneten Flusstälern ohne festgelegten Straßenverlauf. Der Boden ist gefroren und verhindert das Einsacken im Sand. Geht gar nichts mehr, weichen wir auf einen der ›bolivianischen Rad- und Fernwanderwege‹ aus, wie wir sie nennen. Tagelang folgen wir einem schmalen Trampelpfad direkt neben den Bahngleisen, der grob die Richtung der Hauptpiste beibehält. Das Ende des Altiplanos rückt näher.

Die letzte bolivianische Nacht verbringen wir, wie schon so oft, gut geschützt und uneinsehbar in einem ›Arroyo‹, einem ausgetrockneten Flussbett. Keine zwei Kilometer vor dem Schlagbaum laufen unsere Räder wieder auf Asphalt. Wir haben Villazon, den bolivianischen Grenzort, erreicht. Auf der anderen Seite liegt Argentinien. Auf unsere Art nehmen wir Abschied von einem tollen Land. Zum letzten Mal zieht es uns in den überdachten ›Mercado‹ der Kleinstadt auf bolivianischer Seite. Beleibte Frauen mit kleinen Melonenhüten stehen, das Kleinkind auf den Rücken gebunden, hinter ihren kleinen Garküchen. Man stelle sich das mal in Deutschland vor, eine Kellnerin, die mit einem im Tragerucksack verstauten Baby Schweinsbraten und Knödel serviert. Kinder halten die Frauen in den lateinamerikanischen Ländern nicht vom Arbeitsleben ab, sie werden mit integriert. Egal, ob beim Wäschewachen, Kochen oder Holzsammeln. Mit dem beruhigenden Körperkontakt zur Mutter gibt es für die Kleinen immer viel zu sehen. Auffallend, wie wenig die Kinder hier schreien oder weinen.

Wir genehmigen uns einen letzten Api, ein süßlich schmeckendes, warmes Maisgetränk und Gebäckringe mit viel Puderzucker.

Der Grenzübertritt verläuft wunderbar ereignislos. Doch plötzlich, fast erschrocken schauen Susi und ich uns an. Neben der Straße prangt ein großes, grünes Straßenschild: ›USHUAIA 5121 km‹.

Ushuaia, die südlichste Stadt auf Feuerland, befindet sich in unseren Augen nur noch einen Katzensprung entfernt. Nur wenige Kilometer dahinter liegt unser Ziel, die Bucht Lapataia!

Beide haben wir beim Anblick der angeschriebenen Kilometerzahl den gleichen Gedanken: ›Nur noch?‹

KAPITEL V

Südamerika – im Reich des Windes

»I muass net jed'n Schmarrn mitmacha!«

Das kleine Kämmerchen wird von zwei halb heruntergebrannten Kerzen erhellt. Wir sitzen am Boden und lauschen Benjamins Erzählungen. Seine Reise hatte ihn zwei Jahre lang mit dem Fahrrad durch Südamerika geführt. Elektrischen Strom hat er sich seit damals nicht mehr zugelegt. Damals tingelte er von Dorf zu Dorf und verdiente sich mit Musik und kleinen Theateraufführungen sein Geld. Das war seine schönste Zeit, ungebunden und frei. Auch heute noch ist das Theater, die Musik und die Pantomime sein Leben, erzählt uns der Mann mit der sympathischen Ausstrahlung. Dieses Talent hat er von seinem Vater geerbt, der vor vielen Jahren einer der bekanntesten Tangomusiker des Landes war. Wir reden bis tief in die Nacht über das Reisen, über Argentinien, den Tango, über sein Leben und die Musik.

Das Altiplano haben wir eine Tagesreise hinter der Grenze verlassen. Bei der Einfahrt in die erste große Stadt Argentiniens hatte uns Benjamin an einer Ampelkreuzung abgefangen und zu sich nach Hause eingeladen. Eigentlich heißt die Stadt San Salvador de Jujuy, aber so steht es nur auf der Karte. Von Einheimischen wird sie kurz Jujuy genannt.

Seit wir das Altiplano auf einer lang gezogenen Abfahrt den Rücken gekehrt haben, finden wir uns unversehens im T-Shirt und kurzer Hose auf den Rädern sitzend. Nach der kargen Vegetation der letzten Monate erfreuen wir uns an dem Anblick von grünen Bäumen und Wäldern, die die Stadt im nördlichen Tiefland Argentiniens umsäumen.

Ende des neunzehnten, Anfang des zwanzigsten Jahrhunderts schwappte eine mitteleuropäische Einwanderungswelle über das Land. Auch heute noch fühlen sich viele Argentinier kulturell Europa näher als Südamerika. Argentinien ist neben Chile das Land mit dem höchsten Lebensstandard in Lateinamerika. Bildung und Infrastruktur haben annähernd westliches Niveau. Eine breite Mittelschicht hat jedoch an den Folgen des fatalen Wirtschaftscrashs von 2001 hart zu kämpfen. Erinnerungen an die Fernsehbilder der randalierenden Massen in der Innenstadt von Buenos Aires, als die Sparer ihr Geld zurückforderten, der Staat praktisch pleite war, schweben noch in unseren Köpfen. Argentinien ist Südamerika mit einem Hauch Europa.

In Argentinien ist plötzlich vieles wieder einfacher für uns. Die Argentinier reisen selber gern, zumindest in ihrem eigenen Land. Das macht einen großen Unterschied zu den zurückliegenden Ländern der letzten Monate. Wir können wieder erzählen, dass wir nicht nur die Strecke vom nächsten Dorf bis hierher mit dem Fahrrad zurückgelegt haben, ohne die Leute damit zu überfordern. Vieles funktioniert wieder reibungslos. Auf Anhieb findet sich eine gute Straßenkarte. Das erste Fahrradgeschäft hat eine fast erschlagende Auswahl an Fahrradkomponenten namhafter Hersteller. Unsere Räder belohnen wir mit neuen Zahnkränzen und Ketten und legen noch einen Ersatzmantel mit drauf. Das bolivianische Modell aus El Alto hatte gerade mal dreihundert Kilometer durchgehalten.

Von unserem französischen Freund Gilles haben wir uns mit Wehmut verabschiedet. Seit unserem ersten Zusammentreffen hatten wir gemeinsam einige tausend Kilometer zurückgelegt. Guatemala, Salvador, Ecuador, Peru und Bolivien. Hinter uns liegen viele intensive Erlebnisse und Kilometer. Wir sind zusammengereist, doch immer möglichst unabhängig vom anderen. Vielleicht sind wir uns deshalb auch nie überdrüssig geworden. Wir haben nicht nur viele hundert Kilometer geteilt, sondern auch das, was dazwischen lag und sind ein Teil der jeweils anderen Reise geworden. In ihm hat Susi einen dankbaren Partner für ausgiebige Kaffeepausen gefunden, ich habe gelernt, dass man zum Pinkeln nicht zwingend vom Fahrrad steigen muss und gegenseitig haben wir uns jeweils Kinderlieder in der anderen Sprache vorgesungen. Er hat Abwechslung in unsere Reise gebracht. Von spontanen Reisegefährten sind wir zu Freunden geworden. Gilles ist uns ans Herz gewachsen. Aber nun wissen wir, dass es ziemlich unwahrscheinlich ist, uns nochmals zu begegnen. Nicht auf dieser Reise. Die weitere Route des Franzosen führt entlang der Kordilleren im Westen des Landes, nahe der chilenischen Grenze. Susi und ich haben andere Pläne. Wir wollen meine alte Heimat Paraguay besuchen. Dort möchten wir auch meinen Vater treffen, den ich viele Jahre nicht mehr gesehen habe. Ein letztes Mal klopfen wir uns gegenseitig auf die Schulter, umarmen uns, sprechen uns aufmunternde Worte zu und stimmen gemeinsam ›Frére Jaques‹ an. Wieder heißt es Abschied nehmen von jemand, der einem ans Herz gewachsen ist. Für Gilles, als Alleinreisenden muss dies noch schwieriger sein. Doch die Welt ist kleiner geworden, wir sind sicher, uns irgendwann wiederzusehen.

Mich hatte die Abenteuerlust gepackt. Noch in Bolivien hatte ich den Vorschlag gemacht, direkt durch den Gran Chaco nach Paraguay einzureisen und uns bis zur Hauptstadt Asunción durchzuschlagen.

»Warum haben Männer immer den Hang, sich das Schwierigste auszusuchen, wenn es doch auch einfacher geht?« Dieses Mal stellt Susi die Rationalität in den Vordergrund.

»Ich muss nicht jeden Schmarrn mitmachen! Vor allem nicht, wenn es eine Alternative gibt«, lehnt sie meinen Vorschlag vernünftigerweise ab.

Denn eigentlich machte der auch keinen Sinn. Die lebensfeindliche Wildnis des Gran Chaco bedeckt den gesamten nordwestlichen Teil Paraguays und grenzt an Bolivien und im Süden an Argentinien. Diese Abkürzung hätte einige hundert Kilometer Sandpisten, giftige Schlangen, unsichere Wasserversorgung, einen einzigen Wald aus Dornensträuchern und viele Mühen und Strapazen bedeutet. Temperaturen im Sommer bis zu fünfzig Grad und extreme Trockenheit machen das Gebiet nur bedingt als Weideland nutzbar. Dementsprechend dünn ist es besiedelt. So entschieden wir uns für eine Route auf argentinischer Seite. Dort führt zumindest eine löchrige Asphaltstraße schnurgerade, wie von einem Lineal gezogen, durch die südlichen Ausläufer des Chacos. Die vielen roten Blutkörperchen, die wir aufgrund der Höhe in den letzten Monaten gezüchtet haben, lassen uns zu Kilometerfressern mutieren. Die Tage sind warm, die Nächte jedoch wüstenhaft frisch. Mit einer Machete, die ich mir nach meinem Spinnenerlebnis in Guatemala besorgt habe, schlagen wir uns allnächtlich einen Lagerplatz in das dornige Gestrüpp, ständig auf der Hut vor den Schlangen, die zu Haufen lebendig oder überfahren auf der Straße liegen. Selbst entzündete Buschbrände qualmen und rauchen unkontrolliert vor sich hin und hinterlassen schwarze Narben. Bei der Lagerplatzwahl achten wir darauf, dass weit und breit kein Rauch am Himmel steht. Die Umgebung ist vertrocknet und nicht besonders einladend. Wie muss das erst im paraguayischen Chaco aussehen. Insgeheim gebe ich Susi Recht! Es hätte keinen Sinn gemacht.

Schon von Weitem sehen wir den Fahrradfahrer auf uns zukommen. Ein einsamer junger Japaner auf dem Weg nach Lima. Der Austausch von Informationen über den Streckenverlauf gestaltet sich als äußerst mühsam. Er spricht kein Spanisch, wir kein Japanisch und sein Englisch besteht aus wenigen Wortfetzen. Lachen ist die andere Alternative zur Kommunikation und das tut er permanent. Zum Abschied steigt er von seinem Hightech-Rad und macht eben das, wofür Japaner im Allgemeinen bekannt sind. Er fotografiert uns.

Schneller als gedacht erreichen wir die Grenze nach Paraguay. Kurz dahinter überqueren wir den Rio Paraguay und danach taucht sie auf, die Hauptstadt Asunción. Verbissen halte ich Ausschau, suche nach etwas, an das ich mich erinnern kann, versuche Dinge zu erkennen, die mir bekannt vorkommen, Gebäude, Straßenzüge, Plätze. Als ich sechs Jahre alt war, sind meine Eltern mit mir und meinen Geschwistern hierher ausgewandert. Ich bin in Asunción zur Schule gegangen, habe hier viele Freunde gehabt.

Doch die Realität ist ernüchternd. Wir könnten genauso gut durch die Straßen von Montevideo oder Buenos Aires radeln. Ich bin zum ersten Mal in dieser Stadt, in der ich vor zwanzig Jahren fast zwei Jahre verbracht habe. Zwanzig Jahre sind eine lange Zeit. Vermutlich zu lange, um die Erinnerung eines Kindes wach zu halten. Vielleicht aber nimmt man als Kind die Umwelt anders wahr als ein Erwachsener. Wahrscheinlich hat sich die Stadt aber auch einfach nur zu sehr verändert.

Wir drehen ein paar zusätzliche Runden. Heute ist Sonntag und das Zentrum wie ausgestorben. Plötzlich entdecke ich doch etwas Vertrautes. Ein mir bekannter Geruch findet den Weg in meine Nase. Ich halte an. An der Ecke balanciert eine Frau einen Korb zugedeckt mit weißen Tüchern auf dem Kopf.

»Chipas«, drehe ich mich zu Susi um. »Daran kann ich mich noch erinnern!«, teile ich ihr freudestrahlend und erleichtert mit.

Ich steige vom Rad und kaufe der Frau zwei der noch warmen Ringe aus Maisteig ab. Ja, der Geschmack ist unverkennbar. Ich bin erleichtert.

Als wir die Räder zu dem Haus meines Vaters rollen lassen, rüttelt auch der Belag, der die Nebenstraßen der Stadt pflastert, meine Erinnerungen wach. Die Oberfläche besteht aus spitzen, ungeordneten Bruchsteinen, deren Zwischenräume mit rotem Sand aufgeschüttet wurden. Ich muss schmunzeln, als ich mich daran erinnere, wie meine Geschwister und ich die offenen, betonierten Abwassergräben links und rechts der Straße als Planschbecken missbraucht haben. Nur sehr schemenhaft und spärlich tauchen auch in den nächsten Tagen vereinzelt Puzzlestücke eines Bildes auf, das sich wohl nur noch in meiner Erinnerung zusammensetzten lässt. Das Wiedersehen mit meinem Vater und seiner neuen Familie ist bewegend. Auch er hat sich verändert, hat ein paar graue Haare mehr. Paraguay wird, anders als erwartet, zu einer Begegnung mit der Gegenwart anstatt mit der Vergangenheit.

Es ist Ende August, wir haben tiefsten Winter in Asunción. Vermehrt beschert uns die Jahreszeit kühle Regentage. Mit meinem Vater machen wir einen mehrtägigen Ausflug zu den spektakulären Iguazu-Wasserfällen. Auch die sind neu für mich, denn als Kind hatte ich sie nie gesehen. Argentinien und Brasilien teilen sich die gewaltigen Kaskaden, die sich nur wenige Kilometer entfernt im Länderdreieck zu Paraguay befinden. Die Fälle gehören wohl zum Pflichtprogramm jedes Südamerikareisenden. Zu Recht. Eingeschlossen im dichten Regenwald, ohne störende Hotel- und Casinoanlagen, demonstrieren sie wirklich beindruckend und zugleich ohrenbetäubend die Kraft der Natur, die einem vor Augen hält, wie klein man selber doch ist. Wir Menschen nehmen uns manchmal viel zu wichtig.

Das große Schild an der argentinisch-bolivianischen Grenze hatte uns endgültig wach gerüttelt. Seit wir in Ecuador den südamerikanischen Kontinent betreten haben, stellen wir uns immer öfter die Frage: ›Was wäre – wenn …?‹

Was wäre, wenn wir die Reise hinter Ushuaia fortsetzen würden? Mit der Kilometerangabe am Grenzübergang nach Argentinien ist Feuerland plötzlich von einem fiktiven Ort auf einer Landkarte ohne greifbare Distanz zu einem real existierenden Ziel in einer messbaren Entfernung geworden. Greifbar nahe. Während der Fahrt durch den eintönigen Chaco hatten wir viel Zeit zum Nachdenken. Soll Ushuaia wirklich unser Endpunkt werden? Ist unsere Neugierde gestillt? Haben wir verstanden, eine Antwort auf die Frage gefunden, warum die Welt so funktioniert, wie sie funktioniert? Wir spüren, dass wir längst zu rastlosen Nomaden geworden sind, hungrig auf das Gefühl der uneingeschränkten Freiheit. Die Reise hat sich zu einer Suche nach den einzigartigen Momenten und intensiven Begegnungen mit Menschen, mit Tieren und mit atemberaubenden Landschaften entwickelt. Eine Suche, die zur Sucht werden kann. Wir sind längst zu Abhängigen geworden. Aber auch Nächte im sturmumtosten Zelt, Eiseskälte, in Rinnsalen am Körper herunterlaufender Schweiß und ins Gesicht peitschender Regen, auch das sind Momente einer Reise, die dazugehören und die einen wachrütteln und einen spüren lassen, dass man wirklich am Leben ist, seinen Traum lebt und nicht sein Leben nur träumt.

Susi befindet sich jedoch in einem Zwiespalt. Schätzungsweise fünftausend Kilometer trennen uns jetzt noch von Feuerland. Das wissen auch die Familie und die Freunde. Seit Ecuador schreiben uns die Leute, dass sie sich auf die Willkommensparty freuen. Kein Wunder, bei der berauschenden Abschiedsfeier. Und jetzt, wo das Ende nur noch wenige Monate entfernt zu sein scheint, warten alle sehnsüchtig auf unsere Rückkehr. Allen voran Susis Oma. Was war das für eine Befreiung, als Susi endlich ihrer Familie unser Vorhaben gebeichtet hatte. Was wird sein, wenn wir ihnen mitteilen, dass wir die Reise verlängern? Wie werden sie reagieren? Werden sie es verstehen?

Wir verschaffen uns einen Überblick über unsere Finanzen. Fahren wir weiter, müssten wir zumindest einen Teil der Notreserve, die wir eigentlich für die Rückkehr nach Deutschland beiseite gelegt haben, heranziehen. Doch für was brauchen wir so viel Geld, wenn wir wieder zurückkommen. Um uns all die Dinge zu kaufen, über die wir jetzt unglaublich froh sind, sie nicht zu besitzen und die wir auch gar nicht vermissen? Es fehlt uns an nichts, wir fühlen uns ohne Konsumrausch frei und ungebunden.

Der Kassensturz dauert nur wenige Minuten. Wir waren sparsam. Sehr sparsam! Wir sind selbst überrascht, wie viel von dem Geld, das wir vor der Abfahrt mühselig angespart haben, noch übrig ist. Nach den Kosten für das Flugticket nach Neuseeland und Australien würde unser Geld noch ein weiteres halbes Jahr ausreichen. Vielleicht auch etwas länger.

Ein längeres Telefonat mit zu Hause zerstreut Susis Befürchtungen und bestärkt sie in der Entscheidung weiter zu fahren.

Wir wollen unseren Traum noch weiterleben. In einer Reiseagentur im Zentrum Asuncións besorgen wir uns, zum Entsetzen aller, die zu Hause bereits auf Spanferkel und viel Freibier spekuliert haben, die Flugtickets für Januar nach Auckland, Neuseeland. Die Erde zieht uns immer noch an, mehr als je zuvor.

In der Autowerkstatt meines Vaters bringen wir unsere Mitleid erregenden Fahrräder in Schuss.

Doch nicht nur die Räder, sondern auch unsere Zähne brauchen mal wieder einen Mechaniker. Wir wagen einen Zahnarztbesuch. Die junge Zahnärztin ist hin und weg von unseren Beißern. Das ist toll, unglaublich. Und sie gesteht uns, sie mache mit uns die erste Zahnreinigung ihres Lebens. Normalerweise zieht sie nur Zähne.

Mit dem Versprechen, bis Weihnachten zurück zu sein, lässt uns mein Vater nach über einem Monat abreisen. Bis dahin wollen Susi und ich die Bucht Lapataia auf Feuerland erreicht haben. Unsere Flugtickets von Ushuaia nach Neuseeland lassen einen Zwischenstopp zu.

Wir sind endlich wieder auf der Straße. Der weiße Jeep überholt uns und hält keine hundert Meter weiter vor uns am Straßenrand. Die Insassen, drei Männer, steigen aus und postieren sich breitbeinig vor dem Fahrzeug. Die Straße ist einsam, weit und breit keine Menschseele. Einer der drei Männer ist in einen grünen Tarnanzug gekleidet und hat eine gewaltig aussehende Maschinenpistole vor dem Bauch hängen. Er geht ein Schritt nach vorne und stellt sich uns in den Weg.

»Was wollen die von uns? Sind wir in einen Hinterhalt geraten? Ein Überfall?«

Wir befürchten das Schlimmste, zum Umdrehen ist es jetzt zu spät. Nervös ziehen wir die Bremsen und kommen zum Stehen.

Statt jedoch wie erwartet den Gewehrlauf auf uns zu richten, zieht einer der beiden anderen Männer plötzlich einen Fotoapparat aus der Tasche.

»Hallo, ich bin Jorge. Ich habe euch im Fernsehen gesehen! Toll, von Paraguay bis Feuerland und das mit dem Fahrrad. Ich würde gern ein Bild mit euch machen!«

Er kommt auf uns zu und klopft mir freundschaftlich auf die Schulter. Die Anspannung fällt wie ein Stein vom Herzen. Wir unterhalten uns einige Minuten. Beim Verabschieden streckt uns der Chef der Truppe seine Visitenkarte entgegen, nachdem er schnell noch etwas daraufgekritzelt hat.

»Falls Probleme an der Grenze auftauchen, zeigt einfach diese Karte!«

Wir bedanken uns für das Angebot und schütteln die Hände. Die Visitenkarte weist den Mann als obersten Guru der Zollbehörde Paraguays aus. Unter seinem Namen steht mit blauem Kugelschreiber ›atender como un amigo – Behandeln wie einen Freund!‹

Nach drei angenehmen Radtagen erreichen wir Encarnación am Rio Paraná, der die südliche Grenze Paraguays markiert. Auf der gegenüberliegenden Seite wartet Argentinien auf uns.

»Es tut uns leid, ich darf Sie nicht durchlassen!«, teilt uns der Grenzposten mit. »Die Brücke ist für Fahrradfahrer gesperrt«.

Er verweist uns auf den in zwei Stunden verkehrenden Bus. Den ganzen Aufwand des mühsamen Be- und Entladens der Räder und das Umhergezerre der vielen Taschen für nur zwei lächerliche Kilometer wollen wir uns ersparen. Wir denken kurz daran einen LKW anzuhalten, auf dessen Ladefläche wir die Räder transportieren könnten. Doch hier im Grenzgebiet könnte das schwierig werden.

»Zeit, unseren Trumpf auszuspielen!«, entscheidet Susi.

Sie kramt die Visitenkarte hervor und hält sie dem Mann hinter der Scheibe direkt vor die Nase.

»Vielleicht gibt es ja doch eine Möglichkeit dort drüberzufahren?«, flötet Susi.

Wir sind gespannt, was passiert.

Schlagartig verfällt der Uniformierte in wichtigtuerische Geschäftigkeit und greift zum Telefonhörer. Wir bekommen grünes Licht. In einer halben Stunde wird die Brücke für den Verkehr für kurze Zeit gesperrt und wir dürfen mit unseren Rädern drüberrollen. Na also, geht doch!

In Argentinien gehört es fast schon zur nationalen Pflicht, bergeweise gegrilltes Rindfleisch zu verzehren. Einer Pflicht, der wir uns seit der Einreise fast täglich stellen, egal wie hart der Radtag war. Asado, gegrilltes Fleisch, wird als nahezu geheiligtes Ritual zelebriert und ist ein soziales Ereignis. Nebenbei wird der Matebecher oder Wein herumgereicht.

»Und«, stellt Susi fest, »Asado ist reine Männersache.«

Auch kleine Orte besitzen öffentliche Parkanlagen, die vor allem übers Wochenende von Familien, aber auch von Jugendlichen stark frequentiert sind. Zum Inventar gehört neben Sportplätzen und Toiletten immer ein Bataillon an gemauerten Grillplätzen. Für uns stellen sie den perfekten Übernachtungsplatz dar.

»Du musst das richtige Holz benutzen, die Glut muss die richtige Temperatur besitzen und natürlich kommt es auf den richtigen Abstand zwischen Glut und Fleisch an. Die Wahl des Fleisches ist Grundvoraussetzung für das Gelingen!«, weiht mich Adriano in die Geheimnisse der Asadozubereitung ein.

Adriano hat eine deutsche Oma, erzählt er uns. Bei vielen Gesprächen mit den Argentiniern fällt uns auf, dass sie nie müde werden, uns über ihre europäischen Wurzeln aufzuklären.

»Ja, do brennt's!« Ebenso unermüdlich weist mich Adriano mit den wenigen deutschen Wörtern, die er in seiner Kindheit aufgeschnappt hat, darauf hin, wann ich das Fleisch zu wenden habe.

»Asado ist scheinbar doch keine Männersache«, revidiert Susi schmunzelnd ihre Aussage »sondern nur Sache der Argentinier!«

Brasilien wartet. Brasilien ist groß. Nein, Brasilien ist riesig. Zumindest einen Tag lang wollen wir brasilianische Luft schnuppern. Auch wegen des Stempels im Pass. Die Grenze ist wieder ein Fluss. Wieder eine Brücke, auf der Fahrräder verboten sind.

Der Grenzer versteht kein Wort Spanisch, wir kein Wort Portugiesisch. In unseren Ohren klingt diese Sprache zwar leicht nach Spanisch, aber so, als wäre der Mund voller Kaugummis.

»Irgendetwas versucht er uns deutlich zu machen!«, wir zucken verständnislos mit den Achseln und grinsen. Lachen ist immer gut.

»Wir sprechen kein Portugiesisch«, teilen wir ihm auf Spanisch mit.

Das veranlasst unser Gegenüber nur dazu, seine Stimme zu erheben und mit vermehrter Lautstärke das Gesagte nochmals zu wiederholen. Wir verstehen genauso wenig wie vorher.

Ich wende die Taktik des Nuschelns und Verschluckens der Endungen an. Doch auch das bringt nicht den gewünschten Erfolg. Zum Glück ist der Beamte einer der geduldigen Sorte. Freundlich wiederholt er das Gesagte ein drittes Mal. In seiner Hilflosigkeit steigert er nochmals seine Lautstärke und brüllt uns fast an. Sein Gesicht läuft rot an. Ein heranschlürfender Mann mit blauem Kittel, bewaffnet mit Besen und Putzeimer, bewahrt uns vor einem Hörschaden und den Grenzer vor der Heiserkeit. Die Putzhilfe spricht beide Sprachen.

»Das Problem ist«, übersetzt uns der reinigende Dolmetscher, »dass der Grenzübergang, über den ihr Brasilien nach Uruguay wieder verlassen wollt, nicht offiziell und somit auch nicht besetzt ist. Folglich bekommt ihr dort keinen Ausreisestempel«.

Wir ziehen die Karte zurate. Der nächste, auch für Ausländer geöffnete Grenzübergang nach Uruguay, bedeutet einen Umweg von fünfhundert Kilometern. Diesen Umweg haben wir in unserer Planung bis Weihnachten nicht mit eingerechnet.

»Wenn er eure Pässe stempelt, dann müsst ihr über einen offiziellen Grenzübergang wieder ausreisen. Wenn nicht, dann dürft ihr euch nur in der Grenzstadt bewegen und müsst innerhalb von vierundzwanzig Stunden hier wieder ausreisen!«

Wir bedanken uns für seine Hilfe und beratschlagen kurz. Was soll's! Mangels passender Visitenkarte überqueren wir die Brücke mit dem Bus. Ohne Einreisestempel lassen wir die Stadt Richtung Uruguay hinter uns und befinden uns illegal in Brasilien.

»Halt!«, rufe ich und ziehe die Bremsen. »ich brauche doch noch ein Bier!«

Kurz springe ich in den kleinen Laden. Der Mann in Reiterstiefeln hinter dem Tresen schaut mich verwundert an.

»Was habt ihr für Bier?«

Sein Blick schweift zur Wanduhr. Die Zeiger stehen auf kurz nach zehn in der Früh. Die Auswahl beschränkt sich auf eine Sorte. Zum Glück ist nur der Name des Bieres importiert: ›Skol!‹. Ich lege fünf Reales auf den Tisch und stecke zwei Dosen sowie das Wechselgeld ein. Das Geld wandert in meine Hosentasche und der Inhalt der Dose an Ort und Stelle in unsere Kehlen.

»Mann, haben wir heute einen Durst!«

Bevor ich den verduzten Verkäufer umständlich erkläre, wofür wir die Dosen eigentlich gekauft haben, sage ich: »Für uns Bayern ist es höchste Zeit für den Frühschoppen!«

Das versteht er ebenso wenig.

Gegen Mittag des darauf folgenden Tages erreichen wir unbehelligt den inoffiziellen Grenzübergang nach Uruguay. Die restlichen brasilianischen Reales wollen wir in einem Supermarkt vor dem Überqueren gegen Eier und Brot tauschen. Die Besitzerin findet Susi entzückend, geradezu süß. Selten, dass hier eine Blondine vorbeikommt. Noch seltener mit einem bepackten Fahrrad. Fasziniert von unserer Reise, will sie uns unbedingt ein Geschenk machen, etwas ›Gutes tun‹, wie sie sagt. Sehen wir in unseren abgetragenen, verschwitzten Klamotten wirklich so hilfsbedürftig aus? Freudestrahlend überreicht sie uns ein knalloranges, furchtbar hässliches Werbe-T-Shirt ihres Supermarktes. Um die freundliche Geste zu würdigen, streifen wir uns dennoch für das gemeinsame Foto die T-Shirts über und starren uns fassungslos an. Das Logo mit dem Schriftzug des Supermarktes auf der Brust springt uns wie ein Dorn ins Auge: ›El Gringo!‹

Zusätzlich bekommt Susi als Geschenk einen glänzend, roten Lippenstift übereicht. Um nicht lauthals loszulachen, beiße ich mir auf die Zunge. Allein der Gedanke an das Gesicht des berittenen Gauchos, den Susi in ihrem aufdringlich leuchtenden Gringo-T-Shirt, auf ihrem Fahrrad sitzend und mit einem knallroten Schmollmund im Gesicht in der Weite der argentinischen Pampa nach dem Weg fragt, drückt mir Tränen in die Augen. Herrlich, herrlich!

Das brasilianische Grenzgebäude besteht aus einem kleinen hellblau gestrichenen Kassenhäuschen. Entgegen aller Vorhersagen ist der Posten besetzt. Doch wir sind für den Beamten, der gemütlich auf seinem Stuhl dahindöst, ohne Interesse und fahren unbeachtet durch den offenen Schlagbaum. Von den Grenzern in Uruguay werden wir mit einem fröhlichen »Hola« empfangen. Schön, dass uns wieder alle verstehen! Keiner fragt nach einem brasilianischen Stempel. Genau vierundzwanzig Stunden hat unser Kurztrip ins größte Land Südamerikas gedauert. Eine weitere aufgeschnittene Bierdose ziert, umwickelt und mit Kabelbindern befestigt, meinen Rahmen. Das ist mindestens ebenso viel Wert wie der Stempel im Pass.

Uruguay ist das kleinste spanisch sprechende Land Südamerikas. Die Bevölkerung setzt sich wie in Argentinien zum allergrößten Teil aus den Nachfahren europäischer Einwanderer zusammen. Auch in anderer Hinsicht lassen sich Parallelen zu dem Nachbarland finden. Einer der Hauptwirtschaftszweige ist die Viehzucht. Mate und Asado besitzen hier den gleichen Stellenwert. Wir fühlen uns wohl. Einsam und ohne Anstrengung führt uns die Straße einige Tage entlang des Grenzflusses Rio Uruguay.

Zurück in Argentinien stehen wir vor unserer größten Flussüberquerung. Ein sechzig Kilometer langes Viadukt über das breite Schwemmland des Río Paraná verbindet die Städte Victoria und Rosario. Die Straßenverbindung wurde erst vor drei Monaten offiziell dem Verkehr übergeben, sodass uns niemand mit Sicherheit sagen kann, ob wir dort mit unseren Rädern passieren dürfen. Geübte Brückenüberquerer sind wir bereits. Wird schon klappen! Einen Weg gibt es immer, die Kunst des Reisens besteht darin, ihn zu finden.

»Laut Paragraf soundso, Absatz bla, bla, bla, ist es strengstens verboten, ...!«, teilt uns der Wachhabende mit äußerst pflichtbewusster Miene an der Auffahrt zum Viadukt mit. Auch diese Brücke wird vom Militär bewacht. Der Sicherheitschef kommt hinzu. Wir kommen ins

Gespräch. Ich ziehe die zerknüllte Zigarettenschachtel aus der Lenkertasche und reiche sie rum. Rauchen entspannt, habe ich irgendwo mal gelesen. Vielleicht klappt die Masche.

Wir erzählen unsere Geschichte, und dass wir bisher jeden einzelnen Kilometer mit dem Rad zurückgelegt haben. Die sechzig Kilometer bis Rosario machen wir in höchstens zwei Stunden, übertreiben wir. Der Chef schaut verstohlen auf unsere Waden. Das Päckchen Zigaretten kommt zurück, auch ich soll mitrauchen. Das Feuerzeug wird mir direkt unter die Nase gehalten. Susi zuzelt an dem herumgereichten Matebecher. Kein Gewinn ohne Einsatz. Ich stecke mir den ersten Glimmstängel meines Lebens in den Mund und verfluche mich, dass ich preisbewusst ›ohne Filter‹ gekauft habe.

Nach einigen Minuten kündigt der Chef an, eine Lösung für uns gefunden zu haben und verschwindet im Büro. Mein Rachen kratzt gewaltig. Er kommt zurück und verkündet stolz, dass er uns ein Begleitfahrzeug der Straßenwacht organisiert hat. Es wird mit Warnlicht zu unserem Schutze hinter uns herfahren. Für zwei Stunden können sie das Personal abstellen. Susi verschluckt sich, ich muss husten.

»Eine Privateskorte, das klingt super!«, bedanken wir uns, »aber das ist nicht nötig«.

Ein gelbes Fahrzeug mit Martinshorn kommt angebraust.

»Vierzig Stundenkilometer sind drin, oder ...?«, grinst uns der Pilot aus dem Fenster an. Mir wird schwindelig.

Wir wenden uns nochmals an den Sicherheitschef und teilen ihm mit, dass wir das Angebot überaus großzügig finden. Aber auf keinen Fall wollen wir seine Hilfsbereitschaft länger als unbedingt nötig strapazieren. Seine Leute haben sicher was anderes zu tun, als zwei Stunden lang hinter uns herzutrödeln. Wenn wir die Räder hinten auf die Ladefläche werfen, wären die Männer in spätestens einer Stunde wieder einsatzbereit.

Das Argument ist gewichtig und wir verladen die Räder. Bevor wir einsteigen, drücke ich den Zigarettenstummel mit der Fußspitze aus. Irgendwie ist mir auch gar nicht mehr nach Radfahren zumute.

Unsere beiden Begleiter sind redselig. Cesar ist Polizist und Martin, der Chauffeur, leitender Angestellter der Straßenwacht, die für diesen sechzig Kilometer langen Abschnitt aus Brücken und aufgeschütteten Dämmen zuständig ist. Fünf Jahre lang wurde dieses Viadukt gebaut. Doch immer wieder passieren wir Baustellen an denen Schadstellen ausgebessert werden.

»Hier wird nicht noch, sondern schon wieder gebaut«, erklärt uns Martin.

»Nicht einfach, quer durch dieses Sumpfland eine Straße zu errichten«.

Kurz vor der Stadt überqueren wir den eigentlichen Flusslauf des Rio Paranás auf einer gewaltigen Stahlbrücke. Mitten auf der Brücke bringt Martin das Fahrzeug abrupt zum Stehen und schaltet die gelbe Rundumleuchte auf dem Dach und die Warnblinkanlage ein. Cesar steigt aus und bremst den anrollenden Verkehr ab.

»Hier ist der beste Platz für ein Foto!« klärt er uns auf.

Wir sitzen vor der aufgefalteten Argentinienkarte und schmeißen unsere Routenplanung über den Haufen. Ursprünglich wollten wir an den Bergen der Kordilleren entlang weiterfahren. Doch wir haben eine Einladung nach Buenos Aires bekommen. Wenn es irgendwie geht, dann machen wir normalerweise einen großen Bogen um die Großstädte, dennoch zieht es uns in die Hauptstadt Argentiniens und des Tangos. Auf dem Fahrrad bedeuten Großstädte immer Chaos und puren Stress.

Carolina hatten wir vor gut einem Jahr in Mexiko getroffen. Damals meinte sie: »Kommt auf jeden Fall bei mir in Buenos Aires vorbei, bleibt solange ihr wollt, diese Stadt wird euch gefallen!«

Und sie hat Recht. Die Stadt hat es uns angetan. Und das liegt nicht nur an den Kinopreisen, von nicht mal einem Euro.

Auch Carolina, die damals alleine durch Mexiko geradelt war, macht uns den Osten des Landes überaus schmackhaft. Ausschlag für die Entscheidung, der Ostseite treu zu bleiben, ist die Halbinsel Valdés, ein angeblich einzigartiges Tierparadies. Dort soll sich auch die größte Pinguinkolonie außerhalb der Antarktis befinden. Susis Entscheidung steht fest. Berge haben wir nach ihrem Empfinden bereits ausreichend genossen und Pinguine will sie schon immer mal sehen. Die findet sie richtig süß. Wie das enden kann, haben bereits die Lamas erfahren müssen. Die fand Susi auch richtig süß – und anschließend auch richtig lecker!

Spürbar fallen die Temperaturen um ein paar Grad. Trotz der Entscheidung hinter Feuerland nach Westen weiterzureisen, spüren wir, dass Ushuaia auch weiterhin unser großes Ziel ist. Daran hat sich in unseren Köpfen nichts geändert. Alles, was danach kommt, ist Zugabe.

Wir passieren ein Schild mit der Aufschrift ›Provincia de la Pampa‹ und haben damit die Speisekammer des Landes erreicht. Hier im flachen Kernland finden wir endlos eingezäuntes Weideland, auf dem die noch lebendigen Steaks weiden, für die Argentinien berühmt ist. Im Westen der Region befinden sich die größten Weinanbaugebiete des Landes.

Je weiter wir uns von Rosario entfernen, desto größer werden die Distanzen zwischen den einzelnen Ortschaften. Bäume werden spärlicher, selten tauchen Tümpel und Lagunen auf und bringen ein wenig Abwechslung in das eintönige Bild. Vereinzelt liegen Kadaver, verendetes Vieh, am Weidezaun.

»Aufgrund des ausgebliebenen Regens sind in diesem Jahr Tausende Tiere verdurstet«, erzählt uns Mauricio, ein Gaucho, den wir hoch auf dem Pferd beim Kontrollieren der Weidezäune treffen. »Seit sechs Monaten warten wir sehnlichst auf Regen«.

Das Gringo-T-Shirt liegt in den Radtaschen, der Lippenstift unbenutzt in Susis Lenkertasche. Einer normalen Kommunikation steht also nichts im Wege.

»Der normale Mensch wächst mit der Milchflasche auf, der Bayer mit Bier und der Argentinier eben mit Mate!«, stellt Susi fest, als wir wieder mal an der Tankstelle beobachten, wie der Wasserspender ununterbrochen in Betrieb ist. Jede Gelegenheit, um heißes Teewasser aufzufüllen, wird genutzt. Der Verbrauch ist hoch. Diese Wasserzapfsäulen gehören zur Grundausstattung jeder Tankstelle. An den Spendern befindet sich ein kleiner Thermostat, an dem sich die aktuelle Temperatur des Wassers ablesen lässt. Knapp über siebzig Grad, dann sind der Matetee und der Kunde vollauf zufrieden.

Da uns der kostenlose Service das lästige Zusammenbauen unseres Kochers für den morgendlichen Kaffee erspart, haben mittlerweile Tankstellen die Parkanlagen als unsere bevorzugten Lagerplätze abgelöst.

Verwundert über unser Erscheinen, fragt der Besitzer des kleinen Dorfladens mich neugierig über das Woher und Wohin aus. Susi sucht währenddessen die Einkäufe zusammen. Der Mann ist sehr interessiert. Nach dem Bezahlen bekommen wir einen kugelförmigen, mit braunem Leder ummantelten Matebecher als Geschenk überreicht. Auf dem Leder ist der Name des Dorfes eingebrannt: ›Gonzáles Moreno‹.

»Damit ihr unser Dorf nicht vergesst!«, so die Begründung.

»Werden wir bestimmt nicht!«, bedanken wir uns.

Wie Recht wir damit haben sollten, können wir jetzt noch nicht wissen.

Am Himmel kleben schwarze Gewitterwolken. Das Dorf wirkt unscheinbar. Der Platz in der Ortsmitte ist mit Unkraut überwuchert. Rostige Schmiedezäune umfassen die kleinen Grundstücke. Die Häuser sind einfach und klein. Zügig verstauen wir unsere Lebensmittel in den Packtaschen. Eile ist geboten. Schnell wollen wir zurück zur Tankstelle an der Ortseinfahrt, um dort unser Zelt aufzubauen. Hastig stürzt der Verkäufer aus seinem Laden und bittet uns um ein kurzes Radiointerview. Wir sind verwundert.

»Dieses Dorf hat eine Radiostation?«

In einem zwei auf zwei Meter großen Raum stellen wir uns fünfzehn Minuten lang den Fragen des jungen Moderators Antonio. Die Radiostation in der Scheune hat er sich selber eingerichtet, sie ist quasi sein Hobby. Täglich neunzig Minuten geht er auf Sendung. Der Raum ist zur Hälfte als Tonstudio unbeholfen mit Eierkartons austapeziert. Als wir fertig sind, klingelt das Telefon neben dem Mischpult. Das Gespräch ist kurz. Antonio bittet uns, bei einem weiteren Sender vorbeizuschauen.

»Du hast in diesem Dorf sogar noch Konkurrenz?«, fragen wir ihn verblüfft.

Das zweite Live-Interview dauert sogar über eine halbe Stunde. Durch eine große Fensterscheibe dringt das letzte Licht des Tages in das Studio. Das Wetter wirkt jetzt bedrohlich, nahender Donner grollt. An der Scheibe kleben unzählige neugierige Kindernasen. Draußen hat sich mittlerweile das halbe Dorf versammelt. Die Dorfzeitung will ein paar Fotoaufnahmen machen.

»Könnten wir nicht auch ein gemeinsames Foto mit meiner Tochter machen?«, richtet sich eine Frau schüchtern an Susi.

»Ähhh, si, claro, aber eigentlich sind wir gar nicht berühmt!«, unternimmt sie den zaghaften Versuch, uns ins richtige Licht zu stellen.

Für sie, wie für das gesamte Dorf aber steht fest, wir sind es. Schließlich waren wir ja im Radio. Und die Zeitung ist auch an uns interessiert.

Wir fügen uns unserem Schicksal. Während sich das Gewitter bedrohlich über unseren Köpfen zusammenbraut, werden wir herumgereicht, fotografiert und beschmieren Schulhefte, Papierschnipsel und T-Shirts mit unserer Unterschrift. Irgendwas fehlt doch noch. Ach ja, das Fernsehen! Uns wundert nichts mehr.

Pünktlich klatschen die ersten dicken Regentropfen auf den Boden. Nach einer Ewigkeit sind alle zufrieden und glücklich. Wir haben uns bereits im Stillen damit abgefunden, bei Dunkelheit und Regen unser Zelt aufzustellen!

Ein kleiner Junge zupft an meinem Ärmel.

»Ihr müsst mitkommen, meine Tante würde euch gerne begrüßen.«

»Darauf kommt es jetzt auch nicht mehr an!«, meint Susi.

Die Leute in diesem Dorf haben uns sehr viel Sympathie und Freude entgegengebracht, wir wollen keinen von ihnen enttäuschen.

Das kleine unscheinbare Dorf, mitten in der Pampa, entpuppt sich als ein richtiges Überraschungsei. Zwischen all den schmucklosen Häusern steht in einer Seitenstraße ein nagelneues drei Sterne Hotel. Doña Rosa, die Tante des Jungen und Besitzerin des Hotels empfängt uns mit offenen Armen. Küsschen links, Küsschen rechts. Besonders Susi drückt sie lange. Ihre Mütterlichkeit wärmt uns. Sie hat uns – welch Überraschung – im Radio gehört und sich gedacht, wir seien bestimmt sehr durstig!

Bei einem Glas Cola will sie alles noch mal ganz genau wissen. Sie kommt aus dem Staunen nicht heraus. Immer und immer wirft sie mitleidige Blicke zu Susi.

»Pobrecita – Oh, du Arme!«

»So, und jetzt zeig ich euch eure Zimmer«, teilt uns Doña Rosa plötzlich unerwartet mit. »Später gibt's noch Abendessen«.

Diese Nacht dürfen wir kostenlos in einem der luxuriösen Zimmer des Hotels verbringen. »Toll, dass ihr uns den Regen gebracht habt!«, bedankt sich unsere Gastgeberin, als sie uns die Zimmerschlüssel in die Hand drückt.

»Keine Ursache, haben wir gerne getan!«, erwidern wir fast gleichzeitig.

Bald schon fallen wir nach einer heißen Dusche in bleiernen Schlaf. Schwere Regentropfen prasseln gegen die Scheiben, Blitze zucken, Donnersalven erschüttern die Nacht. Von all dem bekommen wir nichts mit.

Am nächsten Morgen hat sich das Wetter verzogen. Zum Abschied steckt uns Doña Rosa Fotos vom Dorf und nochmals einen Matebecher zu. Sie ist gerührt, den Tränen nahe und drückt uns zum Abschied innig an ihren großen Busen.

Zufrieden mit uns und der Welt radeln wir mit vollen Kekspackungen und Colaflaschen durch die Weite der argentinischen Pampa. Wir genießen das Unterwegssein. Das Radfahren ist zu einem wichtigen Bestandteil der Reise geworden. Die Umgebung, die Landschaft, die Menschen, alles um uns herum ändert sich. Die Reise ist eine Perlenkette aus Kurzgeschichten und Begegnungen in verschiedenen Größen und Farben, aufgefädelt auf einem Faden, der sich Fahrradfahren nennt. Wenn wir über die vergangenen Monate nachdenken, sehen wir uns seltsamerweise oft nur als Betrachter eines Filmes, in dem wir selber die Hauptrolle spielen. Doch das Radfahren lässt uns spüren, dass wir es sind, die unterwegs sind. Wie das beruhigende Geräusch der Meeresbrandung, das nie erlischt, ist das Radfahren ein ständiger, beruhigender Begleiter, an dem man sich im Hagelsturm aus Eindrücken, Erlebnissen und Abenteuern festhalten kann. Das Fahrrad ist nicht nur Mittel zum Zweck, es ist der Pfeiler unserer Reise ans Ende der Welt.

Wer hätte das gedacht! Ich am allerwenigsten.

Ein Lkw- Fahrer bietet uns eine Mitfahrgelegenheit bis ins tausendachthundert Kilometer entfernte Comodoro Rivadavia an. Dankend lehnen wir ab. Der Wind peitscht uns förmlich voran. Den unglaublichen Durchschnittswert von sechsundzwanzig Stundenkilometern zeigt der Tacho an. Die Sonne scheint bei radfahrfreundlichen dreiundzwanzig Grad. Auf der Straße herrscht kaum nennenswerter Verkehr. Am Mittag springt die Anzeige auf fünfundzwanzigtausend geradelte Kilometer. Das gibt zusätzlichen Ansporn. Die Landschaft verändert sich kaum. Nur die wenigen Büsche werden immer kleiner. Kein Wunder bei diesem Wind!

Bis zum späten Nachmittag tasten wir uns immer näher an unseren Tagesrekord heran. Heute können wir es packen. Keine sechs Kilometer hinter einem einsamen Truckerrestaurant, an dem wir nochmals unsere Cola- und Wasserreserven auffüllen, springt der Tacho auf zweihundert Tageskilometer um. Kaputt aber glücklich schlagen wir hinter einem Hügel unser Zelt auf. Das war der perfekte Radtag.

Nach zehn Tagen erreichen wir die Stadt Puerto Madryn, die wir als Ausgangspunkt nutzen, um die Halbinsel Valdés zu erkunden. Unser Zelt schlagen wir auf einem Campingplatz außerhalb der Stadt auf. Wir sind zur richtigen Zeit am richtigen Ort. Unsere Entscheidung, die Route zu ändern, stellt sich als ein hundertprozentiger Volltreffer heraus. Wir erfahren, dass sich derzeit in der großen Bucht der Halbinsel viele Wale tummeln sollen. Die Küsten entlang der Halbinsel sind Brutstätte von Seelöwen und Seeelefanten, während das Innere der Halbinsel von Nandus, Guanakos und Gürteltieren bewohnt wird.

Zunächst aber zieht es uns zu den Pinguinen. Über eine Million lustig watschelnde Pärchen halten sich derzeit in der Pinguinkolonie Punta Tombo auf. Pünktlich zum Beginn der Brutzeit Ende September versammeln sich die kleinen Frackträger. Die Vögel erreichen eine Größe von bis zu siebzig Zentimetern. Pärchenweise brühten sie in kleinen Höhlen oder flachen Kuhlen im lockeren Erdreich, geschützt unter struppigem Buschwerk, ihre Eier aus. Männchen und Weibchen wechseln sich mit der Brutpflege ab. Bei Schichtwechsel kommen die voll gefressenen Tiere aus dem Meer zurück und lösen die hungrigen Tiere ab. Die einen watscheln weg vom Meer, die anderen darauf zu. Die dicken sauberen kommen, die dünnen schmutzigen gehen. Ein lustig anzusehendes Schauspiel. Susi findet's richtig süß!

»Macht euch aber keine allzu großen Hoffnungen, hier auf einen Wal zu treffen. Die verirren sich so gut wie nie in diesen Teil der Bucht. Wenn wir Glück haben, dann treffen wir vielleicht einen Seehund!«, schließt Ernesto, unser Tauchguide, seine Einweisung, um eventuell zu hohen Erwartungen entgegenzuwirken.

Weihnachten steht vor der Tür. Zumindest fast. Irgendeinen Grund müssen wir vorschieben, um unser schlechtes Gewissen zu überlisten. Denn eigentlich können wir uns den Tauchgang gar nicht leisten. Aus einer Laune heraus hatten wir in Panama einen dreitägigen Tauchkurs absolviert, waren aber bisher nicht wieder untergetaucht. Doch irgendwie wollen wir das Gefühl der Schwerelosigkeit nochmals spüren. Zu unserem großen Glück können wir uns zu einem Tauchgang durchringen und treffen auf ein Wunder:

Plötzlich verdunkelt sich das durchschimmernde Licht der Sonne. Als Susi nach oben blickt, zieht ein gewaltiger Schatten über ihren Kopf hinweg. Erschrocken sucht sie Blickkontakt zu unserem Guide. Ernesto ist direkt neben ihr, ich schwebe einen Meter unter den beiden. Für einen Augenblick scheint der Schatten verschwunden zu sein. Urplötzlich taucht er, direkt auf unserer Höhe von der anderen Seite wieder auf und kommt genau auf uns zu. Wie sollen wir uns verhalten? Vor lauter Aufregung verliert Susi die Kontrolle über ihren Auftrieb. Ernesto muss sie festhalten, damit sie nicht an die Oberfläche schießt. Wir warteten ab. Kurz vor dem unvermeidlich scheinenden

Zusammenstoß dreht der gigantische Koloss seitlich ab. Langsam und bewegungslos schwebt der Gigant in seiner vollen Größe an uns vorbei, zum Anfassen nahe, bevor er genauso lautlos und geheimnisvoll verschwindet, wie er gekommen ist.

Es ist ein ganz spezieller Moment. Ein Augenblick, den man für die Ewigkeit festhalten möchte. Diese kurzen Sekunden sind für mich so wertvoll wie ein Sechser im Lotto. Ein Moment, von dem man jeden Bruchteil tief in sich aufsaugt, mit dem Wissen, dass er nur einmal im Leben stattfinden wird. Keine drei Meter schwebt der ausgewachsene Glattwal an uns vorbei, fünfzehn Meter lang und das Auge so groß wie mein Vorderrad. Das sind Eindrücke, von denen man lange zehrt, vielleicht ein Leben lang.

Diesmal brauchen wir kein vorgeschobenes Alibi. Nach dem Unterwasserrendezvous steht außer Frage, dass wir uns auch noch eine Exkursion auf einem Beobachtungsboot leisten.

Große Gruppen von südlichen Glattwalen tauchen jedes Jahr in der geschützten Bucht vor der Halbinsel Valdés auf. Wie auch die Pinguine treffen sie sich im argentinischen Frühling, um ihre Jungen auf die Welt zu bringen. Sie bleiben, um ihren Nachwuchs großzuziehen und für das Leben im offenen Ozean vorzubereiten.

Um unser Boot schießen Fontänen aus dem Wasser. Geräuschvoll stoßen die sanften Giganten explosionsartig die verbrauchte Luft aus dem Blasloch an der Oberseite ihres Kopfes. Die Dimensionen dieser Tiere sind enorm. Der gewaltige Kopf macht fast ein Drittel der Gesamtlänge aus. Manche Tiere erreichen die doppelte Länge unseres acht Meter langen Bootes.

»Yo soy el solito! Ich bin der Einsame!«, steht auf der kleinen schwarzen Tafel.

Irgendein Spaßvogel hat sich die Mühe gemacht, ein kleines Bäumchen rechts neben die Straße zu pflanzen. Es ist im Umkreis von einigen hundert Kilometern das einzige Gewächs, das die Höhe der Straßenpfosten übertrifft. Hier ist es wahrlich einsam.

Fast unbemerkt haben wir Patagonien, eine Region ohne festgelegte Abgrenzung betreten. Manche behaupten, dass Patagonien alles einschließt, was sich südlich des Rio Colorado befindet. Demnach hätten wir schon drei Tage vor Puerto Madryn patagonischen Boden erreicht. Auch unsere Karte gibt keinen Aufschluss über die exakten Grenzen. Vielleicht beginnt Patagonien auch da, wo die Rinder der Pampa den

Schafen weichen müssen. Schnurgerade Zäune laufen endlos Richtung Horizont. Diese Landschaft wirkt noch karger als die der Pampa.

Der wenige Verkehr, der Richtung Süden rollt, besteht vorwiegend aus den Lkws der größten Supermarktkette Argentiniens. Sie sind die einzigen Zeugen, dass es da, wo wir hinfahren, menschliche Existenz gibt. Wir bleiben der Atlantikküste treu und folgen vorerst der Ruta National No. 3, der Straße, die in der Bucht Lapataia ihr Ende finden wird.

Die Stimmung ist am Boden. Zu allem Unglück gibt ausgerechnet heute der Reißverschluss des Innenzeltes den Geist auf. Der Schieber ist abgenutzt und führt die Zähne nicht mehr ausreichend ineinander. Die Salzcracker haben sich zu Krümeln aufgelöst, Mangos aus der Dose sind ein einziges Grauen. Die restlichen Vorräte bestehen aus einer Packung Nudeln. Den Kocher jedoch draußen anzuschmeißen, wäre verschwendete Mühe und bei diesem Wind im Zelt brandgefährlich. Der Sturm tost, zerrt unermüdlich an dem grünen Stoffiglu und unseren Nerven. Der Lärm, den die aneinander schlagenden Stoffbahnen veranstalten, ist beängstigend. Traurige vierzig Tageskilometer stehen auf dem Tacho. Das tut weh! Eine lächerliche Kilometerleistung in Anbetracht der aufgewendeten Kraft, die wir in dieser Zeit investiert haben. Den Rückzug in den breiten Straßengraben haben wir deshalb schon am frühen Abend angetreten. Mehrmals krieche ich aus dem Zelt, kontrolliere die Abspannungen. Ob das Zelt die Nacht überlebt, ist fraglich. Island war ein Klacks dagegen. Sicher ist, dass diese Nacht verdammt ungemütlich wird. So schlimm war der Wind noch nie!

In den letzten Tagen haben wir des Öfteren den Sinn unseres Tuns hinterfragt. Wir haben begonnen, an dem zu zweifeln, was wir hier machen. Mit dem Fahrrad durch Patagonien fahren, macht das Sinn? Ist es nicht nur ein sinnloses Kräftemessen mit den Elementen, dessen Gewinner sowieso schon feststeht? Wie nahe Gut und Böse doch beieinander liegen! Auf dieser Reise wird uns das besonders verdeutlicht.

Seit wir Puerto Madryn verlassen haben, bestimmen nicht mehr wir den Tagesablauf, sondern ganz allein der Wind. Alles dreht sich nur noch um ihn. Unsere Gedanken, unser Reiserhythmus und sogar die weitere Routenplanung machen wir von ihm abhängig. Konstant bläst er aus Westen. Meist vormittags, wenn er noch nicht volle Fahrt aufgenommen hat, versuchen wir Kilometer zu machen. Für Susi ist die Sache klar.

»Patagoniens Grenzen festzulegen ist im Grunde einfach. Patagonien beginnt da, wo der Wind beginnt!«

Doch mittlerweile ist aus dem Wind ein Sturm geworden, der uns tagtäglich immer mehr vor eine ernsthafte Belastungsprobe stellt. Hinzu kommt, dass wir uns ein wenig wie die letzten Mohikaner fühlen. Von Radek haben wir vor Kurzem erfahren, dass er in den nächsten Tagen zurück nach Tschechien kehrt. Er hat Montevideo erreicht. Seine Reise ist zu Ende. Walli und Steffen waren bereits in Europa, als wir den Gran Chaco durchquert haben. Elke und Bernhard sind schon seit einigen Monaten in Deutschland und Gilles müsste in diesen Tagen sein Ziel erreichen. Seltsamerweise gab uns allein das Wissen, dass es da draußen noch jemanden gibt, der das Gleiche macht und unterwegs ist, das tröstende Gefühl, nicht allein zu sein. Seit fast drei Wochen haben wir keine E-Mails mehr lesen können. Das Feedback von Freunden und Familie ist ungemein wichtig. Sie bauen uns auf, geben neue Energie und Motivation.

In diesen Tagen brauchen wir mehr psychisches Durchhaltevermögen als physische Kraft.

Die Straße nach Rada Tilly, einem kleinen Strandort an einer idyllischen Bucht wenige Kilometer hinter Comodoro, der windreichsten Stadt der Welt, dreht sich vor einer knackigen Steigung direkt in den Wind. Mit satten zwölf Kilometern jagt uns der Wind die Steigung hinauf, ohne dass wir auch nur einen Treter machen. Auf dem von mannshohen Hecken windgeschützten Campingplatz sind wir die einzigen Gäste. Wir dürfen kostenlos residieren, denn noch hat die Saison nicht begonnen. Meine Hinterradfelge macht wieder Probleme, das gleiche Spiel. Mehrere Speichen beginnen, aus der Felge auszureißen. Seit La Paz haben wir gerade mal sechstausend Kilometer zurückgelegt. Ich bin enttäuscht und mache mir ernsthaft Sorgen. Schließlich will ich in Feuerland einradeln und nicht einschieben oder gar die letzten Meter auf einem Truck zurücklegen. Bevor wir überhaupt etwas unternehmen, hauen wir uns ein saftiges Stück Fleisch auf den Grill.

Das Angebot an Felgen ist beschränkt. Wen wundert es, kein normaler Mensch fährt bei diesem Wind Fahrrad. Dennoch lässt sich eine neue preiswerte Felge auftreiben. Dass teuer nicht unbedingt gut ist, haben wir jetzt mitbekommen.

»Kein Problem, die Felge hält dir zweimal um die Erde. Ich werde sie besonders sorgfältig einspeichen!«, beruhigt mich der Verkäufer des kleinen Ladens mit allerlei Fahrradzubehör.

Etwas beruhigter verlassen wir den Ort Richtung Süden.

Das, was wir beim Fahrrad fahren am allermeisten verabscheuen, ist die gleiche Strecke zweimal fahren zu müssen. Selten weichen wir überhaupt noch von unserer Route ab. Dreimal überlegen wir, ob die Lebensmittel nicht doch noch reichen, statt die drei Kilometer Stichstraße zum nächsten Dorf zu nehmen. Zu rationell sind wir eingestellt, zu fixiert auf unser Ziel. Tausende Kilometer in die richtige Richtung machen uns weniger aus, als zehn in die falsche, schlimmer noch, wenn sie völlig unnötig sind.

Wir sind bereits eine Stunde unterwegs, als wir bemerken, dass die grüne Faltschüssel nicht mehr hinten auf Susis Gepäck klemmt. Scheinbar ist sie nicht richtig festgespannt gewesen. Ich ärgere mich. Susi überlegt, ob wir die Schüssel wirklich brauchen. Ich will die Schale aber nicht aufgeben. Sie hat uns vom Fußwaschbecken bis hin zur Salatschüssel treue Dienste geleistet. Fluchend lade ich mein Gepäck ab und mache mich auf den Rückweg. Zumindest jetzt müsste der Wind auf meiner Seite sein. Aber warum habe ich dann Gegenwind?

Jeden Meter hoffe ich, den faltbaren Behälter aus grüner LKW-Plane erspähen zu können. Doch mir bleibt kein Kilometer erspart. Ich fahre zurück bis kurz vor die Einfahrt des Campingplatzes, als ich sie, im Sand liegend, erblicke. Dem Abdruck nach ist bereits ein Auto drübergerollt. Doch sie scheint heil zu sein.

Unweit der Küste dümpeln große Öltanker auf See, kleine Ölpumpen stehen vereinzelt in der Landschaft, bewegen sich gleichgültig auf und ab. Die einzige Abwechslung bietet uns eine Schar rosaroter Flamingos, die mit ihren gebogenen Schnäbeln einen knöcheltiefen Tümpel nach Nahrung durchpflügen. Heute ist nicht unser Glückstag.

»Daniel, dein Hinterrad hat einen gewaltigen Achter«, ruft mir Susi von hinten zu.

Das instabile Fahrverhalten des Rades hatte ich schon bemerkt, aber ich habe es auf die tiefen Spurrillen im Asphalt geschoben. Es ist das neue Hinterrad. Die Felge wurde zu weich eingespeicht. Alle Speichen haben sich gelockert. Wieder alles abladen und sämtliche Speichen nachziehen. Ohne Zentriergerät kein leichtes Unterfangen.

»Bis Feuerland musst du noch durchhalten!«, rede ich der Felge gut zu, während ich versuche, sie zu spannen. Vielleicht meine ich mich damit aber auch selber.

Beim Beladen des Rades taucht ein junger Mann im bunten Radtrikot auf einem Rennrad auf. Es gibt sie also doch, die verrückten Einheimischen. Wir kommen mit ihm ins Gespräch. Er ist Sanitäter und trainiert manchmal auf seinem zweirädrigen Flitzer. ›Manchmal‹ ist immer dann, wenn weniger Wind herrscht, erzählt uns Jose. Er ist Fahrradfahrer durch und durch.

»Mit was fahrt ihr? XT- oder LX-Naben?

»Also ... ähhh ... XT«

»Aha, gut! Und wie viele Ritzel haben eure Kassetten?«

»Oh ... ich glaube ... keine Ahnung!«

»Wie viel Dollar haben die Räder gekostet?«

Wie gewohnt untertreiben wir maßlos, aus Selbstschutz und um unser Gegenüber nicht zu überfordern. Jose kann es nicht glauben.

»So billig ist Europa? In Argentinien würde das Fahrrad mindestens das Vierfache kosten!«

Jose kennt sich wirklich aus.

Aufgrund des anhaltenden starken Westwindes bleiben wir auch weiterhin der Atlantikseite treu. Direkt gegen den Wind haben wir erst recht keine Chance. Ständig drücken uns starke Böen in die Fahrbahnmitte. Kontrolliertes Geradeausfahren ist kaum möglich. Vereinzelte Nandus halten sich innerhalb der mit Stacheldrahtzaun begrenzten Fahrbahnschneise auf. Statt einfach stehen zu bleiben, laufen die straußenähnlichen Vögel auf der Suche nach einer Lücke im Zaun panisch vor uns her. Kilometer später entscheiden sich die Laufvögel letztendlich doch für den halsbrecherischen Sprung über den Zaun, bei dem sie immer einige Federn lassen.

Wir beißen die Zähne zusammen, kämpfen uns weiter voran. Der innere Schweinehund verlangt das. Bis zu einem gewissen Grad gibt der Ehrgeiz der Quälerei einen Sinn. Aber irgendwann ist Schluss. Wir sind gebrochen. In Puerto San Julián, einem Fischerort, geben wir uns geschlagen.

Nun sitzen wir in einer Tankstelle und schlürfen warmen Tee. Draußen pfeift der ganz normale patagonische Wahnsinn. Das ewige Gejaule des Windes ist unerträglich, selbst hier drin. Regen, Kälte oder Verkehr können uns längst nicht mehr aus der Ruhe bringen. Vielleicht erzeugen sie ein wenig Unmut, ein gemurmeltes »Ist das denn jetzt nötig?« Mehr nicht. Doch der Wind schafft es, dass wir aus unserer pragmatisch, abgebrühten Stimmungslage ausbrechen. Wir haben Glück, nach einer halben Stunde finden wir einen Pick-up, der uns nach Rio Gallegos mitnimmt. Beim Verladen der Räder kommt eine Frau auf uns zu.

»Kennt ihr das Dorf Gonzáles Moreno?«

»Ach ja, natürlich. Gonzáles Moreno!« antwortet Susi verwundert.

»Ihr seid die zwei berühmten Deutschen auf dem Fahrrad«, lacht sie freudestrahlend und schüttelt dabei unentwegt Susis Hand.

»Ihr habt uns den Regen gebracht!«

»Gonzáles Moreno«, lasse ich noch so einige Male verwundert über meine Zunge rollen. Das Dorf hat uns nochmals eingeholt.

Oswaldo ist knappe fünfzig und ergraut. Von Beruf ist er Ingenieur einer Baufirma. Auf der langen Fahrt nach Rio Gallegos erzählt er uns, wie der Wirtschaftscrash auch sein Leben verändert hat. Vor der Krise hatte er tausenddreihundert Pesos, also tausenddreihundert Dollar verdient. Damals standen sich der Dollar und der Peso noch eins zu eins gegenüber. Über Nacht ist der Peso damals um zwei Drittel abgewertet worden. An den Preisen aber, vor allem für Importartikel, hat sich kaum etwas geändert.

Dicke Schneeflocken knallen gegen die Windschutzscheiben, die Scheibenwischer laufen auf Hochtouren. Im Radio wird gerade durchgegeben, dass der aufkommende Schneesturm irgendwo einen leeren LKW umgelegt hat. Im Auto zu sitzen, ist ein ungewohntes Gefühl, fast wie unverwundbar. Der Wind fegt mit über einhundertzwanzig Stundenkilometern über die Ebene. In Europa gäbe es längst Sturmwarnung. In Patagonien ist das Alltag.

Oswaldo lädt uns ein, bei sich in der Stadt zu übernachten. Gerne nehmen wir das Angebot an.

Aufgeregt kommt mir Susi entgegen, nachdem sie in einem Internetcafé unseren Posteingang geleert hat:

»Gilles hat geschrieben. Er ist auch in der Stadt!«

Der Franzose hat sich mehr Zeit genommen als geplant. Auch ihn hat der Wind ausgebremst. Alle drei freuen wir uns über das unerhoffte Wiedersehen. Es wird ein langer unbeschwerter Abend. Bis tief in die Nacht unterhalten wir uns über die vergangenen Wochen und lassen gemeinsame Erinnerungen aufleben. Gilles erzählt uns, dass er mit gemischten Gefühlen dem Ende seiner achtzehnmonatigen Reise entgegen sieht. Selbst wenn etwas Wehmut über das Ende der Reise aufkommt, überwiegt seine Freude. Aus vielen früheren Reisen weiß

Gilles, dass er eigentlich sein persönliches Zeitlimit fern der Heimat längst überschritten hat. Maximal nach einem halben, bis einem Jahr zieht es ihn immer stärker zurück nach Frankreich, zu seiner Familie, dem guten Käse und den französischen Weinen. Nun sind es diesmal auch bei ihm ein paar Monate mehr geworden. Dass wir weiterfahren, erzählt er uns, hat er sich insgeheim schon gedacht. Er kann es auch nachvollziehen. Wir sind zu zweit, können uns austauschen, gegenseitig motivieren, trösten und unterstützen. Alleine sagt er, ist vieles anders. Manches einfacher, aber auch vieles schwerer.

Nochmals wollen wir einen Umweg fahren. Die Windstärke in den letzten Tagen hat uns Zuversicht gegeben, dass es kein Reinfall wird. Die zweihundertfünfzig Kilometer bis nach El Calafate am Fuße der Anden, die sich bis hier in den Süden fortsetzen und die Grenze nach Chile markieren, spielt das Wetter und der Wind gut mit. Doch die letzten achtzig Kilometer bis zum Gletscher Perito Moreno kommen uns endlos vor. Stereotyp kämpfen wir den ganzen Tag gegen den unsichtbaren Gegner. Nachdem wir den Eingang zum National Park ›Los Glaciares‹ durchfahren haben, setzt auch noch Regen ein. Die letzten Kilometer, ein stetiges Auf und Ab fordern den Einsatz der allerletzten Kraftreserven. Die Enttäuschung ist riesengroß. Ein grauer Wolkenvorhang hält den spektakulären Gletscher tief verschleiert. Trister kann die Realität nicht sein. Markante Punkte, oft Sehenswürdigkeiten sind wichtige Etappenziele auf dem Weg zum großen Endziel. Die Ankunft und der erste Anblick ist die Entschädigung für viele anstrengende und entbehrungsreiche Tage und Wochen auf dem Fahrrad. Aber an diesem Tag gibt es für uns keine Belohnung. Der Perito-Moreno-Gletscher liegt fast vollständig von einer dichten Wolkenhülle verborgen. Unsere Moral ist am Boden.

»Das ist doch ein Scheißwetter!« Enttäuscht und erschöpft wischt Susi sich einen Regentropfen von der Nasespitze. Sie schnieft. Es ist kein Regentropfen, sondern eine Träne. Diesmal fühlen wir uns, als wären wir zum falschen Zeitpunkt am falschen Ort. Nass bis auf die Knochen, vom Wetter um unsere Belohnung betrogen, treten wir den Rückzug zum acht Kilometer entfernten Campinglatz an. Unseren Frust kann auch die heiße Dusche nicht völlig abspülen. Dennoch ist sie der Höhepunkt des Tages.

Es wird Zeit, dass wir endlich in Feuerland ankommen.

Am nächsten Morgen haben wir uns mit dem Wetter versöhnt. Die Wolken reißen auf und die Sonne bricht hindurch. Wir lassen uns anstrahlen und genießen den Blick auf ein Zackenmeer aus Eis und Schnee. Auf Höhe der oberen Eiskante des Gletschers schlendern wir auf markierten Pfaden. Sechzig Meter hoch und vier Kilometer breit sind die Maße der Abbruchkante. Regelmäßig brechen Eistürme in sich zusammen, fallen tosend in den Argentino-See und lösen dabei meterhohe Flutwellen aus. Er ist einer der wenigen Gletscher der Welt, der sich noch in ständigem Fortbewegen und Wachsen befindet. Dies führt in unregelmäßigen Abständen zu einem besonderen Schauspiel. Der Gletscher schiebt sich in einem Zeitraum von mehreren Jahren bis an die Landspitze vor und schneidet dabei einen Arm des Lago Argentino vom übrigen See vollständig ab. Durch Bäche und Schmelzwasser steigt der Wasserpegel im abgeschnittenen Teil des Sees um bis zu dreißig Meter an. Das Wasser steigt soweit, bis die Staumauer aus Eis dem Druck nicht mehr standhalten kann. Explosionsartig kracht die Eisbarriere dann mit ohrenbetäubendem Getöse in sich zusammen. Ein Spektakel, das Wissenschaftler, Journalisten und Touristen in Scharen aus der ganzen Welt anzieht. Das letzte Mal passierte das vor einigen Jahren. Der Gletscher lebt. Unaufhaltsam streckt und reckt er sich. Das Eis hat eine unglaubliche Kraft. Aus dem tiefen Inneren des Eispanzers dringt dumpfes Grollen und Seufzen. Ab und an gewährt der Gletscher im Zusammenspiel des Lichtes seinen Besuchern einen Einblick in sein Herz. Es ist weder weiß noch rot, sondern leuchtet türkisblau.

Keine Umwege mehr, keine Schleifen, nur noch der direkte Weg, da sind Susi und ich uns einig. Über El Calafate radeln wir weiter Richtung Puerto Natales in Chile. Wann haben wir den letzten Baum gesehen, fragen wir uns inmitten der unendlichen leeren Grassteppe.

Vicente hat wohl den einsamsten Arbeitsplatz der Welt. So kommt es uns vor. Hier ist es selbst der Einsamkeit zu abgeschieden. Er haust in einem kleinen Containerhaus, mit Küche und drei Zimmern, ausgestattet mit mehreren Stockbetten. Die Toilette befindet sich außerhalb. Seine einzige Verbindung zur Außenwelt ist ein Funkgerät, mit dem er zweimal am Tag Verbindung zum Hauptquartier in Rio Gallegos aufnimmt. Seine Aufgabe besteht darin, den kleinen Außenposten der Straßenmeisterei in Schuss zu halten. Es ist einer von mehreren in der Provinz verteilten Unterkünften, die den Straßenarbeitern einen Unterschlupf bieten.

»Irgendwo wird immer eine Piste oder Straße neu präpariert«, erklärt er uns. Und die Wege sind weit, zu weit um immer nach Hause zu fahren. Zwanzig Tage im Monat verbringt er hier, danach hat er zehn Tage frei. Momentan sind alle Betten unbelegt. Der Container und die Umgebung erinnern uns an die Schutzhütte in Island, die wir damals, um uns wohl selbst etwas zu beweisen und uns nicht lächerlich zu machen, nicht in Anspruch genommen haben. Heute würden wir es lächerlich finden, so eine Schutzmöglichkeit leichtfertig auszuschlagen. Für die Nacht bekommen Susi und ich einen der Schlafräume. Besuch ist Vicente willkommen. Er ist nett, doch irgendwie kauzig. Aber das wird man wohl, wenn der einzige Gesprächspartner für Wochen ein rauschendes Funkgerät ist. Zur Feier des Tages holt Vicente ein gewaltiges Stück Fleisch aus der Tiefkühltruhe. Rippchen vom Schaf. Mit einer Säge wird das Abendessen ofengerecht zerkleinert und in die Backröhre geschoben. Zum Nachtisch drückt unser Gastgeber eine Videokassette in den Rekorder und stellt eine Flasche Wein auf den Tisch. Auf dem Programm steht die Zusammenfassung der Weltmeisterschaft 1990 in Italien. Rauschen und Streifen im Bild zeugen davon, dass die Kassette schon unzählige Male durchgelaufen ist. Vicente nickt noch vor dem Ende in seinem Sessel ein. Die Flasche ist leer, der Ausgang bekannt. Deutschland gewinnt im Finale gegen Argentinien mit 1:0. Der Stachel sitzt offensichtlich tief.

»Aufwachen!«, dringt es von weit entfernt an mein Ohr.

Susi steht neben mir und schüttelt mich wach.

»Hörst du denn nichts?«

Verschlafen richte ich mich auf, reibe mir die Augen.

»Nein, ich höre wirklich nichts!«

»Eben!«

Der Wind hat aufgehört. Kein Schlagen loser Teile, kein Heulen, nur Stille. Die Uhr zeigt Viertel nach vier.

Wir stehen auf, packen unsere Sachen. Vicente hinterlassen wir auf dem Küchentisch eine Nachricht. Kein Lüftchen weht, die Nacht ist dunkel und unheimlich still. Im Schein unserer Stirnlampen steigen wir in die Pedale, was die Muskeln halten. Der lose Grund knirscht freudig unter den Reifen. Es ist toll!

Ganze drei Stunden währt unsere Heiterkeit. Pünktlich wie ein krähender Hahn steht der Wind mit den ersten hellen Schlieren am Horizont auf. Am frühen Vormittag zwingt er uns in die Knie. Mit über hundert Stundenkilometern lässt er sogar das Schieben zur Tortur werden.

»Ich bin doch nicht blöd!«

Susi lässt das Rad am Straßenrand liegen und setzt sich völlig genervt in den Straßengraben.

»Das nächste Fahrzeug halte ich an!«

Mit viel Verkehr ist hier abseits der Hauptrouten nicht zu rechnen. Zwei Stunden später taucht das erste und vermutlich einzige Fahrzeug des Tages auf, ein Reisebus. Wir halten ihn an, denn schließlich ist es ›das nächste Fahrzeug‹. Der Bus hält, und wir verstauen die Räder in dessen Bauch.

Ziel des Busses ist die kleinen Hafenstadt Puerto Natales auf chilenischer Seite. Prima, das passt! Die kleine Stadt bildet den Ausgangspunkt für Exkursionen in den Nationalpark Torres del Paine. Der Park ist ein Paradies für Trekker, Bergsteiger, Gletschertouristen sowie Tier- und Pflanzenfreunde. Der Park ist das Highlight jedes Patagonientouristen und wird dementsprechend kommerziell ausgeschlachtet. Eintrittspreise, Campinggebühren und Wanderwegzoll sind gesalzen. Und jedes Jahr steigen die Preise, denn die ausländischen Investoren wissen genau, dass es für einen Amerikaner, Australier oder auch Europäer, der seinen sechswöchigen Urlaub hier verbringt, keine Rolle spielt, ob der ganze Wanderspaß in dieser spektakulären Berglandschaft fünfzig Euro mehr oder weniger kostet.

In einem kleinen Geschäft kommen wir mit Maria, einer älteren Verkäuferin ins Gespräch. Sie erzählt uns, dass ein Großteil der Bevölkerung von den Devisen der Touristen lebt. Sie selber, so sagt sie, habe den Park noch nie besucht. Für sie sind die Preise erst recht unerschwinglich. Vor Kurzem ist dort ein neues Hotel eröffnet worden. Schlappe eintausend Dollar kostet die Nacht. Das Hotel ist für die gesamte Saison bereits ausgebucht.

Wir wollen uns den Park nicht leisten und haben auch keine Lust, uns mit den Massen an Touristen um einen der überteuerten Stellplätze für das Zelt, zu streiten. Wir begnügen uns mit dem Betrachten der zum Verkauf angebotenen Poster des Torre-Massivs.

Sieht schön aus!

Wir haben Nachricht von Gilles.

»Hallo Freunde, ich bin am Ende der Welt angekommen! Bin überglücklich.«

Die Magellan-Straße ist ein schwarzer öliger Meeresarm, der am Horizont mit einem grauen Himmel verschmilzt. Nur hin und wieder schafft es ein Sonnenstrahl durch die niedrigen Wolkenschlieren. Wir haben die Stadt Punta Arenas erreicht. Auf der anderen Seite des Kanals wartet eine Insel auf uns – Feuerland.

Keine zwei Stunden später sitzen Susi und ich wie ein Haufen Elend am Küchentisch unserer Unterkunft. Weiß der Teufel wie, aber wir haben all unsere Bargeldreserven, das Budget für einen ganzen Monat verloren. Sämtliche Taschen haben wir durchwühlt, ohne Erfolg. Darüber, wo wir die Tüte mit den Scheinen verloren haben könnten, lässt sich nur spekulieren. Vermutlich ist sie irgendwann unbemerkt beim Umsortieren herausgerutscht. Einen Diebstahl schließen wir aus. Egal wie, das Geld ist weg. Niedergeschlagen besorgen wir uns im Supermarkt um die Ecke zwei Tetrapacks argentinischen Rotweins. Nach der ersten setzt sich Eduardo, der junge Herbergsvater zu uns an den Tisch. Er ist ein netter Kerl. Sein Problem ist, dass er sich allzu schnell an seine Gäste gewöhnt und anschließend Schwierigkeiten hat, die Miete zu verlangen. Nach dem zweiten Karton gesellen sich weitere Gäste des Hostals zu uns. Mehr Wein wird herangeschafft. Es klappt, die Kohle ist längst vergessen.

Knapp fünfhundert Jahre, nachdem die ersten Europäer die Magellan-Straße durchsegelten, nähert sich wieder ein Schiff der Inselküste. Statt durch Segel, Tauwerk und Mast wird das Boot durch einen starken Dieselmotor angetrieben. An Bord befinden sich auch diesmal Europäer und dazu zwei voll bepackte und staubige Tourenräder. Wir haben den Absprung vom südamerikanischen Festland endlich geschafft. Jetzt, wo wir auf der Fähre sind, brennen wir darauf anzulegen, die Insel zu betreten und die letzten sechshundert Kilometer in Angriff zu nehmen.

Die Überfahrt verbringen wir an Deck. Das Wetter ist überraschend windstill und die Sonne zeigt sich von ihrer wärmenden Seite. Wir stehen an der Reling, schauen gebannt auf die näherkommende Küstenlinie der großen Insel. Lagerfeuer der Inselbewohner, nach denen der Entdecker Magellan, die Insel benannte, sind keine zu erkennen.

Die Fähre legt an. Wir atmen einige Male tief durch. Zaghaft betreten wir festen Boden. »Feuerland, Feuerland«, murmeln wir etwas ungläubig vor uns hin.

Erinnerungen werden wach. Doch es ist ein wenig anders als vor knapp achtzehn Monaten. Damals sprangen wir nervös, voller Ungeduld und Vorfreude auf dem Deck der Norröna von einem Bein auf das andere und konnten es kaum erwarten, endlich isländischen Boden zu betreten. Jetzt, nach all dem, was hinter uns liegt, sind wir ruhiger, auf eine Art gelassener, jedenfalls nach außen hin. In uns drinnen aber herrscht ein großes Durcheinander.

»Wir fahren nach Feuerland!«, heißt es seit Beginn unserer Vorbereitungen zu dieser Reise, vor nun schon über vier Jahren. Plötzlich aber können wir sagen: »Wir sind auf Feuerland!«

»Komisch, nicht!?«

Als wir am darauf folgenden Tag an dem uns versprochenen Wald ankommen, stutzen wir. Mit offenem Mund stehen wir vor zwei bemitleidenswert aussehenden Baumreihen. Alle Bäume sind in eine Richtung gebeugt und der Anblick erinnert eher an eine Synchrontanzgruppe als an einen Wald. Ganze acht verwurzelte Tangoartisten bewegen sich im Takt des Windes. Sie sind die Protagonisten eines patagonischen Waldes. Am frühen Abend erreichen wir die chilenisch-argentinische Grenze. Das kleine Restaurant steht verloren in der weiten Landschaft. Dasselbe gilt für das Grenzgebäude, dessen Größe in Anbetracht der kleinen, staubigen Schotterpiste, die die beiden Länder an dieser Stelle verkehrstechnisch verbindet, ein wenig übertrieben wirkt. Zum vierten Mal reisen wir jetzt schon nach Argentinien ein.

Eine Tankstelle, ein Motel des argentinischen Automobilklubs und die Grundschule für Kinder aus nahe liegenden Estancias bilden die erste Versorgungsstation zwölf Kilometer hinter der Grenze. Hinter den vier Büschen im Garten der Polizeistation der Siedlung San Sebastian dürfen wir geschützt in jeder Hinsicht unser Zelt aufbauen. Mit der Gewissheit, morgen wieder auf Teer zu radeln, kriechen wir in unsere warmen Schlafsäcke. Knappe vierhundert Kilometer trennen uns noch von Ushuaia und der Bucht Lapataia. Nur noch vier Tage bis ans Ende der Welt! Was sind vier Tage, gemessen an der Zeit, die wir jetzt schon unterwegs sind? Was sollte uns jetzt noch aufhalten?

Die abgerissene Leine peitscht im Wind. Widerstandslos gibt sich die Fahne auf der anderen Straßenseite der Naturgewalt hin. Der Wind scheint das Stück Stoff mit aller Gewalt zerreißen zu wollen. Es gibt nicht das kleinste Anzeichen einer Besserung. Sogar durch die Ritzen des Fensterrahmens drückt sich der Wind in das Innere und lässt die Mülltüte rascheln. Nochmals eine Zwangspause! Seit unserer Ankunft in der kleinen Stadt Rio Grande sitzen wir im Turnraum des örtlichen Ruderklubs fest. Die Tage ziehen sich ins Endlose. Wir können nichts anderes tun, als warten. Auf die voll- und halbmondbasierenden Windvorhersagen der Einheimischen ist ebenso wenig Verlass wie auf die Wind- und Wetterprognosen der Nachrichten.

»Mir ist schleierhaft, warum man überhaupt so viel Energie und Mühe verschwendet«, meint Susi. »Das Ergebnis steht doch von vornherein fest!«

Ich muss an Oswaldo denken. Der sagte, dass die Leute sich hier an den Wind gewöhnt haben. Sicher, an alles kann man sich gewöhnen. Doch wenn man genauer zuhört, dreht sich jedes Gespräch um das gleiche Thema: El Viento. Im Gästebuch des Klubs finden wir Einträge anderer Radreisender, die hier schon vor uns Zuflucht gesucht haben. Ein Leidensgenosse schreibt: ›Keiner hat gesagt, dass es leicht werden würde. Haltet durch!‹

Ob der italienische Kollege mit diesen aufmunternden Worten die Warterei oder den Wind gemeint hat, ist nicht ganz eindeutig.

Auch am dritten Tag spielt der Wind mit der Flagge ungebremst Katz und Maus. Wir haben es satt, auf etwas zu warten, dessen Eintreten sowieso unwahrscheinlich ist. Wir packen unsere Sachen, sind fest entschlossen, uns nicht mehr aufhalten zu lassen.

Wir verlassen Rio Grande. Der Westwind beißt so grimmig ins Gesicht, dass die Augen tränen. Im Schritttempo strampeln wir aus der Stadt. Eine Umdrehung nach der anderen. Jeder Treter ein Meter, zehn Umdrehungen zehn Meter, einhundert Umdrehungen hundert Meter, ... wie viele Umdrehungen bis Ushuaia?

Je weiter wir die letzten Häuser der Stadt hinter uns lassen, desto weniger interessiert uns unsere Umgebung. Ich frage Susi, ob alles o. k. ist, doch bekomme keine Antwort. Sie hat komplett abgeschaltet, den Hebel auf Autopilot umgelegt. Den Kopf gesenkt, starrt sie apathisch auf mein Hinterrad. Den Abstand zwischen uns hält sie auf konstant zwanzig Zentimeter. Die Straße rutscht unter ihren starren Augen hindurch. Ihre Beine finden einen monotonen Rhythmus und arbeiteten wie die Kolben eines zuverlässigen Dieselmotors. Auf und ab, auf und ab, auf und ab. Das hat Gilles also in Peru gemeint, als er von Geistesübung und Meditation sprach. Für Susi kommt es nur noch auf eines an: Ankommen.

In Fünf-Kilometer-Etappen vorausdenken. Irgendwann verkleinern sie sich sowieso automatisch, werden zu drei Kilometern, zu zwei. Jeder Kilometer zählt.

Nach vier bis fünf harten Stunden stoischen Kampfes um jeden Tritt tauchen überraschend erstes niedriges Buschwerk und danach Sträucher auf. Je weiter wir radeln, desto höher und buschiger werden sie. Zunächst sind es nur knorrige Bäumchen. Kleine Baumgruppen werden zu Wäldchen und zu Wald, richtigem Wald – mehr als acht Bäume. Die Landschaft fängt an, sich zu wellen. Am dunstigen Horizont erscheint schemenhaft die Silhouette einer Bergkette. Das Bild nimmt das Auge gierig in sich auf, wie ein halb Verdurstender einen Becher Wasser. Dieses Bedürfnis nach landschaftlichen Reizen kann nur der richtig verstehen, der die dreitausend Kilometer topfebene, windige Monotonie der Pampa von Rosario bis Ushuaia auf dem Landweg durchquert hat. Dafür fängt es an zu schneien. Zuerst leicht, dann stärker und plötzlich finden wir uns in einem Schneesturm wieder. Es scheint, als wollte die Natur uns zu einem letzten Kampf herausfordern. Eingepackt in unsere Jacken, ziehen wir unsere Kapuzen tief ins Gesicht. Bis auf einen kleinen Augenschlitz ist nichts mehr von uns zu erkennen. Wie Ninja-Kämpfer vermummt, nehmen wir den offenen Schlagabtausch an. Wir schaffen an diesem Tag einhundertsechzehn Kilometer. Das bedeutet, wir können am Folgetag in Ushuaia sein. Wir könnten es tatsächlich am nächsten Tag schaffen!

Sechs Uhr morgens. Gut hundertzwanzig Kilometer noch bis Ushuaia. Es ist kalt, saukalt. Die Knochen und Muskeln schmerzen vom gestrigen Kraftakt. Ein Schild kündigt das Ende der befestigten Straßenoberfläche an. Als ob wir das nicht merken würden!

In regelmäßigen Abständen halten wir an, um unsere vor Kälte schmerzenden Füße und Hände aufzuwärmen. Rumspringen, rubbeln, mit warmen Atem anhauchen, irgendwie. Sogar zu Susis ›In-den-Tee-Eintunktechnik‹ lasse ich mich überreden. Kaum auf dem Rad, frieren die Glieder jedoch schon wieder ein. Das Wetter sieht nicht gut aus. Dunkle Schneewolken hängen tief in den umliegenden Bergen. Unmerklich steigt die Schotterstraße an. Dann fängt es wieder an zu schneien. Zuerst noch Schneeregen und dann fallen dicke weiße Flocken vom Himmel, entfachen eine fast weihnachtliche Stimmung.

Um uns herum schneebedeckte Nadelbäume und Berge. Es herrscht eine eigenartige Stimmung.

»Kling Glöckchen, klingelingeling, ...!«

Wenn nur die Hände und Füße nicht so kalt wären. Die Nase tropft wie ein undichter Wasserhahn.

Am Mittag erreichen wir den Garibaldipass. Plötzlich reißt die Wolkendecke auf. Ganze Kolonnen von Touristenbussen fahren an uns vorbei. Die Autofahrer zeigen mit dem Daumen nach oben, hupen und drücken die Lichthupe. Man will uns anfeuern, das tut gut. Mit Genugtuung starren wir auf die Zahlen der in regelmäßigen Abständen auftauchenden grünen Kilometerschilder. Am Morgen waren sie noch dreistellig. Wann geht es endlich ganz runter? Unsere Spannung steigt. Wir warten auf die letzte Abfahrt, die uns direkt nach Ushuaia am Beagle-Kanal bringen soll. Es wird Nachmittag und früher Abend. Die Straße verlässt das Hochtal, in dem wir uns seit dem Pass befinden, und führt jetzt entlang eines reißenden Gebirgsflusses talabwärts.

»Glitzert da vorne zwischen den Bergen nicht das Meer?«

Eine scharfe Rechtskurve und urplötzlich haben wir die Gewissheit. Neben der Straße steht ein großes, hölzernes Ortsschild, auf dem in Spanisch und Englisch zu lesen ist:

»USHUAIA – Herzlich Willkommen in der südlichsten Stadt der Welt!«

Trotz sehnsüchtigen Wartens auf diesen Moment sind wir überrascht, fast ein wenig erschrocken. Ushuaia, der Name, der uns von Beginn an den Weg gewiesen hat und doch so unerreichbar zu sein schien. Der Name, der uns immer wieder half, von neuem aufs Rad zu steigen, alle Anstrengungen zu meistern, Probleme zu lösen. Er war Motivations- und Kraftspender. Und jetzt stehen wir tatsächlich vor diesem Schild.

Zaghaft lehnt Susi ihr Rad an den massiven Holzrahmen und streckt ungläubig die Hand aus, um es zu berühren. Plötzlich ertönt ein lauter Siegesschrei, in den sie all die Anspannungen der letzten eineinhalb Jahre legt. Voller Begeisterung fängt sie wie eine Verrückte an, herumzuspringen. Nun bin auch ich an der Reihe. Auch ich brülle meine Freude heraus.

Wir fühlen uns wie Helden. Wir sind Helden!

Späßchen treibend, verbringen wir die nächste halbe Stunde damit, unzählige Fotos und Filmaufnahmen zu machen: Susi und Schild, Daniel und Schild, Susi und Daniel und Schild, Daniel und Fahrrad und Schild, nur Fahrräder und Schild, Susi und ...!

Der nächste Tag. Strahlend blauer Himmel, nur ein leichtes Lüftchen und angenehme zwanzig Grad – Königswetter. So soll die letzte ›geplante‹ Etappe also enden, wie die allererste begonnen hatte. Einundzwanzig Kilometer hinter Ushuaia erreichen wir die Bucht Lapataia. Auch hier stehen wir vor einem hölzernen Schild. Für uns aber ist es mehr als nur ein Schild. Wie viele Erlebnisse, Abenteuer, und Eindrücke sind mit dieser überdachten Holztafel verbunden.

›Hier endet die Nationalstraße No. 3!‹ ist in eingefrästen, gelbgefärbten Buchstaben zu lesen.

Weiter südlich liegen nur noch das stürmische Kap Hoorn und das ewige Eis der Antarktis. Wir sind am befahrbaren Ende des amerikanischen Doppelkontinentes angekommen. Susi ist zu Recht stolz auf ihre Leistung und ich bin es auch. Nicht die körperliche Ausdauer hat sie bis hierher gebracht, sondern ihre Zähigkeit, ihr Durchhaltevermögen, ihre mentale Stärke, ihr Wille. Ich schließe sie fest in meine Arme.

Eine Woche später sitzen wir im Flieger nach Buenos Aires. Nochmals drei Wochen verbringen wir dort. Alle Busse nach Paraguay sind restlos ausgebucht. Mit viel Glück ergattern wir zwei der restlichen Sitze für den dreiundzwanzigsten Dezember, sodass wir pünktlich zu Weihnachten in Paraguay eintreffen.

KAPITEL VI

Neuseeland, Australien und Südostasien

»I woaß no' genau, des war in Peru!«

»So und jetzt?!«, Susi lässt sich geschafft auf das quietschende Bettgestell fallen.

Etwas orientierungslos und unentschlossen sitzen wir uns auf den unteren der beiden Stockbetten in unserer neuen Unterkunft im Herzen Aucklands gegenüber. Die mittlerweile zerschlissenen Fahrradkartons stehen in der Ecke. Die lange Reise ist nicht spurlos an ihnen vorübergegangen.

Seit Monaten wissen wir, dass die Reise weitergeht, doch ernsthaft damit beschäftigt haben wir uns, nach dem die Entscheidung fest stand, nicht. Zu sehr waren wir auf Ushuaia fixiert. Erst jetzt, wo wir wirklich in Neuseeland angekommen sind, wird uns das bewusst. Unser Wissen über das angebliche Naturparadies am anderen Ende der Welt ist beschränkt. Neuseeland besteht aus zwei großen Inseln, den größten Teil der Bevölkerung machen Nachfahren britischer Kolonisten aus, Englisch ist vorherrschende Sprache und der Erstbesteiger des Mount Everest stammt aus diesem Land, in dem die Landschaft so aussehen soll, wie im Film ›Herr der Ringe‹.

Und wir wissen, dass unser Weiterflug nach Australien in drei Wochen geht.

»Was für ein Tag ist heute?«, erkundige ich mich bei Susi.

Sie muss kurz überlegen.

»An einem Sonntag sind wir in Paraguay losgeflogen, dann müsste heute Dienstag sein«, kommt die Antwort nach einigem Zögern.

Nach dem Kalender haben wir Südamerika vor zwei Tagen verlassen. Laut Uhr sind wir aber eigentlich nur knapp achtzehn Stunden unterwegs gewesen. Irgendwo über dem Pazifik wurde uns fast ein Tag geklaut. Wir hatten die Datumsgrenze überflogen.

Die Euphorie der Ankunft in Ushuaia ist verblasst, der normale Reisealltag hat uns eingeholt. Zunächst heißt es Informationen über Neuseeland einholen. Der erste Weg führt Susi und mich deshalb in ein Internetcafé und in die Reiseführerabteilung der Buchläden. Dort decken wir uns mit bunten Broschüren und Kartenmaterial ein. Ebenso statten wir der Australischen Botschaft einen Besuch ab. Für die anstehende Durchquerung Australiens wollen wir ein Visum beantragen, das uns erlaubt, länger als drei Monate im Land zu bleiben. Das hatten wir schon vor Abflug noch in Südamerika versucht. Doch in der australischen Vertretung in Buenos Aires hatte man von uns einen medizinischen Check, diverse Blutuntersuchungen und Röntgenbilder verlangt. Diese mühsame Prozedur wollten wir uns ersparen. Neuseeland und Australien verbindet geografisch wie politisch eine enge Partnerschaft und wir hofften, dass diese Tests in Neuseeland nicht eingefordert werden. Und tatsächlich, in dem stickigen Büro der Australischen Botschaft fällt über diverse medizinische Untersuchungen kein Wort. Dafür möchte die dickliche Dame mit der starken Hornbrille einen Nachweis, dass wir über ausreichend Geldreserven für sechs Monate verfügen.

Schlagartig tritt das Problem des sich dem Ende zuneigenden Reisebudgets in den Vordergrund. Erst in Australien wollten wir uns darum kümmern. Auch aus diesem Grund benötigen wir die längere Aufenthaltsgenehmigung.

»Mist!« Susi ärgert sich, als wir den Ausgang des Gebäudes erreicht haben. »Das Geld auf dem Konto wird ihnen nicht ausreichen! Die würden auch nicht verstehen, wie wir überhaupt bis hierher gekommen sind.«

»Hmm«, überlege ich kurz. »In Buenos Aires hätte das Geld auf dem Konto sicher noch gereicht. Allerdings hatten wir den Flug noch nicht bezahlt.«

»Dann geben wir ihr einfach einen Kontoauszug, bevor die Tickets abgebucht wurden«, schlägt Susi pragmatisch vor.

»Das könnte klappen!«

Es gibt immer einen Weg, man muss ihn nur finden. Schau' ma mal, ob es der Richtige ist.

Wir telefonieren nach Deutschland, wiedermal rufen wir Dieter an. Sich auf ihn jederzeit verlassen zu können, ist für Susi und mich ein mehr als beruhigendes Gefühl.

»Ruft mich jederzeit an, egal was für ein Problem auftaucht. Das kriegen wir irgendwie hin!«, hat er uns mit auf den Weg gegeben.

Das Problem ist diesmal ein Fax mit dem Kontoauszug älteren Datums. Dafür reizen wir ausnahmsweise seine 24-Stunden-Bereitschaft aus. Bei unserem Telefonat ist es halb fünf morgens in Deutschland und trotz Schlaftrunkenheit halten wir keine halbe Stunde später das Fax von Dieter in den Händen. Wollen wir noch vor dem langen Wochenende was erreichen, müssen wir spätestens morgen Vormittag die Unterlagen in der Botschaft abgeben.

Zu dem Auszug heften wir fein säuberlich eine Erklärung, in der wir darauf hinweisen, dass Australien unmöglich in drei Monaten mit dem Rad zu durchqueren ist und wir unsere vollste Absicht bekräftigen, das Land auch wieder verlassen zu wollen. Darunter setzten wir noch unsere Unterschriften und das Datum, das aktuelle.

Am nächsten Vormittag sind wir wieder in dem kleinen Büro und stehen vor derselben Botschaftsangestellten. Nachdem sie die Unterlagen nur kurz überflogen hat, bekommen wir ohne große Wartezeit ein Sechsmonatsvisum in den Pass geklebt. Das Datum auf dem Kontoauszug kommt überhaupt nicht zur Sprache.

»Ein besonders schönes Visum«, wie Susi der Dame beteuert.

Im Gegenzug werden uns rund fünfzig Dollar pro Visum abgeknöpft. Umso mehr wird uns bewusst, dass wir uns langsam etwas einfallen lassen müssen. Bis Australien wird unser Geld noch reichen. Aber was wird danach?

Aucklands Skyline, mit dem markanten Skytower, dem höchsten Gebäude der südlichen Hemisphäre, lassen wir nach gut einer Woche hinter uns. Den Flug nach Australien haben wir um zwei Wochen nach hinten verschoben. Drei Wochen Aufenthalt in Neuseeland erscheinen uns nach dem Studieren der Karten und bunten Prospekte zu kurz. Das straffe Programm der ersten neuseeländischen Woche wurde durch den Kauf eines neuen Kochers abgerundet. Der alte hatte mit der Ankunft in Ushuaia seine letzte Flamme ausgehaucht und ließ sich trotz sorgfältiger Säuberung und Wartung nicht wiederbeleben. An einer Tankstelle am Hafen von Auckland wollen wir die dazugehörige Benzinflasche vor der Abfahrt befüllen. Der Tankwart sträubt sich anfänglich dagegen.

»Benzin darf nicht in Flaschen abgefüllt werden!«

Geduldig erklären wir ihm den Verwendungszweck. Der große Schriftzug ›Brennstoff‹ auf der Flasche kann ihn schließlich doch davon überzeugen, dass wir keinen Molotowcocktail basteln wollen.

Grobe Richtung ist die Südinsel. Dort peilen wir die Stadt Chirstchurch an. Bereits am zweiten Tag begegnen wir einem Kollegen. Susis verschwitztes Gesicht hellt sich schlagartig auf, als sie von Weitem einen voll bepackten Radfahrer entgegenkommen sieht. Sie wittert eine willkommene Gelegenheit für eine ausgedehnte Kaffeepause, wie sie mit Gilles, unserem französischen Radkollegen oder auch mit sonstigen zufälligen Begegnungen mit anderen Radreisenden meist stattgefunden haben. Gewohnt ziehen wir die Bremsen, halten in freudiger Erwartung auf ein kleines Schwätzchen am Straßenrand. Vielleicht ergibt es sich, wie schon so oft, dass man an Ort und Stelle eine gemeinsame Brotzeit verspeist, die eventuell sogar in einen Nachmittag füllenden Traveller-Brunch ausartet. Ein zufälliges, unerwartetes Treffen mit gleich gesinnten Reisenden ist oft das Highlight der Woche. Je abgelegener die Region, desto willkommener und freudiger die Begegnung. Obwohl man sich vorher nie begegnet ist, ist man sich vom ersten Augenblick an nicht fremd. Zurückhaltung gibt es keine. Informationen werden ausgetauscht, man erzählt enthusiastisch von tollen Begegnungen und bestandenen Abenteuern. Man spricht sich gegenseitig Mut zu, klopft sich auf die Schultern und kann Frust ablassen. Denn keiner auf der Welt kann einen besser verstehen, als ein Radreisekollege. Diese Begegnungen, waren sie auch noch so kurz, gaben uns immer einen zusätzlichen Motivationsschub.

»Was ist denn mit dem los?«, Susi dreht sich verwundert zu mir um.

Der entgegenkommende Radler hebt nur sporadisch den Zeigefinger zum Gruße und rauscht mit unvermittelter Geschwindigkeit an uns vorbei. Verduzt schauen wir beide ihm hinterher. Wir verstehen die Welt nicht mehr.

Die gleiche Szene spielt sich in den nächsten zwei Tagen nach dem gleichen Schema ab. Manche vergessen sogar zu grüßen. Doch spätestens nachdem uns an einem Tag acht unabhängig von einander fahrende Gruppen begegnen, haben wir es kapiert. In Neuseeland sind wir keine Randgruppe unter den Reisenden, keine spezielle, seltene Art. Voll bepackte Fahrräder gehören zu Neuseelands Bild wie der kleine flugunfähige Kiwi, der Nationalvogel. Hier gilt die während der letzten anderthalb Jahren gültige Formel, Westler gleich Tourist und Radreisender gleich Ausserirdischer, nicht mehr. Wir sind zwei von vielen.

Neuseeland hat seit Jahren, trotz der abgeschiedenen Lage, stetig wachsende Touristenzahlen zu verzeichnen. Die vielseitige Natur mit gletscherbedecktem Hochgebirge, tropischen Südseestränden, Vulkanen, Gletschern, Geysiren, seltenen Pflanzen und Tieren auf einem so kleinen überschaubaren Raum, macht Neuseeland zu einem immer beliebter werdenden Ziel, auch für Fahrradfahrer. Die Neuseeländer haben sich auf den Ansturm eingestellt und dementsprechend ist eine komplett durchorganisierte Tourismusinfrastruktur entstanden. Vom preiswerten Backpacker-Hostel bis zum 5-Sterne-Hotel ist meist in jedem Ort etwas zu finden. Die Landschaft wird zunehmend ›verkommerzialisiert‹. Freie Sicht auf Geysire und Lavafelder wie in Island suchen wir vergeblich. An Pubs, Restaurants, Tour-Anbietern für Outdoor- und Adventure-Aktivitäten herrscht kein Mangel.

»Das ultimative Action-Paket nennt sich ›Awesome Foursome‹!« Susi liest mir den Flyer vor, den uns ein junger Kerl im flippigen Hemd vor einem Supermarkt in die Hand gedrückt hat.

»Diese ›Halbtages-Combo‹ besteht aus Einhundertvierunddreißigmeter-Bungee-Jumping, einer Fahrt mit einem Jetboot auf einem reißenden Fluss, einem Flug mit einem Helikopter sowie einer Rafting-Tour«, klärt sie mich auf.

Als ob Fahrrad fahren nicht schon genug Abenteuer wäre!

Die Ansprüche von Langzeitradlern, wie kostenlose Wiese für das Zelt, freier Zugang zu sehenswerter Natur und den Billigdiscounter um die Ecke, passen da nicht in das Konzept der Tourismusmanager.

›No Camping‹-Schilder mit durchgestrichenem Zelt sind an jeder frei zugänglichen Stelle angebracht. Wir umgehen sie, indem wir einfach kein Zelt aufstellen und uns nur in unsere Schlafsäcke verkriechen.

Zum Wetter passend, gibt auch die Landschaft Neuseelands anfänglich ein recht eintöniges, fast trübes Bild ab. Im Inneren der Nordinsel ist von dem Naturparadies Neuseeland nichts zu sehen. Riesige Holzplantagen und Kahlschlaggebiete, mit Schafen zugestellte Weideflächen, weite Gemüse und Kiwiplantagen und die dichte Besiedlung lassen das Radfahren in diesen Tagen zu einer eintönigen Angelegenheit werden. Beide fühlen wir uns ungewohnt schlapp, kapitulieren schon bei den leichtesten Anstiegen und sind ziemlich gereizt. Bis wir uns klar darüber werden, was der Grund dafür ist, brauchen wir einige Tage.

Wir sind auf einer Insel unterwegs und zum ersten Mal fahren wir nicht auf ein großes Ziel zu. Der Gedanke, dem Ziel näher kommen zu wollen, ist zum Motor der Reise geworden. Wir wollen Neuseeland von Nord nach Süd durchqueren, während Australien doch im Westen liegt. Wir haben das Gefühl auf der Stelle zu treten. Meine Motivationsbemühungen für Susi sind gespielt und künstlich, denn ich bräuchte selber jemanden, der mich aufputscht. Körperlich sind wir zwar weitergereist, wir merken aber, dass der Kopf noch hinterherhinkt. Die Gedanken suchen sich immer wieder den Weg nach Lateinamerika. Anfangs haben wir uns vor dem lateinamerikanischen Kulturkreis geradezu gefürchtet. Wenn wir darüber reden, können wir uns beide darüber nur wundern. Denn jetzt vermissen wir die Menschen und ihre Mentalität, das dortige Leben und besonders die Sprache. Englisch klingt seltsam fremd und stumpf in unseren Ohren. Immer noch schleichen sich Überreste unseres spanischen Wortschatzes in das Englisch ein.

»Ich springe schnell rein und frage nach, wo wir die Wasserflaschen auffüllen können«, ruft Susi mir zu und ist schon in der Tankstelle verschwunden.

Schneller als erwartet kommt sie den Kopf schüttelnd heraus.

»Was ist?«, frage ich nach.

»Stell dir vor, die haben mich nur unhöflich darauf hingewiesen, das Wasser in der Kühltheke zum Verkauf steht. Der Liter für umgerechnet zwei Euro fünfzig!« Susi kann es nicht fassen.

Das war uns noch in keinem Land passiert. Und nun hier in Neuseeland, das wahrlich nicht an Wasserknappheit leidet.

»Selbst auf dem Altiplano, in Bolivien, wo die Leute kaum Wasser haben, war das nie ein Problem! Es scheint, als wären manche ›Kiwis‹ den Massen an Touristen müde.«

Dennoch schaffen wir es, uns im dichten Netz der Vorschriften durchzuwursteln und können den kostspieligen Touristenverlockungen widerstehen.

Die Sonne hat sich, nachdem wir Auckland verlassen haben, hinter einer dichten Wolkendecke verdrückt und bisher nicht wieder blikken lassen. Im Zentrum der hügeligen Nordinsel passieren wir nach regenreichen Tagen den Ort Rotorura, der bekannt für die umliegenden Thermalquellen ist. Trotz hohem Eintrittpreis leisten wir uns den Besuch. Wir durchstreifen mehrere Stunden das rauchende und blubbernde Gebiet. Vergessen ist unsere Motivationslosigkeit und das gegen null abfallende Bankkonto. Die Investition für diese Therapiemaßnahme hat sich gelohnt. Unsere negative Stimmung hat sich zunehmend gebessert und ist in Zuversicht umgeschlagen. Zumindest für die nächsten Stunden.

Zum Schutz gegen den langsam nervenden Dauerregen haben wir uns gelbe Plastiktüten über Hände und Schuhe gestülpt.

»Schaut selten dämlich aus.« Susis Stimmung steckt schon am nächsten Tag wieder in der Talsohle.

»Außerdem hört es sich so an, als würde ich ständig mit vollen Windeln fahren.«

Ich habe ein anderes Problem. Die seltsam klingenden Namen der Ortschaften, die aus der Sprache der Maori, der Ureinwohner Neuseelands stammen, bereiten mir Schwierigkeiten. Ich schaffe es nicht, sie richtig auszusprechen, geschweige denn mir zu merken. Sie sind reinste Zungenbrecher. Allein für ›Rerewhakaaitu‹ brauche ich fast eine Woche, um es fehlerfrei aufsagen zu können. Ein Berg rettet die Ehre des männlichen Geschlechts.

›Taumatawhakatangihangakoauautmateapokaiwhenuakitanatahu‹ heißt die Erhebung, vor dem auch Susi kapituliert. Gerade mal unverschämte dreihundertundfünf Meter hoch.

Nach zwei nasskalten, motivationslosen Wochen erreichen wir die Hauptstadt Wellington am südlichen Ende der Nordinsel. Ein futuristisch anmutendes Schnellboot bringt uns in knapp drei Stunden auf die Südinsel. Am Hafenörtchen Picton streifen uns erste zaghafte Sonnenstrahlen.

Susi fährt einige Meter vor mir. Wir passieren weit ausgedehnte Apfelplantagen und Weinberge. Plötzlich zieht sie die Bremsen. Ich knalle ihr beinahe hinten drauf, kann im letzten Moment das Lenkrad herumreißen und eine Kollision vermeiden. Äußert verärgert über ihr riskantes Bremsmanöver setzte ich an, um mich zu beschweren. Mit einer kurzen Handbewegung deutet sie auf ein schief hängendes Schild an der Einfahrt einer Schotterstraße.

»Pickers wanted!« liest sie vor und übersetzt auch gleich: »Pflücker gesucht!«

Die Schotterstraße führt zu einer Apfelplantage. Dort treffen wir den Farmer. Er zimmert gerade an einem hölzernen Dachstuhl eines neu errichteten, kleinen Nebengebäudes herum.

»Neue Unterkünfte für die Pflücker«, erklärt er uns, als er über die Leiter zu uns herabgestiegen kommt.

Wir erfahren, dass die Apfelernte in ungefähr zwei Wochen beginnt.

»Auf den Tag genau kann man das allerdings nicht sagen.« Leicht vorwurfsvoll schaut der Farmer in Richtung wieder ergrauter Wolkendecke.

Wir erfahren zwar, dass in der Region um die fünftausend Erntehelfer benötigt werden, aber er selbst hat bereits genug angeheuert. Das Schild habe er vergessen zu entfernen. Arbeit ist aber genug da. Wir sollen uns einfach ein wenig umhören.

Das tun wir. An den schwarzen Brettern der Supermärkte, Pups und Herbergen finden wir einige Telefonnummern und Stellenangebote. Bereits der fünfte Anruf ist ein Volltreffer und wir ziehen am nächsten Tag in unsere Unterkunft inmitten tausender trächtiger Apfelbäume, zwanzig Kilometer entfernt von der Stadt. Bei der neuseeländischen Einwanderungsbehörde beantragen wir eine Verlängerung der Aufenthaltsgenehmigung. Den Flug nach Sydney in Australien verschieben wir telefonisch ein zweites Mal. Alles klappt ziemlich reibungslos. Jetzt müssen nur noch die Äpfel reif werden.

Täglich testet Dave, der Farmer, auf dessen Plantage wir angeheuert haben, die verschiedenen Sorten auf ihren Zuckergehalt, während alle Pflücker ungeduldig auf den Startschuss warten. Die meisten vertreiben sich die Zeit mit Schachspielen oder indem sie stundenlang eine eiförmige Kugel, den Rugbyball hin und her werfen. Der neuseeländische Nationalsport. Durch den ergiebigen Regen der letzten Monate sind die Äpfel dieses Jahr zwar besonders groß, doch mangels Sonne lassen sie noch Farbe und Zucker vermissen. Mit zweiwöchiger Verspätung erhalten wir dann endlich die Nachricht: »Am nächsten Tag geht's los!«

Das morgendliche Aufstehen wird zum rituellen Wettbewerb, dessen Gewinner derjenige ist, dessen Knochen und Muskeln weniger schmerzen. Die Arbeit ist hart. Doch Susi und mir macht sie richtig Spaß. Es tut gut, für längere Zeit am selben Ort zu sein und nicht jeden Tag mit neuen Eindrücken bombardiert zu werden. Wir genießen, einfach mal wieder etwas ganz anderes zu tun, etwas Normales: Arbeiten!

Für uns ist klar, wir halten solange durch, bis die Saison vorbei ist und beschließen, unsere Reise durch Neuseeland hier abzubrechen. Zumindest befristet wollen wir sesshaft werden.

An Motivation fehlt es uns diesmal nicht. Die Rechnung ist denkbar einfach. Bezahlt wird nach Apfelsorte und gefüllten Kisten, so genannten Bins. Je mehr Kisten, desto mehr Kohle und desto länger am Ende die Reise. Ein Bin fasst ungefähr eine halbe Tonne Äpfel.

Für Dave ist es dabei absolut wichtig, dass die Pflücker gewissenhaft und sorgfältig arbeiten. Mehrmals am Tag kontrolliert er die geerntete Ware.

»Fasst sie an, wie die Braut in der Hochzeitsnacht«, schärft der ergraute Farmer den Pflückern immer wieder ein und demonstriert, wie die Äpfel gepflückt, in die große Bauchtasche gelegt und anschließend in die Bins geleert werden.

Weisen die Äpfel noch so kleine Druckstellen auf, wandern sie direkt in die Presse, wo sie zu Apfelsaft verarbeitet werden. Das bringt dem Farmer so gut wie kein Geld. Für Dave steht einiges auf dem Spiel. Die Ernte ist das letzte Glied in der Kette eines arbeitsreichen Jahres. Jetzt entscheidet sich, ob und wie viel an den Äpfeln verdient wird. Seine Existenz liegt in den Händen der Pflücker.

Neben uns sind zwölf weitere Pflücker eingestellt. Zwischen den Pflückern entwickelt sich ein alltäglicher, interner Wettstreit. Wer hat mehr Kisten bis zum Abend gefüllt? Ted, ein einheimischer Pflücker, schaffte mit seinen vierzehn Jahren Erfahrung bereits am ersten Tag acht Bins. Susi und ich bringen es gemeinsam gerade mal auf traurige dreieinhalb.

In den ersten Tagen tüfteln wir an der richtigen Pflückstrategie. Wir sind uns nicht so recht einig.

»Besser ist doch, wenn wir beide in einen Bin pflücken. Du oben und ich unten. So muss nur einer mit der Leiter arbeiten. Und für mich ist sie sowieso zu schwer«, schlägt Susi vor.

»Ich glaube, wir schaffen mehr, wenn jeder unabhängig voneinander in eine Kiste pflückt.« Ich sehe die Sache anders.

Nachdem ich am Abend weit abgeschlagen die wenigsten Bins gefüllt hatte, muss auch ich einsehen, dass Susi wohl Recht hatte.

»Manchmal bist du ein richtiger Sturkopf!«

Sie ist zu Recht verärgert.

Als die halbe Saison herum ist, haben wir uns warm gepflückt. Die Ernte ist im vollen Gange und gut organisiert. Genügend Holzkisten sind vorhanden und keine unnötigen Wartezeiten entstehen. Mit einem Traktor werden die Kisten permanent den Pflückern hinterher geschoben, damit die Laufwege nicht zu weit werden. Das spart Zeit und Kraft. Eine volle Erntetasche wiegt bis zu zwanzig Kilo. An Spitzentagen schaffen Susi und ich bis zu neun Tonnen Äpfel, ganze achtzehn Kisten. Damit holen wir sogar Ted ein. Dass wir einige Stunden am Tag dafür länger brauchen, spielt für uns keine Rolle. Am Ende zählt nur das Ergebnis.

Drei Monate lang leeren wir, bewaffnet mit Leiter und Bauchtasche, die endlosen Reihen üppig behangener Bäume, die nach der Ernte erleichtert ihre Äste aufrichten. Sieben Tage die Woche, von Sonnenaufgang bis Sonnenuntergang. Alles ist machbar, wenn man die Motivation dazu hat.

Die Blätter haben sich mittlerweile farblich dem reifen Obst angepasst. Allmählich fallen sie zu Boden. Die Saison ist vorbei und der Herbst steht mit allem Nachdruck vor der Tür. Es ist Ende April und die Bergkulisse im Hintergrund hat bereits, wenn auch zaghaft, ihren ersten weißen Anstrich erhalten. Die Luft am Morgen ist lausig kalt.

Am Tag des Abfluges nach Australien pflücken wir vormittags die allerletzten Äpfel der Plantage. Damit ist die Ernte endgültig abgeschlossen.

»Es war ein sehr gutes Apfeljahr, mit sehr guten Pflückern. Das ist nicht immer so«, freut sich Dave bei unserem Abschied und drückt uns etliche Extradollar in die Hand. Er wirkt zufrieden. Wir sind es auch.

Zu sehr waren wir bei der Ankunft in Neuseeland mit uns selber beschäftigt, als dass wir uns mit voller Aufmerksamkeit diesem Land hätten widmen können. Jetzt nach vielen Monaten bereuen wir das ein wenig. Vor allem die landschaftlich sehr reizvolle Südinsel haben wir kaum erkundet. Aber die Reise geht weiter. Wie schon so oft, trösten wir uns damit, dass wir sagen: »Hierher kommen wir auf jeden Fall noch mal!«

Demnach müssten wir eigentlich die gesamte Reise wiederholen.

Australien ist der kleinste Kontinent oder aber die größte Insel der Welt. Sydney ist die älteste und mit knapp vier Millionen Einwohnern auch die größte Stadt des Landes. Über Internet haben wir Kontakt mit Miloš, dem rasenden, ehemaligen Olympiateilnehmer, den wir vor fast zwei Jahren auf dem Trans Canada Highway bei einer Mittagspause trafen, aufgenommen. Er holt uns am Flughafen ab. Bei ihm kommen wir für eine Woche unter.

Die Felge aus dem windigen Comodoro in Patagonien läuft nicht mehr rund. Immerhin hat sie es bis hierher geschafft. Doch nun zeigt sie erste Ermüdungserscheinungen. Das alte Problem, die Speichen reißen aus. Das soll uns nicht noch ein weiteres Mal passieren. In einem Radladen besorgen wir uns eine Felge mit sechsunddreißig

Speichen. Die vorherigen hatten alle vier weniger. Mehr Speichen, mehr Tragkraft, ist der einfache Schluss, den wir aus mittlerweile sechs gerissenen Felgen ziehen.

Der einfachste und unkomplizierteste Weg raus aus der Großstadt ist der vierspurige Highway. Fahrradfahrer werden nicht nur geduldet, sondern die Autofahrer werden an den Ausfahrten mit großen Schildern ausdrücklich darauf hingewiesen, dass Radfahrer kreuzen.

»Das nennt man fahrradfreundlich. Man stelle sich das mal auf einer deutschen Autobahn vor.« Susi freut sich über den breiten Seitenstreifen. Dieser hält selbst die größten Laster auf Distanz.

Wir bleiben dem Highway ganze zwei Tage treu und nehmen erst die Ausfahrt, nachdem wir den Großraum Sydney weit hinter uns gelassen haben. Wir tasten uns auf kleinen, idyllischen Nebenstraßen nach Westen. Die Richtung stimmt wieder. Zwar fehlt es hier an einer Standspur, sprich Radspur, aber die ist mangels Verkehrsaufkommen auch kaum nötig. Verstreut liegen kleine, verschlafene Ortschaften friedlich im leicht welligen Farmland. Dazwischen streifen Schafe und Rinder auf der Suche nach Nahrung über abgeerntete Felder. Kleine Windhosen wirbeln ausgetrocknete, staubige Erde auf.

Bei der Einfahrt jedes Ortes informieren Tafeln nicht nur über den Namen, sondern auch über die Einwohnerzahl. In Binalong, fünfhundert Einwohner, zwölftausend Rinder, legen Susi und ich an einem herrlichen Tag eine ausgedehnte Mittagspause ein. Nur zwei Stunden später, in ›Stockingbingal‹, zweihundertfünfzig Einwohner, neuntausend Schafe, hat Susi das dringende Bedürfnis, eine exessive Kaffeepause einzulegen. Anzahl, Zeitpunkt und Länge der Pausen ist einer der wenigen Reibungspunkte zwischen uns. Doch die friedliche Atmosphäre ist ansteckend. Wir gehen Australien entspannt und locker an, lassen uns von unserer wiedergewonnenen, guten Laune treiben. Auch das kleine Polster auf dem Konto wirkt beruhigend. Fahren wir nur dreißig oder einhundertdreißig Kilometer? Das spielt in diesen Tagen keine Rolle. Wieder wird uns das Privileg der großen Freiheit bewusst. Wenn Susi eben danach ist, halten wir an einem netten Plätzchen für eine Pause. Wir legen uns ins Gras und dösen oder sehen einfach nur den vorbeiziehenden Wolken bei ihrer großen Reise zu. Es sind die entspanntesten und unbeschwerlichsten Tage seit Langem. Wir haben wieder mächtig Spaß am Unterwegssein. Die arbeitsreichen Wochen auf der Plantage haben wieder Appetit aufs Weiterziehen gemacht.

Am Abend erreichen wir den kleinen Ort Binya. Er ist so klein, dass er nicht mal ein Ortsschild aufweist. Groß genug aber, um auf der Karte verzeichnet zu sein.

»Die Wiese hier wäre ein ausgezeichneter Platz für die Nacht«, bemerkt Susi gleich. Wir entdecken eine kleine Backsteinkirche. Einen ›Pfarrer Sanchez‹ finden wir jedoch nicht. Über den Gartenzaun eines der drei Häuser, die mit der Kirche den ganzen Ort bilden, erkundigt sich Susi bei einer Frau, die Blumen gießt, ob wir bei der Kirche unser Zelt aufstellen dürfen. Sichtlich über die Frage überrascht antwortet sie: »Ihr seid in Australien, stellt euer Zelt auf, wo immer ihr wollt!«

Frühnebel hält die Morgenluft kühl und frisch. Leichter Tau hat sich auf Zelt und Fahrräder gelegt. Ich wache mit dem Gedanken auf, dass wir vielleicht heute unser erstes Känguru zu Gesicht bekommen. Unser erstes lebendes. Bisher zeugten nur stinkende Kadaver am Straßenrand von der Existenz dieser Tiere.

Ich entdecke eine große schwarze Krähe, die auf einer meiner Packtaschen draußen vor dem Zelt sitzt und fröhlich mit dem Schnabel darauf einhackt. Ich springe aus dem Zelt, doch zu spät. Die Tasche hat ein faustgroßes Loch.

»Tja,«, stelle ich betrübt fest, »wasserdicht ist die wohl nicht mehr. Den Inhalt, Socken und T-Shirts, packe ich in eine Plastiktüte. Vögel sind gebraten einfach am besten!

Bis Mittag tut sich nichts. Kein Känguru.

Susi ist im Supermarkt verschwunden, während ich die Räder für einen kurzen Toilettenstopp aus den Augen lasse. Bei der Rückkehr steckt ein gelbes Faltblatt unübersehbar an einer unserer Lenkertaschen.

›Feel lost inside – fühlst du dich innerlich verloren?‹

»Für denjenigen, der diese Zettel verteilt, muss Fahrrad fahren irgendetwas mit Martyrium und Selbstgeißelung zu tun haben.« Ich zeige Susi belustigt den Zettel, als sie mit drei vollen Tüten zurückkehrt.

»Na ja, vor über zwei Jahren hätte man mit dieser Einschätzung bei dir ja gar nicht so verkehrt gelegen!«

»Ja, aber die Zeiten haben sich geändert!«

Wir verstauen die Einkäufe und ich werfe die Broschüre, die demjenigen, der mit Selbstmordgedanken spielt, die Nummer eines Problemtelefons anbietet, voller Genugtuung in den nächsten Mülleimer.

»Von Deutschland nach Feuerland mit dem Rad zu fahren, finde ich ja immer noch nicht besonders rationell. Es kommt halt auf die Betrachtungsweise an«, versuche ich mich zu erklären.

»Wie meinst du das?«, hakt Susi nach.

»Na ja, wie gesagt, Fahrrad fahren ist nichts Rationelles, aber eine rationellere Art zu reisen, als die mit dem Fahrrad gibt es nicht! Man verpasst und übersieht nichts, keinen Kilometer. Man ist an allem hautnah dran! Verstehst du, ich meine ...«

»So, so! In Patagonien hat sich das aber noch ganz anders angehört! Pack' doch lieber das hier noch in deine Tasche!«

Im Nu ist meine philosophische Phase verflogen. Ich entdecke, was Susi alles eingekauft hat. Neben den üblichen Nudeln, Ketchup, Keksen, und Thunfischdosen finde ich sogar eine Dose Frühstücksfleisch. Susi vergleicht den Inhalt der Dose mit Hundefutter, für mich ist das aber eine unglaublich schmackhafte Bereicherung des Speiseplanes.

Ich freue mich. Sie mag mich wirklich. Hurra!

Über zwei Jahre hocken wir jetzt, Tag für Tag eigentlich ununterbrochen aufeinander. Neben dem Fahrradfahren ist das wohl die zweite große Leistung. Ernsthafte Meinungsverschiedenheiten zwischen Susi und mir waren äußerst selten. Auf der Apfelplantage hatte sie einen – so nehme ich an, nennt man das – hysterischen Anfall erlitten – bei dem ich kreischende, laute, wüste Beschimpfungen über mich ergehen lassen musste. Und zwar nur, weil ich Susi mit voller Bauchtasche eine halbe Stunde lang die Leiter rauf und runter dirigierte, bis ich endlich die richtige Videoeinstellung im Kasten hatte. Verstehe jemand die Frauen! Alle Pflücker in der Nähe kamen angelaufen, weil sie glaubten, etwas Schlimmes sei passiert. Doch glücklicherweise blieb es die bisher einzige, für mich höchst peinliche Situation.

»Wir müssen nahezu sämtliche Rinder von den zwei Farmen im Norden auf ›Roadtrains‹ verladen und sie hierher oder noch weiter nach Süden transportieren. Nur so haben sie eine Chance, die Dürre zu überleben«, erklärt uns Diana, eine Farmerin auf der abgelegenen Rinderstation, bei der wir um Wasser gebeten haben. Trotz äußerster Wasserknappheit ist es für sie selbstverständlich, unsere Wasserflaschen zu füllen. Wasser für Rinder und Schafe muss mühsam herangeschafft werden. Viele Farmer, die sich das nicht leisten können, sind gezwungen, ihre Tiere zum halben Preis zu verkaufen.

»Seit vier Jahren warten wir auf richtigen Regen. Einige Kinder von den benachbarten Stationen kennen Regen nur aus dem Fernsehen.«

Der Klimawandel hinterlässt auch hier seine Spuren. Ihr Mann kommt hinzu. Der Farmer erzählt uns stolz, dass er gerade von der Jagd komme. Was er den jage, wollen wir wissen. Kängurus natürlich.

»Aha, und wie schmecken die? «

»Da müsst ihr die zwei hier fragen«, ist seine Antwort und dabei fährt er den beiden hechelnden Vierbeinern auf der Ladefläche liebevoll übers Fell. Die erlegte Beute wird zu Hundefutter verarbeitet.

»Känguru schmeckt wohl wie Frühstücksfleisch!« schlussfolgert Susi.

»Der nächste größere Ort ist Griffith«. Diana deutet auf unserer Karte, die außer Ortsnamen und wenigen Straßenverbindungen nicht viel hergibt.

Die Karte gibt aber keinen Aufschluss über die Größe eines Ortes. Sydney ist genauso groß eingezeichnet wie die kleine Stadt Griffith.

»Dort bekommt ihr auf jeden Fall wieder Wasser. Und Obst, viel Obst!«, gibt uns Diana zum Abschied noch mit auf den Weg.

Kurz vor Griffith tauchen wie angekündigt Orangenplantagen auf. Zwischendrin lockern kleinere Weinberge das Bild auf.

»Eigentlich sind das ja keine Weinberge«, äußert sich Susi zu unserer Umgebung.

»Wieso?«, frage ich nach.

»Weil es hier weit und breit keine Berge gibt!«

Tatsächlich befinden wir uns in einer Ebene. Seit Tagen haben wir keinen richtigen Anstieg mehr gehabt. Wir halten an. Auf der anderen Seite des Straßengrabens befindet sich eine Orangenplantage. Doch auf den ersten Blick hängen keine Früchte dran. Erst als ich näher an einen der Bäume komme, fällt mir auf, dass der Baum voll von großen Orangen hängt. Alle noch grün.

»Vielleicht werden die, wie Bananen ja auch, grün gepflückt!«, meint Susi nicht so recht überzeugend.

Plötzlich ein Rascheln im Gebüsch.

»Doing, doing, doing, ...«, aufgeschreckt flüchtet unser erstes lebendes Känguru in den Weinberg auf der anderen Straßenseite.

Wenn wir eines gelernt haben, dann ist es, sich anzupassen. Die Reise hat uns integrationsfähig gemacht. So kaufen auch wir uns blaue Plastikplanen und bauen uns daraus einen kleinen Verschlag, in den wir unser Zelt hineinstellen. Auf dem als Campingplatz ausgewiesenen ›Showground‹ sind sämtliche Camper saisonale Erntearbeiterarbeiter. Zum Schutz vor Sonne und Regen und um sich ein wenig heimisch zu fühlen, haben die meisten sich mit blauen Plastikplanen, die einem im nahe gelegenen Discountmarkt hinterhergeschmissen werden, ihr kleines Reich abgesteckt. Zumindest optisch erweckt der Platz den Eindruck eines UNO-Flüchtlingslagers.

In Griffith, auf halben Weg nach Adelaide haben wir innerhalb eines Nachmittags wieder einen Job bekommen. Nicht so recht darüber im Klaren, ob wir auch wirklich schon wieder für längere Zeit an einem Ort bleiben wollen, erkundigten wir uns im Ort nach Arbeit und durchforsteten ein wenig lustlos den Aushang an einigen Supermärkten ab. Zuviel Spaß machte uns das Reisen in den letzten Tagen, als dass wir uns der Arbeitsuche mit vollem Elan widmeten. Doch die Gelegenheit zwängte sich förmlich auf. Und wir wissen, um noch weit zu kommen, muss nochmals etwas auf das Konto.

Als wir vor einem schwarzen Brett am Supermarkt stehen, werden wir von einem unrasierten Mann angesprochen. Zwei Six-Packs ›Red Lion‹ Bier klemmen unter seinem Arm.

»Die Ration für den heutigen Abend«, meint er lachend.

Brad ist Saisonarbeiter ohne festen Wohnsitz. Wie viele der Erntearbeiter ist er ein Wandervogel, zieht dorthin, wo es gerade Arbeit gibt. Ist im Süden die Orangenernte vorbei, beginnen im Norden die Kiwis. Sind die Weinreben geschnitten, müssen irgendwo anders die Tomaten von den Büschen.

Brad fragt uns, ob wir Arbeit brauchen. Keine halbe Stunde später sind wir auf dem ›Showground‹ und haben mit John, seinem jetzigen Arbeitgeber per Handschlag einen Job vereinbart. Irgendetwas mit Kürbissen. So genau fragen wir gar nicht nach. Arbeit ist Arbeit.

»Hey mate, just watch out for the red back spider! Hey Kumpel, nehmt euch vor der Schwarzen Witwe in Acht!«, gibt uns Brad noch mit auf den Weg, als er uns am nächsten Tag Seitenschneider und Handschuhe austeilt.

Fünfundvierzig Kilometer entfernt von Griffith – für australische Verhältnisse um die Ecke – beginnen wir frohen Mutes unsere neue Arbeit auf einem Kürbisfeld.

Tatsächlich entdeckt Susi bereits am zweiten Kürbis die erste schwarze Spinne mit dem markanten roten Streifen auf dem Rücken. Für Erwachsene ist der Biss nicht lebensgefährlich, doch bewirkt er starke Schmerzen und Lähmungserscheinungen. Vor dem Biss der Spinne sollen uns die dünnen Baumwollhandschuhe schützen.

Nach wenigen Stunden ist klar, warum John immer auf der Suche nach neuen Arbeitern ist.

Der Job ist noch härter als Apfelpflücken. Viele geben schon nach wenigen Tagen wieder auf. Auf dem weitläufigen Feld müssen die schweren Riesenmurmeln zunächst am Stiel abgeschnitten und in Reihen gelegt werden. Die eigentliche harte Arbeit aber ist das Verladen. Während der Traktor in schleichender Fahrt an den Reihen vorbeifährt, werden die Kürbisse auf den Anhänger geworfen, wo sie von anderen Arbeitern einzeln aufgefangen werden, um Druckstellen zu vermeiden.

Morgens halb zehn in Australien. Nach zwei Stunden ist es erst mal Zeit für eine ›Smoko‹. So heißt hier die Frühstückspause.

»Kein Bock auf eine Zigarette? Die sind auch mit Filter!« Susi versucht mich zu necken, als uns einer der Arbeiter, auf einem Kürbis sitzend, einen Glimmstängel aus dem zerknüllten Päckchen anbietet.

»Ich habe eine bessere Idee«, entgegne ich und entdecke auf dem benachbarten Feld wahre Schätze.

Obwohl schon abgeerntet, liegen dort immer noch einige saftige Honigmelonen herum. Für das Abendessen packen wir uns noch einen Kürbis ein. Der reicht für mindestens eine Woche. An Vitaminmangel werden wir in den nächsten Wochen hier sicher nicht leiden.

Jeden Donnerstagabend setzt auf dem gesamten Platz eine spürbare kollektive, gute Laune ein. Uns eingeschlossen. Die einen pfeifen beim Duschen, sonst recht wortkarge Kollegen grüßen freundlich: »How are you doing, mate?« Der sonst etwas raue Umgangston wird urplötzlich weicher. Morgen ist Freitag und somit Zahltag, das Highlight der Woche steht bevor. Nach der Arbeit verteilt John die Lohntüten. Brad und die meisten anderen vom Camping verziehen sich in den nächste Sport-Pup für ein paar Halbe Bier und um Rugby zu gucken.

Wir investieren anders.

›Good morning Pakistan‹ ist der seltsame Name der Telefonkarte, die dafür verantwortlich ist, dass sich Susi in den nächsten zwei Nächten zwischen eins und zwei Uhr aus dem Zelt stiehlt. Sie kostet keine fünf Euro und man kann mit ihr 1233 Minuten nach Deutschland telefonieren. Das gilt zwar nur für den Nachttarif, aber aufgrund der Zeitverschiebung passt das prima. Für Susi die Gelegenheit, ausführliche Gespräche mit ihrer Familie zu führen. Sie hat sich angewöhnt, regelmäßig zu Hause durchzuklingeln. Regelmäßig bedeutet immer dann, wenn sich eine bezahlbare Möglichkeit ergibt. Zumeist beschränkte sich das auf wenige Minuten. Sie freut sich schon immer Tage im Voraus, wenn wieder eine Gelegenheit in Sicht ist. Für sie sind die Telefonate wichtig und geben ihr Kraft.

Ich dagegen halte mich eher zurück. Ich habe weniger das Bedürfnis, mich zu Hause zu melden. Alle zwei bis drei Monate rufe ich kurz bei meiner Mutter an und gebe durch, dass alles in bester Ordnung ist. Ich weiß nicht, was ich am Telefon erzählen soll. Wo soll ich anfangen. Wie kann ich jemandem am anderen Ende der Welt bei einem kurzen Telefongespräch begreiflich machen, was für ein Glücksgefühl es sein kann, mitten in einem kleinen Andendorf tatsächlich einen gebrauchten passenden Fahrradmantel aufzutreiben oder wie sehr eine Dose Frühstücksfleisch eine Bereicherung des Speiseplanes darstellt. Deutschland ist weit weg. Es ist immer noch der gleiche Planet, aber momentan befinden wir uns in unterschiedlichen Welten. Das Wichtigste klappt auch über Internet und an das sind wir bisher regelmäßig rangekommen.

Das letzte Mal jedoch hatte ich mich aus Südamerika gemeldet. Auch für mich ist es mal wieder an der Zeit, den Weg zur nahen Telefonzelle anzutreten. Ich quäle mich aus dem Schlafsack. Die Knochen schmerzen, eigentlich bin ich hundemüde. Doch es gibt Neuigkeiten, die mich hellwach werden lassen. Mein Bruder erwartet Nachwuchs. Vorher soll aber noch geheiratet werden. Das schlägt ein wie eine Bombe. Seine zukünftige Frau kenne ich nicht einmal.

Sind wir wirklich schon so lange unterwegs? Erst jetzt wird mir die zeitliche Dimension der Reise so richtig bewusst. Wir wollten ein Jahr unterwegs sein. Daraus sind jetzt schon über zwei geworden.

Nach wenigen Wochen lichten sich die Reihen der Kürbisse. Nur noch an einzelnen Tagen arbeiten wir für John. Mittlerweile haben sich auch andere Arbeiten aufgetan, denn wir nehmen alles an, was kommt. Über die Arbeit in einer Baumschule knüpfen wir Kontakt zu einem Karottenpackhaus und gelangen zu den Orangen, die mittlerweile immerhin gelb geworden sind. John, der Kürbisfarmer, hält uns an Regentagen weiterhin mit seiner gewichtigen Ernte beschäftigt. Die muss jetzt gewaschen und verpackt werden.

Mit Brad, der uns bei der Ankunft den Kürbisjob vermittelt hat, haben wir mittlerweile Stress. Besser gesagt, er hat ein Problem mit uns. Seit Tagen würdigt er uns keines Blickes, ignoriert uns auffallend. Er hat irgendetwas in den falschen Hals bekommen. Doch mit der

Sprache rückt er erst raus, als sich die Situation zuspitzt. Nach reichlichem Alkoholkonsum kommt es zwischen ihm und seinem Kumpel Derren zu einem handfesten Streit.

»Die nehmen den Australiern die Arbeit weg!«, beschwert sich Brad lautstark bei den anderen im Suff. Derren, zu dem auch wir einen guten Draht haben, verteidigt uns. Die Quittung ist ein blaues Auge und bei Brad ein ausgehauener Schneidezahn.

Tatsächlich ist es so, dass wir sieben Tage die Woche mit Arbeit voll ausgelastet sind. Brad und einige andere Saisonarbeiter haben seit einigen Tagen nur sporadisch einen Job bekommen. Wir besprechen das mit John. Doch der beruhigt uns. John will auf keinen Fall für die wenige, verbleibende Arbeit neue oder andere Arbeitskräfte einstellen. Er ist zufrieden mit uns.

»Das Problem von Brad und manch anderem Arbeiter ist«, erklärt er uns, »dass sie sich die besser bezahlten Jobs herauspicken, während ihr nicht wählerisch seid. Und speziell bei Brad ist das Problem«, versucht er weiter die Vorwürfe zu beschwichtigen, »dass man sich nie sicher sein kann, ob er auch jeden Tag einsatzfähig ist. Das Bier schmeckt ihm einfach zu gut. Ihr habt das ja sicher schon gemerkt«.

Wir sollen uns keine Sorgen machen.

»Wollen die anderen Geld verdienen, dann gibt es hier immer noch Arbeit. Wenn nicht bei mir, dann bei anderen Farmern.«

Wir hängen noch etliche Wochen dran. Einmal eingearbeitet, wollen wir das Maximale rausholen. Obwohl Brad nach zwei Tagen wieder einen neuen Job gefunden hat, hat die ganze Aktion einen faden Beigeschmack hinterlassen. Das Klima hat sich unwesentlich verbessert. Nach gut drei Monaten sind sämtliche Kürbisse gewaschen und sortiert. Mit Orangenpflücken lässt sich kaum Geld verdienen und die Karotten haben momentan keine große Nachfrage. Unser Drang nach Freiheit wird immer lauter. Wir vermissen die ungespritzte Natur, den einsamen Sternenhimmel. Wir wissen, es ist an der Zeit, weiterzuziehen.

Die Hochzeitspläne meines Bruders lassen uns keine Ruhe. Wir stecken in einem Zwiespalt. Gerne würde ich bei der Feier dabei sein, die Glückwünsche persönlich überbringen. Erst ein gutes halbes Jahr nachdem wir Deutschland verlassen hatten, haben wir uns in die Reise hineingefunden, konnten wir von zu Hause loslassen. Deutschland ist nur vierzehn Flugstunden entfernt. Doch für uns liegt mehr dazwischen. Würden wir mit der gleichen Leichtigkeit wieder da anknüpfen können, wo wir unterbrechen müssten? Wird die Reise danach so sein wie vorher? Wir haben Angst, von einem kurzen Heimaturlaub nicht wieder loszukommen.

In Adelaide angekommen, haben wir uns eigentlich schon gegen einen kurzen Trip in die Heimat entschieden. Trotzdem bleiben Zweifel. Nach einem Besuch in einem Reisebüro fällt endgültig die Entscheidung. Hin- und Rückflug nach Deutschland würden einen Großteil des verdienten Geldes verbrauchen. Ich rufe meinen Bruder an, erkläre ihm die Lage und bin erleichtert, dass er für die Situation Verständnis hat.

Knapp viertausend Kilometer quer durch den Kontinent liegen vor uns. Bis hinauf nach Darwin, der kleinen Stadt an der Nordküste des Kontinents folgt die heutige Route der 1872 gebauten Telegrafenlinie. Der Schotte John McDouall Stuart war der Erste, der Australien von Süden nach Norden durchquerte. Viermal ist er bei diesem Versuch gescheitert, erst 1865 kam er durch. Die große Schwierigkeit bestand damals darin, eine Route zu finden, auf der der Mensch wenigstens nach einer Woche wieder auf einen Fluss oder eine Quelle stieß. Zu Beginn unserer Reise hätten wir sicher etwas mehr Respekt vor der bevorstehenden Strecke gehabt. Vielleicht hätten wir sogar eine andere Route gewählt, entlang der Küste. Doch mittlerweile haben wir dazugelernt. Längst fahren wir nicht mehr so blauäugig drauflos, wie das noch in Island der Fall war. Auf halbem Weg nach Darwin liegt Alice Springs, die einzige Stadt auf dieser Strecke, das wissen wir. Im Abstand von drei bis vier Tagesetappen tauchen so genannte Roadhouses, Versorgungsstationen, bestehend aus einer Tankstelle und wenigen Häusern auf. Wir bringen zudem in Erfahrung, dass entlang des Stuart Highways in unregelmäßigen Abständen betonierte Regenauffangtanks zu finden sind. Auch wenn wir uns nicht darauf verlassen, dass sie Wasser haben, ist das eine beruhigende Neuigkeit.

Einige Australier prophezeien uns permanenten Gegenwind bis Darwin. Doch das schockt uns nicht sonderlich. So schlimm wie in Patagonien kann es nicht werden.

Auch Susi ist jetzt heiß auf die lange Fahrt durch das Outback, mitten durch den roten Kontinent. Seit dem Altiplano in Bolivien oder Argentinien wissen wir, dass wir lange, einsame Strecken mögen. Zumindest solange der Wind mitspielt. Hier reduzieren sich die Eindrücke, denen wir täglich ausgesetzt sind. Man hat Platz und Raum durchzuatmen, Erlebnisse aufzuarbeiten, ohne große Ablenkung.

Die Reise hat durch die langen Unterbrechungen der letzten Monate wieder an Farbe gewonnen.

Das Outback, das Landesinnere des Kontinentes, ist eine fast unbesiedelte Region. Wenige asphaltierte Hauptverkehrsstrecken durchziehen das Innere Australiens. Dazwischen liegen nur vereinzelt weit verstreute Rinderfarmen, in denen die Kinder Fernunterricht über Funk und Internet erhalten. Im Krankheitsfall wird der ›Royal Flying Doctor Service‹ verständigt, eine Art fliegender Rettungswagen.

Es ist Anfang Juni, wir stecken mitten im australischen Frühling. Extreme Temperaturen wird es erst in zwei Monaten geben. Über die Orte Yucka, neunzig Einwohner, dreitausendfünfhundert Schafe und ›Murray River‹, Spitzenreiter mit sechsundneunzig Einwohnern, aber keine Schafe und Rinder, erreichen wir die Kleinstadt Port Augusta, das südliche Tor zum Outback.

Wir halten uns in dem Ort nicht allzu lange auf. Drei Kilo Nudeln, zwei Kilo Kekse und Schokolade, einen Liter Ketchup, eineinhalb Kilo Käse, neun Dosen Thunfisch. Ein wenig Obst, Salzcracker als Brotersatz und richtiges Brot. Wir decken uns nochmal ausreichend mit Lebensmitteln ein. Zum nächstes Roadhouse sind es einhundertsiebzig Kilometern, zum nächsten Laden sind es sechshundert. Um die Wasserreserven aufzustocken, besorgen wir uns je zwei Fünfliterkanister, die wir noch zusätzlich hinten drauf spannen. Gemeinsam haben wir knapp dreißig Liter Wasser dabei. Mehr ist nicht drin. Kein Wunder, dass ständig die Felgen reißen.

Wieder mal überrascht uns dieser Planet. Statt mit unerträglicher Hitze und wüstenhaften Temperaturen empfängt uns das Outback in den ersten Tagen mit Regen und frischem Nordwestwind. Er zwingt uns, Pullover und lange Hose herauszukramen. Zumindest müssen wir uns erst mal keine großen Gedanken über die Wasserversorgung machen. Die Tanks werden voll sein.

Wenige Regentropfen reichen aus, um den trockenen Boden zum Explodieren zu bringen. So wie wir es nach einem überraschenden Regenguss auf der Halbinsel der Baja California in Mexiko schon mal erlebt hatten. Auch jetzt wiegt sich die rote Erde des Outbacks in einem solch gewaltigen Blütenmeer, dass es jedem den Atem verschlägt. Nichts erinnert mehr an die endlose, spröde Schönheit, und endlich wird sichtbar: Die Wüste lebt.

Nicht nur die baumlose Landschaft, sondern auch der Wind erinnert uns an Patagonien. Er bläst uns in fast argentinischer Stärke, wie vorhergesagt, direkt ins Gesicht. Die hohen Eukalyptus- und Akazienbäume sind schon vor Port Augusta verschwunden. Susi fährt in meinem Windschatten. Da mir die Kunst der Meditation und der Geistesübung, wie Gilles sie vergeblich gepredigt hatte, verschlossen bleibt, versuche ich etwas Neues. Ich stecke mir die Stöpsel unseres kleinen Weltempfängers in die Ohren und drehe den Lautstärkeregler voll auf. An diesem Tag wird ein ›Queen-Spezial‹ gesendet. Im Takt der Musik tretend, singe ich lauthals mit Freddy Mercury im Duett. ›Another One Bites the Dust‹ brülle ich noch mit. ›Now I'm Here‹, bringt mich schon aus dem Takt, und ›Don't Stop Me Now‹ bringt mich an den Rand eines Herzversagens und uns am Abend zielstrebig zum Pimba-Roadhouse, dem ersten Versorgungsposten. Das ist halt noch richtige Musik.

Adelaide liegt vierzehnhundert Kilometer hinter uns, als wir die Grenze zum Northern Territory, dem nördlichen Bundesstaat, überschreiten. Die Vegetation wurde auf den letzten hundert Kilometern zunehmend spärlicher, dafür das Rot der Erde und des Gesteins stetig leuchtender.

»Wir könnten doch nach Alice Springs durchfahren und dort eine Uluru-Tour buchen!« schlägt Susi zaghaft vor.

Doch davon will ich nichts wissen.

»Aber ich habe einfach keine Lust, zweihundertfünfzig Kilometer rein und dieselbe Strecke wieder zurückzufahren«, fügt sie hinzu, als von mir keine Antwort kommt.

Ich schlage ihr vor, dass sie den Bus nehmen soll. Ich würde die Strecke mit dem Rad zurücklegen.

»Ich steige nicht in den Bus!«, bekräftige ich meine Absicht.

»Das war nicht abgemacht!«

»Es war auch nicht abgemacht, dass wir in einen Bus steigen«.

»Du Sturkopf. Alles muss nach deinem Kopf gehen. Auf mich hörst du gar nicht!«, kommt die verärgerte Antwort prompt zurück.

»Natürlich höre ich auf deine Meinung, aber ich steige nicht in einen stickigen Bus, mit getönten Scheiben. Du kannst das aber gerne machen!«

Der einsame Monolith im Herzen des Kontinentes ist für uns nur auf einer Stichstraße zu erreichen. Seit Tagen versucht Susi, mir das Fahren per Anhalter oder sogar eine Gruppentour von Alice Springs zum Ayers Rock einzureden. Doch ich habe nach all den letzten Monaten der Arbeit richtig Spaß an der Kilometerfresserei. Mit dem Überschreiten der Grenze zum Northern Territory hat sich auch das Wetter schlagartig gebessert. Die Sonne hat die Wolken verdrängt und je weiter wir nach Norden kommen, desto mehr dreht sich der Wind zu unseren Gunsten. Ich habe so richtig Spaß am Fahrradfahren. Susi scheinbar nicht.

Eine Trennung kommt für sie jedoch nicht in Frage. Sie weiß, dass sie mich nicht umstimmen kann und fügt sich griesgrämig ihrem Schicksal. In Erldunda Roadhouse biegen wir beide für den größten Umweg der Reise, vom Stuart Highway auf den Lasseter Highway ab, der direkt auf die Hauptattraktion des Kontinentes zuführt.

Am Abend erreichen wir Mount Ebenezer, ein kleines ärmlich wirkendes Roadhouse mit angrenzendem Camping und Fastfood-Restaurant. In einem Nebenraum wird Handwerkskunst der Aboriginals verkauft. Hinter der Theke steht ein ziemlich beleibter Mann mit tiefschwarzer Haut und starken Lippen. Er ist ein waschechter Aboriginal.

»Wo kommt ihr denn her?«, fragt er uns mit tiefer, dröhnender Stimme lachend.

Im ersten Augenblick verwundert über diese Frage, entgegne ich: »Aus Deutschland«.

»Ach so, ihr seht nämlich so aus, als hättet ihr gerade tausend Kilometer Outback zu Fuß durchquert«, und beginnt schallend zu lachen.

Erst jetzt fällt uns auf, was wir für einen Eindruck machen müssen. Braun gebrannt, klebt roter Staub dick auf unserer verschwitzten Haut. Unsere Kleidung ist von der Sonne und dem täglichen Gebrauch abgenutzt und ausgeblichen. Für uns nichts Besonderes, ein Dauerzustand. Aber so sehen keine normalen Touristen aus, die hier einen Stopp einlegen.

Wir kommen mit Ted ins Gespräch. Er ist ein lustiger Kerl, lacht sehr viel. Klar dürfen wir unser Zelt hinter dem Gebäude aufbauen. Bei einer kalten Cola wollen wir von Ted wissen, ob die bunt bemalten Bilder und Didgeridoos tatsächlich von Aboriginals gefertigt wurden.

»Na sicher!«, sagt er. »Die Sachen werden in der nahen Siedlung produziert. Das Geld, was damit verdient wird, wie auch die Einnahmen dieses Roadhouses fließen zu hundert Prozent in die Gemeinde und werden dort für den Erhalt der Unterkünfte und die Schulbildung verwendet.«

»Ist es möglich, sich die Aboriginal-Gemeinde anzuschauen?«, frage ich interessiert nach.

Ted ist verwundert.

»Warum wollt ihr dahin? Dort gibt es nichts Interessantes zu sehen, außer ein paar renovierungsbedürftigen Häusern mitten im staubigen Busch!«

Wir kommen auf die Situation der Aboriginals zu sprechen.

»In manchen abgelegenen Gegenden ist es erst siebzig Jahre her, dass die Weißen die Aboriginals vertrieben haben. Die neuen Siedler haben Zäune aufgestellt und den Aboriginals verboten, das Land zu betreten, das sie seit Jahrtausenden auf der Suche nach Nahrung und Wasser durchstreift haben. Für viele war der Übergang zu schnell und auch heute noch leben viele zwischen den Welten. Zwischen einer vierzigtausend Jahre gewachsenen Kultur, ihren Bräuchen und Sitten also, und einer Welt des weißen Eindringlings. Bis vor wenigen Jahrzehnten kannten die Aboriginals weder Bekleidung noch Behausungen, konnten nicht schlafen, wenn sie den Wind nicht im Gesicht spürten. Auch heute noch ist es vielen weißen Australiern unverständlich, warum die Aboriginals in den Reservaten nicht in den von der Regierung zur Verfügung gestellten Wellblechbaracken wohnen wollen, sondern es vorziehen, im Freien zu schlafen und die Fußbodenbretter als Brennholz zu verwenden. Manche von uns haben den Sprung in diese Welt noch nicht geschafft. Die Sackgasse heißt oft Alkohol.«

Die Tür geht auf. Eine Armee leuchtend weißer Wadeln stürmt das kleine Lokal. Zielstrebig peilt die Touristengruppe die Theke an, an der es Pommes und Burger gibt.

»Sorry, Arbeit ruft!«, grinst Ted uns beim Aufstehen an.

Er dreht sich nochmal um.

»Hier habt ihr die Chips für den Duschautomaten. Ihr habt es dringend nötig!«

»Kein Wunder, dass die Aboriginals diesen einsamen Felsen als ihren heiligen Berg ansehen.« Zwei Tage später stehen wir staunend bei Sonnenuntergang vor dem Ayers Rock.

Mitten aus einer endlosen Buschlandschaft hebt sich der Berg aus rotem Sandstein rund dreihundertfünfzig Höhenmeter von seiner flachen Umgebung ab. Der Uluru, wie ihn die Aboriginals nennen, verändert je nach Sonneneinstrahlung und Lichteinfall binnen weniger Sekunden seine Farbe und bietet seinen Betrachtern ein fast magisches Schauspiel.

Susi gibt es zwar nicht direkt zu, aber auch sie ist sichtbar froh, dieses Etappenziel mit dem Fahrrad erreicht zu haben. Dadurch gewinnt dieses abendliche Schauspiel noch mehr an Bedeutung.

Auf der Rückfahrt vom Uluru schauen wir nochmals kurz bei Ted im Roadhouse vorbei, aber er ist heute nicht da. Wir fahren weiter, es ist erst früher Nachmittag. Der Kontakt zu der Urbevölkerung beschränkt sich auf der weiteren Reise bis Darwin auf zufällige Begegnungen. Wir haben das Gefühl, dass die meisten Aboriginals lieber in Ruhe gelassen werden wollen. Das respektieren wir.

Wenige Tage später passieren wir Alice Springs, die einzige größere Stadt im Zentrum Australiens, etwa tausendfünfhundert Kilometer von allen anderen größeren Orten entfernt.

Eine Tagesreise hinter Alice Springs signalisiert ein kleiner, stählerner Globus am Straßenrand, dass wir den südlichen Wendekreis überschreiten. Wir befinden uns in den Tropen. Und tatsächlich, je weiter wir nach Norden kommen, desto höher steigen die Temperaturen und die Luftfeuchtigkeit nimmt merklich zu. Der Wind hat sich fast gänzlich gelegt. Die Sonne strahlt so stark, dass wir uns Kopftücher über die Ohren binden und uns dick mit Sonnencreme einschmieren. Kaum stehen wir, stürzt sich auf unsere verschwitzte Haut ein ganzes Geschwader von Fliegen. Wir haben Probleme beim Essen, denn die kleinen Biester sind eine wahre Plage. Aus den unergründlichen Tiefen der Packtaschen kramen wir deshalb die Mosktionetz-Kopfbedeckungen heraus und stülpen sie uns über. Nur das kann die aggressiven Insekten davon abhalten, auch in Mund und Nase zu kriechen.

Stundenlang radeln wir schweigend vor uns hin. Rauer Asphalt lässt die Reifen schnurren. Das Geräusch hat längst eine beruhigende Wirkung auf uns.

»Cocos Corner!«, platzt es plötzlich aus Susi heraus.

»Stimmt!«, gebe ich zurück.

Ich hatte vor mehreren Stunden Susi gefragt, ob sie sich noch an den Namen des seltsamen Ortes mitten in der Wüste der Baja California erinnern kann, wo der einbeinige Einsiedler uns halb am Verdursten die eiskalte Getränkedose verkauft hatte. Dass Antworten oft erst Stunden, manchmal sogar Tage später kommen, empfinden wir nicht mehr als ungewöhnlich. Zeit hat eine andere Bedeutung, ist nicht mehr so wichtig. Welcher Wochentag ist, wissen wir seit Ewigkeiten nicht mehr, haben Schwierigkeiten das Datum festzulegen. Manchmal haben wir sogar Probleme, den Monat zu bestimmen. Ich habe mich sogar schon dabei ertappt, dass ich mir für einen kurzen Moment unsicher bin, in welchem Land wir uns gerade befinden.

»Das nächste Mal trage ich die Räder hinein«, prophezeie ich gereizt.

»Das ist zwar mühseliger, aber immer noch besser, als bis tief in die Nacht die Zeit mit Reifenflicken zu verschwenden.«

Die Frucht eines stacheligen Bodengewächses, von den Aussies ›Three Corner Jack‹ genannt, macht uns das Leben schwer. Der Lagerplatz mitten im Busch ist wunderschön, doch genießen kann ich ihn nicht. Bis tief in die Nacht ziehe ich, am Lagerfeuer sitzend, neunundzwanzig Dornen aus dem Mantel.

Zumindest ist die Wasserversorgung kein Problem. Die Tanks sind bisher alle voll gewesen. Der größte Anteil geht unterwegs fürs Trinken drauf. Wir teilen den Wasservorrat aber so ein, dass wir abends für die Dusche Wasser übrig haben. Darauf wollen wir schon lange nicht mehr verzichten. Die Reise hat uns zu Minimalisten werden lassen. Zwei Liter um den gröbsten Dreck runter zuspülen und für Susi sogar zum Haare waschen. Das Duschwasser fangen wir mit der Faltschüssel auf, in die wir uns hineinstellen und gleich die verschwitzten Socken und Unterwäsche auswaschen.

Die Tanks liegen, je näher wir uns an Darwin herantasten, immer dichter beieinander. Die Fahrräder kraftaufwendig in den Busch zu schleppen, weg von der Straße, nervt uns schon bald gewaltig, und so planen wir unsere Tagesetappen nach den Wasserdepots. Zu unserer Freude haben sie als zusätzliche Ausstattung immer häufiger einen betonierten Tisch mit Sitzbänken. Da wir das Zelt schon seit Wochen nicht mehr aufstellen, legen wir uns abends mit Isomatte und Schlafsack einfach auf die Tische. Der Mond hängt meist wie eine helle Laterne über unseren Köpfen, der Sternenvorhang fällt bis zum Boden. Je nach Tischabstand, mal laut mal leise, unterhalten wir uns meist über die Reise. Beide sind wir uns einig: Australien ist ein toller Abschnitt. Wir schmieden Pläne für die Zukunft. Als nächster Kontinent käme Asien. Das nächste Land wird wohl Indonesien werden. Wir wollen weiterfahren, da sind wir uns einig.

Und wir brauchen ein neues Ziel vor Augen, ein Ziel wie Ushuaia. In uns wächst der Wunsch, die Erde jetzt ganz zu umrunden.

Unser neues Ziel heißt: Eichstätt!

Die Erde hat noch immer nicht an Anziehung verloren.

Die roten Termitenhügel links und rechts der Straße werden immer höher und überragen mich stellenweise um fast eine Kopflänge. Faszinierend, dass kleine Insekten fähig sind, solche Monumente zu erschaffen. Ebenso fasziniert uns die ewige Weite jeden Tag aufs Neue.

»Hast du eigentlich gewusst«, klärt mich Susi auf, »dass das kleine arabische Land Bahrain hier draußen irgendwo eine Rinderstation zur eigenen Versorgung betreibt und dass deren Fläche dabei die des eigenen Landes übertrifft?«

Eine Sache gibt es im Outback wirklich noch im Überfluss: Platz!

Die Luft wird stickiger und drückender. Wir gelangen an Mataranka Springs. Glasklare, heiße Quellen umgeben von einer tropischen Vegetation. Das Zentrum des Kontinents haben wir längst durchquert, wir kommen Darwin immer näher. Die Vegetation wird langsam üppiger und grüner, wenn auch die rote Erde immer noch bestimmender Farbgeber unserer Umgebung ist.

Ein kräftiger Dorn an meinem Vorderrad lässt uns im spärlichen Schatten eines mächtigen Eukalyptusbaumes anhalten. Auch die gibt es wieder. Während der Reparatur inspiziere ich die Felge. Ich verstehe die Welt nicht mehr. Die neue Felge weist nach nur knapp dreitausend Kilometern durch Australien wieder Haarrisse auf.

»Ich weiß nicht, was wir noch machen sollen. Wir können doch nicht alle zwei Monate eine neue Felge besorgen!« schimpfe ich.

Bis Darwin wird sie noch halten müssen.

Nach fünf Monaten auf dem roten Kontinent kommen wir im September in Darwin, dem Endpunkt der Australienetappe, an. In einem Reisebüro erkundigen wir uns nach einem Flug nach Indonesien. Der günstigste geht nach Bali. Sportgeräte werden von der indonesischen Airline kostenlos mitgenommen. Fahrräder fallen in diese Kategorie. Allerdings wird uns gesagt, dass für die Einreise nach Indonesien neue Bestimmungen gelten. Seit vier Wochen wird ein Visum benötigt. Aus dem Internet und im Fernsehen bekommen wir mit, dass gestern ein Anschlag auf die Australische Botschaft in Jakarta, der Hauptstadt

Indonesiens verübt wurde. Dieser Bombenanschlag ist das letzte Glied in einer Reihe von Anschlägen islamistischer Extremisten.

»No problem, Indonesia is beautiful«, versichert uns der klein gewachsene Angestellte des Indonesischen Konsulats.

Schnell lenkt er von den Anschlägen ab und preist sein Visum an, wie ein guatemaltekischer Salbenverkäufer in einem überfüllten Bus. Den Antrag hält er uns direkt unter die Nase. Am nächsten Tag können wir das Visum problemlos abholen. Stolz überreicht er uns die Pässe.

»Schaut hier, Visum is beautiful, Indonesia is beautiful.«

Indonesien sollte zu einem Schlüsselland der Reise werden. Die ersten zwei Wochen machen wir das, was alle Ausländer auf dem hinduistisch geprägten Bali eben machen. Urlaub. Die Insel ist nicht allzu groß und überschaubar. Die Küsten besitzen wunderschöne Sandstrände und im bergigen Inselinnern leuchten Reisfelder und die Vegetation saftig grün. Die unzähligen Tempelfeste sind ein Feuerwerk der Farben. Unser Auge saugt nach dem roten Kontinent diesen neuen Kontrast durstig auf.

Die Hauptinsel Java ist anders. Anfangs halten wir uns noch an die nördliche Küstenstraße. Die vielen Tempelanlagen sind mittlerweile von Moscheen abgelöst worden. Über neunzig Prozent der Bewohner auf Java sind Moslems. Die Luft ist feucht wie ein Waschlappen und der dichte Verkehr reinstes Russisches Roulette. Wie schon während der Hitze Mittelamerikas sind wir bereits um vier Uhr mit dem ersten Tageslicht auf der Straße. Das ist unsere Chance, zumindest für kurze Zeit dem Verkehr und den hohen Temperaturen aus dem Weg zu gehen. Java scheint eine einzige Stadt zu sein. Dörfer und Orte gehen nahtlos ineinander über, Großstädte sind so zahlreich, dass wir Schwierigkeiten haben, sie zu umfahren. Sie sind schmutzig, hässlich und voll. Die Insel platzt aus allen Nähten. Einzige unbebaute Flächen sind geflutete Reisfelder, die mit Ochsenkarren bestellt werden. Unser Tag läuft nach einem festen Muster ab. Die Tagesetappen haben wir gegen Mittag meist hinter uns gebracht. Danach ist es viel zu heiß. Einen Lagerplatz zu finden, ist fast aussichtslos und so nehmen wir uns meist ein Zimmer in einem billigen Hotel.

»Das Schöne daran ist«, gewinnt Susi dieser Situation etwas Positives ab, »obwohl die Leute immer noch mit ›Guten Morgen‹ grüßen, machen wir schon Feierabend.«

Frustration macht sich bei uns breit. Frustration darüber, dass wir zum ersten Mal ein Land betreten, dessen Sprache wir nicht beherrschen. Mit Spanisch und Englisch haben wir bis dahin die gesamte Kommunikation abgedeckt. Durch die tägliche Praxis beherrschen wir diese Sprachen mittlerweile fließend. Doch jetzt haben wir gewaltige Probleme, die schon bei einfachen Dingen wie dem Einkaufen anfangen. In Ketandang, einem Dorf nahe der großen Stadt Yogyjakarta, versuchen wir eine geschlagene Stunde Brot aufzutreiben, nur um festzustellen, dass es gar keines gibt. Wie in Südamerika sind wir oft umringt von einer Menschentraube. Verstohlen wird getuschelt, verlegen gekichert, kaum einer traut sich, uns anzusprechen. Wir versuchen mit Gesten und Mimik die Distanz, die durch den unterschiedlichen kulturellen Hintergrund besteht, zu verkleinern, das Eis zu brechen. Aber eine befriedigende Kommunikation mit der Bevölkerung, wie wir sie bisher immer gewohnt waren, ist einfach nicht mehr möglich. Will man wirklich etwas über die Menschen erfahren, ist die Sprache der Schlüssel dazu. Besonders in den ersten Wochen ist das eine für uns überaus frustrierende Erkenntnis.

Meine Enttäuschung darüber ist so groß, dass ich Susi den Vorschlag mache, zunächst einen Sprachkurs zu absolvieren.

»Aber wie soll das weitergehen? Willst du für jedes Land, in das wir kommen, zuerst einen Sprachkurs machen?«

Sie hat natürlich Recht. Wir müssen lernen, damit umzugehen. Wir nehmen uns für die Zukunft vor, bevor wir ein neues Land betreten, zumindest die Zahlen und die allerwichtigsten Redewendungen in der jeweiligen Sprache zu lernen.

Wir durchqueren den kleinen Ort Wariunkiara im Osten der Insel Java. Bis nach Sumatra, die nächste Insel, sind es noch wenige Tagesreisen. Susi ist vom letzten Anstieg total geschafft. Seit einer halben Stunde irren wir durch den Ort auf der Suche nach einem kleinen Geschäft oder Warung, einem indonesischen Straßenlokal, um eine kalte Cola aufzutreiben. Unsere Körper schreien nach Zucker. Das Dorf wirkt, wie viele Orte Indonesiens, staubig und heruntergekommen. Aber unsere Suche bleibt leider erfolglos. Gestern hat der islamische Fastenmonat Ramadan begonnen. Seitdem scheint Indonesien tagsüber wie ausgestorben. Nur noch vereinzelt erreichen uns die penetranten und nervigen Schreie halbstarker Jugendlicher, die uns, seit wir uns auf Java befinden, wie ein Echo hinterherschallen. Der

Unterschied zu Südamerika besteht darin, dass aus »Gringoooo!« jetzt »Hello Misterrrrr!« geworden ist.

Es herrscht eine seltsame Stimmung. Geschäfte und Lokale sind geschlossen.

»Auch wenn ihr keine Muslime seid, solltet ihr aus Respekt in der Öffentlichkeit nichts essen oder trinken«, hatten uns drei indonesische Rennradfahrer chinesischer Abstammung wenige Tage zuvor empfohlen. Sie waren uns auf einer Trainingsfahrt begegnet und wir fuhren einige Kilometer gemeinsam. Obwohl wir nicht glauben, dass die Indonesier es uns übel nehmen würden, wenn wir als Reisende und insbesondere als Radfahrer Nahrung und Flüssigkeit zu uns nehmen, versuchen wir uns an den Rat der drei Chinesen zu halten. Hastig würgen wir hinter einer Mauer oder einem Baum tagsüber ein paar Happen hinunter. Zur Wasserflasche greifen wir nur, wenn wir uns unbeobachtet fühlen. Das Versteckspiel zieht unsere Stimmung weiter nach unten.

Ausgelaugt setzten wir uns in den Schatten einer Mauer. Beide fühlen wir uns kraftlos und unmotiviert. Vom Spaß, den ich noch in Australien hatte, ist nicht mehr viel zu spüren. »Momentan habe ich echt keinen Bock mehr! Ich habe keine Motivation«, gesteht Susi mir. Situationen, in denen wir uns eingestehen, am liebsten alles hinschmeißen zu wollen, gab es immer wieder. Doch egal was wir sagten, wir wussten beide, dass damit nur Dampf abgelassen wurde. Ans Aufhören hatte bisher keiner von uns jemals ernsthaft nur eine Sekunde gedacht. An Susis Tonfall merke ich jedoch, dass es diesmal anders ist.

»Erinnerst du dich noch an Peru?«, frage sie mich plötzlich.

Ich hänge gerade an meiner Trinkflasche und versuche dabei den Ekel erregenden Plastikgeschmack des lauwarmen Wassers zu ignorieren. Beinahe verschlucke ich mich.

»Ja, natürlich erinnere ich mich an Peru!« Eigentlich weiß ich genau, worauf sie hinaus will.

»Wir haben mal gesagt, wenn wir nicht mehr Spaß an dem haben, was wir machen, dann müssen wir aufhören oder etwas ändern!«

Ich nicke.

»Erinnerst du dich noch an diese knatternden dreirädrigen ›Mototaxis‹ hinter denen du wie ein Bescheuerter her warst und eines kaufen wolltest?« Ohne eine Antwort abzuwarten, fährt sie fort: »Vielleicht ist die Idee, ein Dreirad als Reisegefährt zu verwenden, doch gar nicht so verrückt. Ich meine verrückt schon, aber überdenkenswert. Es wäre eine neue Herausforderung!«

Ich bin platt! Eine neue Herausforderung. Aber ich verstehe, was Susi meint. Mittlerweile hat sich tatsächlich eine gewisse Lethargie eingestellt. Morgens aufstehen, zusammenpacken, losradeln, unterwegs die gleichen Fragen, wie am Tag zuvor, Landschaften schwimmen vorbei und verblassen. Es passiert immer seltener, dass wir Neues von Gesehenem unterscheiden können. Abends einen Platz suchen für die Nacht. Die anfänglich noch als Ruhepol empfundene Routine ist zum Alltag geworden.

»Ich habe gelesen, dass es in Thailand auch solche Dinger geben soll. Ich glaube, sie heißen dort Tuk Tuk. Wir könnten versuchen, so ein Fahrzeug aufzutreiben und damit weiterzureisen.«

Ich nicke wieder.

»Fahrrad fahren habe ich jetzt eigentlich genug ausprobiert«, schießt es mir durch den Kopf. Und man soll ja nichts übertreiben.

»Klar«, erwidere ich. »Ich bin ja kein Sturkopf!«

Ich lasse einen weiteren Schluck der ekligen Brühe aus der Flasche die Kehle herunterlaufen. Der Geschmack ist mir plötzlich egal.

»Eine neue Herausforderung!«, denke ich mir.

Auf Sumatra erwischt mich das Fieber. Seit vierundzwanzig Stunden liege ich im Bett. Susi macht sich ernsthaft Sorgen. Das Fieber kommt in unregelmäßigen Schüben und klettert dabei auf über einundvierzig Grad. Wir tippen auf Malaria. Mit letzter Kraft schleppe ich mich mit Susis Hilfe in das nahe gelegene Krankenhaus der Stadt Palembang. Ich kann mich kaum auf den Beinen halten, meine Kleider sind schweißdurchtränkt.

»Aba kabar – Wie geht es?«, Susi wendet sich an die junge Rezeptionistin in der landestypischen Begrüßung.

»Baik, Baik – Gut, gut!«, kommt es zögerlich, wie verwundert zurück. Sie läuft rot an, als sie merkt, dass Ausländer vor ihr stehen.

»Bitte, wo kann man hier einen Malariatest machen?«, fragen wir auf Englisch.

Sie kichert unsicher, versteht kein Wort. In meinem Zustand fehlt mir die Geduld und Nachsicht. Ich zittere am ganzen Körper. Mir ist plötzlich kalt und das bei knapp fünfunddreißig Grad im Schatten.

»Doktor!«, versucht Susi ihr klarzumachen. Wir brauchen einen Arzt. Ist das denn so schwer zu verstehen?

Das Mädchen hinter der Scheibe wirkt merklich verunsichert und überfordert. Sie kichert wieder. Dieses Verhalten vieler Einheimischer uns gegenüber, wenn wir sie direkt ansprechen, sind wir gewohnt, aber hier im Krankenhaus macht uns das rasend. Da sitzt sie in der Rezeption des Stadtkrankenhauses, vor ihr steht ein schweißgebadeter, käsebleicher Kerl und faselt mit zittriger Stimme irgendetwas von ›Malaria‹. Was kann der Mister wohl von ihr wollen? Ich stöhne auf, und denke, lasst mich zumindest hier einfach ein Kranker, wie jeder andere auch sein und verdammt noch mal – behandelt mich!

Susi übernimmt die Initiative und macht sich selber auf die Suche nach einem Arzt. Ich setze mich mangels Sitzmöglichkeit auf den Boden. Beim dritten Versuch hat Susi Glück, der Arzt versteht ein paar Brocken Englisch. Er führt uns quer durch das Krankenhaus. Türen und Fenster der Zimmer stehen weit offen. Die Hitze ist unerträglich, Klimaanlagen gibt es keine. Fliegen schwirren auf der Suche nach einer nässenden Wunde herum, Kranke liegen auf Matratzen am Boden. Im Labor angekommen, wird mir Blut abgenommen. Susi füllt irgendeine Karte aus und kreuzt zusätzlich zum Malariatest auch noch Dengue-Fieber an. Das Ergebnis gibt es in zwei Stunden.

Was bedeutet ›tak ditemukan‹?

Der Dengue-Fieber-Test ist laut Laborbericht ›negativ‹. Aber was bedeutet das ›tak ditemukan‹ hinter ›Malaria‹? Das Ergebnis haben wir in einem Briefumschlag wortlos ausgehändigt bekommen. Ist es jetzt Malaria oder ist es keine? Mein Fieber ist wieder über die Vierzig-Grad-Marke gestiegen. Ich will mich nur noch irgendwo hinlegen. Wieder kein Arzt in Sicht, nur der Laborant. Wir sollen zahlen. Ein Warung-Essen für den Malariatest und elf für den auf Dengue-Fieber.

»Tak ditemukan, was bedeutet das?«, fragt Susi nochmals nach.

Wir ernten verständnisloses Kopfschütteln und Achselzucken. Es ist zum Haareraufen,

»Muss man euch denn alles aus der Nase ziehen?«, auch Susi ist mit ihrer Geduld am Ende.

Sie begibt sich wieder auf die Suche nach jemandem, der Englisch spricht. Erleichtert kommt sie nach einer halben Stunde zurück.

»Keine Malaria!«

Nach drei Tagen geht das Fieber langsam zurück. Susi hat mich in unserer Unterkunft dreimal täglich mit einem Breitbandantibiotikum gefüttert.

»Wenn ich schon sterben muss«, hatte ich zu Susi gesagt, »dann nicht in diesem Krankenhaus«. Von roter Elektrolytlösung bleibe ich diesmal verschont. Vermutlich gibt es hier in Indonesien keine Erdbeeren.

Wir ändern die Pläne. Im übernächsten Morgengrauen rollen wir aus der erst erwachenden Stadt. Das Brackwasser neben der Straße strömt einen üblen Geruch aus, und linker Hand stecken alte Ruderboote im sumpfigen Morast. Ich fühle mich immer noch zittrig. Wir passieren einen Platz, an dem der tägliche Markt abgehalten wird. Die mit Planen überdachten Stände sind umringt von übel riechendem Matsch aus alten Obst- und Fischabfällen. Verschlafene Gesichter an den Bushaltestellen starren uns entgegen. Nur Verwunderung, wenige Rufe. Der schmale Fahrbelag ist ein einziger Flickenteppich. Vor den wenigen Autos müssen wir stets auf der Hut sein. Dreimal werden wir fast gestreift und mehrmals auf den sandigen Seitenstreifen runtergehupt. Triste zweigeschossige Betonbauten mit kleinen Hausratgeschäften und Autowerkstätten reihen sich an die staubigen Ausfallstraßen. Zum Hafen sind es nur wenige Kilometer. Dort fährt zweimal in der Woche ein Boot nach Singapur. Wir beide wollen nur noch raus aus Indonesien.

Am Ticketschalter nochmals Chaos und Verwirrung.

Warum wollen diese zwei ›Misters‹ mit den seltsam bepackten Rädern Tickets für die billige ›Economi-Klasse‹, statt für die komfortable ›Bisnis-Klasse‹. Die können sich das doch leisten! Wir bestehen auf ›Economi‹.

Die Räder sind ein weiteres Problem. Keiner weiß, wie sie zu berechnen sind. Eine Liste muss her. Ah ja, hier steht Fahrräder wiegen fünfzig Kilogramm und Frachtkosten pro Kilo laut Liste sind siebentausend Rupien. Der Kassier tippt auf dem Taschenrechner und präsentiert uns das Ergebnis: »Dreihundertundfünfzigtausend Rupien«, somit das Zwanzigfache des Personenfahrpreises der ›Bisnis-Klasse‹.

Beide runzeln wir die Stirn. Auch ihm kommt das ein wenig zu hoch vor. Kurzerhand streiche ich ihm zunächst hinter den fünfzig Kilogramm in seiner Liste eine Null weg.

»Made in Germany«, füge ich bestimmend hinzu.

»Tidak – nein!«, das geht nicht. Er ist entrüstet.

Ein Fahrrad wiegt laut Liste fünfzig Kilogramm. Vermutlich wiegen die indonesischen Modelle aus chinesischer Fertigung tatsächlich so viel. Bestimmend deutet er auf die Fünfzig in seiner Liste. Nochmals wird nachgerechnet. Der Taschenrechner ändert nicht seine Meinung. Wir schütteln den Kopf.

Ratlos kaut er auf seinem Bleistift herum. Auch er weiß, dass der Preis reinster Wucher ist. Warum auch immer, aber plötzlich streicht er einfach ein Null am Ende des Preises weg. Aus dreihundertfünfzigtausend werden eben mal schnell fünfunddreißigtausend Rupien. Freudestrahlend präsentiert er das Ergebnis. Wir schütteln wieder den Kopf. Immer noch zu viel.

Ich kritzle ein Strichmännchen und ein Fahrrad auf sein Papier und präsentiere ihm folgende Gleichung: ein Mensch gleich zwei Fahrräder!

Nach kurzem Zögern nickt er mit dem Kopf. Das ein Fahrrad nur halb soviel wert sein kann wie ein Mensch, leuchtet ihm scheinbar ein. Wir sind uns einig.

Der kleine Stadtstaat Singapur liegt unmittelbar auf einer Insel am Südende der Malaiischen Halbinsel, die sich nach Norden bis nach Thailand hinaufzieht. Seit Jahren ist Singapur das Aushängeschild der Region. Singapur zählt zu den führenden Wirtschaftszentren Südostasiens und genießt den Ruf, sauberste Stadt Asiens zu sein. Nach Indonesien kommt es uns vor, als wäre sie die sauberste Stadt der Welt. Hoch aufgeschossene Bürogebäude und riesige Shoppingzentren in der Stadt wirken elegant. Die Stadtbahn ist schnell, billig und effizient, wie scheinbar alles hier. Es ist eine ganz andere Welt. Englisch ist erste Sprache in der quirligen Metropole, deren Bevölkerung sich größtenteils aus Chinesen, Malaien und Menschen mit tamilisch-indischer Abstammung zusammensetzt. Wir können uns wieder verständigen. Wir atmen auf, wenn auch nur für kurze Zeit.

Ganze drei Stunden benötigen wir, um Singapur zu durchqueren. Über einen künstlich aufgeschütteten Damm, der die Hauptinsel mit dem Festland verbindet, erreichen wir Malaysia.

Die Regenzeit kündigt sich an. Schutz vor dem täglich am Nachmittag einsetzenden Platzregen finden wir in den regelmäßig am Straßenrand auftauchenden, mit Palmenblättern überdachten hölzernen Sitzplattformen. Einheimische nutzen sie als Bushäuschen und Rastplätze. Die Luft ist schon vormittags extrem schwül. Der halbstündlich andauernde Regen bringt kaum Linderung. Dafür verwandelt er die Straßen in kürzester Zeit in reinste Flussläufe. Wir halten uns entlang der Ostküste und radeln durch endlose Palmenhaine, in denen kleine Affenhorden herumtollen. Die Strecke ist äußerst ruhig, die zahlreichen Touristenorte scheinen ausgestorben. Erst abends, nach Sonnenuntergang, wenn die Moslems im Ramadan essen dürfen, beleben sich die Straßen. Mittlerweile haben wir gelernt, uns oft nur mit Gesten zu verständigen. Malaysia ist weniger dicht besiedelt als sein südlicher Nachbar. Die Hitze hat ebenfalls nachgelassen. Dass wir uns in Indonesien weniger wohl gefühlt haben, lag sicher auch an uns selber und den ersten Ermüdungserscheinungen, die eine lange Reise mit sich bringt.

Kleine Straßenstände, an denen Kuchen zum Fest ›Hari Raya Puasa‹ verkauft wird, kündigen das nahe Ende des Fastenmonats an.

»Sobald die religiösen Führer offiziell die erste Sichtung des Neumonds bestätigen, können die Feierlichkeiten beginnen«, erklärt uns Sharil, der junge Verkäufer in einem ausgezeichneten Englisch. Auch wir wollen in den Genuss eines Kuchens kommen, der hier wohl so etwas ist, wie bei uns die Lebkuchen zu Weihnachten.

»Vor Hari Raya wird gründlich Hausputz gehalten. Das Fest beginnt mit Massengebeten in den Moscheen. Danach besucht man Freunde und Familie, möglichst mit neuer Kleidung. Alle Türen stehen gastfreundlich offen. Rund um die Uhr ist man erfreut über Gäste – ob bekannt oder unbekannt – und bewirtet sie mit malaiischen Spezialitäten. Sieben Tage brennen überall bunte Lichter, um die Engel willkommen zu heißen, die jetzt die Erde besuchen.«

Sharil erzählt uns viel. Der Student freut sich, dass er mit jemandem Englisch üben kann. Wir haben es nicht eilig. Nachdem der Regen aufgehört hat, kaufen wir ihm zwei Kuchen ab.

An ›Hari Raya‹ erreichen wir die thailändische Grenze. Der Ramadan ist zu Ende, der Kuchen längst verspeist. Kaum über der Grenze knattern an uns Fahrzeuge mit drei Rädern und einem beleuchtetem Taxischild auf dem Dach vorbei.

»Heißen die wirklich TukTuk?«, vergewissere ich mich nochmals bei Susi.

»So viel ich weiß schon!«

»Egal, jedenfalls schauen die wirklich sehr ulkig aus!«

Es ist Liebe auf den ersten Blick. Doch damit fingen die Probleme an.

Kapitel VII

Asiens Ferner Osten

»Ja, mir san mit dem Dreiradl da!«

Der erste Eindruck ist Chaos. Hier passt nichts zusammen, zumindest auf den ersten Blick. Altersschwache Busse, Motorräder und Tuk Tuks quälen sich mühsam auf den verstopften Straßen ihren Weg durch diesen Irrgarten aus Stahl und Beton. Keine zwölf Meter darüber rauscht der futuristische ›Skytrain‹ über sie hinweg und bringt seine Fahrgäste in nur einem Viertel der Zeit zu ihrem Ziel. Bangkok besitzt keinen Glamour wie New York, Paris oder London und vielleicht ist es deshalb eine Stadt mit vielen Gesichtern und Chancen. Reisbauern und Teepflücker aus dem Norden finden in dieser Megametropole einen Lebensraum, auch wenn der anders aussieht, als der eines jungen ehrgeizigen Studenten, der den westlichen Idealen in der Hoffnung nachstrebt, irgendwann in einem der aufragenden modernen Bürogebäude zu landen. Seinen Hunger stillt man in einer der billigen Garküchen, die nie mehr als einen Steinwurf von einander entfernt liegen oder man leistet sich zwischendurch ein köstliches Pastrami-Sandwich aus der Delikatessenabteilung der üppig bestückten Supermärkte. Deutsches Bier oder französische Schokocremetorte findet man in einem der unzähligen, von Ausländern gut besuchten Pubs, Cafés oder Nachtklubs, oder man deckt sich mit neuen Klamotten ein, die einem auf dem großen Chatuchak-Markt für wenige Bhat hinterhergeschmissen werden. Es dauert Wochen, bis wir herausfinden, dass das scheinbare Chaos dieser Millionenstadt ein in sich funktionierender, geregelter Mikrokosmos ist, in dem jeder, der hier lebt, arbeitet oder sich auch nur für kurze Zeit aufhält, von Anfang an seinen festen Platz hat.

Offiziell nennen die Thailänder ihre Hauptstadt ›Stadt der Engel‹. Und davon braucht man eine ganze Armee, wenn man sich mit dem Rad in das Verkehrschaos dieser Millionenstadt stürzt. Wieder mal sind all unserer Sinne geschärft. Wir rollen vorbei an einer stinkenden Blechlawine, die sich nur langsam nach vorn quält und droht, von sich selbst überrollt zu werden. Ein Großteil der acht bis elf Millionen Einwohner staut sich täglich auf Bangkoks Straßen. Trotz des Verkehrs schaffen wir es auf unseren Rädern lebendig bis ins Zentrum an die Khao San Road, der bei Rucksackreisenden, Globetrottern, Individualtouristen, Hippies und deren Enkel mittlerweile berühmten Traveler-Meile zu gelangen. Für weniger als zehn Euro pro Woche quartieren wir uns in ein kleines Gästehaus, nahe dem breiten, träge dahin strömendem Chao Phraya ein, der Bangkok in zwei Hälften teilt.

Ob wir länger als eine Nacht bleiben, fragt uns die alte Dame, die das Guesthouse betreibt. Susanne nickt mit dem Kopf.

»Da sind wir ganz sicher!«

Vom Fluss weht eine kühlende Brise und erfrischt die vom Tag immer noch aufgeheizte Luft. Grelle Neonlichter vor den Geschäften und Straßenlaternen haben das Tageslicht abgelöst. Was für ein Tag! Wir sind immer noch aufgekratzt von der Stadtdurchfahrt. Selbst die kalte Dusche hat den Stress nicht ganz wegspülen können.

»Hast du an der Ampel den Elefanten mit seinem Führer gesehen? Ich dachte ich träume. Wie der sich seinen Weg direkt durch den Feierabendverkehr gesucht hat, mitten in dieser riesigen Stadt. Ein Elefant auf der Straßenkreuzung. Das ist doch Wahnsinn, oder?«

Die Eindrücke der letzten Stunden schwirren immer noch in unseren Köpfen. Ich merke Susi die Erleichterung an, in der Stadt angekommen zu sein, die ein neues Kapitel der Reise öffnen soll. Bei einer Dose Shinga-Bier sitzen wir direkt in einem nahen Park am Ufer des Flusses. Obwohl wir uns mitten in einer hektischen Millionenstadt befinden, herrscht um uns herum eine entspannte, friedliche Atmosphäre. Diese angenehme, ruhige Stimmung, der wir oft in Thailand begegnet sind, führen wir auf den ausgeglichenen und zurückhaltenden Charakter der Menschen in diesem Land zurück. Sie wirkt ansteckend auf uns.

Unsere innere Unruhe entspringt eher der Neugierde auf die kommenden Tage. Wird sich unser Plan umsetzen lassen? Welche Papiere braucht man überhaupt, um mit einem motorisierten Fahrzeug über Grenzen zu kommen? So einfach wie mit dem Rad wird das sicher nicht werden.

»Was meinst du, wie weit wird so ein Tuk Tuk überhaupt durchhalten?«, frage ich Susi nach ihrer Meinung.

»Na ja, recht robust schauen diese Dinger ja nicht gerade aus!«, ist ihre zögerliche Antwort. »Aber ich bin ja kein Fachmann!«

»Ich eben auch nicht!« Gerade das ist meine Sorge.

»Sicher werden wir einen Haufen Ersatzteile mitnehmen müssen.«

»Wo bekommen wir die überhaupt her? Was machen wir, wenn das Tuk Tuk mitten in der Steppe oder in der Wüste einfach stehen bleibt und wir es nicht mehr zum Laufen bringen?«

Mit dem Fahrrad, das wissen wir – nicht zuletzt seit Island oder den Anden – kommt man überall durch. Irgendwie ging es immer weiter! Aber wie ist das mit einem Tuk Tuk?

Früher hätte uns diese Unsicherheit ziemlich beunruhigt. Doch seitdem wir die halbe Welt mit dem Rad umrundet haben, empfinden wir diese Ungewissheit als spannend. Uns täglich spontan auf neue Dinge einzustellen, sich von den Ereignissen tragen und lenken zu lassen, hat etwas unglaublich Faszinierendes. Wieder mal stehen wir auf dieser Reise an einer Weggabel. Inzwischen wissen wir: Sackgassen gibt es keine, es geht immer weiter, irgendwie. Doch eines ist klar, die Räder müssen auf jeden Fall mit, falls alle Stricke reißen. Doch die Frage, die uns zunächst am meisten beschäftig ist: Woher bekommen wir ein Tuk Tuk? Eigentlich dürfte das bei der Anzahl derartiger Fahrzeuge kein Problem werden – denken wir.

Voller Tatendrang stürzen wir uns am nächsten Tag in das scheinbar unübersichtliche Gewühl der Straßen. Irgendwo muss es einen Gebrauchtmarkt, einen Laden, der diese Fahrzeuge verkauft, oder sogar eine Firma, die sie noch produziert, geben. Die Umgebung der Khao San Road ist nicht nur gesättigt mit Touristen, Läden mit imitierten Markenklamotten aus Vietnam, Tattooshops, Reisebüros, Internetcafés und preiswerten Unterkünften, sondern auch mit dreirädrigen Taxis. Unser erster Anlaufpunkt sind natürlich die Tuk-Tuk-Fahrer selber.

»Ihr wollt ein Tuk Tuk kaufen?«

»Damit durch Asien?«

Wir ernten wahre Heiterkeitsausbrüche bei den Fahrern. Neugierig scharen sich immer mehr Fahrer um uns. Schnell spricht sich auch bis zum Letzten in der wartenden Reihe herum, dass zwei ›Farangs‹, zwei Langnasen, wie die Thailänder Menschen mit europäischer Abstammung nennen, auf der Suche nach einem einigermaßen fahrtüchtigen Modell sind.

»Was wollt ihr dafür zahlen?«, fragt uns einer im gebrochenen Englisch.

»Was kosten die denn?«, wollen wir im Gegenzug wissen.

Man hält sich bedeckt, ist immer noch amüsiert über uns. Ein dicklicher Fahrer, über dessen Nacken ein verdrecktes Handtuch hängt, meint er wüsste da eventuell jemanden, der ein Tuk Tuk verkauft. Er könnte uns dorthin fahren. Wir horchen erfreut auf. Na prima, läuft doch ganz gut! Ich ziehe den großen Bangkok-Stadtplan aus der Tasche und breite ihn aus.

»No, no!«, schüttelt er den Kopf und wischt sich mit dem Handtuch über die verschwitzte Stirn. Er will uns dort hinbringen. Wir fragen nach, wie lange wir für die Fahrt brauchen und was sie kosten wird. Das letzte Mal, dass wir ein Geschäft eingegangen sind, ohne vorher nach dem Preis zu fragen, war an der mexikanischen Grenze bei Pfarrer Sanchez.

Wie lange wir unterwegs sind, weiß er nicht genau.

»Far, far! – Weit, weit!«, rechtfertigt er sein teures Angebot.

Wir merken, dass er nur auf ein Geschäft aus ist. Das angeblich zum Verkauf stehende Tuk Tuk, da sind wir uns sicher, gibt es gar nicht.

An diesem Tag kommen wir keinen Schritt weiter. Die meisten Tuk-Tuk-Fahrer verlieren das Interesse an uns, sobald sie merken, dass wir keine potenziellen Fahrgäste sind. Dass wir ernsthaft daran interessiert sind, ein Tuk Tuk zu kaufen, nimmt uns keiner ab. Die Ausbeute des Tages ist eine Telefonnummer und eine Adresse, die wir nicht mal lesen können. Sie ist in thailändischer Schrift notiert. Von einer Telefonzelle aus wähle ich die Nummer. Jemand meldet sich auf Thailändisch. Ich frage, ob er Englisch spricht.

»No, no!«, kommt es zurück.

Die Leitung ist unterbrochen.

Wir lassen nicht locker. Dass sich unser Plan nicht binnen eines Tages umsetzen lassen wird, war uns von vornherein klar. In den nächsten Tagen klappern wir weiter Tuk-Tuk-Fahrer ab, lassen uns von ihnen zum Transportministerium und der Zulassungsstelle bringen, wo wir uns genauer über die bürokratischen Voraussetzungen informieren. Abends hängen wir stundenlang in einem der zahlreichen Internetcafés am Computer und recherchieren. Doch je mehr wir uns informieren, desto mehr Fragezeichen tauchen auf.

»Wir brauchen jemanden, der uns hilft und übersetzt! Das würde vieles einfacher machen«. Susi hat Recht.

Ohne Unterstützung ist die Sache fast aussichtslos. Als wesentliche Bremse stellt sich wieder einmal die Sprachbarriere heraus. Zwar verstehen die meisten Thais zumindest ein paar Wörter Englisch und die meisten Beamten geben sich auch Mühe, aber um aus dem thailändischen Bürokratendschungel auch wirklich schlau zu werden, reicht es dennoch nicht.

»Aber wer soll uns da helfen?«

Beide sind wir ratlos.

Mit wackligen Beinen stehe ich vor einem Eckladen an einer belebten Straße. Die Fahrt mit dem Motorradtaxi sitzt mir in den Knochen. In einer halsbrecherischen Geschwindigkeit schlängelte sich der Fahrer des Mopeds, mit mir als Fahrgast auf dem Rücksitz, durch den Verkehrsstrom und nutzt dabei jede noch so kleine Lücke.

Ich deute mit dem Finger nochmals auf die Adresse auf dem zerknüllten Zettel, um sicher zu gehen, dass wir richtig sind. Er nickt und zeigt bestätigend auf den kleinen Eckladen. Ich bezahle die Fahrt. Zurück nehme ich auf jeden Fall ein Tuk Tuk. Seit gut einer Woche sind wir nun schon in Bangkok und doch keinen Schritt weitergekommen. Meine letzten Hoffnungen ruhen auf dem Zettel mit der Adresse auf Thai in der Hosentasche vom ersten Tag. Von außen sieht der Laden aus, wie alle kleinen Läden, die man in den vielen kleinen Seitenstraßen Bangkoks findet. Das Rolltor ist hochgezogen und dahinter versteckt die Dunkelheit das Innenleben. Es dauert einen Augenblick, bis ich mich zurechtfinde. Im spärlichen Licht einer flackernden Neonröhre entdecke ich eine Frau mit chinesischen Gesichtszügen hinter einem Schreibtisch. Versteckt hinter einem Stapel Kisten und Ordner telefoniert sie. Ich verstehe kein Wort. Der Laden macht den Eindruck eines heillosen Durcheinanders. Die schmutzigen Regale sind voll gestopft mit Autoersatzteilen. Mein Blick bleibt an einem hängen. Hat das nicht Ähnlichkeit mit dem markanten Vorderradkotflügel eines Tuk Tuks? Das sind keine Autoersatzteile, sondern Tuk-Tuk-Ersatzteile!

Die Frau legt auf. Sie versteht kein Englisch. Trotzdem versuche ich ihr zu erklären, wonach ich auf der Suche bin.

»Tuk Tuk«, sage ich immer wieder und komme mir total dämlich vor.

Wer ist eigentlich auf die Idee gekommen diese Dinger Tuk Tuk zu taufen? Sie greift zum Hörer. Sie spricht, ich verstehe wieder kein Wort. Plötzlich drückt sie mir den Hörer in die Hand.

»Sawat-dii khrāp – Guten Tag! Verstehen Sie Englisch?«, spreche ich etwas überrumpelt in die Muschel.

»Wie kann ich Ihnen helfen?«, kommt es von einer männlichen Stimme am anderen Ende der Leitung zurück.

Erleichtert schildere ich in kurzen Sätzen, dass ich auf der Suche nach einem Tuk Tuk bin und was wir damit vorhaben.

»Oh, toll! Mein größter Traum ist die Teilnahme an der Rallye Paris Dakar, mit einem Tuk Tuk!«, kommt die Antwort zurück.

Ich bin für einige Sekunden sprachlos. Habe ich da richtig gehört? Auf alles war ich gefasst, aber nicht auf so etwas. Mit einem Tuk Tuk zur Rallye Paris Dakar?! Das ist das Bescheuertste, was ich je gehört habe!

Die Stimme am anderen Ende teilt mir mit, dass er vielleicht helfen kann. Wir verabreden uns für morgen Mittag.

Die Chinesin grinst mich an, als ich ihr den Hörer reiche: »Good?«

Ich nicke und verbeuge mich leicht nach thailändischer Art. »Good, Good!«

Mit einem Tuk Tuk zur Rallye Paris Dakar!? Das ist total bekloppt! Na ja, mit einem Tuk Tuk quer durch Asien, ist auch nicht viel besser, schießt es mir durch den Kopf.

Meine Zuversicht ist geweckt.

Uns kommt es vor, als würde die stinkende, von Abgasen gesättigte Luft von Tag zu Tag breiiger. Der kleine, leicht untersetze Mann ist kaum älter als wir und stellt sich mit breitem Grinsen als Mister Anuwat vor. Wie verabredetet, treffen wir ihn vor dem Chana-Songkhram-Tempel nahe unserer Unterkunft. Schwarze Hose, schwarze Schuhe und weißes Polohemd machen aus ihm einen thailändischen Geschäftsmann. Er macht einen sympathischen Eindruck auf uns

»Ich bin auf dem Weg in die Firma!«, erklärt uns der Thailänder, während er mit dem Zeigefinger seine Brille nach oben schiebt.

»So heiß heute!«, fügt er noch hinzu. Die Hitze macht nicht nur uns zu schaffen. Wenn wir nichts vorhaben, sollen wir mitfahren, dann können wir uns im Auto weiter unterhalten. Wir haben nichts anderes vor. Sichtlich erleichtert, in seinem bulligen Toyota-Pick-up zu sitzen, dreht er die Klimaanlage auf Maximum. Nach gut fünfundvierzig Minuten landen wir an einer kleinen Lagerhalle, inmitten von abgebrannten Reisfeldern am Rande Bangkoks. Die letzten Kilometer hierher waren nur noch geschottert. Wir lassen uns unsere Verwunderung nicht anmerken.

»Ich habe ein Tuk Tuk für euch!«, gesteht uns Mister Anuwat fast nebenbei, als wir aussteigen.

Das Tuk Tuk kam während der Fahrt kaum zur Sprache. Die Gespräche drehten sich seltsamerweise nur ums Essen. Ein offener Schlagabtausch zwischen Schweinebraten mit Knödeln, Bambussprossen und Kokosmilch.

Die fast leere Halle ist etwas größer als ein halbes Fußballfeld. Ein Arbeiter steht an einer Bohrmaschine, ein zweiter schweißt an einem Tuk Tuk, das sich in einem Mitleid erregenden Zustand befindet. Zwei weitere Mechaniker falzen ein großes Blech an der handbetriebenen Presse.

»Come, come!«, winkt uns Mister Anuwat zu sich rüber.

Er führt uns um die Halle herum.

»Hier steht das Tuk Tuk!«

Susis und meine Blicke treffen sich kurz. Sie zuckt mit den Achseln. Statt vor einem der kunterbunten Dreiräder zu stehen, die Bangkok überfluten, hat dieses rostige Metallskelett, dass wohl vor langer Zeit schon sein Lebenslicht ausgehaucht, nur im Entferntesten und dann auch nur mit viel Fantasie Ähnlichkeit mit einem Tuk Tuk: Das Vorderrad fehlt, Sitze und Dach sind schlichtweg nicht vorhanden, ganz zu schweigen vom Motor ...

»Das ist kein Tuk Tuk, sondern ein ausgeschlachtetes Ersatzteillager. Man könnte es auch als ein Haufen Schrott bezeichnen!«, raunt mir Susi zu.

»Mai pen rai! – kein Problem!«, klopft mir Mister Anuwat auf die Schulter.

Unsere Fassungslosigkeit bleibt ihm nicht verborgen.

»In dieser Halle warten und reparieren wir alte Tuk Tuks. Bringen sie wieder auf Vordermann. Am Ende sind sie besser als neu!«

Seit Mister Anuwat vor zwei Jahren aus den USA nach Thailand zurückgekehrt ist, leitet er die kleine Firma, die er von seinem Vater übernommen hat. Sieben Jahre hat er in den Staaten gelebt und studiert. Irgendetwas mit ›internationalem Handel‹, erzählt er uns. Sein Vater hat die Firma seit Ende der fünfziger Jahre aufgebaut.

»Damals wurden die ersten Tuk Tuks nach Thailand importiert und es bestand große Nachfrage nach Ersatzteilen und Werkstätten«, erzählt er uns, als wir im voll klimatisierten Büro an eine kalte Cola schlürfen.

Wir sind überrascht, als wir erfahren, dass die Tuk Tuks ursprünglich aus dem heute hoch technisierten Japan kommen.

»Seit einigen Jahren haben die Japaner aber das Tuk Tuk wiederentdeckt. Und jetzt läuft es anders herum. Wir hier in Thailand exportieren Fahrzeuge nach Japan. Als Reimport, sozusagen.«

Wir kommen auf unser Geschäft zu sprechen.

»Ein guter Härtetest!«, findet Mister Anuwat.

Sein Plan, irgendwann an der Rallye Paris Dakar teilzunehmen, war ernst gemeint. Unsere Idee mit einem Tuk Tuk durch Asien zu fahren, gefällt ihm. Wir sind hocherfreut, als der Thailänder uns sämtliche Unterstützung und Hilfe zusagt. Die Umrüstung zu einem langstrekkentauglichen Fahrzeug will er auf seine Kosten übernehmen.

»Mai pen rai – Kein Problem, auch mit dem Papierkram. Das kriegen wir alles hin!« Der Thailänder ist zuversichtlich.

Es scheint tatsächlich so, als hätten wir unseren Mann gefunden. Noch weiß er allerdings nicht, auf was er sich da wirklich eingelassen hat.

Weihnachten steht vor der Tür. Seit gut einer Woche hängen bunte Lichterketten und Girlanden in den größeren Geschäften. In der belebten Sukhumvit-Einkaufsstraße laufen alberne Gestalten in Nikolauskostümen bei über dreißig Grad vor den großen Shoppingzentren auf und ab und drücken Passanten billige Werbegeschenke in die Hand. Auch in Mister Anuwats Firma steht ein unglaublich kitschiger Plastikweihnachtsbaum. Das buddhistische Thailand hat Weihnachten für sich entdeckt. Zumindest die kommerzielle Seite.

»Und wenn wir uns dieses blöde Zolldokument und die Zulassung irgendwo kaufen! An jeder Ecke wird doch hier gefälschtes oder kopiertes Zeug verkauft. Klamotten, Schuhe, Elektronik. Sogar Führerscheine und Studentenkarten werden einem angeboten, als wäre es das Normalste von der Welt!«, schimpfe ich mir den Frust von der Seele.

Vier Wochen sind wir nun schon in Bangkok und auch Mister Anuwat hat inzwischen eingesehen, dass die Hürden für unser Vorhaben größer sind als erwartet. Beim bürokratischen Teil endete vieles in einer Sackgasse. Mittlerweile haben wir in Erfahrung gebracht, dass Ausländer in Thailand kein Fahrzeug registrieren können. Auch ein ›Carnet‹, ein internationales Zolldokument, das man braucht, um mit einem motorisierten Fahrzeug Grenzen zu überschreiten, kann angeblich in Thailand niemand ausstellen.

Noch bevor wir den ersten Meter gefahren sind, merken wir, dass sich die Herausforderungen der Reise mit dem Fahrzeugtausch verschieben. Plötzlich sind wir uns gar nicht mehr so sicher, ob wir nicht einer Idee hinterherlaufen, die von vornherein zum Scheitern verurteilt ist. Mister Anuwat hat sich das leichter vorgestellt, gesteht er uns. Auch er wirkt irgendwie ratlos.

Technisch gesehen stehen wir vor ganz anderen Problemen. Wie bekommt man ein Tuk Tuk langstreckentauglich?

»Es sieht fast so aus, als wäre das Tuk Tuk an sich der Schwachpunkt«, beurteilt Susi den Stapel voll gekritzelter Blätter, der am Ende vor uns liegt, skeptisch.

Systematisch gingen wir sämtliche Belastungen durch, die das Tuk Tuk zu erwarten hat. Schlechte Pisten, Feuchtigkeit und Nässe, Staub und Dreck, Hitze, Kälte. Kein Bauteil, von der Federung bis zu Elektrik und dem Motor blieb verschont. Die lange Liste überraschte am Ende sogar Mister Anuwat.

»Türkis leuchtendes Wasser, weißer Sandstrand, Hängematte auf der Terrasse einer Bambushütte, ...«, fängt Susi an zu träumen. »Komm, jetzt ist Gelegenheit, um dem Stress den Rücken zu kehren und auf eine der Inseln vor der Küste zu fahren!« schlägt sie mir vor und präsentiert mir auch gleich noch zwei Möglichkeiten. Eine traumhafter als die andere. In Thailand hat man ja die Qual der Wahl.

Wie in Deutschland auch, sind viele öffentliche Büros und Läden über Weihnachten geschlossen. Auch in Mister Anuwats Firma haben die Arbeiter ein paar Tage frei. Nichts geht vorwärts. Die Sache ist geritzt. Einige Päckchen aus der Heimat haben den Weg nach Bangkok gefunden und so machen wir uns kurz vor Weihnachten aus dem Staub. Unter Kokospalmen am Strand feiern wir ein rundum erholsames Weihnachtsfest. Bereits das dritte der Reise.

Doch dann kommt der 26. Dezember. Ohne Vorwarnung schwappt eine bis zu zwanzig Meter hohe Welle mit einer gewaltigen Zerstörungskraft über große Teile der Küstenlinien Südostasiens hinweg. Einer der größten Tsunamis unserer Zeit verwüstet die Strände des Indischen Ozeans und fordert mehr als dreihunderttausend Opfer in Asien und Afrika.

Aus einer launischen Entscheidung heraus haben Susi und ich uns für eine Insel nahe der kambodschanischen Grenze entschieden, die komplett von der Katastrophe verschont blieb. Nur, weil die Busfahrt dorthin um wenige Stunden kürzer war. Die zweite Insel auf Susis Wunschzettel wurde von dem Tsunami mit voller Wucht getroffen.

Wie soll man das nennen? Schicksal? Glück? Zum richtigen Zeitpunkt, nicht am falschen Ort?

Dass der Tsunami überhaupt ganze Landstriche verwüstet hat, erfahren wir fast zufällig, acht Stunden später aus einem kleinen Fernseher eines Straßenrestaurants. Das ganze Ausmaß wird uns erst bewusst, nachdem Susi mit einem kurzen Telefonat nach Deutschland mitteilt, dass bei uns alles in Ordnung ist. Bis dahin war nur von einem starken Seebeben nahe der thailändischen Küste die Rede.

Zurück in Bangkok melden wir uns bei den Hilfsorganisationen. Susi bietet ihre Hilfe an als Krankenschwester, ich als freiwilliger Helfer. Da bereits ausreichend viele Helfer vor Ort sind, teilt man uns fürs Rot-Kreuz-Zentrum in Bangkok ein. Susi macht sich bei der Blutspendestelle nützlich. Viele Touristen sind dem landesweiten Aufruf zum Blutspenden gefolgt. Susi klärt sie kurz auf, weißt sie ein und kümmert sich um sie. Währenddessen lade ich mit anderen Helfern tonnenweise Lebensmittel, Trinkwasserkanister, Decken, Kleider und Zelte auf Lkws, die in die betroffenen Gebiete fahren.

Lange Stellwände an vielen Ecken, Straßenzügen und Plätzen Bangkoks an denen Angehörige, Freunde und Vermisste suchen und Fotos von Opfern ausgehängt sind, die bis dahin niemand identifizieren konnte, bringen uns auch noch Wochen später immer wieder ins Bewusstsein, unter welch gutem Stern unsere Reise stehen muss.

Nach einem mehrtägigen kollektiven, landesweiten Schock, geht das Leben, zumindest in Bangkok, das ebenfalls nicht von der Katastrophe betroffen ist, überraschend schnell seinen ganz normalen Gang. Die Thailänder sind gut organisiert.

»Ja, es ist eine Tragödie. Aber nun ist sie passiert. Wir müssen das Beste daraus machen!«, erklären mir thailändische Helfer, mit denen ich die schweren Hilfsgüter verlade.

Das Land hat sich bewundernswert schnell auf die Situation eingestellt. Zumindest nach Bangkok, so hat es den Anschein, ist das Lächeln nach einigen Tagen zurückgekehrt.

Welche Route sollen wir nehmen? Das ist die Frage, die uns neben dem Tuk Tuk am meisten beschäftigt. Wieder mal sitzen wir vor dem aufblasbaren Globus. Er ist uns mittlerweile so vertraut, wie der Münchner Stadtplan einem Garchinger Taxifahrer. Unsere bisherige Route haben wir mit rotem wasserfestem Stift markiert. Sie endet in Bangkok. Bei dem Anblick dieser kleinen Weltkugel frage ich mich jedes Mal: Wieweit und wohin wird die rote Linie in zwei Monaten, in einem halben Jahr gehen? Wird sie in Eichstätt enden?

Europa wäre von Thailand jetzt auf dem Landweg zu erreichen. Wären da nicht Burma und China. Die Militärregierung in Burma verweigert jedem Ausländer kategorisch die Durchreise mit einem eigenen Fahrzeug. Sondergenehmigungen sind ausgeschlossen. Somit bleibt uns der Weg nach Westen verschlossen. Und im Norden türmt sich China, dieses riesige Land, wie eine gewaltige, unüberwindbare Mauer auf.

»Alles ist möglich!«, hatte man uns ausgerechnet in der Chinesischen Botschaft gesagt, »auch die Durchfahrt mit dem eigenen Fahrzeug!«

Alles nur eine Frage des Geldes! Man veranschlagte die Kosten für die Genehmigung, Visa und Führer, der uns mit im Fahrzeug begleiten soll auf ungefähr zehntausend Euro. Kommunismus trifft Kapitalismus!

»Südostasien ist somit eingekesselt. Um es mit dem Tuk Tuk zu verlassen, bleibt uns zunächst nur der Seeweg offen«, fasse ich kurz zusammen.

»Wir könnten wieder zurück nach Malaysia tuckern, dann das Fahrzeug nach Indien verschiffen«, schlägt Susi als eine Möglichkeit vor.

»Die andere Variante wäre, das Tuk Tuk per Frachtschiff nach Japan zu transportieren. Von dort soll es eine unregelmäßige Fährverbindung nach Wladiwostok im Fernen Osten Russlands geben!«, lautet mein Vorschlag.

Über den Abschnitt durch Sibirien gibt es nur sehr spärliche Informationen. Ob es anschließend möglich ist, die Mongolei mit einem Tuk Tuk zu durchqueren, ist ebenso fraglich. Mit einem Tuk Tuk ist dort sicher noch keiner durchgefahren!

Wir wägen Vor- und Nachteile beider Varianten ab. Doch spätestens das überbevölkerte Indonesien hat uns bewusst gemacht, dass uns die weiten und einsamen Regionen der Erde eher liegen. Und allein dem Wort ›Mongolei‹ haftet, wie auch damals ›Island‹, eine mystische Anziehung an, der wir uns schwer entziehen können. Die nördliche Route weist ohne Zweifel mehr Fragezeichen und ungewisse Komponenten auf und dennoch, oder vielleicht auch deshalb tendieren wir beide zu diesem Weg. Es ist eher ein Bauchgefühl als eine rationelle, vernünftige Abwägung der Fakten.

»Unglaublich, wie die Arbeiter mit einfachsten Mitteln und Werkzeugen auskommen. Das grenzt fast schon an Zauberei«, berichte ich Susi erfreut über die Fortschritte am Tuk Tuk.

Seit dem Beginn des Umbaus fahre ich täglich ohne sie mit Mister

Anuwat raus in die Firma. Seit Weihnachten bleibt sie in Bangkok zurück und kümmert sich um den Papierkram. Und außerdem: »Technik ist schließlich Männersache!«

Wir bauen einen doppelt so großen Tank ein, die Federung wird verstärkt und das gesamte Fahrgestell angehoben, um eine größere Bodenfreiheit zu erreichen. Das Vorderrad bekommt eine Bremsscheibe verpasst, zusätzliche Scheinwerfer werden installiert und im Grunde wird die gesamte Elektrik neu verlegt. Empfindliche Teile wie Zündspule und Luftfilter werden an Orte verlegt, die von Staub und Nässe geschützt sind. Unter dem Motor, dem Getriebe und dem Tank montieren wir stählerne Schutzblenden.

Als gelernter Gold- und Silberschmied bin ich zwar auch Metaller, aber da hören die Gemeinsamkeiten zum Mechaniker auch schon wieder auf. Den Arbeitern schaue ich bei jedem ihrer Handgriffe über die Schultern. Das kann nicht schaden. Wir haben so eine leise Vorahnung.

Mit dem Tuk Tuk geht es voran. Der bürokratische Teil macht zwar nur zähe Fortschritte, aber es hat sich ein kleiner Lichtblick aufgetan. Seit Tagen warten wir auf die erlösende Antwort aus Deutschland. Nach zähem Ringen will der ADAC, trotz vorheriger Absage, nochmals prüfen, ob eine Möglichkeit besteht, das ›Carnet‹ für ein thailändisches Tuk Tuk auszustellen. Das Problem der Zulassungspapiere wollen wir umgehen, in dem wir das Tuk Tuk auf Mister Anuwat zulassen.

Trotz der Zuversicht, dass sich unser Plan umsetzen lässt, sitzen wir auf Kohlen. Es ist mehr die Ungeduld als die Ungewissheit, die an uns nagt.

Wenige Tage später platzt tatsächlich der Knoten. Eine Mail aus Deutschland gibt uns grünes Licht vom ADAC. Am gleichen Tag schiebt mir Mister Anuwat grinsend einen grauen Umschlag über den Tisch. Der Inhalt ist überraschend schwer. Ich öffne den Umschlag und halte zwei neue, rot-weiße thailändische Kennzeichen und das Zulassungsbuch in der Hand.

Ich kann meine Freude kaum in Worte fassen, kann es kaum erwarten, Susi die Schilder zu zeigen. Die Antwort auf die Frage, wie er das in so kurzer Zeit erledigt hat, bleibt mir Mister Anuwat mit einem schelmischen, geheimnisvollen Grinsen schuldig. Ich suche nach den richtigen Worten, um unseren tiefen Dank auszusprechen. Am Ende kommt ein schlichtes »Khɵɵp khun khrāp! Danke!«

Der kleine Thailänder ist ein Glied in einer Kette von zufälligen

Begegnungen mit Menschen, die uns selbstlos mit großer Hilfsbereitschaft begegnen und die, wie von einer guten Fee entlang unserer Route platziert wurden. Susi und ich können uns nur darüber wundern, das große Glück zu haben, solchen Menschen immer wieder zu begegnen.

Die Ereignisse überschlagen sich fast. Susi ist von der Nachricht vor Freude aus dem Häuschen. Sie tanzt und jubelt im kleinen Zimmer auf und ab.

»Ja, ja, ja wir san' mit dem Dreiradl da ...!«, singt sie ausgelassen und hüpft herum.

Doch auch sie hat Neuigkeiten. Bettina, ihre jüngere Schwester hat sich kurzfristig entschieden, uns zu besuchen.

Unserer Fahrt mit dem Tuk Tuk steht nichts mehr im Wege. Nachdem sämtliche Dokumente übersetzt wurden, haben wir sie nach Deutschland gefaxt und halten schon nach wenigen Tagen das gelbe Carnet, mit Siegel und Unterschrift des ADAC in den Händen.

»Solch ein Aufwand, wegen so einem kleinen Stück Papier!«, wundern wir uns.

Das Fahrzeug steht im neuen orange-blauen Glanz abfahrbereit in der Halle. Zuletzt wurde noch ein komplett überholter Gebrauchtmotor eingebaut. Wir konnten es kaum erwarten, bis wir das erst mal das Dreirad zum Leben erwecken. Überraschend leise und gleichmäßig brummt der kleine Motor vor sich hin. Er klingt wie Musik in unseren Ohren. Wie einfach wird jetzt das Erklimmen der Pässe und Steigungen werden. Vorne ist nur für eine Person Platz. Auf der Rückbank mindestens für drei. Fahren wollen wir abwechselnd. Nach anfänglichen Koordinationsschwierigkeiten bekommen wir den Dreh ziemlich schnell raus. Der Ganghebel liegt zwischen den Beinen, Bremse rechts, Kupplung links und Gas wie beim Motorrad am Lenker. Eigentlich alles ganz einfach! Viel Zeit bleibt uns für Testfahrten nicht. In zwei Tagen könnten wir aufbrechen. Wie beim Fahrrad, sind wir der Meinung, kommt die Routine irgendwann unterwegs. Bis Susis Schwester in einigen Wochen in Bangkok eintrifft, wollen wir Laos und den Norden Thailands erkunden. Danach wollen wir zu dritt nach Kambodscha. Auf die anschließende Route haben wir uns immer noch nicht ganz festgelegt. Na ja, mañana es otro dia!

»Jetzt bleibt nur die Frage, wie kriegen wir das alles in ein kleines Tuk Tuk?«

Etwas ratlos stehen Susi und ich vor einem ganzen Berg Ausrüstung. Mister Anuwat hat uns richtig dick mit Ersatzteilen und Werkzeug eingedeckt. Alle anfälligen Teile haben wir in doppelter Ausführung mit. Zwischen den Taschen, Ersatzteilen und Reifen, dem Werkzeug und natürlich unseren Rädern, steht zusätzlich eine kleine Kühlbox.

»Jetzt, da wir nicht mehr treten müssen, sollte ein wenig Luxus schon sein!« bin ich der Meinung.

»Würde es euch etwas ausmachen, morgen vielleicht ein kleines Interview zu geben?«, fragt uns Mister Anuwat plötzlich untypisch schüchtern und kratzt sich verlegen am Kopf.

»Ich habe eine Zeitung informiert. Das bringt vielleicht ein bisschen Werbung für die Firma.«

»Mai pen ray!«, ist unsere Antwort. »Na klar, machen wir mit!«

Und diesmal sind wir es, die nicht wissen, was da auf uns zukommen sollte. Aus einem Interview werden zehn. Immer die gleichen Fragen beantworten. Gut, das sind wir ja mittlerweile schon gewohnt. Nicht genug, dass wir die Schlagzeilen sämtlicher thailändischer Zeitungen schmücken, ehe wir uns versehen, werden wir von den ›Gottschalks‹ zu den ›Günther Jauchs‹ des thailändischen Fernsehens gereicht und erscheinen auf sämtlichen Mattscheiben Südostasiens. Unsere gepuderten Gesichter flimmern durch Nachrichtensendungen, Mittagsmagazine und Talkshows.

»Mit dem Tuk Tuk um die Welt!‹, darauf sind die Thailänder mächtig stolz, so scheint es. Dabei wollen wir nur nach Europa. Und selbst sind wir uns gar nicht sicher, ob wir es mit diesem Fahrzeug soweit überhaupt schaffen.

Schnell spricht es sich herum, dass zwei Langnasen mit einem Tuk Tuk, das schon fast den Status eines Nationalsymbols besitzt, auf große Reise gehen wollen. Selbst in der Millionenstadt Bangkok werden wir von den Leuten auf der Straße erkannt und angesprochen. Die Menschen wollen uns die Hände schütteln, verlangen sogar Autogramme. So langsam wird uns das Pflaster zu heiß. Es wird Zeit, dass wir hier wegkommen.

Es ist ein grandioser Moment. Nochmals haben sich Fotografen und Fernsehsender eingefunden. Das Tuk Tuk steht mit gelben Blumenkränzen geschmückt vor der Halle. Nach buddhistischem Glauben sollen sie Glück und Erfolg bringen. Über dem Tuk Tuk flattert fröhlich ein großer Bogen aus bunten Luftballons. An der langen Antenne, hinten am Fahrzeug hängen drei Fahnen unruhig im Wind. Die Deutsche, die Bayerische und ganz oben die Thailändische. Wir verlassen Bangkok nach drei Monaten. Es ist ein unbeschreibliches Hochgefühl, das uns von den Zehen bis zur letzten Haarspitze ausfüllt. Wir verlassen Bangkok mit einem original thailändischen Tuk Tuk, die Fahrräder auseinander geschraubt hinten draufgespannt.

Die hügelige Landschaft leuchtet von der Sonne gelb verbrannt. Vereinzelt tauchen Teeplantagen auf. Vom Beginn der Regenzeit ist hier im Nordwesten des Königreichs Thailand nichts zu spüren. Auf kleinen Nebenstraßen schlängeln wir uns Richtung laotische Grenze. Nachdem das Fahrzeug die ersten zwei Tage ohne Probleme gemeistert hat, sind wir merklich entspannter, zumindest was das Tuk Tuk betrifft.

»Nervös?« frage ich Susi.

»Schon!« ist die knappe Antwort

»Ich mag sie einfach nicht!«, ist die einfache Erklärung für die Grundnervosität, die sich bei ihr, trotz zwei Dutzend Länderüberschreitungen immer noch einstellt. Aber es ist ja auch unsere erste Grenze mit motorisiertem Fahrzeug. Noch dazu behauptete ein thailändischer Taxi-Fahrer, dass man mit einem thailändischen Tuk Tuk nicht in Laos einreisen kann.

Mit der Zuversicht, alle nötigen Papiere zu besitzen, nähern wir uns dem Grenzgebäude. Skepsis vermischt sich mit Neugier. Was lassen sich die Laoten wohl einfallen?

Doch soweit kommen wir gar nicht. Der thailändische Beamte will uns gar nicht erst über die Brücke der Freundschaft nach Laos ausreisen lassen. Das Fahrzeug ist nicht auf uns registriert. Vergeblich versuchen wir, ihm die Sachlage zu erklären. Aus dem Fernsehen kennt er uns auch nicht. Erst nach einem kurzen Anruf bei Mister Anuwat lässt er sich von der Richtigkeit überzeugen. Wir dürfen ausreisen.

Über einen Kilometer spannt sich die Brücke über den Mekong, der Lebensader Südostasiens. Noch bevor wir das laotische Grenzgebäude erreichen, kommen wir an eine seltsame X-Kreuzung. Wir müssen uns umstellen. In Laos herrscht wieder Rechtsverkehr.

»Nein, bisher ist noch nie ein thailändisches Dreirad eingereist«, bestätigt uns der oberste laotische Zollbeamte, bei dem wir gelandet sind.

»Es gibt keine Formulare für das Tuk Tuk. Für Autos und für Motorräder ja, aber nicht für Tuk Tuks.« Wie seine Untergebenen, ist er mit unserem Auftauchen sichtlich überfordert.

»Wir haben aber ein Formular für unser Fahrzeug«, versuchen wir ihm eine Lösung vorzuschlagen.

Das Carnet, das gelbe Zolldokument ist ihm bekannt. Sein Gesicht entspannt sich. Wir haben eine Lösung gefunden. Wir erklären ihm, wo welcher Stempel hingehört und dürfen nach einer Tasse grünem Tee in die Demokratische Volksrepublik Laos einreisen, die von der kommunistischen laotischen Volkspartei regiert wird. Unsere erste Grenze ist geschafft!

Wir tuckern nun durch die Länder am Mekong. Laos und Kambodscha, sind wie Thailand tief in dem buddhistischen Glauben verwurzelt. In safrangelbe Gewänder gehüllte Mönche, die ihren rituellen Aufgaben nachgehen, prunkvolle Tempel und goldene Buddhastatuen prägen auch in diesen Ländern das Bild der Straße. Und dennoch sind Laos und Kambodscha zwei Länder, die unterschiedlicher nicht sein könnten. Laos, das einzige Binnenland Südostasiens ist grün und von dichtem, tropischem Urwald bewachsen. Besonders der nördliche Landesteil ist von üppigen, grünen Höhenzügen zerklüftet, die sich bis an die chinesische Grenze ziehen. Kleine Dörfer und Siedlungen liegen versprengt an steilen Hängen und trotzen mit Respekt einflößender Gleichgültigkeit der Schwerkraft. Unter den aus Holz konstruierten Stelzenhäusern pulsiert das ländliche Leben. Männer baumeln dösend in Hängematten, Kinder spielen ausgelassen im Schatten. Und das gesamte Kontingent an Haustieren, wie Schweine, Hunde und Hühner nutzt den Schatten unter den ärmlichen Behausungen. Das ländliche Laos erinnert uns an Guatemala. Auch hier schrecken die Leute verdutzt auf und bleiben stehen, doch hier winken sie und rufen uns ein freundliches »Sabbei dee« hinterher. Hier in Laos fühlen wir den Hauch vom geheimnisvollen Reich Siam, das sich mit einem Schuss französischer Lebensart vermischt hat. Vor allem von älteren Laoten werden wir auf Französisch angesprochen. Körbe voll frischem Baguette und die Architektur in den wichtigsten Städten des Landes zeugen immer noch davon, dass das Land Jahrzehnte unter französischer Kolonialmacht stand. Und selbst in Laos passiert es uns noch, dass die Leute uns erkennen: »Susi ..., Danyo ..., TV, TV!

»Ich halte wieder!« Susi bereitet mich auf unseren nächsten Fahrgast vor.

»Sabbei dee – Hallo!«, grüßen wir strahlend die alte Oma, die uns nichts Böses ahnend, angehalten hat.

Der fällt erst mal die Kinnlade runter. Mit allem hat sie gerechnet, aber niemals mit zwei grinsenden Langnasen in einem Tuk Tuk. Sie schaut sich unsicher um. Susi springt raus und macht eine einladende Geste, die soviel heißen soll: »Komm Omi, wir nehmen dich mit!«

Zögernd nimmt die alte Frau ihr geschnürtes Bündel und den vollen Korb mit Blättern für das Hausschwein. Wir helfen beim Einladen. Den Laoten ist ein dreirädriges Gefährt als Taxi nichts Unbekanntes. Dass die thailändische Version etwas anders aussieht als die laotische, fällt den Menschen auf den ersten Blick gar nicht auf. Drei Räder sind drei Räder. Vom Reisbauern bis zu Schulkindern nehmen wir alle mit, die am Straßenrand auf eine Mitfahrgelegenheit warten. Ist der erste Schock überstanden, steigen sie alle ein. Wenn sie erst mal merken, dass wir Langnasen gar nicht beißen, verschwindet ihre Skepsis ziemlich schnell. Umso erfreuter winken sie uns dann noch hinterher, wenn sie erfahren, dass die Fahrt zudem vollkommen kostenlos war.

Die Tage fliegen vorbei, abends spüren wir kaum etwas von der für uns gewohnten Müdigkeit und körperlichen Schwere, die uns bisher nach einem harten Radreisetag überfallen hat. Schnell haben wir uns an das dreirädrige Fahrzeug als Transportmittel gewöhnt. Dass wir mit dem Fahrrad überall durchkommen wissen wir. Wie weit wir mit dem Tuk Tuk gehen können, müssen wir erst noch ausloten.

»Oh, oh, Daniel, der ist aber tief!« kommt es von hinten zu mir nach vorne. Vor uns liegt die achte Furt. Seit zwei Tagen befinden wir uns auf einer Lehmpiste, die uns im Norden des Landes durch den laotischen Regenwald zurück nach Thailand, nahe des Goldenen Dreiecks bringen soll. Immer wieder müssen kleinere Flüsse überquert werden. Die Brücken bestehen meist nur aus vier oder fünf aneinander liegenden Baumstämmen.

Vorsorglich haben wir uns für den Fall, dass wir im Schlamm stecken bleiben, oder einer der Baumstämme fehlt, bei einem kleinen Sägewerk in Laos zwei starke Holzbretter besorgt. Statt auf gelochte Sandbleche aus Aluminium setzen wir auf Qualität vom Handwerker. Wir müssen jetzt immer in drei Fahrspuren kalkulieren, ob eine Passagen zu schaffen ist. Da die meisten Brücken jedoch längst zusammengebrochen sind, müssen immer wieder kleinere Flussläufe durchfahren werden.

»Keine Angst Susi, der ist nicht tief!«

Die Mühe, zuerst wieder durch den Fluss zu waten, um die beste Passage zu finden, will ich mir ersparen. Ich habe keine Lust auf nasse Füße.

»Mai pen rai! Das ist doch nur eine Pfütze ohne Strömung!«

Erster Gang, hohes Gas und los.

»Siehst du, klappt prima!«, höre ich mich noch sagen, als der Motor plötzlich zu Gurgeln anfängt und abstirbt. Mitten in der etwa zehn Meter langen Furt bleiben wir stehen. Das Tuk Tuk steht im Wasser und wir haben doch nasse Füße.

»Mist, Mist, Mist!«, schimpft Susi.

Schon ist sie draußen und versucht das Tuk Tuk aus dem Schlamm zu schieben. Auch als wir beide mit vereinten Kräften drücken, rührt sich der schwere Bock nicht vom Fleck. Wir stecken fest. Mir schießt das Bild des bolivianischen Lkw-Fahrers im Altiplano durch den Kopf, der bereits zwei Tage ohne Nahrung auf Hilfe wartete.

»Ich könnte mir in den Hintern beißen!« Ich möchte Susi meine Leichtsinnigkeit gestehen. Doch die ist schon zurück auf der Piste.

»Ich hole Hilfe«, ruft sie mir noch zu und verschwindet hinter der Kurve, aus der wir gekommen waren.

Hilfe? Hier?

Keine fünf Minuten später schieben wir zu fünft an dem Tuk Tuk. Weiß der Teufel, wo sie die drei Männer mitten im Urwald so schnell aufgegabelt hat. Das Tuk Tuk bewegt sich kaum einen Zentimeter. Wir stecken in dem schlammigen Untergrund fest. Wie aus dem Nichts taucht plötzlich ein großer Pick-up auf. Der Fahrer kennt die Problematik, vielleicht sogar diese große Pfütze. Ohne dass wir viel erklären müssen, befestigt er einen Strick wie selbstverständlich an seinem und unserem Fahrzeug. Problemlos zieht er das Tuk Tuk aus dem knietiefen Morast heraus. Wir sind wieder frei!

Mehrere Male verneigen wir uns erleichtert zum Dank bei unseren Helfern. Ich versuche das Tuk Tuk zu starten. Der Auspuff spuckt nur Wasser. Nochmals bitte ich den Fahrer, sein Fahrzeug als Zugpferd zu missbrauchen. Ich drehe den Zündschlüssel und lege den zweiten Gang ein. Ganze zweihundert Meter dauert es, bis der Motor wieder zum Leben erwacht. Mit einer spontanen, ehrlichen Freude, die wir auch schon oft in Thailand erlebt haben, strecken unsere Helfer triumphierend die Fäuste in die Luft. Wir klopfen nach europäischer Sitte jedem einzelnen kräftig auf die Schultern und verneigen uns nochmals.

»Wo hast du die drei jungen Laoten eigentlich so schnell aufgetrieben?«, will ich von Susi später wissen.

»Die waren unweit der Piste im Wald beim Brennholz schlagen und waren mir beim Vorbeifahren schon aufgefallen!«

»Und was hast du zu ihnen gesagt?«

»Tuk Tuk … blubb blubb!«

Die beiden Schwestern liegen sich am Flughafen in den Armen. Die Tränen laufen. Für eine Nacht sind wir nach Bangkok zurückgekehrt, um Bettina am Flughafen einzusammeln. Für Bettina ist das ihre erste große Reise. Zum ersten Mal außerhalb Europas. Wir treffen am Abend auch Mister Anuwat auf ein kühles Bier. Er ist sichtlich erleichtert, dass der einzige technische Defekt, den wir hatten, ein loses Zündkerzenkabel war. Man merkt dem thailändischen Geschäftsmann an, dass er wirklich mitfiebert. Wann immer wir an ein Internetcafé kommen, sollen wir ihm weiterhin E-Mails mit einem kurzen Lagebericht schicken.

Während des Abstechers nach Laos sind Susi und ich uns einig geworden. Wir haben uns auf die nördliche Route über Japan, Russland und die Mongolei festgelegt. Da Mister Anuwat bereits einige Tuk Tuks nach Japan verschifft hat, können wir auf seine Erfahrung zurückgreifen.

»Mai pen rai!«, Mister Anuwat will die Sache für uns organisieren, während wir uns mit Bettina für einen Monat nach Kambodscha aufmachen. Somit werden wir ein weiteres Mal nach Bangkok zurückkehren.

Verlassen und sichtlich überfordert mit ihrer Umgebung sitzt Bettina alleine hinten im parkenden Tuk Tuk. Wie ein kleines Mädchen, das zum ersten Mal im Kino einen Walt-Disney-Film sieht, saugt sie alles was um sie herum geschieht, in sich auf und kommt aus dem Staunen gar nicht mehr heraus. Verkaufsstände, Garküchen und Händler mit billigen T-Shirts reihen sich aneinander. Waren werden auf alten Schubkarren, selbst gebastelten Holzwägen, Fahrrädern und auf dem Kopf in beide Richtungen transportiert. Man kann getrocknete Fische und geschälte Ananas bekommen, an Fleischbällchen und Froschschenkeln knabbern, Gewürze und exotische Kräuter kaufen. Einziger Halt scheint Bettina die kleine Kamera in ihrer Hand zu geben, die sie von Zeit zu Zeit benutzt. Susi und ich stehen seit zwei Stunden in dem überfüllten Grenzgebäude, von dessen Fenster aus wir unser Tuk Tuk und Bettina immer in Sicht haben. Es geht nur Millimeter vorwärts. Das Computersystem der thailändischen Grenzbehörde ist ausgefallen. Draußen wie drinnen herrscht stickige Hitze und ein heilloses Durcheinander. Immer wieder sprechen Kinder und Erwachsene Bettina an, reißen sie aus ihrem Staunen. Sie kann einem fast leidtun. Hartnäckige Schlepper bieten Susis Schwester ihre Dienste beim Erledigen der Grenzformalitäten an, bettelnde Kinder strecken die offene Hand aus und neugierige Uniformierte schleichen verstohlen um das Fahrzeug. Vom hoch entwickelten Deutschland in wenigen Tagen an die hektische Grenze eines der ärmsten Länder der Erde. Susi macht sich ein wenig Sorgen, ob der Schritt für Bettina nicht zu groß ist.

Ich frage mich insgeheim, ob Susi und ich mittlerweile abgestumpft sind oder ob wir uns einfach nur an das Chaos gewöhnt haben. Um uns herum findet ›nur‹ das alltägliche Leben statt. Doch für Bettina ist das ein Schritt in eine andere Welt.

Nach gut vier Stunden sind alle Formalitäten erledigt. Ein weiterer Stempel ziert auch das Carnet. Kaum haben wir die hektische Grenzstadt Poipet verlassen, verwandelt sich der Teerbelag in eine Oberfläche aus rotem, feinkörnigem Sand, dessen Partikel die kleinsten Ritzen und Öffnungen durchdringen. Vom satten Grün der laotischen Berge ist hier nichts zu sehen. Alles, was sich bis zu einhundert Meter im Dunstkreis der Straße befindet, wird von einem roten Schleier überzogen. Auf einem kleinen Dorfmarkt besorgen Susi und Bettina drei Mundschutzhauben, die wir uns wie viele Kambodschaner auch überstülpen, um die Atemwege zu schützen.

»Herrlich, herrlich!«, höre ich Bettina von hinten immer nur sagen. Der Staub und die triste trockene Umgebung machen ihr scheinbar nichts aus. Und tatsächlich ist der kühlende Fahrtwind in der trockenen, heißen Tiefebene, in der Kambodscha liegt, ein wahrer Segen.

Angkor ist überall. Auf der Staatsflagge, auf den Geldscheinen, sogar auf der Bierdose der größten, wahrscheinlich sogar einzigen Brauerei. Angkor ist das Sinnbild für die Hoffnung auf Aufschwung und eine bessere, friedlichere Zukunft der Menschen in einem Land, das sich nach über vierzig Jahren von immer wiederkehrender Gewalt und Zerstörung erst jetzt langsam erholt. Besonders hier in dem Ort Siem Reap, dem Ausgangspunkt der Touristen zu den Tempelanlagen, wird das besonders deutlich. Der zaghafte Aufschwung des Tourismus und der Infrastruktur Kambodschas ist eng mit den Anlagen von Angkor Wat verbunden. Die einzigartige Tempelanlage ist von ihrer kulturellen und touristischen Bedeutung im gleichen Atemzug mit Machu Picchu oder den ägyptischen Pyramiden von Gizeh zu nennen. Susi und ich sitzen auf den eigenen Rädern, Bettina auf einem gemieteten klapprigen Dreigangrad. Wie Hunderte Touristen täglich, bewundern auch wir die Tempelanlage der Khmer, die sich zerstreut auf einem riesigen Areal befindet. Zu Fuß bräuchte man Wochen, um sich nur halbwegs einen Überblick zu verschaffen.

»Achtung!«, warne ich die beiden Mädels, als es schon fast zu spät ist. Wieder trifft uns frontal eine Attacke. Alle drei sind wir von oben bis unter komplett durchnässt. Wir als Touristen und besonders das Tuk Tuk sind ein bevorzugtes Ziel.

»Von der höflichen zurückhaltenden Art der Asiaten ist hier nicht mehr viel zu spüren!«, kommentiert Bettina das Geschehen.

Wieder trifft uns eine volle Ladung. Wir feiern mittlerweile das Jahr 2549. Die buddhistische Zeitrechnung beginnt mit der Geburt von Siddharta Gautama, dem Gründer des Buddhismus im Jahre 543 vor Christus. Mit unserem Tuk Tuk sind wir tief ins kambodschanische Hinterland eingetaucht. Wir wollen an die Küste Richtung Süden. Doch auf den Straßen herrscht Ausnahmezustand. Die Kambodschaner feiern das Neujahrsfest ›Songkran‹. Vieles dreht sich bei dem traditionellen drei Tage andauernden Fest um Reinigung und Neuanfang. Doch die einst rituellen Waschungen haben sich im Laufe der Zeit zu einem wahren Wasserkrieg entwickelt. Aus Fahrzeugen, von den Balkonen der Häuser oder vom Straßenrand übergießen und bewerfen sich die Menschen gegenseitig mit Wasser. In diesen Tagen besteht kaum eine Chance auf die Straße zu gehen, ohne eine mehrmalige Ganzkörperdusche über sich ergehen lassen zu müssen. Hier mischen sich Traditionen mit ausgelassener Freude und Spaß. Im Tuk Tuk steht das Wasser und wieder mal sind wir froh über unsere wasserdichten Fahrradtaschen, die die meisten Ausrüstungsgegenstände trocken halten. Es ist schön, die Menschen lachen zu sehen.

»Seltsam, alleine unterwegs zu sein«, schießt es mir durch den Kopf.

In Sihanoukville, einer Küstenstadt im Süden Kambodschas, fing das Tuk Tuk plötzlich an rumzuzicken. Alle paar Kilometer blieben wir stehen. Vermutlich irgendetwas mit der Elektrik. Bettina sollte in vier Tagen von Bangkok zurück nach Deutschland fliegen. Wir beschlossen, uns zu trennen. Susi und Bettina machten sich per Bus und Boot auf den Rückweg nach Bangkok, während ich versuche, das Tuk Tuk wieder fahrtauglich zu bekommen. Wie lange das dauern würde, war nicht abzusehen. Nach zwei Tagen gerate ich an einen Mechaniker, der das Problem ziemlich schnell in den Griff bekommt. Die Zündspule war hinüber, vielleicht eine Folge der Flussdurchquerungen. Wieder was gelernt! Ersatz befand sich glücklicherweise in unserer Ersatzteilkiste. Mit zweitägigem Rückstand mache ich mich alleine auf die lange Fahrt zurück nach Thailand.

Ohne Susi und Bettina kämpfe ich mich auf einer roten Staubpiste alleine durch den kambodschanischen Dschungel Richtung thailändischer Grenze. Immer wieder komme ich an breite Flüsse, die nur mit einem provisorisch zusammengenagelten Holzfloß zu überqueren sind. Plötzlich muss ich die Aufgaben, die wir sonst immer zwischen uns aufgeteilt haben, alleine erledigen. Organisieren, verhandeln und das Tuk Tuk stets im Auge behalten. Auf der anderen Seite fühle ich mich seltsam befreit. Jetzt bin ich nur noch für mich selber verantwortlich.

»Susi und Bettina sind bereits in Bangkok! Hoffentlich!« Ganz abschütteln kann ich meine Besorgnis also doch nicht.

Laos und Kambodscha waren die ersten Länder, in denen wir ganz darauf verzichteten, uns abends in die Büsche zu schlagen. Abseits der staubigen Straßen und Pisten schlummert seit den Sechzigerjahren eine Gefahr im Boden, die auch heute noch jedes Jahr Tausende von Verletzten und Toten hervorbringt. Schätzungsweise vier bis sechs Millionen Landminen aus dem Vietnamkrieg und der Schreckensherrschaft der Roten Khmer liegen immer noch verborgen. Für die Menschen, die hauptsächlich von der Feldarbeit leben, stellt das ein gewaltiges Problem und einen unglaublichen Risikofaktor dar. Mit Erstaunen lese ich in einer Aufklärungsbroschüre über das richtige Verhalten bei der Entdeckung einer Mine, dass viele Staaten dieser Erde einen Vertrag unterzeichnet haben, der sämtlich Anti-Personen-Minen ächtet. Nicht verboten ist jedoch die Produktion und Verlegung von Anti-Fahrzeug-Minen. Und die können ebenso von Menschen ausgelöst werden. Was mag hinter einer solchen Schizophrenie wohl stecken – außer Menschen verachtenden Profitgedanken? Als wir uns auf diese Reise begaben, hofften wir Antworten zu finden. Antworten auf die elementare Frage: Wie ist unsere Welt wirklich? Und warum ist sie so, wie sie ist? Doch mittlerweile haben wir feststellen müssen, dass es auf unserem Planeten zu manchen Fragen keine erklärende, sinnvolle Antwort gibt.

Der Anblick von Menschen mit amputierten Armen und Beinen, die sich aus Ermangelung an Besserem auf selbst gebastelten Rollstühlen, oft nur einem Brett mit Rollen, über die Straße schieben, ist ein Bild, dem wir hier täglich begegnen. Die Betroffenen sind oft sich selbst überlassen. Staatliche Unterstützung gibt es kaum, ein soziales Netz ist ein Fremdwort. Das Wort Problem bekommt hier eine ganz andere Dimension. Fast mit Erleichterung stelle ich fest: Kambodscha geht mir unter die Haut. Wir sind weder abgebrüht noch abgestumpft oder ›aufnahmeresistent‹ geworden. Diese Erkenntnis lässt mich aufatmen.

Ich kneife die Augen zusammen. Kommt mir da tatsächlich ein Radreisender entgegen?

Mein erster Gedanke: Ist noch eine Cola da? Erleichtert fällt mir ein, dass sich noch eine Dose in der Box befindet. Und kalt müsste die auch noch sein. Von unserem Luxus sollen auch die wenigen Radreisenden profitieren, die in diesem Teil der Welt unterwegs sind. Seit wir Bangkok das erste Mal verlassen haben, ist der entgegenkommende Radler der dritte. Noch bevor er mich erreicht hat, halte ich ihm demonstrativ die kühle Dose Zuckerwasser entgegen. Mein Gegenüber kann es kaum fassen.

»Das muss eine Fata Morgana sein!«, begrüßt der einsame Radler mich, von oben bis unten mit einer roten Schicht bedeckt.

So muss ich tatsächlich auf ihn wirken. Vor einem thailändischen Taxi steht mitten im heißen Urwald Kambodschas ein Farang, der ihm eine kalte Dose Cola entgegenstreckt.

Bevor wir das rituelle Gespräch über das ›Woher?‹ und ›Wohin?‹ eröffnen, macht es ein lautes ›Zisch‹ und Mike, ein Ire auf dem Weg von Bangkok nach Vietnam lässt die Cola mit genussvollen Lauten die verstaubte Kehle hinunterlaufen. Mit Freuden schaue ich ihm dabei zu. Wie gut kann ich den armen Kerl verstehen.

Ein drittes Mal komme ich nach Bangkok zurück. Es ist fast ein wenig wie Heimkommen. Das Tuk Tuk bringe ich direkt zum größten Frachthafen der Region. Dort ist alles vorbereitet. Die Reederei weiß schon Bescheid und ich gebe das Tuk Tuk, wenn auch etwas ungern, in fremde Hände.

»Anstrengender als mit dem Rad durch die Anden!«, berichtet mir Susanne von der zurückliegenden Shoppingtour mit ihrer Schwester. Bettinas Rucksack ist prall gefüllt, platzt aus allen Nähten. Wir bringen sie zum Flughafen. Wieder erwarte ich Tränen. Doch die beiden Lachen und albern bis zur letzten Minute herum. Verstehe das, wer wolle!

Am Abend bedanken wir uns nochmals mit einem großen gemeinsamen Essen in einem thailändischen Restaurant bei allen Arbeitern und Mister Anuwat. Sie sind uns alle ans Herz gewachsen. Das Tuk Tuk ist bereits auf dem Seeweg nach Japan und vier Tage später steigen auch wir in den Flieger.

»Ein Tuk Tuk aus Thailand ist hier nicht angekommen!«, übersetzt uns Herr Yama.

»Aber es muss hier sein!«, entgegne ich fest davon überzeugt, dass es sich nur um ein Missverständnis handelt.

Der Hafenangestellte in der japanischen Stadt Nagoya kontrolliert auf unsere Bitte hin nochmals die Waren sämtlicher, gelöschter Schiffe in seinem Computer. Doch ein Tuk Tuk aus Thailand ist nicht unter der Fracht. Das weiß er bestimmt.

»Bisher sind alle Tuk Tuks, die Mister Anuwat verschickt hat, auch angekommen!« Auch Mister Anuwats japanischer Händler ist verwundert.

Er hat unser Tuk Tuk als medienwirksamen Aufhänger zum großen Thaifestival in Tokio fest eingeplant. Auf die Stadt und das Festival haben Susi und ich uns riesig gefreut. Zudem hätte Tokio den überaus luxuriösen Nebeneffekt, dass wir dort als PR-Gäste in den Genuss sämtlichen Komforts eines Fünf-Sterne-Hotels gekommen wären. Doch der Traum vom kurzen Luxus rutscht in weite Ferne und zerplatzt wie eine Seifenblase. Statt der Frage, welches belegte Schnittchen wir uns denn zum Nachtisch noch gönnen, müssen wir uns auf die mühsame Suche nach einer billigen Unterkunft und unserem verschollenen Fahrzeug begeben. Und nicht nur das Fahrzeug, sondern mit ihm ist auch sämtliche Ausrüstung verschwunden.

Die billigste Unterkunft in ganz Nagoya ist die Jugendherberge. Für den Preis einer Übernachtung könnten wir in Bangkok einen knappen Monat nächtigen. Mit einer fast aufdringlichen Höflichkeit entschuldigt sich Herr Yama mindestens fünfmal für die Unannehmlichkeiten. Übereifrig, als ob er etwas gut zu machen hätte, hilft er Susi beim Ausladen des leichten Rucksacks, unserem derzeit einzigen Besitz. Ohne Tuk Tuk, den Rädern und der Ausrüstung fühlen wir uns irgendwie unvollständig, fast nackt. Von der Herberge aus rufen wir Mister Anuwat in Bangkok an. Das Gespräch ist kurz.

»Was hat er gesagt?«, will Susi ungeduldig wissen.

»Mai pen rai! Er kümmert sich drum.«

Wenn schon nicht nach Tokio, dann kommen wir dennoch am Abend in den Genuss eines Essens im Sushirestaurant. Herr Yama hat uns eingeladen. Nach einigen Schälchen Sake taut der ansonsten recht zurückhaltende Japaner merklich auf. Es wird ein lustiger Abend, bei dem wir interkulturellen Austausch betreiben. Wir lernen Japanisch und Herr Yama Bairisch. Im Dunst des Sake verblasst das verschwundene Tuk Tuk!

Am nächsten Tag wissen wir mehr, oder besser, genauso wenig wie vorher. Weder der Zoll in Thailand noch die Reederei kann sagen, wo sich das Tuk Tuk gerade befindet. Die Aussagen sind widersprüchlich. Mal muss das Tuk Tuk hundertprozentig in Japan sein, dann ist es versehentlich nach Südafrika verschifft worden oder das komplette Frachtschiff verschwunden. Das Tuk Tuk ist wie vom Erdboden verschluckt. Wir werden ein wenig nervös. Tokio, soweit ist klar, müssen wir sausen lassen. Aber ernsthaft beunruhigt uns, dass in gut einer Woche das Schiff nach Russland ablegt. Es ist unsere einzige Möglichkeit, nach Wladiwostok zu gelangen. Die Fähre ist gebucht und die Tickets sind bezahlt.

Noch schlimmer als die Tatsache, dass das Tuk Tuk nicht in Japan ist, ist, dass wir selber gar nichts unternehmen können. Wir sitzen in der teuersten Unterkunft seit Beginn der Reise und können nur abwarten und Däumchen drehen. Der Tag zieht sich ins Endlose. Fast stündlich checken wir unsere Mails. Nagoya ist langweilig und farblos. Vielleicht fehlt uns aber nur der Blick für das Besondere. Die Stadt hat einen schweren Stand. Egal, welche japanische Stadt man mit Bangkok vergleicht, sie würden einem vermutlich alle auf den ersten Blick steril und lebensarm vorkommen. Außer Tokio vielleicht – aber das herauszufinden, bleibt uns wohl verwehrt.

Nach drei Tagen kommt der erlösende Anruf aus Thailand. Mister Anuwat hat das Tuk Tuk aufgespürt. Wo sich denn das Ding gerade befindet, falle ich ihm ungeduldig ins Wort. Er drückt herum, ich halte den Atem an. Dann die Antwort:

»Es steht immer noch in Bangkok am Hafen! So wie ihr es übergeben habt«.

Mir fällt fast der Hörer aus der Hand.

»Man hat es vergessen, einfach übersehen! Ein Tuk Tuk übersehen?«

»Mai pen rai! Ich habe schon alles geklärt. Heute noch geht das Tuk Tuk wirklich auf Seereise!«, beruhigt mich der thailändische Tuk-Tuk-Hersteller.

Bis es ankommt, sitzen wir weiter in Nagoya fest. Japan wird zu einem reinen Absitzen.

Herr Yama ist zurück aus Tokio. Die Ausstellung war ohne uns nur ein halber Erfolg, gesteht uns der zuvorkommende Mann im feinen Nadelstreifenanzug.

»Ob er das nur aus Höflichkeit sagt?«, sinniert Susi.

Das Tuk Tuk kommt tatsächlich zwei Tage vor Abfahrt der Fähre nach

Russland in Nagoya an. Bei strömendem Regen bringt uns Herr Yama zum Hafen. In diesem Wetter wirkt Nagoya noch farbloser.

»Das Tuk Tuk ist wirklich da!«, übersetzt uns Herr Yama freudig am Hafen.

Doch dann schon wieder der nächste Schock. Die Hafengebühr beträgt ein ganzes Monatsbudget! Uns haut es von den Socken. Die haben wir überhaupt nicht eingerechnet. Japan ist wie verhext. Doch diskutieren hilft nichts. Japan ist kein Land, wo man gut verhandeln kann, und wir haben keine Zeit uns darüber groß zu ärgern. Zumindest jetzt noch nicht. Im Land der aufgehenden Sonne regnet es weiterhin und in wenigen Stunden wird es dunkel. Trotzdem müssen wir heute losfahren. Wenigstens ein paar Kilometer.

Nochmals entschuldigt sich Herr Yama überschwänglich für die Umstände. Wir sind beschämt. Wir versichern ihm, dass Japan für uns kein Reinfall ist. Wieder mal haben wir große Hilfsbereitschaft und Gastfreundschaft erfahren dürfen. Das ist ein großes Geschenk. Dafür möchten wir uns aus tiefsten Herzen bedanken: »Domo arigato gozaimashita! Sayonara!-Vielen herzlichen Dank! Auf Wiedersehen!«

Endlich, wir sind wieder komplett!

Japan hatten wir uns als hoch industrialisiertes und dicht besiedeltes Land vorgestellt. Im Großraum Tokio leben sogar rund siebenunddreißig Millionen Menschen, hatte uns Herr Yama erklärt. Umso verwunderter sind wir, als wir am nächsten Tag auf wenig befahrenen Bergstraßen über die hügelige Insel kurven und dabei nur selten ein Dorf oder eine Kleinstadt passieren. Nur an den Küstenregionen schlägt das Herz des modernen und technisierten Japans. Im Landesinneren geht es ruhig, fast beschaulich zu. Das Schiff, das uns nach Wladiwostok bringen soll, liegt auf der anderen Seite der Insel Honshu, der größten der vier japanischen Hauptinseln. Die Nacht haben wir in einem stillgelegten Tunnel verbracht, der wegen der neuen Straße ausrangiert ist. So fanden wir Schutz vor dem Regen, der die ganze Nacht angehalten hatte. Im japanischen Frühsommer ist das vor allem im zentralen Bergland Honshus keine Seltenheit. Vor uns liegt eine Landschaft mit Wäldern, Bergen und Thermalquellen, die trotz der rapiden Entwicklungen in den letzten Jahrzehnten weitestgehend unberührt geblieben ist.

Bei der Ankunft am Hafen ist es ›fünf vor zwölf‹. Gerade werden die letzten Frachtstücke verladen. Das Schiff, ein umfunktioniertes Kreuzfahrtschiff, ist voll gestopft bis oben hin mit japanischen Gebrauchtfahrzeugen – in Russland scheinbar ein boomendes Geschäft. Selbst der

Swimmingpool wurde zum Parkplatz umgewandelt. Ein japanischer Angestellter der Firma kümmert sich darum, dass wir einen Ausreisestempel in den Pass bekommen. Als allerletztes Fahrzeug dürfen wir über die stählerne Rampe in den Bauch des Schiffes.

»Choroscho, choroscho!«, klopft mir ein groß gewachsener, blonder Mann auf die Schulter und lacht.

Ich interpretiere das als »Großartig, großartig!«

Und plötzlich wird mir klar, was hier nicht zusammenpasst. Wir befinden uns im hintersten Eck Asiens und blicken seit Betreten des Hafengeländes in mehr Gesichter mit europäischen als mit asiatischen Zügen.

»Und ihr habt wirklich nichts mitbekommen?«, Alexej schüttelt ungläubig den Kopf.

Den Einbruch haben wir komplett verschlafen. Gemeinsam sitzen wir mit weiteren Mitgliedern des hiesigen Motorradklubs an einem wackeligen Tisch, auf noch wackeligeren Stühlen in Alexejs Wohnung in einem Stadtbezirk Wladiwostoks. Der Blick aus dem Fenster ist genauso trist wie die Stimmung. Und das liegt nicht nur an dem schweren Nebel, der seit unserer Ankunft die Stadt fest im Griff hat. Erst seit fünf Tagen sind wir in Russland, doch bereits jetzt wissen wir, dass man in Russland mit allem rechnen sollte – oder mit gar nichts. Drei Tage dauerte die Überfahrt auf dem ehemaligen Kreuzfahrtschiff, nervenaufreibende vier Tage, bis wir das Tuk Tuk aus dem russischen Zoll bekommen haben. Unser Visum, das stellte sich bei der Ankunft heraus, hatte man uns falsch ausgestellt. Wir hatten ›zweimalige Ein- und Ausreise‹, beantragt, ›zweimalige Ein- und Ausreise‹ bezahlt, aber nur ›einmalige Ein- und Ausreise‹ erhalten. Somit müssen wir uns später ein weiteres Mal um ein Russlandvisum kümmern.

»Was ist das für ein komisches System?«, stellte sich Susi genervt die berechtigte Frage, als wir am dritten Tag wieder vor verschlossenen Türen standen.

Zu allem Überfluss hat das zuständige Meldebüro, in dem wir uns innerhalb von drei Tagen nach Ankunft registrieren lassen müssten, ständig geschlossen.

»Wie sollen wir unserer Pflicht nachgehen, wenn man das nicht zulässt?«

Aber wir hatten mal wieder Glück. Glück jemanden zu treffen, der uns selbstlos Hilfe anbietet. Direkt am Fährhafen gabelte uns Alexej auf und lud uns ein, bei ihm zu übernachten. Er gab uns auch den Rat, einfach einen Nachmittag im Hotel einzuchecken. Das Hotel würde dann die Registrierung an das Meldebüro weiterleiten.

»Fragt einfach nicht nach! Auch wir Russen selbst werden aus unserem System nicht schlau. Wahrscheinlich nicht mal die, die dafür verantwortlich sind!« versuchte uns Alexej das Verwirrspiel zu erklären. Achselzuckend fügte er noch hinzu: »So ist Russland!«

Ein Satz, den wir später auf unserer Reise durch Russland immer wieder hören sollten.

»Warum ruft ihr nicht die Polizei!«, will ich von Alexej dennoch wissen, als er mir die aufgebroche Wohnungstür zeigt.

»Das waren doch nur besoffene Junkies! Die wollten nur ein wenig randalieren. Das kaputte Schloss kann ich selber auswechseln!«, versucht Alexej die Sache herunterzuspielen

Die dahinterliegende zweite Tür aus Stahl, die sich die meisten Bewohner haben einbauen lassen, ist zwar eingedellt, aber nicht aufgebrochen. Ich lasse nicht locker.

»Außerdem«, gesteht uns Alexej dann doch, »wenn die Polizei herausbekommt, dass hier auch zwei Ausländer geschlafen haben, müssen wir vielleicht unangenehme Fragen beantworten. Besser, man hat nichts mit denen zu tun!«

Wladiwostok, im hintersten Eck Russlands, ist der deprimierendste Ort der bisherigen Reise. Die Stadt ist ein einziges Grau in grau. Heruntergekommene Sowjetplattenbauten stehen wie triste Mahnmale aus der zerbrochenen Vergangenheit dicht aneinander gedrängt auf den vielen Hügeln der Stadt. Die Wohnung selbst lässt jeglichen Scharm vermissen. Die gemusterten Tapeten hängen von den Wänden, in den Ecken blüht der Schimmelpilz. Die Mieter kümmert das kaum. Wohnraum ist Mangelware. Die Wasserhähne lassen sich nicht verschließen, überall im Haus stehen Eimer unter lecken Wasserrohren und der Heizung. Dass wir im Eingangsbereich und dem Treppenhaus über leere Wodkaflaschen, Wegwerfkanülen und Spritzen stolpern, hat Susi und mich nur die ersten Tage geschockt. Sie zeugen von den großen sozialen Problemen, die Russland hat.

»Vieles hat sich seit dem Zusammenbruch der Sowjetunion geändert, vieles noch nicht und vieles wird sich wohl nie ändern«, erklärt uns Alexej die Lebenssituation und lässt damit eine Spur von Resignation durchblicken.

Der schlaksige Alexej und die Mitglieder des Motorradklubs bitten uns, unsere Abfahrt aus Wladiwostok um einige Tage zu verschieben.

»Jedes Jahr fahren wir alle mit unseren Bikes zu den Waisen- und Kinderheimen. Wir bringen den Kindern ein paar kleine Geschenke und T-Shirts mit, die wir vorher bei verschiedenen Firmen als Werbegeschenke gesammelt haben. Es geht aber eigentlich mehr darum, den Kindern ein wenig Abwechslung zu bringen«, erklärt uns Alexej, und blickt auf unser Tuk Tuk.

Das haben wir in einem rund um die Uhr bewachten und eingezäunten Parkplatz eingestellt.

»Dafür ist das Tuk Tuk wie geschaffen!«, geben wir ihm Recht.

Klar, dass wir dabei sind. Inmitten eines langen Motorradkonvois fahren wir am darauf folgenden Wochenende mit unserem thailändischen Tuk Tuk quer durch Wladiwostok und statten einigen Kinder- und Waisenheimen einen Besuch ab. Die lange Schlange gleicht einem Festzug. Menschen bleiben verwundert am Straßenrand stehen, gaffen dem orange leuchtendem Dreirad hinterher. Aus Ermangelung eines Motorrades, das sich der begeisterte Biker Alexej nicht leisten kann, sitzt er bei uns im Tuk Tuk. Er hat sichtlich einen großen Spaß, genauso wie die Kinder der Heime, mit denen wir unzählige Runden drehen müssen.

Einige Tage später holpern wir über die knapp zweitausend Kilometer lange Waldschneise. Seit wir Alexej und die Motorradgang vor wenigen Tagen verlassen haben, schleichen wir in einem Abstand von nur wenigen Kilometern an der Chinesischen Grenze entlang Richtung Westen. Alle Gänge oberhalb des Zweiten haben wir, seit wir die Stadt Chabarowsk hinter uns gelassen haben, nicht mehr benutzt. Dabei hatte man uns etwas ganz anderes angekündigt.

›Transsibirischer Highway eröffnet: Freie Fahrt bis Wladiwostok‹, so stand es zumindest in dem wenige Wochen alten Zeitungsausschnitt, den uns Alexej gezeigt hatte. Mit einem feierlichen Festakt hatte Präsident Putin die neue vierspurige Straße quer durch sibirische Sümpfe und Wälder nach jahrzehntelanger Bauzeit freigegeben.

»Das gewaltige Land Russland könne zum ersten Mal auch im Auto von West nach Ost durchquert werden«, hatte man über einhundert Jahre nach der Fertigstellung der transsibirischen Eisenbahn stolz verkündet. Was wir dagegen vorfinden, ist eine fast zweitausend Kilometer lange Baustelle, meist nicht mehr als eine Schneise im dichten sibirischen Wald.

Aber wir haben es ja nicht eilig! Wir genießen das langsame Vorankommen. Die Reisegeschwindigkeit des Fahrrads haben wir scheinbar verinnerlicht. Uns macht es auch nichts aus, dass hier nicht viel los ist. Umso mehr können wir unsere Aufmerksamkeit dem wenigen widmen, das uns aus dem endlosen Wald begegnet. Wir durchqueren nur noch wenige Siedlungen, ein paar Goldgräberdörfer und alle paar hundert Kilometer ein Tankdepot. Dort wird außer Sprit meist auch eine heiße Kohlsuppe serviert. Mehr menschliches Leben entlang dieser Trasse aus lehmigem Wellblech, Schlaglöchern und Schlamm, die uns durch die tiefe, sibirische Wildnis führt, gibt es nicht. Auch der letzte, der ansonsten zahlreichen Polizeiposten liegt schon mehrere Tage zurück.

»Das Autoradio vergesse ich nie rauszunehmen!«, erklärt uns Niki.

Wir haben den beleibten Russen mit den leuchtend roten Haaren am Pistenrand aufgegabelt und zum nächsten Rastposten mitgenommen. Der lag eine halbe Tagesreise entfernt. Jetzt beugen wir uns beide über den Motor des Tuk Tuks. Ich hoffe, Niki hat Ahnung. Eigentlich müsst er. Denn das Tuk Tuk hat einen japanischen Gebrauchtmotor. Niki ist Autoüberführer. Vierundzwanzigmal war er allein in den letzten zwei Monaten in Wladiwostok.

»Ein gutes Geschäft«, hatte uns Nikolai bei einem Teller Borschtsch im typischen Highwaycafé bestätigt. Drei Tische passen in dem aus Holz und Blech genagelten Container am Straßenrand.

»Ein japanischer Gebrauchtwagen, den man in Wladiwostok kauft, lässt sich einige Kilometer weiter westlich für ein paar hundert Dollar teurer verkaufen. Zieht man den Flug, Benzin und Wodka ab, bleibt sogar noch etwas übrig«, erklärte uns der kleine, redselige Russe schlürfend über seine Geschäfte auf.

Mit ›einigen Kilometern westlich‹ meint Niki die Städte Nowosibirsk oder Krasnojarsk, gut fünftausend Kilometer von Wladiwostok entfernt.

»Bis Moskau sind es dann immer noch rund dreitausendfünfhundert Kilometer und fünf Zeitzonen!«, versuchte uns Niki die Dimensionen seines Landes begreiflich zu machen. Nicht ohne Stolz.

Laute Fehlzündungen zerreißen die Stille der sibirischen Wildnis. Seit Japan scheint das Tuk Tuk sich mit aller Macht dagegen zu sträuben, aus seinem natürlichen Lebensraum entrissen zu werden. Immer häufiger knallte es aus Richtung Auspuff.

»Tja, wahrscheinlich liegt es an den Zündkerzen!«, meint Niki, selbst nicht so recht überzeugt von seiner Diagnose.

Die haben wir aber seit Wladiwostok bereits zweimal gewechselt, mit mäßigem Erfolg. Nach einigen hundert Kilometern fingen die Fehlzündungen wieder an. Auch die Zündspule ist es diesmal nicht. Dennoch wechsele ich ein weiteres Mal die Zündkerzen und drehe am Verteiler, so wie Mister Anuwats Mechaniker es mir gezeigt haben.

»Der Motor läuft wieder rund«, freue ich mich anschließend.

»Wie lange halt! Alle paar hundert Kilometer die Zündkerzen wechseln, kann auch nicht die Lösung sein!« Susi weiß, dass es sich bei meiner momentanen Freude nur um eine Bestandsaufnahme handelt.

»So lange das Tuk Tuk läuft, geht es weiter.« Ich sehe die Sache, mit Anspielung auf Nikis Fahrzeug, dagegen gelassener.

Sein Auto liegt verloren in der Böschung gut vierzig Kilometer weiter östlich. Totalschaden.

»Wieder mal am Steuer eingeschlafen«, hatte uns der Russe im gebrochenen Englisch den Unfall erklärt. Unfälle sind Berufsrisiko. Ohne Rücksicht auf Verluste donnern die Fahrer mit den oft schon vorbestellten Autos über die Piste. Wer diese Autos nach dieser Tortur noch haben will, bleibt uns ein Rätsel. Bevor wir Niki in dem Café zurücklassen, müssen wir mit ihm anstoßen. So will es die russische Tradition und so will es Niki. Sein Freund ist verständigt und kommt in einigen Tagen hier vorbei. Sie wollen dann das Auto ausschlachten, alles mitnehmen, was man verkaufen kann – wenn das nicht schon jemand vor ihnen erledigt hat.

»Auf die Liebe, die Gesundheit und die Freundschaft!« Mittlerweile kennen wir die Reihenfolge auswendig.

Viele der Autoüberführer unterwegs halten uns an, wollen ein Foto von uns schießen. Manche kennen uns von der Fähre. Die Wodkaflasche ist immer griffbereit. Während Susi es schafft, sich zurückzuhalten, gelten bei mir keine Ausreden.

»Deutscher Moslem!«, fällt mir glücklicherweise eine halbwegs plausible Erklärung ein, um abzulehnen. Als Moslem darf ich bei einer Runde aussetzen. Ich muss nur noch auf die Gesundheit und die Freundschaft anstoßen.

»Wo fängt Sibirien eigentlich an und wo hört es auf?«, will ich von Susi wissen.

»Mit Sibirien ist es wohl wie mit Patagonien!«

»Wie meinst du das?«

»Ich nehme an, dass es keine festgelegte geografische Grenze gibt! Die Grenzen werden wohl auch hier an äußeren Umständen festgelegt.«

»Und die wären?«

»Fängt Patagonien da an, wo der Wind anfängt, beginnt Sibirien da, wo die Mückenschwärme auftauchen«, ist ihre einfache, aber plausible Erklärung.

Tagsüber hält uns der Fahrtwind die aggressiven Mücken vom Hals. Das Zelt stellen wir abends an einem der zahlreichen verlassenen Bauarbeitercamps auf. Oft der einzig trockene Untergrund neben der monotonen Schneise. Im Sommer taut der Permafrostboden an und verwandelt Sibirien in eine sumpfige Landschaft. Eine hervorragende Brutstätte für Mücken.

»Kein Wunder, dass hier Jahrhunderte lang niemand auch nur daran dachte, eine Straße durch dieses sibirische Sumpfland zu ziehen!« – Zack! – »Schon wieder eine erwischt!«

Bei Einbruch der Dämmerung sind wir längst im Zelt. Schon jetzt im Frühsommer schwirren blutrünstige Schwärme über uns hinweg. Irgendwie schaffen es immer ein paar von diesen Biestern mit ins Zelt. Bevor wir uns dem Tagebuch widmen, starten wir einen, in diesen Tagen fast schon rituellen, blutigen Feldzug. Nach einer halben Stunde ist die Schlacht vorbei und unser Zelt gleicht Tag für Tag mehr einer Höhle mit prähistorischen Felsmalereien.

Nach einer weiteren Woche haben wir die Stadt Tschita und damit das westliche Ende des ewigen Waldes erreicht. Die Reifen rollen wieder auf einer groben Asphaltdecke, wenn auch auf einer löchrigen. Je näher wir dem Baikalsee kommen, desto weiter öffnet sich vor uns das burjatische Grasland mit seinen buddhistischen Klöstern. Die Mongolei ist nicht mehr fern. Das ist an den Gesichtszügen der Menschen deutlich abzulesen. So langsam bekommt Asien wieder sein gewohntes Gesicht. Der erste Blick auf den Baikalsee macht die Mückenplage der letzten zwei Wochen vergessen. Lange stehen wir am Ufer des tiefsten und ältesten Sees der Erde. Die Oberfläche gleicht einem großen Spiegel. Wir haben Zeit, erst in zwei Tagen können wir das Visum für die Mongolei in der Stadt Ulan Ude abholen, die wir gestern durchfahren haben.

»Hier ist Russland schön, sehr schön«, spricht mir Susi aus der Seele.

Eine friedliche, fast melancholische Stimmung hängt über dem Wasser. Passend zu dem Charakter der Menschen in diesem großen Land.

Am Abend kommen wir in den Genuss einer russischen Sauna. Aus dem Zelten am See wird nichts. Der Angler Juri lässt sich nicht abwimmeln.

»Zu viele Mücken hier und Banditen«, sollen seine Gesten uns wohl verdeutlichen.

»Und dieses Fahrzeug, choroscho, choroscho – großartig, großartig!«, das muss er seiner Frau und seinen Kinder auf der nahen Datscha zeigen.

Verständigen können wir uns auch mit ihnen kaum, jedenfalls nicht verbal. Doch inzwischen haben wir gelernt, uns anders zu verständigen. Viel Lachen, viele Gesten, zwei Dutzend russische Vokabeln und mehrere Gläser Wodka reichen aus, um eine abendfüllende Kommunikation zu ermöglichen. Diesmal darf ich beim Anstoßen auf die ›Gesundheit‹ aussetzen.

Das Visum für die Mongolei erhalten wir in Ulan Ude ohne Probleme. So langsam füllen sich die Pässe. Mit Lebensmitteln decken wir uns auf einem kleinen Markt nochmals ein, wie immer Susis Part. Ich warte am Tuk Tuk. Passanten bleiben stehen und werfen neugierige Blicke auf dieses merkwürdige Dreirad. Das Tuk Tuk zieht die Menschen an. Zwei junge Kerle fallen mir auf. Sie schleichen permanent um unser Fahrzeug. Wie immer stehe ich einige Meter entfernt, um einen guten Überblick über das ganze Fahrzeug zu haben. Plötzlich spricht mich einer von beiden an, versucht mich in ein Gespräch zu verwickeln und mich dabei von unserem Dreirad abzulenken. Der zweite schleicht weiterhin in meinem Rücken um das Tuk Tuk. Meine inneren Alarmglocken läuten.

Wann kommt endlich Susi – wir müssen hier weg! Ich scheuche den Kerl am Tuk Tuk weg, als ich sehe, wie er an den Rädern herumfummelt.

»Nicht anfassen«, rufe ich mit einem scharfen Ton auf Englisch.

Endlich! Susi ist mit ihren Einkäufen zurück. Die beiden Kerle tuscheln.

»Komm, lass uns hier abhauen!«, sage ich nur kurz.

Susi merkt allein an meinem Ton, dass hier was nicht stimmt. Sie steigt ein, ich starte den Motor. Plötzlich greift einer der beiden nach der Kameratasche. Er bekommt sie zu fassen und zerrt daran. Ich gebe Gas und fahre ihm dabei fast über die Füße. Begleitet von einem schmerzhaften Schrei, wird ihm die Tasche förmlich mit aller Gewalt aus der Hand gerissen. Sie ist mit einem festen Band an der Rückseite des Fahrersitzes befestigt. Im Rückspiegel sehe ich, wie er sich mit schmerzverzerrtem Gesicht die leere Hand hält. Strafe muss sein.

»Puh«, atmet Susi auf. »Das war ganz schön knapp!«

Das war es wirklich. In der Mongolei wird uns das sicher nicht passieren. Angeblich ist es das friedlichste und sicherste Land der Erde. Wir passieren den zentralen Platz Ulan Udes. Über diesem Platz thront ein fünf Meter großer Granitschädel. Der größte Leninkopf aller Zeiten!

»Ein Lenin, der hier ein wenig wie ein Mongole aussieht«, stellt Susi treffend fest.

KAPITEL VIII

Zentralasien

»Es gibt nix Besser's,
ois an g'scheidn
Schweinsbraten mit
Knödl!«

Rationalität ist eine Eigenschaft, die den Russen aufgrund ihrer kommunistischen Vergangenheit scheinbar komplett abhanden gekommen ist. Kann natürlich auch sein, dass sie noch niemals rational waren. Immer noch gilt das Modell der Planwirtschaft, zumindest an der Grenze. Mehr als zwei Autos pro Stunde werden nicht abgefertigt. Egal, was kommt. Mit uns warten drei weitere Fahrzeuge an der Grenze vor dem russischen Schlagbaum sowie ein mit Sponsorenaufklebern zugenageltes Motorrad. Es gehört einem groß gewachsenen Holländer mit langen Haaren und Baseballmütze. Sjaak ist schon genauso lange unterwegs wie wir.

Eine Gruppe mongolischer Lkw-Fahrer schart sich um unser seltsames Gefährt auf drei Rädern und um das Zweirad des Holländers. Auch sie sind dazu verdonnert, sich der russischen Trägheit zu beugen. Einige von ihnen warten bereits seit zwei Tagen auf ihre Abfertigung. Aus ihrer Abneigung gegen den nördlichen, scheinbar übermächtigen Nachbarn ›Russia‹ machen sie keinen Hehl.

»Mongolia choroscho, Mongolia choroscho!«

Die Mongolei ist großartig, geben uns die Männer unmissverständlich zu verstehen. Und immer wieder fällt der Name ›Dschingis Khan‹. Dabei blitzt ein Funke Wehmut in den schmalen Augen der runden Gesichter auf. So, als ob sie den Zeiten nachtrauern, als Tausende Pferdehufe der gewaltigen Armee des berühmtesten Mongolenführers die Steppe und seine Feinde erzittern ließen und das größte Weltreich der Geschichte erschufen. Optisch haben sie sich ihrem Idol längst angepasst. Aus nostalgischen oder modischen Gründen tragen viele der Lkw-Fahrer trotz des typisch spärlichen Bartwuchses lange, dürre Schnauz- und Kinnbärte. Aber auch die Lebensform hat sich seit Dschingis Khan kaum geändert. Mehr als die Hälfte der Mongolen leben heute noch als Nomaden, ziehen mit ihren Gers, den traditionellen mongolischen Rundzelten, und auf Pferden mit ihren Viehherden umher.

Vier Stunden benötigen die Russen, bis sich für uns der Schlagbaum öffnet. Nehmen wir die Mittagspause dazu, wären es sogar sechs. Die mongolischen Grenzer stellen sich weniger umständlich an. Angenehm zügig können wir alles erledigen. Ein Mann mit Aktentasche und abgetragenem Anzug fordert uns auf, eine Kfz-Versicherung für sein Land abzuschließen. Die Beamten um uns herum grinsen schelmisch.

»Sjaak, hast du jemals etwas von einer Kfz-Versicherung für die Mongolei gehört?«, frage ich den Holländer.

»Nee, ich glaube, kein einziger Mongole hat so etwas jemals ausgefüllt. Die Versicherung müsste dann ja auch für Pferde gelten!«

Mal sehen was passiert. Wir lassen ihn stehen.

Beide freuen wir uns auf die Mongolei, die viel Platz und Ursprünglichkeit verspricht, wie selten zuvor auf ein Land.

»Schon allein die mongolische Luft riecht nach Abenteuer«, schwärmt Susi auf den ersten Kilometern.

Ich finde, es riecht irgendwie nach Pferd.

Sjaak ist mit seinem Motorrad auf und davon. Wie verabredet, hält er einige Kilometer weiter am Straßenrand unterhalb eines kleinen Wäldchens aus verkümmerten Kiefern und wartet.

»Guter Lagerplatz!«, meint der Holländer.

Wir stimmen zu. Auch wenn wir hier in der Mongolei keine Bedenken hätten, unser Lager mitten hinein in die weite Landschaft aufzuschlagen, geben uns die Bäume das Gefühl, nicht direkt auf dem Präsentierteller zu zelten. Wir müssen uns erst an diese Weite gewöhnen. Träge, wie eine sanfte Welle formt sich endlos weites strauch- und baumloses Grasland. Die Sonne schickt ihre letzten wärmenden Strahlen vom abendlichen Himmel. Die Mongolei hat etwas Friedliches.

Am Abend tauchen zwei junge, stolze Reiter, wie aus dem Heer des Dschingis Khan, im Galopp vor unseren Zelten auf. Sie steigen erst ab, als wir sie auffordern, mit uns einen Tee zu trinken. In einer kindlichen Neugier mustern sie uns, unsere Ausrüstung und natürlich das Tuk Tuk. Alles wird angefasst und ausprobiert. Zwei Fahrradmäntel haben es ihnen besonders angetan. Wären es Hufeisen, könnte ich das verstehen. Glücklicherweise sind sie angekettet und die beiden widmen sich sämtlichen Schaltern und Hebeln. Erleichtert stelle ich fest, dass sich der Zündschlüssel in meiner Hosentasche befindet. Nach einer Tasse Tee dürfen Susi und Sjaak eine Runde auf ihren Pferden reiten. Von der mongolischen Leichtigkeit sind beide Meilen weit entfernt. Die beiden sitzen wie zwei nasse Säcke auf dem Rücken der Pferde. Die Mongolen haben an dem Anblick der beiden tollpatschigen Ausländer auf ihren vierbeinigen Transportmitteln sichtlich Spaß.

Zum Abschied schießen wir noch ein Gemeinschaftsfoto. Unser Besuch verschwindet im Galopp in der Dunkelheit.

Unter mongolischen Sternen tauschen wir mit Sjaak bis spät in die Nacht Geschichten und Erlebnisse der bisherigen Reise auf. Sjaak war lange in Afrika unterwegs, dafür erzählen wir ihm von Australien. Doch viele Länder unserer Reise waren auch auf seiner Route, viele Orte, die wir gesehen haben, kennt auch er. Seltsam, denke ich mir. Da sitzen wir in der tiefsten Mongolei und unterhalten uns mit jemandem, den wir noch nie zuvor gesehen haben, über ein kleines, abgelegenes Dorf in den ecuadorianischen Anden oder über eine guatemaltekische Dschungelpiste, als wäre es die gleiche Schule, die wir besucht hätten. Die Welt ist wirklich verdammt klein!

Erfahrungen einer langen Reise auszutauschen, ist eine unglaublich spannende Sache. Oft gibt uns das einen zusätzlichen Blickwinkel auf die vielen Fragen, zu denen es wohl noch mehr Antworten gibt. Das Puzzle ›Welt‹, das sich wohl nie ganz zusammensetzen lassen wird, wird dadurch zumindest um ein weiteres kleines Stückchen vervollständigt.

Bevor ich in den Schlafsack krabbele, gönne ich mir einen langen Blick zum Himmel. Die weite Landschaft steckt mich an. Mich durchströmt ein Gefühl vollster Zufriedenheit und innerer Ruhe. In diesem Augenblick möchte ich an keinem anderen Ort der Welt sein. In diesem Moment gibt es nichts Wichtigeres, als hier zu stehen und die Sterne zu betrachten. Glücklich, aber müde verkrieche auch ich mich in meinen Schlafsack.

Länger als gewollt hält der kühle Morgen mich im warmen Schlafsack. Die Kälte der Nacht schiebt sich bis weit hinein in den Tag. Ich wache erst auf, als ich Sjaak höre, wie er den Kocher für den Kaffee anschmeißt. Susi ist auch schon draußen.

»Susi, wo hast du denn die Seife hingesteckt?«

»Wo sie immer ist!«

»Und, wo ist das?«

»Na, in der Tasche, wo das Handtuch und die Zahnpasta sind!«

»Aber da ist sie nicht!«

»Natürlich ist sie da. Im Tuk Tuk. Ich habe sie gestern Abend dorthin zurückgelegt. Du findest sie halt nur mal wieder nicht.«

Ungeduldig kommt sie zu mir herüber.

»Komisch, ich bin mir sicher, ich habe sie gestern Abend wieder zurückgelegt.«

Also ohne Seife waschen. Wäre ja nicht das erste Mal.

Nach einer heißen Tasse Tee hat die morgendliche Sonne das Zelt vom Tau getrocknet und wir können abbauen. Wir wollen heute noch nach Ulan Bator, um dort unsere Visa für Kasachstan zu beantragen und hoffen, dass dort bereits die Pässe mit den neuen Russlandvisa auf uns warten.

In Deutschland noch haben wir uns jeweils zwei Reisepässe ausstellen lassen. Für den Notfall, falls einer geklaut wird. Einen dieser Pässe haben wir noch in Wladiwostok nach Deutschland geschickt und in der Russischen Botschaft ein zweites Visum beantragt.

»Halt! Bevor wir abbauen, will ich noch ein Foto schießen!« Ich springe auf und gehe die Kamera holen.

»Susi, wo hast du denn die Kamera hingesteckt?«

»Da wo sie immer ist!«

»Aber da ist sie nicht!«

»Das gibt's doch nicht!«

»Komisch, die kleine Videokamera ist noch in der Tasche, aber der Fotoapparat fehlt!«

Auch Susi wundert sich über das seltsame Verschwinden sämtlicher Ausrüstungsgegenstände.

»Dann liegt sie im Zelt!«

Doch auch da taucht sie nicht auf. Sjaak hat eine böse Vorahnung, checkt seine gesamte Ausrüstung. Bei ihm ist alles komplett. Langsam werden wir nervös. Unsere Kamera und die Seife bleiben verschwunden. Ein berittener Hirte mit seinen Ziegen kommt an unserem Lagerplatz vorbei und sieht uns neugierig und verwundert zu, wie wir alle Taschen auf den Kopf stellen.

Ein lautes, durchdringendes »Pffffrrrrrrrrrrrrrrrrrrrrrrrrttttttttt!« durchbricht die angespannte Stille. Das Pferd hat Luft abgelassen. Susi stutzt.

»Genau das gleiche Geräusch habe ich gestern Nacht gehört! Das kam mir verdächtig vor, aber ich dachte es wäre Sjaak! Deshalb habe ich nicht nachgeschaut!«, entfährt es ihr.

Kaum ausgesprochen, beißt sie sich auf die Zunge.

»Willst du damit sagen, dass du mir zutraust, wie ein Pferd zu furzen?«, Sjaak ist entrüstet.

»Somit ist klar, wir hatten gestern Nacht von irgendjemandem Besuch«, versuche ich schnell vom Thema abzulenken, und könnte eigentlich über Susis Direktheit lauthals losbrüllen vor Lachen.

»Sjaak furzt wie ein Pferd?«

Ich muss mich wieder und wieder zusammenreißen.

Doch die Situation ist gar nicht zum Lachen. Die Kamera bleibt verschwunden – die Seife auch. Uns wird klar, dass wir beides nicht wiedersehen werden. Die Kameratasche war diese Nacht im Tuk Tuk. Das erste Mal überhaupt auf der Reise. Wir fühlten uns sicher, sind zu dritt und die Mongolei ist schließlich das sicherste Land der Erde!

»Wer so leichtsinnig ist, dem gehört es nicht anders!« Die Wut über die eigene Fahrlässigkeit kennt keine Grenzen. Die Spiegelreflexkamera war das beste Stück in unserer Ausrüstung. Für sie habe ich zusätzlich vor unserer Abfahrt Nachtschichten in einem Nebenjob eingelegt. Umso schmerzhafter trifft mich der Verlust.

Die Stimmung ist komplett am Boden. Neben seiner Beute hat der Dieb auch die ausgelassene Vorfreude auf dieses Land mitgenommen. Warum er allerdings nur die Kamera und die Seife mitgenommen hat, wird uns ewig ein Rätsel bleiben.

In Ulan Bator mieten wir uns mit Sjaak zusammen eine kleine Wohnung. Als die junge Vermieterin uns ihre Schlüssel für die komplette Wohnung im Zentrum der Hauptstadt in die Hand drückt, überkommt mich der Anflug eines schlechten Gewissens.

»Als ob wir sie aus ihrer eigene Wohnung vertreiben würden!«

Innerhalb einer Stunde hat die Frau mit ihrer kleinen Tochter alles Nötige in zwei Tüten verpackt und uns ihre zwei Zimmer mit Küche und Bad in einem Plattenbau überlassen.

»No Problem!«, beruhigt uns die Frau, als Susi sich nochmals dafür entschuldigt.

»Das ist gut für euch und gut für mich!«, erklärt sie uns lachend.

Unsere Vermieterin kommt bei ihrer Schwester unter, erfahren wir. Das Geld, das sie durch das Vermieten ihrer Wohnung an Touristen im Sommer einnimmt, ist eine dringend benötigte, zusätzliche Einnahmequelle.

»Das machen viele Leute in der Stadt!«

Ulan Bator wirkt uninteressant und langweilig, obgleich es die einzige Großstadt der Mongolei ist. Altes, Gewachsenes, Historisches suchen wir fast vergeblich. Nur wenige buddhistische Klöster und Paläste finden wir vor. Der Kommunismus während der Sowjetzeiten hat ganze Arbeit geleistet. Seinen farblosen Plattenbauten dürfte allerdings ein ähnliches Schicksal beschieden sein, denn der Zahn der Zeit nagt deutlich an ihnen. Langsam aber sicher sind auch sie dem Verfall geweiht. Ein Hauch von Wladiwostok umgibt uns.

Nach einigen Tagen haben sich der Schock und der Ärger über den unnötigen Verlust der Kamera zumindest ein wenig gelegt.

»Über drei Jahre sind wir unterwegs und bis jetzt haben wir immer verdammt viel Glück gehabt! Dadurch hat sich bei uns der Leichtsinn eingeschlichen! Vielleicht war das gut, hat es uns wachgerüttelt, auch in scheinbar sicheren Situationen stets wachsam zu sein!«

Susi versucht, etwas Positives aus der Sache zu ziehen.

Im Polizeihauptquartier in Ulan Bator melde ich den Diebstahl der Kamera. Wenig hilfsbereit schickt man mich dort wieder weg. Ich soll mich zunächst um einen Dolmetscher bei der Deutschen Botschaft kümmern. Mein letzter kleiner Funke, die Kamera vielleicht doch noch wiederzubekommen, verglüht.

Ohne Kamera will ich aber auf keinen Fall weiterreisen. Das sieht Susi zum Glück genauso, obwohl das Fotografieren oft ein Streitpunkt zwischen uns ist.

»Aber deine Kaffeepausen dauern ja auch immer eine Ewigkeit!«, versuche ich mich zu verteidigen, wenn es mal wieder etwas länger dauert, bis ich die richtige Einstellung gefunden habe.

»Ja, bloß sind die ja nicht so häufig!«, kontert Susi dann meist zurück.

Das spärliche Angebot an Fotoapparaten in der Hauptstadt besteht hauptsächlich aus Digitalkameras, von denen wir uns eine kaufen.

Sjaak nutzt die Zeit in Ulan Bator, um stundenlang auf die Tastatur seines mitgeschleppten Laptops einzuhacken. Er schreibt Berichte und Reportagen, die er an Magazine und Zeitungen in den Niederlanden verkauft. Er ist Berufsreisender. Zusammen mit den Geldern von Sponsoren kann er sich mit den Reportagen ganz gut über Wasser halten.

Susi und ich schauen uns an und nicken mit dem Kopf.

»Pack'mas!« Beide sind wir uns einig.

Wir wollen es zumindest versuchen. Über die Route entlang der nördlichen Ausläufer der Wüste Gobi bis an die russische Grenze waren kaum brauchbare Informationen zu erhalten. Von allen Seiten wurde uns nur abgeraten. Selbst die wenigen mongolischen Lkw-Fahrer auf dem Schwarzmarkt konnten keine handfesten Angaben über den Zustand der Piste durch die westlichen Aimags, die mongolische Provinzen, machen. Man schüttelte nur den Kopf.

»Mit diesem Dreirad, unmöglich!«

Doch die Wörter ›extrem‹ oder ›unmöglich‹ haben für uns nicht mehr die gleiche Bedeutung wie früher. Meinte jemand unmöglich, fragen wir nach warum? Mittlerweile haben wir gelernt, zwischen den Zeilen zu lesen. Flussdurchquerungen, Pässe, Sandpassagen, unklarer Pistenverlauf und die nahende Regenzeit würden unser Vorhaben zum Scheitern bringen, erklärt man uns kategorisch. Der mongolische Sommer ist kurz, dafür aber die einzige Zeit, in der es wirklich nennenswerte Niederschläge gibt. Die Regenzeit soll offiziell erst in zwei Wochen beginnen, mit Flussdurchquerungen haben wir unsere Erfahrungen und die werden auch erst zum Problem werden, wenn die Regenzeit beginnt.

»Tausendfünfhundert Kilometer Ungewissheit. Sicher, ein Risiko ist dabei, aber wie groß ist das?«, frage ich Susi ernsthaft am Morgen der Abfahrt.

Unser zweites Paar Reisepässe mit dem neuen Russlandvisum war gestern mit zweiwöchiger Verspätung eingetroffen.

»Das Schlimmste, was passieren könnte, ist, dass wir das Fahrzeug zurücklassen und wieder auf unsere Räder steigen müssen!«, wägt sie das Risiko am Ende ab.

Wir würden diese Situation nicht leichtfertig heraufbeschwören. Mittlerweile haben wir gelernt, dass die Herausforderung der Reise nicht darin besteht, möglichst viele Gefahren und Risiken zu meistern, sondern ihnen aus dem Weg zu gehen. Doch wenn eine reale Chance besteht, warum sollen wir es nicht versuchen? Diese Denkweise entspricht unserer Philosophie und Einstellung, von der wir uns, seitdem wir unterwegs sind, lenken lassen. Und die hat uns immerhin schon um die halbe Welt gebracht.

Uns durchdringt eine freudige Aufregung, die wir schon lange nicht mehr so intensiv gespürt haben. Ein Kribbeln in der Magengegend, ein Gefühl von Abenteuer.

Das fahlweiße Licht tastet sich durch die Niederungen der sanft gewellten Bergkette und setzt den Fassaden der flachen Plattenbauten schmale Streiflichter auf. Wir lassen Ulan Bator hinter uns. Sjaak wird noch ein paar Tage länger in der Hauptstadt bleiben, bevor er unserer Vermieterin die Wohnungsschlüssel wieder zurückgibt. Wenn die Berichte fertig getippt sind, will er sich Richtung Osten aufmachen. Mit einem Kumpel, der noch auf sich warten lässt. Seine Strecke ist nicht einfacher, aber mit dem Motorrad, so hofft er, leichter zu meistern.

Bis zur Grenze an die russische Republik Altai sind es für uns rund sechzehnhundert Kilometer. Nach vierhundert Kilometern hört die befestige Straße auf. Was dahinter liegt, können wir nur erahnen. Zusätzlich haben wir uns für den Notfall noch einen Ersatzkanister zugelegt. Weiterhin vertrauen wir auf unsere bewährten ›Sandbleche‹ aus Holz vom Sägewerk.

»Wo geht er hin?«, fragt Susi den Sohn unseres Gastgebers überrascht, als dieser wortlos das Ger verlässt.

»Nach den Pferden sehen!«, erklärt uns Tumur und grinst verschmitzt. Tumurs Alter schätzen wir auf Mitte Zwanzig. Bei den Mongolen ist das schwer zu sagen. Der junge Mongole spricht überraschend gutes Englisch. Das hat er auf der Uni gelernt, erzählt er uns.

Gemeinsam sitzen wir mit ihm und seiner Familie in ihrem Ger. Bis auf die kleine Schwester hat jeder von uns eine Schale Kumys vor sich stehen. Das traditionelle Zelt der mongolischen Nomaden ist sparsam möbliert. Zwei Betten, Tisch und Hocker, ein Regal mit ein paar Töpfen und wenig Geschirr, eine Kommode, ein Hausaltar mit einer bronzenen Buddhastatue. In der Mitte der eiserne Ofen.

»Wenn man alle Wochen die Weide wechselt, samt Hausstand und Dach über dem Kopf umziehen muss, kann man sich nutzlose Dinge nicht leisten!«

Nur allzu gut wissen wir, was Tumur damit meint. Auch wir sind zu Nomaden geworden, zu viel Gepäck bremst und schränkt ein. In der Jurte ist nichts überflüssig und somit fügt sie sich perfekt in die karge umliegende Landschaft ein. Weder Mauern noch Zäune zerteilen die Steppe. Weder Fabrikschlote noch Hochspannungsmasten streben in den blauen Himmel. Höchstens ein qualmendes Ofenrohr ragt aus einem Ger. Trotz gefestigter, jahrhundertealter Traditionen hat das neue Jahrtausend auch in der Mongolei Einzug gehalten. Draußen vor der bunt bemalten hölzernen Tür fängt eine Satellitenempfangsschüssel Signale vom Himmel und bringt das Fernsehen direkt in die Gers der Nomaden. Den Strom liefert ein kleiner, röchelnder Dieselgenerator.

Mittlerweile habe auch ich es geschafft meine Schale Kumys, vergorene Stutenmilch, zu leeren. Diese blass-weiße Flüssigkeit schmeckt säuerlich und prickelt seltsam auf der Zunge. Auch bei Susi findet das traditionelle Getränk nur einen geteilten Anklang. Ihre Schale ist noch fast voll. Kumys regt die Verdauung an. Keine zehn Minuten später verlasse auch ich das Ger »… um nach den Pferden zu sehen!«

Wir stecken irgendwo zwischen den Aimag-Hauptstädten Altay und Ölgiy. Zweimal konnten wir uns heute nach stundenlanger Plackerei aus langen Sandpassagen selber frei schaufeln. Aus dem dritten Sandloch konnten wir uns nur mithilfe der Pferdestärken eines alten Lada-Jeeps befreien. Das erste Fahrzeug des Tages. Das war am Nachmittag. Am Abend erreichen wir das Ger-Lager von Tumurs Familie, gelegen hinter einem kleinen Flusslauf. Eher einem Bach. Das Furten ist kein Problem. Der rettende Lada vom Nachmittag steht mit offener Motorhaube vor einem der Gers.

»Wenn bei einem Auto kein Öl mehr tropft, dann ist das ein schlechtes Zeichen. Es bedeutet nämlich, es ist keines mehr drin!«, erklärte uns Tumur todernst.

Rollentausch. Mit zwei Litern Öl können wir uns für die Hilfe bedanken. Für große Augen sorgt nach dem Tuk Tuk unser Zelt, das wir kurz vor der Dunkelheit nahe dem Lager aufstellen.

»Darin wollt ihr schlafen?« Die Familie lacht ungläubig.

Ein wenig Mitleid klingt dabei durch. Wir sind verwundert. Dass sie eigentlich auch in einem Zelt schlafen, scheinen sie komplett zu übersehen. Bevor wir uns versehen, sitzen in unserem Zelt, das für zwei Leute gedacht ist, plötzlich sieben lachende Mongolen. Sie testen.

»Seht ihr, so klein ist es doch gar nicht!«

»Meine Familie besitzt zwei Jurten und Hunderte Schafe, Ziegen, Pferde und Yak-Rinder. Die Herden sind so etwas wie lebende Vorratskammern«, erklärt uns Tumur, als wir abends zusammensitzen und uns unterhalten.

Tumur liebt seine Tiere. Der ganze Tag, das ganze Leben, alles dreht sich nur um die Tiere und um das, was man aus ihnen machen kann – aus dem Fleisch, der Milch, dem Fell. Entgegen dem Trend seiner

Landsleute zieht er das Nomadentum in der Steppe dem Leben in der Stadt vor.

»Manchmal träumen meine Eltern von der Stadt, von einer Wohnung mit Fernwärme und Wasserhahn.«

Das nächste Geschäft liegt siebzig Kilometer weit weg. Rundum ist Steppe. Aber hier draußen haben wir alles, was wir brauchen. Hunger kennen wir nicht. Als ich in der Stadt gelebt habe, war das oft anders«, erzählt uns der ehemalige Student.

»Die Mongolei ist schon immer ein Land der Nomaden und wird es auch immer sein«, sagt Tumur überzeugt. »Aus dem einfachen Grund, weil dieses weite Land keine andere Lebensweise zulässt.«

Die Luft ist morgenfrisch und klar. Hinter dem Zelt ragen die weiß bepuderten Spitzen des Altaigebirges auf. Der Abschied von Tumurs Familie am nächsten Morgen ist herzlich.

Unser Visum ist begrenzt und die nahende Regenzeit sitzt uns dicht im Nacken. Tumur ist es schleierhaft, wie wir es mit diesem Dreirad bis hierher geschafft haben.

»Aber wenn ihr so weit gekommen seid, dann kommt ihr damit auch bis an die russische Grenze! Sandpassagen werden weniger, dafür kommen jetzt die Berge. Ihr müsst noch zwei breite Flüsse kreuzen. Wenn das Wetter hält, könnt ihr das schaffen.«

Wir müssen Tumurs Familie versprechen, kein Risiko einzugehen. Im Notfall sollen wir warten, bis ein anderes Fahrzeug auftaucht und uns aus dem Fluss herausziehen kann. Von Tumurs Mutter bekommt Susi noch eine weiße Plastiktüte überreicht.

»Eine mongolische Spezialität!«, erklären sie uns.

»Nicht noch eine!«, denke ich mir. Der Kumys hält meine Eingeweide immer noch auf Trab. Susi wagt einen Blick in den Beutel. Dicke Scheiben getrockneter Hartkäse, hergestellt aus Stutenmilch, von denen ein unglaublich penetranter Geruch ausströmt. Später erfahren wir, dass man daraus sogar Wodka machen kann.

»Servus, tschüss!«, winken wir der Familie zu, als wir losfahren.

»Servus, tschüss!«, kommt es im gewohnten Echo zurück.

Die seltsame Angewohnheit der Mongolen, uns nachzuplappern, ist uns schon bei vielen Gelegenheiten aufgefallen. Die Mongolen sind ein lustiges Volk!

»Wegen des Essens muss ich auf keinen Fall noch einmal um die Welt ziehen«, teile ich Susi mit, als wir über die Piste holpern.

»Gibt nix Besser's, ois an g'scheidn Schweinsbraten mit Knödl!«

Unmerklich ist das zentrale Hochland seit Ulan Bator angestiegen. Den schneebedeckten Gipfeln des mongolischen Altaigebirges kommen wir näher und näher. Die Pisten bestehen aus Geröll und Stein. Teilweise ist der Untergrund der nackte Fels. Oft sind die Wege nur dadurch entstanden, dass zwei oder drei Fahrzeuge irgendwann mal die gleiche Route genommen haben.

»Irgendwie haben wir ein Rad zu wenig!«, beschwert sich Susi über das permanente Geschaukel.

»Oder eines zu viel!«, bring ich eine neue Erklärung ins Spiel.

»Du meinst als, es wäre einfacher, wenn wir ein ›Rad ab‹ hätten?«

»Das haben wir sowieso!«

Erschwerend für unser Dreirad kommt hinzu, dass die Pisten größtenteils zweispurige Rillen mit einer kleinen Erhöhung dazwischen sind, ein ›Feldweg‹ eben. So bekommen wir nie alle drei Räder auf die gespurten Fahrstreifen. Eines rollt immer ›off road‹. Lässt es das Gelände zu, fahren wir oft einfach querfeldein, suchen uns einen eigenen Weg und legen den Grundstein für eine neue Fahrspur. Eine mit drei Rillen.

Sorgen bereitet uns das tief hängende Getriebe. Nicht selten muss einer von uns beiden aussteigen und kontrollieren, ob die Bodenfreiheit des Fahrzeuges ausreichend ist. Hin und wieder sitzen wir auf.

Doch nicht das Getriebe, sondern der massive Tankschutz, den wir extra haben anfertigen lassen, wird uns zum Verhängnis. Zu nahe am Getriebe montiert, wetzen beide gegeneinander. Bei einem kurzen Stopp fällt Susi eine feine Ölspur auf, die wir hinter uns herziehen. Durch das Scheuern an dem Tankschutz hat sich ein daumennagelbreiter Riss aufgetan, aus dem munter Getriebeöl tropft.

Improvisation ist gefragt. Genauso wie beim Auspuff, der an einer scharfkantigen Felsspitze hängen bleibt und abreißt. Das Getriebe bekommen wir mit Silikon dicht. Den Auspuff schienen wir mit der aufgeschnittenen Maisdose vom letzten Abendessen.

Tagelang sehen wir kaum ein anderes Fahrzeug. Und wenn, dann meist nur in Form von weit entfernten Staubwolken in der Landschaft, die sich in gleichmäßigem Tempo fortbewegen. Einen Hauptweg gibt es nicht. Vielmehr ist es ein Bündel an Pisten, das sich aus unerfindlichen Gründen plötzlich in drei oder vier Fahrwege aufsplittet. Manche treffen später wieder zusammen, manche verlieren sich am weiten Horizont in der Steppe. Allein auf Karte und Kompass verlassen wir uns nicht mehr. Das geht wegen der Unberechenbarkeit der Wege und ihrer Passierbarkeit nicht. Wann immer ein Ger auftaucht, erkundigen wir uns nach der besten Route. Auf die Antwort folgt meist eine Einladung.

Zeitweilig begleiten uns berittene Mongolen. Wie Leibwächter Dschingis Khans reiten sie oft kilometerlang neben uns her. Mit der Urga in der Hand, der langen Holzstange und der Schlinge am Ende. Das Tuk Tuk hat sie angezogen. Ein Fahrzeug, das vorne nur ein Rad hat, aber hinten zwei – das muss doch umkippen!

Neben halbwilden, zweihöckrigen Kamelen und den Gers sind die einzigen vertikalen Linien in der trockenen Grasebene aufgeschichtete Steinhaufen, ›ovoos‹ genannt. Sie sind mit blauen Tüchern und Fähnchen geschmückt und den Geistern gewidmet. An diesen markanten Punkten legen wir jedes Mal eine ausgedehnte Fahrpause ein und lassen unsere Umgebung auf uns wirken. Ganz weit oben kreisen zwei Geier. Noch näher am Himmel als wir, genauso verloren in der Weite. Die Landschaft ist wie die Lebensart der Menschen: karg und schnörkellos. Majestätisch und golden wölben sich Hügel in der milden Sommersonne. Vereinzelte huschen Schatten der Wolken über die große Fläche dieses endlosen Niemandslandes. In der Ferne leuchten drei weiße Punkte an einem silbrig-glänzenden Flusslauf. Die Gers wirken wie aus dem grünen Boden gewachsene Pilze.

»Das ist schon unheimlich!«, meint Susi.

»Was ist unheimlich?«, frage ich verwundert.

»Diese Stille!«

Gerade mal zweieinhalb Millionen Einwohner leben in der Mongolei auf einer Fläche, die viereinhalbmal so groß wie Deutschland ist. Hier gibt es Platz und Raum. Trotz leichter Anspannung über die Ungewissheit, ob das Tuk Tuk dieser Route gewachsen ist, ist das Gefühl und die Freude in diesem Land zu sein, längst wieder zurückgekehrt. Die Mongolei hat einen ganz eigenen Charakter, ebenso wie die Menschen die hier leben. Sie sind friedlich, stolz und gastfreundlich. Der Ärger über die eigene Fahrlässigkeit am ersten Abend ist längst verblasst.

Bevor wir weiterfahren, gehen wir dreimal im Uhrzeigersinn um den Steinhaufen herum. Legen, so wie wir es bei den Mongolen gesehen haben, nach jeder Umrundung einen Stein zu dem Haufen und bitten die Geister, dass unser Tuk Tuk auch weiterhin durchhält und die Regenzeit noch auf sich warten lässt.

Und das tut sie. Knapp zwei Wochen nach der Abfahrt in Ulan Bator erreichen wir Ölgiy, ohne dass ein einziger Tropfen Regen auf unser

Dach gefallen ist. Zwei Wochen für rund sechszehnhundert Kilometer. Jeder Tag eine Fahrradetappe.

Bis zur Grenze sind es jetzt nur noch gut zwei Tage. Die Vororte der kleinen Aimaghauptstadt bilden unzählige Gercamps, die aussehen wie große Pfadfinderzeltlager. Der Ort selber lässt jeden Scharm vermissen. Die Russen haben auch hier wieder ganze Arbeit geleistet. Grau in grau.

Die Speicherkarte unserer neuen Digitalkamera ist voll, wir brauchen einen Computer. Angeblich gibt es den in der örtlichen Poststelle, sogar mit Internetanschluss. Umständlich versuche ich der Frau am Schalter zu erklären, dass ich die Bilder aus der Kamera in den Computer bringen möchte und von dort auf eine CD. Ich brauche einen CD-Brenner.

Ein junger Tourist dreht sich zu mir um und fragt auf Englisch, ob er mir helfen kann. Er könnte übersetzten. Robert kommt aus Deutschland.

»Habt ihr schon was organisiert?«, fragt der schlaksige Berliner, als er erfährt, dass wir an die russische Grenze nach Tsaganur wollen.

»Ja, ein Tuk Tuk!«, gestehe ich wahrheitsgetreu.

Ein Mann mehr an Bord kann nichts schaden. Einer mehr für's Schieben!

»Hier in der Mongolei ist man nie sicher, ob und wann man wo ankommt. Da kann ich ebenso gut bei euch mitfahren«, lautet Roberts Kommentar, als er vor dem Tuk Tuk steht.

Seit zwei Tagen hängt er in Ölgiy fest. Er erzählt uns, wie er drei Tage in der einsamen Steppe verbrachte, weil seine Mitfahrgelegenheit, ein altersschwacher russischer Kastenwagen, den Geist aufgegeben hatte. Einziger Proviant waren drei Tafeln Schokolade und zwei Liter Wasser.

»Eine ganz besondere Erfahrung! Seitdem habe ich auch immer ein Zelt dabei«, meint Robert.

Der groß gewachsene Berliner ist tatsächlich der richtige Mann für außergewöhnliche Reisen. Das zeigt sich allein schon daran, dass er vor der gemeinsamen Abfahrt in einem ›Magazin‹, einem kleinen Laden, zwei große Flaschen Bier besorgt. Doch einen Computer mit CD-Brenner kann auch er in ganz Ölgiy nicht auftreiben.

Zweimal bleiben wir in langen Sandpassagen stecken und erreichen Tsagaanuur erst am nächsten Tag. Der Grenzort ist ein verlassen wirkendes Nest aus zerstreuten Gebäuden. Mannshohe Bretterzäune umfassen windige, eingeschossige Behausungen aus Wellblech, Beton und Holz. Bei einer Gruppe mongolischer Grenzsoldaten in Tarnanzügen erkundigen wir uns nach einem kleinen Dorfladen. Ohne Hinweisschilder oder irgendwelchen Aufschriften sind sie für Fremde oft nicht zu erkennen. Offensichtlich erfreut über ein wenig Abwechslung, führen uns die Uniformierten direkt dorthin, drei Häuser weiter. Als Gegenleistung will jeder Soldat in dem seltsamen Fahrzeug sitzen. Wieder mal erstaunt uns die Kapazität unseres Gefährtes. Ganze acht Soldaten zwängen sich in das Tuk Tuk.

In dem kleinen Laden verschleudern wir unsere restlichen mongolischen Töreg. Außerhalb des Landes ist die mongolische Währung praktisch wertlos. Von einer Auswahl im Angebot zu sprechen, wäre übertrieben. Die Regale sind, wie gewohnt, fast leer. Das mongolische Geld reicht noch für zwei Dosen Thunfisch und fünf Gläser deutscher Gewürzgurken.

Je mehr Grenzen wir passieren, desto routinierter werden wir – denken wir. Wir bitten Robert, sich mit seinem Russisch an der Grenze zunächst zurückzuhalten. Manchmal, so hat es sich gezeigt, kann es sogar von Vorteil sein, nicht immer alles zu verstehen. Um langatmigen, mühseligen Erklärungen und Diskussionen aus dem Weg zu gehen, füllen Beamte oft lieber selber die Formulare aus, kleine Ungereimtheiten werden einfach übersehen oder selber gelöst. Die mongolischen Grenzer sind wie gewohnt auf Zack. Den restlichen Nachmittag verbringen wir am Schlagbaum der Russen. Genug Zeit, der Mongolei hinterher zu trauern. Die Landschaft, die Bewohner und ihr Lebensstil haben uns beeindruckt. Die Erinnerungen daran haben sich stark eingeprägt.

Als wir endlich als drittes Fahrzeug an die Reihe kommen und die Pässe vorzeigen, werden wir mit dem deutschen Wortschatz, den anscheinend jeder Russe beherrscht, begrüßt: »Achtung, Achtung, eins, zwei, drei!« Die Russen finden das lustig. Wir auch!

Die Stempelprozedur ist zäh und langwierig. Anschließend müssen wir das Tuk Tuk durch ein seichtes Becken, gefüllt mit schäumender Flüssigkeit fahren: Desinfektionsmittel. Erst jetzt trauen sich auch die Beamten an das Fahrzeug heran. Das Durchsuchungskommando der Zollbehörde verlangt, dass wir das Tuk Tuk ausräumen und sämtliche Taschen öffnen.

»Was meinen die, bei uns zu finden? Gewürzgurken?«, kommentiert Robert die Aufforderung belustigt.

Eine Kuh trottet gemächlich an unserem Tuk Tuk vorbei, steuert zielstrebig direkt das Desinfektionsbecken an. Sie hat Durst!

»Dawaj, dawaj – los, los!«, schickt uns ein Mann in Zivil plötzlich mit einer überraschenden Betriebsamkeit weiter. Was ist denn jetzt passiert? Unverrichteter Dinge schmeißen wir die beiden Taschen neben dem Fahrzeug wieder hinein. Wir werden förmlich dazu gedrängt, endlich weiterzufahren. Es ist kurz vor achtzehn Uhr. Ach so, gleich ist Feierabend.

Kaum über der Grenze, rollen die Reifen wieder auf einer schwarzen Asphaltdecke. Wir halten an der ersten Tankstelle.

»Willkommen in Russland -Willkommen in der Zivilisation!«, empfängt uns der russische Tankwart und rüttelt kräftig am Tuk Tuk, obwohl ich immer noch hinten drin sitze.

Eine Unart, die uns eigentlich schon gar nicht mehr auffällt. Man will das Tuk Tuk testen.

»Polnij bak! – Volltanken bitte!«

Der Stahlrüssel pumpt wieder Sprit über neunzig Oktan in den Tank. Ich kann den Motor vor Erleichterung fast seufzen hören. Susi sieht sich nach einer Abfalltonne um. Die Thunfischdosen verbreiten einen Geruch, der penetranter ist als mongolischer Käse.

»Gib sie mir!«, sagt der Tankwart und wirft die volle Plastiktüte in hohem Bogen hinter das Gebäude.

Auf der offenen Wiese liegen bereits unzählige, zerplatzte Tüten verstreut und warten auf die nächste Müllabfuhr: den Wind. Entsorgung auf Russisch.

»Willkommen in der Zivilisation!«

Alle drei sammeln wir unseren Müll schön brav wieder ein.

»Mit einem Tuk Tuk durch die Mongolei!«, schüttelt Robert zum Abschied ungläubig den Kopf. »Das glaubt mir keiner!«

Per Anhalter will sich unser deutscher Fahrgast bis ins zweihundertfünfzig Kilometer entfernte Novosibirsk durchschlagen und dann mit dem Zug weiter nach Moskau.

»Gerne wäre ich noch länger mit euch gefahren!«, gesteht er uns zum Abschied.

In wenigen Tagen wird er in Moskau erwartet.

Mir wird bewusst, dass Susi und ich trotz minimalen Gepäcks einen maximalen Luxus besitzen. Drei Monate in Bangkok oder vier Wochen Buenos Aires, wir haben die Zeit. Wir müssen nicht sparsam mit einzelnen Tagen jonglieren, uns an Wochen klammern. Für Robert war die vierwöchige Mongoleireise fast sein ganzer Jahresurlaub. Für uns waren sie ein kurzer Abschnitt einer langen Reise. Einzelne Tage verschmelzen zu Wochen, Wochen verschmelzen zu Monaten. Wir können Dinge abwarten, aussitzen, haben die Zeit uns zu entscheiden, welchen Weg wir gehen wollen. Unser kurzfristiges Zeitmaß ist der Zyklus der Jahreszeiten. Einschränkungen werden uns nur durch die Bürokratie vorgeschrieben. Unser Antrieb ist die eigene innere Unruhe, die sich immer dann meldet, wenn es an der Zeit ist, weiterzuziehen.

Zwei Wochen verbringen wir im russischen Teil des Altaigebirges. Das Tuk Tuk starten wir nur, wenn uns die Vorräte zwingen, ein Geschäft aufzusuchen. An den Ufern der Gebirgsflüsse finden wir malerische Zeltplätze, umgeben von dunklen Nadelwäldern und schroffen Hochgebirgskämmen, auf denen ein ganzjähriger Eispanzer liegt. Susi widmet sich ausgiebig einem dicken Roman, den Robert ihr zurückgelassen hat. Ich vertreibe mir die Zeit mit dem Fahrzeug. Besonders der Anblick von Flugrost an den vielen verchromten Teilen lässt mir das Herz bluten. Als Goldschmied kommt in mir die Vorliebe für glänzende, funkelnde Flächen durch. Ich verbringe Stunden, um unser treues Fahrzeug auf Hochglanz zu polieren. Am Abend kann ich mich dann kaum von dem Anblick der sich im polierten Chrom spiegelnden Flammen des Lagerfeuers abwenden.

Susi schüttelt nur noch den Kopf.

»Deinem Fahrrad hast du so eine liebevolle Pflege nie zukommen lassen!«

Pünktlich zum zwanzigtausendsten Tuk-Tuk-Kilometer quittiert der Motor seinen Dienst. Ständig Röcheln, dauernd Fehlzündungen, die drei Zylinder des Fahrzeuges laufen nur noch unregelmäßig. Das Tuk Tuk scheint sich seit Japan mit einer schleichenden Krankheit zu quälen, aus der wir nicht so recht schlau werden. Mittlerweile alle fünfzig Kilometer wechseln wir die Zündkerzen, drehen am Verteiler, säubern den Vergaser. Zusätzlich brennen regelmäßig die Sicherungen durch. Irgendwo sitzt ein Kurzschluss.

Ende Juli erreichen wir Almaty, die größte Stadt Kasachstans am Fuße des Tien-Shan-Gebirges, fast auf dem Zahnfleisch. Wir machen uns auf die Suche nach kompetenter Hilfe. Wir brauchen einen Mechaniker.

Zwei Tage lang grasen wir sämtliche Werkstätten ab, die wir auffinden können – vergeblich! Keiner will oder traut sich zu, sich des Problems anzunehmen.

»So ein Fahrzeug haben wir noch nie gesehen, mit dem Motor haben wir keine Erfahrung!«, ist die ernüchternde Auskunft der vielen Werkstätten und Mechaniker, die wir ausfindig machen können. Man schickt uns weiter.

»Das ist doch logisch, dass die so ein Fahrzeug noch nicht gesehen haben!«, schimpft sich Susi den Frust vom Leib.

Beide haben wir diese Reaktion nicht erwartet. Sind wir doch der Meinung gewesen, dass die Menschen hier fähig wären, selbst aus den Resten eines verrosteten Ladas eine Raumkapsel zu bauen. Das Glück, bisher immer an den richtigen Mann geraten zu sein, scheint uns jetzt etwas im Stich zu lassen. Zumindest, bis uns ein Stern aufgeht.

In einem Industriegebiet nahe des großen Gebrauchtwagenmarkts der Stadt stehen wir plötzlich vor einer Halle, über deren Einfahrt das Mercedes-Logo hängt. Die Werkstatt macht einen prima Eindruck. Sie ist sauber und aufgeräumt, wie daheim. Die Mechaniker haben alle einen blauen Kittel an und sind sichtlich stolz, einen Stern auf der Brust zu tragen. Dass wir aus Deutschland kommen, scheint am Anfang tatsächlich Eindruck zu machen. Sofort wird der ukrainische Chefmechaniker herbeigerufen.

»Viel hat das mit einem Mercedes aber nicht zu tun!«, klärt der uns in gebrochenem Deutsch auf, als er vor dem Tuk Tuk steht.

»Tut mir leid, helfen können wir euch hier nicht!«, erklärt uns der Ukrainer fast entschuldigend »Wir machen nur Mercedes! Aber ich kenne zwei Kerle, versucht es mal bei denen.«

Piotrs und Igors Laden liegt in der Innenstadt. Das Geschäft ist sauber und aufgeräumt wie die Mercedes-Werkstatt, nur dass hier nicht mit Autos gehandelt wird. Die zwei Männer sitzen auf einem Stapel Teppiche und spielen Schach. Der eine groß und kräftig gebaut mit Schnauzer und dunklen Haaren, sein Gegenüber klein, schmächtig und blond.

»Strastwuitje – Hallo!«, begrüßen Susi und ich die beiden Teppichhändler fast im Chor.

Trotz der Bemühungen der Regierung nach der Unabhängigkeit von Russland Kasachisch als vorherrschende Sprache zu etablieren, wird Russisch nach wie vor von den allermeisten Einwohnern beherrscht.

»Strastwuitje!« Auch wir werden begrüßt.

»Wir sind aus Deutschland und suchen Hilfe!«, stottere ich mit meinem schlechten, selbst gebastelten Russisch. Igor, der kleine Blonde steht auf und erkundigt sich in ebenso schlechtem Englisch, was das Problem sei. Mit Händen und Füßen mache ich ihm begreiflich, dass ich einen Mechaniker brauche. Igor übersetzt. Piotr, der Große nickt und brummt. Dieses ungleiche Paar scheint gut aufeinander abgestimmt zu sein. Während Piotr im Laden bleibt, begleitet uns der kleine Igor zum Tuk Tuk.

»Choroscho, Choroscho!«, ist die uns hinlängst bekannte Reaktion auf unser Gefährt. Igor steht fasziniert vor dem Dreirad.

Ich hebe den Fahrersitz an. Der Motor liegt direkt darunter. Ich zeige ihm die Zündkerzen, versuche das Tuk Tuk vergeblich zu starten. Eine laute Fehlzündung hallt über den bewachten Parkplatz. Der schmächtige Teppichhändler fummelt an einigen Schrauben am Motor, zieht an einigen Kabeln. Susi springt von einem Bein aufs andere. Sie ist gespannt. Was tun, wenn Igor auch abblockt? Was tun, wenn wir wirklich niemanden finden, der sich zutraut, das Tuk Tuk zu reparieren?

Zumindest sieht es so aus, als würde er wissen, was er tut. Ich zeige ihm auch die Hand voll verschmorter Sicherungen. Igor nickt.

Zurück im Laden, übersetzt Igor wieder. Piotr brummt. Beide nicken.

»Wir müssen den Motor öffnen, außerdem stimmt etwas mit der Elektrik nicht! Aber wir kriegen das hin, wenn wir die richtigen Ersatzteile auftreiben!«

Uns fällt ein Stein vom Herzen. Der ist so groß, dass wir nicht einmal einen Preis vereinbaren. Doch beide machen einen hilfsbereiten, ehrlichen Eindruck. Zudem haben wir keine andere Wahl.

Um das Elektrikproblem zu lösen, heuern Piotr und Igor zusätzlich noch Ivan an. Wie wir später herausfinden sollten, ist Ivan kein Elektriker, sondern eigentlich Koch – aber wen stört das schon!

Nachdem klar ist, wo das Problem liegt, lassen wir uns per Kurierdienst die Ersatzteile aus Thailand schicken. Zudem starten wir den eingeplanten Behördenmarathon, um die weitere Route durch Zentralasien zu regeln. Nach langer Zeit schrauben wir wieder unsere Räder zusammen. Sie sind die schnellste und effektivste Methode, durch das rechtwinklig angeordnete Straßengitter Alamatys zu den Büros und Botschaften zu gelangen. Wir gehen systematisch vor, ein Land nach dem anderen. Wieder mal machen sich unsere beiden Reisepässe bezahlt. So lassen wir einen Pass in der Kirgisischen Botschaft zurück und können mit dem anderen aber gleichzeitig das Visum für

In Thailand sind die Tuk Tuks überall zu finden.

Nach langem Suchen finden wir ein altes Tuk Tuk – zumindest ein halbes.

Unser Tuk Tuk nimmt so langsam Gestalt an.

Wir verlassen Bangkok tatsächlich mit einem dreirädrigen Taxi.

Laotische Kinder bei einer Abkühlung

In jedem Dorf werden wir von neugierigen Kindern bestaunt.

Immer auf Tuchfühlung. Laos

Kambodschanischer Schweinetransport auf dem Weg zum Markt

»Susi, kein Problem, es ist nicht tief ...«. Laos

Trotz äußerer Einflüsse haben sich die Mongolen viel von ihrer traditionellen Lebensweise bewahren können.

Es gibt immer einen Weg, man muß ihn nur finden!

Tagelang treffen wir in der Mongolei kaum Menschen.

Entlang der Seidenstraße erzählen Städte aus einer Zeit, wo dieser Teil der Erde Mittelpunkt von Kultur und Handel war.

Die patriarchalische Gesellschaft im Iran forderte von Susi größte Toleranz ab.

Auf den Bazaren Zentralasiens und des Irans bekommen wir alles, was das Herz begehrt.

Junge Iraner suchen den Kontakt zu uns.

Jede Grenze birgt neue Überraschungen. Mittelasien

Sprit ist immer kostbar. Iran

Gute Miene zum Bösen Spiel. Wir müssen uns immer wieder mit wichtigtuerischen Beamten arrangieren.

Thailändische Zulassung, deutsche Zollpapiere, japanische Versicherung … verstehe das, wer wolle!

Kaum zu übersehen! Altai-Gebirge, Mongolei

Jordanische Nacht

Über die Stille des Abends legt sich in den arabischen Ländern der Gebetsruf des Muezzins.

Ein-Blick auf die Felsenstadt Petra. Jordanien

Jeder Tag bringt neue, interessante Begegnungen. Sahara-Wüste

Lange Schatten gibt es in der Wüste nur am Morgen. Iran

Wenn es keine Wege gab, dann suchen wir uns welche. Syrien

Auch in Tunesien erregt das Tuk Tuk bei den Einheimischen Aufmerksamkeit.

Wir schaufeln uns durch die Sahara.

Von der Morgensonne geweckt. Sinai-Wüste

In Zentralasien tukkern wir entlang alter Karawanenrouten.

Ruinen sind ein ideales Versteck für die Nacht. Iran

Die letz-
ten Meter

Großer Emp
fang auf der
Marktplatz

Usbekistan beantragen. Stundenlanges Warten vor Empfangstischen und verschlossenen Amtsstuben, mühsames Ausfüllen von Vordrucken. Inzwischen können wir unsere Passnummern, Ausstellungs- und Ablaufdaten auswendig. Das meiste geht relativ reibungslos. Nur Turkmenistan fällt aus der Reihe.

Dort weist ein aufgeblasener Angestellter uns schroff ab. Bevor wir überhaupt ein Visum für sein Land beantragen können, bräuchten wir eine gültige Einreisegenehmigung für das darauf folgende Land.

Unsicher steuern wir am gleichen Tag deshalb noch die Iranische Botschaft an, im Unklaren darüber, ob Susi schon beim Betreten der Iranischen Vertretung ein Kopftuch tragen muss. Passfotos haben wir noch, aber eines mit Kopftuch befindet sich mit Sicherheit nicht darunter. Brauchen wir das? Im Land selber würde Susi vom Gesetz her dazu verpflicht sein.

Wir versuchen es ohne. Der iranische Beamte scheint sich daran nicht zu stören, obwohl hinter ihm eine im Tschador, dem großen schwarzen Tuch, verhüllte Gestalt Tee zubereitet.

»Come back in two days!«

Nachdem wir gewissenhaft den Antrag ausgefüllt haben, werden wir auf den übernächsten Tag vertröstet. Als wir uns vor dem kleinen Botschaftsgebäude auf unsere Räder schwingen wollen, werden wir zurückgehalten.

»Damit wollt ihr in den Iran?«, fragt uns der iranische Konsul ungläubig.

»Nein, wir fahren mit einem Tuk Tuk!«

Wieder frage ich mich, wer sich diesen Namen hat einfallen lassen. Digitalkamera sei Dank, haben wir ja ein Bild dabei. Er schmunzelt.

Keine zehn Minuten später haben wir das Visum im Pass.

Zurück in der Turkmenischen Botschaft kann der Angestellte seine Verwunderung darüber, dass wir das Visum für den Iran so schnell aufgetrieben haben, kaum verbergen. Fast hat es den Anschein, als würde er sich sogar darüber ärgern. Susi wird mangels passender Kleidung kurzerhand aus dem Vorzimmer des Büros verwiesen.

»Sich mit offenen Schuhen einem turkmenischen Staatsdiener gegenüberzustellen ist respektlos!«, werden wir von dem aufgeblasenen Kerl wichtigtuerisch aufgeklärt.

Ganz ruhig, was zählt ist das Visum.

Sichtlich genießt der Kerl hinter dem Tresen seine Stellung und seine Macht, die sich auf das Geschehen innerhalb seiner vier Wände beschränkt, auszuspielen. Wir bekommen das komplette Programm an Beamtenwillkür des Möchtegerns zu spüren. Dreimal verlangt er, dass wir den Antrag neu ausfüllen, Susi draußen auf dem Flur, ich immerhin im Vorzimmer. Zu undeutlich und unleserlich seien unsere Buchstaben. Wir machen gute Miene zum bösen Spiel.

Route, Ein- und Ausreisepunkt müssen festgelegt werden.

»Transitvisa. Maximal fünf Tage Aufenthalt – vielleicht!«, fügt er boshaft grinsend hinzu. Plötzlich fällt ihm noch eine Schikane ein. Wir sollen Kopien von Pässen und vor allem vom iranischen Visum besorgen, erklärt mir der aufgeblasene Kerl in einem unterschwelligen Befehlston. Neben ihm steht ein Kopiergerät und in einer halben Stunde wird das Büro geschlossen.

»Ich könnte dem Kerl an die Gurgel springen!«

Susi ist außer sich vor Wut, als wir durch die Straßen hetzen, um einen Copyshop aufzufinden. Aber diese Wut spornt uns nur an. Merklich überrascht, dass wir auch das Kopieren in so kurzer Zeit erledigt haben, nimmt er fast widerwillig den kompletten Antrag entgegen.

»Mindestens eine Woche!«, bricht es fast schadenfroh aus ihm raus.

Trotz Kloß im Hals bedanke und verabschiede ich mich dennoch artig.

»Was zählt, ist das Visum!«

Tatsächlich treffen die Ersatzteile einen Tag früher als geplant in Alamaty ein. Der Motor liegt zerlegt, aber bereits komplett gesäubert im Hinterhof des Teppichladens. Für eine Strecke, die wir in gut einem halben Jahr zurückgelegt haben, brauchten die Ersatzteile ganze vier Tage. Der Globalisierung sei Dank. Der Motor ist an einem Nachmittag wieder zusammengebaut, eingestellt und schnurrt wie eine Katze. Auch Ivan hat ganze Arbeit geleistet. Den Kurzschluss zu finden war unmöglich, kurzerhand hat er einen neuen, kompletten Kabelbaum angefertigt und verlegt.

»In spätestens einem Jahr will ich nach Deutschland zu meinem Onkel übersiedeln«, erklärt uns Igor, als wir mit ihm am Tag vor der Abfahrt nochmals bei einem Glas Tee zusammensitzen. Seine Großmutter hat deutsche Wurzeln.

»Was arbeitet dein Onkel?«, will Susi wissen.

»Mein Onkel arbeitet gar nicht. Aber der Staat zahlt ihm in einem Monat soviel, wie ich in drei Monaten verdienen kann!«, erklärt uns Igor mit leuchtenden Augen.

Einhundert Euro haben die drei Kasachen für zwei Tage Arbeit an unserem Tuk Tuk verlangt.

Dass er kein Deutsch spricht, sieht Igor nicht als großes Problem an. Seine neunjährige Tochter geht schließlich auf die deutsche Schule.

»Sie wird dann schon für uns übersetzten können!«, hofft er.

Seine Frau Swetlana nickt zustimmend. Sie schenkt uns nochmals Tee nach. Mittlerweile hat sie den Antrag für Spätaussiedler der Deutschen Botschaft gefunden. Er ist auf Deutsch. Ob wir ihnen kurz erklären könnten, was sie machen müssen. Ich lese ihn mir durch und erkläre ihnen, dass ein Sprachtest gefordert wird. Zunächst sollte Igor Deutsch lernen, schlage ich ihm vor. Die Sprache des Landes zu beherrschen, in dem man lebt, ist die Grundvoraussetzung, um sich zu integrieren, Arbeit zu finden und um sich wirklich zu Hause zu fühlen. Ich versuche ihm zusätzlich, seine Illusionen zu nehmen.

»Viele Menschen in Deutschland sind arbeitslos, die Kosten für den Lebensunterhalt sind um ein Vielfaches höher!«

Doch meine Argumente prallen an ihm ab. Er ist überzeugt, Deutschland ist das Paradies.

Tatsächlich fällt es mir schwer, seine Überzeugung zu widerlegen. Insgeheim gebe ich ihm Recht. In keinem Land, das wir bisher besucht haben, sind wir auf einen so breit gefächerten, hohen Lebensstandard in der Bevölkerung gestoßen, wie wir ihn aus Mitteleuropa kennen. An welchem der elementaren Bedürfnisse fehlt es den Menschen dort? Vielleicht an Sonne! Aber dann können die meisten es sich leisten, ihr hinterher zu fliegen.

Wie ein zerfasertes Garn überzog das Wegenetz der Seidenstraße Zentralasien. Zusammengeführt, wie in einem Nadelöhr, wurde es in den Basaren von Buchara und Samarkand im heutigen Usbekistan. Dort, wo früher Karawanen umherzogen, tuckern wir entlang des legendären Handelsweges durch Zentralasien vorbei an Städten und Bauwerken, die noch heute lebendige Zeugen der Vergangenheit sind und aus einer Zeit erzählen, wo dieser Teil der Erde Mittelpunkt von Kultur und Handel war.

»Kirgistan, Usbekistan, Turkmenistan, ich hatte nicht einmal gewusst, dass diese Länder überhaupt existieren«, gesteht mir Susi.

Mir geht es nicht anders. Nach dem Zusammenbruch der Sowjetunion konnten sich die Länder Zentralasiens aus den russischen Klammern befreien und gingen einen eigenständigen Weg. Übrig geblieben sind die teilweise haarstäubenden Grenzverläufe, die Stalin einst auf dem Reißbrett gezogen hatte. Wir entscheiden uns für den großen Grenzübergang nahe der kirgisischen Stadt Osh, um nach Usbekistan in die instabile Region des Ferganatals einzureisen.

Die Beamtin schaut mich an. Wem denn der Pass gehöre?

»Er gehört mir, wem denn sonst?«

»Das wollen Sie sein?« fragt die Frau und deutete zweifelnd auf mein Passfoto.

Tatsächlich bin ich nicht mehr der, der dort auf dem Foto lächelt, bartlos mit kurzen Haaren, im sauberen Hemd. Ich bin ihm wirklich kaum ähnlich. Das sieht die Frau genauso. Sie fordert mich auf, meine Mütze herunter zu nehmen. Währende sie mich eindringlich mustert, komme ich mir vor wie bei einem KGB-Verhör. Ich muss meinen Kopf mal leicht nach links drehen, mal leicht nach rechts ... Lustiges Spiel, ich mache mit. Sie blättert im Pass.

»Wo ist das abgestempelte Visum für Kirgistan?«

Ihr Unterton lässt nichts Gutes verheißen. Schluss mit lustig!

Susi steht hinter mir. Ich kann ihre Anspannung fast spüren. Auch sie ahnt, was kommen wird. Ich ziehe meinen zweiten Pass, mit dem wir aus Kirgistan ausgereist sind, aus der Tasche. Das ist zu viel. Beide Pässe werden einkassiert und man führt uns in ein dunkles Büro. Wir werden aufgefordert, uns zu setzen. Breitbeinig versperrt uns ein uniformierter Soldat mit Kalaschnikow vor der Brust die Tür. Von zwei Beamten in Zivil werden wir einem langen Verhör unterzogen. Die Beamten sind überzeugt, dass hier etwas faul ist.

»Wenn jemand mit zwei Pässen reist«, erklärt uns einer der beiden mit finsterer Miene, »dann ist er entweder Terrorist, Spion oder von der Mafia!«

Immer wieder erzählen wir unsere Geschichte und bekräftigen, weder gesuchte Verbrecher noch Spione zu sein. Als Deutscher darf man zwei gültige Pässe besitzen.

»Schauen Sie, der eine ist voll und zum Weiterreisen haben wir einen zweiten ausgestellt bekommen«, versuche ich die Existenz des zweiten Passes begreiflich zu rechtfertigen.

Nach einiger Zeit verschwinden die Beamten und lassen uns mit unserem privaten Wachmann zurück.

»Wir beide als Top-Agenten!«, trotz angespannter Lage finden Susi und ich diesen Gedanken sehr erheiternd.

»Zugegeben, das Tuk Tuk wäre die perfekte Tarnung.«

Nach einer weiteren Stunde bekommen wir unsere Pässe wieder zurück. Man hat uns überprüft. Alles scheint seine Richtigkeit zu haben. Der Verdacht hat sich nicht erhärtet. Um auf Nummer sicher zu gehen, müssen wir das gesamte Tuk Tuk ausräumen und die Ausrüstung wird penibelst kontrolliert. Doch außer einem verbogenen Löffel und einem kleinen Taschenmesser finden die Beamten keine Waffen.

»Seit der Unabhängigkeit Usbekistans ist der Islam in die Öffentlichkeit zurückgekehrt. Neue Moscheen werden gebaut, alte reaktiviert. Mittlerweile wurde gar eine Medresse, eine Religionsschule für Frauen, eröffnet.

»Gütig sein und im Herzen an Gott glauben.« Yulduz beschreibt uns in einem passablen Englisch den ›sanften Islam‹ Usbekistans.

Yulduz ist Baumwollfarmer. Am Rande seines großen Feldes haben wir unser Zelt aufgestellt. Dort hat er uns bei seinem routinemäßigen Kontrollgang am Abend entdeckt. Er ist ein netter, freundlicher Mann und trägt traditionell, die mit Stickereien und Ornamenten verzierte Kopfbedeckung der Usbeken.

»Streng fasten oder die penible Einhaltung der fünf täglichen Gebete ist Sache der wenigsten Gläubigen. Die Frauen tragen bei uns auch keinen Schleier wie im Iran«, klärt uns Yulduz über die Bedeutung der Religion in seinem Land auf. Als Baumwollexporteur ist er viel herumgereist. Geschäfte haben ihn auch schon in die Islamische Republik gebracht. Nur beim Alkohol stößt seine Toleranz an Grenzen.

»Das ist ein Teufelszeug. Verbieten sollte man das!«, gesteht uns Yulduz seine Abneigung.

Im Land wird jedoch Bier gebraut und Wein gekeltert. Und beschließen die Usbeken Besuchern ihre überströmende Gastfreundlichkeit angedeihen zu lassen, kreist nicht nur eine Wodkaflasche in der Runde.

»Eine der wenigen Sitten der Russen, die viele Usbeken beibehalten haben!«

Yulduz lädt uns ein, bei sich zu übernachten. Zu gefährlich sei das hier draußen. Doch sein Haus liegt gut eine Stunde Fahrzeit in der Richtung, aus der wir gekommen sind. Mittlerweile ist es dunkel, das Zelt steht und ist eingerichtet. Wir versichern ihm, dass wir auf uns aufpassen werden. Das Tuk Tuk lässt er lange auf sich wirken. In gewohnter Manier rüttelt auch er mehrmals ungläubig an dem Fahrzeug.

»Aus Kasachstan seid ihr damit gekommen?«, fragt der Usbeke noch mal.

Mehrmals hatten wir ihm erklärt, dass wir mit dem Tuk Tuk aus Thailand kommen. Aber wie mit dem Fahrrad früher auch, können sich die Menschen nicht ausmalen, dass man mit so einem Fahrzeug solche gewaltigen Strecken zurücklegen kann oder haben gar keine Vorstellung über die Gegenden, aus denen wir herkommen.

»Bis aus Kasachstan«, wiederholt er kopfschüttelnd.

Yulduz wünscht uns eine gute Nacht und verschwindet in der Dunkelheit.

Samarkand und Buchara sind für uns, wie einst für die Karawanen, die entlang der Seidenstraße ihre Waren transportierten, Oasen und letzter Rastplatz vor der Durchquerung der Wüsten nach Persien, dem heutigen Iran. Golden und türkis leuchten die Kuppeln und schimmern die Fassaden der Moscheen und hufeisenförmig gruppierten Medressen. Winklige Gassen, lauschige Innenhöfe, Karawansereien und Basare, in denen traditionell gekleidete Händler und Bauern ihre Waren anbieten. Heute sind das Töpfe, Pfannen, Obst aber auch T-Shirts aus Vietnam. Samarkand und Buchara wirken wie lebendige, gewaltige Freiluftmuseen. Früher wurden hier nicht nur Diamanten, Rosenöl, Glas, Wolle und Sklaven transportiert und getauscht, sondern auch Ideen und Gedankengut. Der Buddhismus fand hier von Ost nach West, der Islam nahm später den umgekehrten Weg. Benannt wurde die legendäre Handelsroute aber nach der wichtigsten Ware, die auf ihr von China durch Zentralasien nach Westasien, bis hin zum Mittelmeer transportiert wurde – Seide.

»Man kann das Tuk Tuk mit vielen treffenden Worten beschreiben, aber sicher nicht mit unauffällig«, stellt Susi fest, nachdem wir uns bei einem kurzen Stopp an einem der vielen Straßenstände mit Äpfeln eingedeckt haben.

Egal, wo wir auftauchen, wir ziehen die Blicke auf uns. Die Menschen freuen sich über dieses lustige Gefährt, das da um die Kurve geeiert kommt. Sie lachen, winken, heben den Daumen, Kinder schreien und rennen uns hinterher. Diese Reaktion zieht sich seit Russland durch alle Länder, wie ein roter Faden. Mit dem Fahrrad waren wir immer die Helden, doch jetzt stiehlt uns das TukTuk die Show. Kaum halten wir an, sind wir sofort umzingelt von einer Menschentraube. Viele wollen sich reinsetzen, herumchauffiert werden, am besten eine Runde selber fahren. Manchmal wird es uns fast zu viel. In Kasachstan musste Susi sogar erste Hilfe leisten. Ein Mopedfahrer hatte sich, statt auf die Straße zu schauen, nach uns umgedreht und war direkt in ein parkendes Auto gerauscht. Der Mann lag bewusstlos am Boden. Aus Nase und Ohren rann Blut, was auf eine schwere Kopfverletzung schließen ließ. Schnell hatte sich eine sensationslüsterne Menge aus Schaulustigen gebildet. Auf die Idee, einen Arzt zu informieren, kam keiner. Trotz Susis Aufforderung dringend einen Krankenwagen zu rufen, packte ihn ein anderer Mann und legte ihn unsanft auf den Rücksitz seines Autos. Sein Onkel, so sagte man uns. Ob man ihn ins Krankenhaus oder zu einem Arzt gebracht hatte, konnte uns keiner so genau sagen. Nur, dass ein Arzt Geld kostet, sehr viel Geld!

Zuviel und vor allem lästig sind uns, seit wir Zentralasien betreten haben, die vielen Polizeicheckpoints. Immer wieder tauchen Schlagbäume auf, kontrollieren Soldaten Autos und Papiere. Längst ist die Seidenstraße zum Transportweg eines ganz anderen Stoffes geworden: Rauschgift. Und dass islamische Fundamentalisten über diese Strecke Waffen erhielten, heißt es, wolle man auch unterbinden. An den größeren Kontrollstellen werden wir jedes Mal aufs Neue registriert. Dabei fragt man uns nach so seltsamen Dingen wie Name, Geburtsdatum und Beruf des Vaters und des Großvaters. Ein Beamter wollte sogar den Führerschein für das ›Dreirad‹ sehen. Auch wenn die Beamten merklich auf ein kleines Trinkgeld aus sind, läuft bei den großen Kontrollpunkten alles korrekt ab. Die meisten fragen uns höflich nach einem ›kleinen Geschenk‹ oder ›Andenken‹. Viel aufdringlicher sind allerdings einzelne Polizisten, die am Straßenrand stehen. Wie die Geier warten sie auf Beute.

Wieder mal stoppt uns einer dieser Grünschnäbel in viel zu großer Uniform, kaum zwanzig Jahre alt. Die bereits neunte Kontrolle an diesem Tag! Nachdem die Pässe kontrolliert sind, macht sich der Polizist auf die Suche nach unserer ›Achillesferse‹ und wird schnell fündig. Er deutet auf das rechte Bremslicht. Tatsächlich, es funktioniert nicht.

Ich bedanke mich für den Hinweis und wechsle die durchgebrannte Birne aus. Damit ist die Sache für uns erledigt. Wir wollen weiterfahren. Doch das Milchgesicht fordert uns auf, mitzukommen. Wir müssen Strafe zahlen. Auf dieses Spiel haben wir keine Lust mehr. Blöderweise befinden sich unsere Pässe in seiner Hand. Unser kleiner Offizier spielt den starken Mann.

Was die können, können wir auch!

Ich reiße die Hand hoch, den Zeigefinger drohend erhoben und werfe ihm einen Blick zu, der deutlich sagt: »Wage es nicht, Bürschchen!«

Er schreckt zurück. Doch die Pässe sind weiterhin in seiner Hand. Ich drehe den Spieß um. Genauso wichtigtuerisch, wie er mit seinem Gummistock zuvor in der Luft gefuchtelt hat, ziehe ich jetzt einen Block und einen Stift. Ich notiere mir demonstrativ die Dienstnummer von der Plakette auf seiner Brust und frage ihn barsch nach seinem Namen. Mit finsterer Mine folgt eine harsche Belehrung auf Englisch.

»Ich habe wichtige Freunde in der Hauptstadt. Entweder, du gibst mir die Pässe oder du bist morgen deinen Job los!«

Ein gewagtes Spiel, doch das Milchgesicht wirkt jetzt richtig eingeschüchtert. Obwohl ich mir nicht sicher bin, dass er das Gesagte versteht, gibt er mir, wenn auch zögerlich, die Pässe zurück. Davon bin ich selbst am meisten überrascht. Ich schwinge nochmals drohend meinen Zeigefinger, beschimpfe ihn wüst, dreh mich um und lasse ihn verduzt stehen. Ebenso die vielen angelockten Zuschauer. Dass sich jemand der allmächtigen Staatsmacht widersetzt und einen Polizisten zurechtweist, erstaunt sie.

Nach diesem Vorfall beschließen Susi und ich demonstrativ auf die andere Seite zu schauen, sobald ein allein stehender Uniformierter uns herauswinkt. Dabei steigt jedes Mal diebische Freude in uns auf. Neben ihrer Uniform sind die einzigen Machtsymbole ihr Signalstab und eine Trillerpfeife. Sie sind weder mit Funkgerät, Auto oder Motorrad ausgerüstet. Somit haben wir mit keinen Konsequenzen zu rechnen.

Die Herausforderungen der Reise haben sich mit dem Fahrzeugtausch merklich verschoben. Die Fragen, die uns jetzt beschäftigten, sind nicht mehr, ›Wie lang ist der nächste Anstieg?‹ und ›Wann kommt die nächste Colabude?‹, sondern ›Wo gibt es den nächsten Teppichhändler?‹, ›Wo lauert der nächste wichtigtuerische Beamte?‹, und ›Wie kommen wir an das Visum für das nächste Land?‹

Spannung haben wir jetzt wieder genug. Doch je länger wir mit dem Tuk Tuk unterwegs sind, desto mehr fange ich an, die körperliche Herausforderung zu vermissen. Auch Susi beginnt das Gefühl der Selbstbestätigung und Zufriedenheit, das sich nach einem harten Radltag einstellt, zu fehlen. Auf dem Fahrrad haben wir uns nur auf uns selber konzentrieren müssen. Nun ist es aber so, als wäre das Tuk Tuk der dritte Mann. Unselbstständig, hilflos und ständig auf uns angewiesen.

Es muss versorgt werden, braucht Pflege und Verpflegung, ist launisch, manchmal bockig und bekommt genauso viel bürokratische Aufmerksamkeit wie wir selber. An das leise Brummen des kleinen Motors haben wir uns, abgesehen von einigen Fehlzündungen, mittlerweile längst gewöhnt.

Obwohl uns das Tuk Tuk die Möglichkeit bietet, unseren täglichen Radius zu vergrößern, was vor allem bei der abendlichen Schlafplatzsuche ein großer Vorteil ist, hatten wir mit dem Fahrrad das Gefühl, unabhängiger zu sein.

Der Ruf des Tuk Tuks eilt uns schneller voraus, als wir mit ihm unterwegs sind. Das wird uns durch zwei Fahrradreisende im Norden Turkmenistans in der Karakumwüste deutlich gemacht. Die Vegetation beschränkt sich auf ein paar karge Dornenbüsche am Straßenrand. Auf der schmalen löchrigen Asphaltstraße, die sich wie ein Lineal schnurgerade durch die leicht gewellte Sanddecke zieht, überholen wir ein belgisches Radreisepärchen.

»Schnell Daniel, da vorne sind zwei Radfahrer!«

Hastig öffne ich die Kühlbox. Mist, wir haben nur noch eine Cola. Dafür liegt noch ein Schokoriegel drinnen. Die kühle Nachtluft hält bis spät in den Tag hinein den Inhalt der Box erfrischend genießbar.

Er fährt einige Meter vor ihr, sie hechelt etwas abgekämpft hinterher.

»Genau umgekehrt wie bei uns!«, schießt es mir durch den Kopf!

Wir überholen beide. Sie bekommt die Cola, er den Schokoriegel. Beide sind so überrascht, dass sie ins Straucheln kommen und fast im dornigen Straßengraben landen. Einige Meter weiter halten wir an einer Einbuchtung.

»Hallo, ihr seid sicher Susi und Daniel?« lautet die freudige Begrüßung.

Jetzt sind wir es, die erstaunt sind.

»Sind wir uns schon mal begegnet?«, stelle ich die etwas peinliche Frage.

»Noch nicht!«, lachen Katrin und Ebro.

Bei einem ausgedehnten Traveller-Brunch klären uns die beiden Radnomaden auf.

»Wir haben von euch das erste Mal in Thailand gehört. Ein holländischer Radler hatte uns von eurer Geschichte erzählt!«

Ich erinnere mich an den einsamen Fahrradfahrer nahe des Goldenen Dreiecks, den wir ebenfalls mit kühler Cola versorgt haben.

»Mit dem Rad nach Bangkok und dann mit dem Tuk Tuk weiter! Und vor allem, dass ihr alle Radreisenden mit Cola versorgt, spricht sich rum!«

Trotz des Zeitdrucks, den Katrin und Ebro haben, trennen wir uns erst am späten Nachmittag. Das Pärchen besitzt wie wir nur ein Transitvisum für Turkmenistan. Auf dem Rad ist da kein großer Puffer drin.

»Wir sind auf dem Heimweg!«, erklären die beiden. Über den Iran und die Türkei geht es zurück nach Europa.

Die Fahrt nach Süden ist für uns alle eine Fahrt in die Ungewissheit. Auch Katrin und Ebro sind sich nicht ganz sicher, was auf der anderen Seite der turkmenischen Grenze auf sie wartet.

Achse des Bösen, Antiamerikanismus, Terrorismus, Islamischer Fundamentalismus und frauenfeindliche Männergesellschaft. Das sind die Schlagzeilen, die noch immer in unseren Köpfen schwirren und die man in der westlichen Welt mit dem Iran in Verbindung bringt. Vieles, was in den Medien über andere Länder berichtet wird, so hat sich uns gezeigt, ist oft überzogen und einseitig dargestellt. Für positive Nachrichten ist selten Platz. Die verkaufen sich auch nicht so gut. Vor Mittelamerika hatte man uns eindringlich gewarnt und in der friedlichen Mongolei wurden wir beklaut. Von schwerer Krankheit und Unfällen sind wir verschont geblieben, doch im Strandparadies Thailands sind wir nur durch eine schicksalhafte Entscheidung einer verheerenden Naturkatastrophe entgangen.

Wir sind gespannt. Wie wird die iranische Bevölkerung auf uns reagieren? Wie wird sie auf das Tuk Tuk reagieren?

Im wenigen Kilometer breiten Niemandsland zwischen Turkmenistan und Iran legen wir einen kurzen Stopp ein. Susi wirft sich ihr großes Kopftuch über. Kein Haar schaut mehr heraus. Da auch Arme und Beine bedeckt sein müssen, trägt sie mein Hemd, in dem sie sich förmlich verliert. Darunter hat sie eine weite, leichte Stoffhose an.

»Erotisch sieht das wirklich nicht aus!«, versuche ich sie aufzumuntern und erreiche genau das Gegenteil.

»Das Kopftuch ist mir jetzt schon lästig!« Im Grunde ist es aber nicht das Tragen des Tuches an sich, was ihr widerstrebt, sondern es tragen zu müssen, gesteht sie mir.

Sie zupft und rückt das Tuch immer wieder zurecht, während sie sich im Rückspiegel des Tuk Tuks betrachtet.

Ich habe mich von meiner heiß geliebten kurzen Hose getrennt. Nur durch stundenlange, liebevolle Näharbeit habe ich sie, seitdem wir unterwegs sind, im Einsatz halten können. Mehr Flicken als Originalstoff. Sie ist mir richtig ans Herz gewachsen. Auch wenn es keine Kleidervorschrift für Männer gibt, wird es als unangemessen betrachtet, mit kurzer Hose herumzulaufen.

Die erste Überraschung erwartet uns an der Grenze. Der Iran ist das erste Land, wo uns eine Frau die wichtigen Zollstempel in unsere Papiere knallt. Alles funktioniert reibungslos.

»Siehst du, Frauen sind die umkompliziertern Wesen!«, freut sich Susi.

»Do you need some Iran money – Wollen sie Geld wechseln?«, spricht uns einer der Taxifahrer kurz hinter dem Grenzegebäude an. Wir sind misstrauisch, aus Erfahrung. Geld an der Grenze zu wechseln, hat meist nur Ärger und harte Verhandlungen mit sich gebracht. Da wir aber sonst nicht wissen, wo wir freitags Geld wechseln können, gehen wir darauf ein. Freitag ist in den islamischen Ländern der wöchentliche Ruhetag. Den Wechselkurs haben wir bei einem der iranischen Lkw-Fahrer an der Grenze zuvor erfragt. Verblüfft sind wir, als uns der Taxifahrer genau den exakten Wechselkurs anbietet. Unsere leichte Anspannung legt sich merklich. Wie ein deftiges Frühstück eine gute Grundlage für einen harten Radtag ist, gibt ein guter Start in einem neuen Land die Basis, um sich in dem Land wohl, sicher und willkommen zu fühlen. Bis jetzt ist es nicht das Land, das unsere Medien präsentieren.

»Hier ist es stiller als in der Mongolei, einsamer als in Patagonien und lebensfeindlicher als im isländischen Hochland!«

Susis Augen blicken weit hinein in ein flimmerndes Meer aus schwarzem Geröll und Stein.

»Ja, wie eine Überdosis Einsamkeit!«

Kein dorniger Strauch, kein Laut, kein Vogel, nicht einmal eine Fliege. Die Silhouette weit entfernter Bergzüge verschwimmt im flimmernden Horizont. Komisch, ich finde das anziehend. Die Luft ist glutheiß. Schwer liegt sie auf unseren Schultern, das Atmen fällt schwer. Bei jedem Zug brennen die Lungen. Es herrscht die trockene Hitze des Tages in einer unbarmherzigen Wüste. Einer Hitze, der man nicht entfliehen kann, die einen verrückt werden lässt. Über fünfundvierzig Grad im Schatten zeigt das Thermometer an. Und trotzdem, ich finde das anziehend. Hier gibt es nichts Überflüssiges. Hier ist die Welt einfach und verständlich, die Gesetze des Lebens sind jedem klar. Was ist los? Eine Wüste, die anziehend ist? Die Hitze, sie spielt mit meinen Gedanken. Susi sitzt neben mir im spärlichen Schatten des Tuk Tuks. Sie döst vor sich hin. Auch ich schließe meine Augen. Bin ich verrückt? Ich träume. Ich träume von zu Hause, von einer saftigen Frühlingswiese im lieblichen Altmühltal. Ich träume von einem kalten ›Radler‹ unter einer grünen Kastanie, von Leberknödelsuppe. Ich öffne die Augen, und sehe nur Wüste. Auch das ist schön.

Kaum zwanzig Minuten Fahrzeit dauert es, bis sich die Temperaturanzeige des Motors wieder der roten Grenzmarkierung nähert. Stop-and-Go-Rhythmus. Zwanzig Minuten fahren, eine halbe Stunde warten. Die einsame, weiche Teerstraße ist der einzige Trost. Sie ist die Hoffnung, dass es aus diesem trostlosen Glutofen einen Ausgang gibt. Auf unserem Weg nach Süden durchqueren wir das iranische Hochland. Ein Gebiet, in dem sich die Große Salzwüste Dasht E Kavir und die Lut-Wüste überschneiden. Wegen der unfruchtbaren und lebensfeindlichen Bedingungen sind beide Wüsten fast unbesiedelt. Das Dach unseres Dreirades aus schwarzer Lkw-Plane hat sich so aufgeheizt, dass man Spiegeleier darauf brutzeln könnte. Bisher hat es uns vor allem in Sibirien bei einigen heftigen Regenschauern gute Dienste geleistet. Es gab uns das Gefühl, nicht ganz so stark wie beim Fahrradfahren den Naturgewalten ausgesetzt zu sein. Doch nun glüht die Luft darunter.

Wie einst tränke ich meine Schirmmütze und mein T-Shirt mit Wasser. Die glutheiße Luft lässt das Nass in kürzester Zeit verdunsten und beschert mir nur einen Augenblick der Kühlung.

Das letzte Fahrzeug ist vor gut einer Stunde vorbeigefahren. Susi hat ihr Kopftuch geöffnet. Ich beneide sie wirklich nicht.

Hatten wir bisher große Orte möglichst umfahren, steuern wir sie entlang der Seidenstraße bewusst an. Iranische Städte üben eine besondere Anziehung auf uns aus. Nach einigen Tagen in Yazd, der ersten größeren Stadt, nachdem wir die Wüste durchquert haben, quartieren wir uns in Isfahan in einer der unzähligen billigen Herbergen ein. Fast täglich besuchen wir den großen Basar am nördlichen Ende des beindruckenden Imam-Platzes oder eines der Teehäuser an der berühmten Siosepol-Brücke, lassen die in dezenten Farben gekachelten Moscheen und Paläste, die zu den eindruckvollsten islamischen Gebäuden des Vorderen Orients gehören, auf uns wirken. Sie sind von einer schlichten Eleganz, weder überladen noch kitschig. Keine beengenden Gegenstände stehen herum, keine unnötigen Figuren oder zusätzliche Kunstwerke, nur die glatte Oberfläche aus bemalten Kacheln.

In den Köpfen von westlich orientierten iranischen Stadtbewohnern scheint nur ein einziger, quälender Gedanke vorzuherrschen: Wie komme ich weg von hier?

Ein pensionierter Englischlehrer, der uns gut drei Stunden in ein Gespräch verwickelt, würde sich schon mit der Türkei zufrieden geben. Nimos Wünsche hingegen sind schon etwas größer.

»Könnt ihr mir nicht helfen, nach Deutschland zu kommen? Vielleicht könnt ihr mir auch helfen, eine deutsche Frau zu finden?«

Auch der junge Rezeptionist unserer Herberge im Zentrum der Stadt leidet am brennenden Wunsch, sein Heimatland so rasch wie möglich zu verlassen. Die Resignation über die Perspektivlosigkeit ist bei ihm spürbar. Vor allem bei jungen Leuten in den Städten ist der Unmut über das System und die vielen Restriktionen und Zwänge, die im Namen der Moral und Religion vom Gesetzgeber vorgeschrieben werden, zu spüren. Sie wollen sich aus den veralteten Anschauungen und Traditionen ihrer Urväter lösen. Doch man lässt sie nicht. Sich gegen den Staatsapparat aufzulehnen, über den die Mullahs wachen, wagt sich kaum einer.

Als wir bei Nimo zu Hause eingeladen sind, tragen weder seine Mutter noch die Schwester das Kopftuch. Normalerweise zu Hause nichts Ungewöhnliches, aber im Beisein von Fremden hätten wir etwas anderes erwartet. Bekleidet sind sie mit einer weiten Hose und einem T-Shirt. So draußen herumzulaufen, würde sofort die Glaubenswächter auf den Plan rufen. Zu Hause kann man die Freiheit leben, auf die man in der Öffentlichkeit verzichten muss.

»Das Kopftuch ist ihnen verhasst!«, gesteht mir Nimo bei einer Runde Wasserpfeife.

Susi wird von den Frauen sofort in Beschlag genommen. Sie können ihre Blicke von ihrem blonden Haar kaum abwenden. Dass sie sich kaum verständigen können, spielt keine Rolle. Familienfotos helfen über die sprachliche Barriere. Später verschwinden die drei im Hinterhof. Susi bekommt eine Lehrstunde im traditionellen Teppichknüpfen. Ishfahan ist bekannt für seine Handwerkskunst.

»Viele Iraner fühlen wie ich! Wir wollen mehr Demokratie. Wir haben die Schnauze voll von Korruption und wollen eine Zukunft, in der man für sich selbst entscheiden kann, was für einen wichtig ist«, erklärt mir Nimo offen. Er redet sich den Frust vom Leib.

»Die Regierung sollte dem Volk dienen. Stattdessen übt sie Druck auf das Volk aus. Sie verbietet Zeitungen, kontrolliert das Internet, schickt Menschen ins Gefängnis und macht viel Aufhebens um ein Stück Stoff!«

»Wir wollen ein Land, wo die Qualifikation statt der Glaube über die Besetzung einer Stelle entscheidet!«, fügt Nimo hinzu.

Bis dahin bleiben ihnen wohl nur die Gespräche mit den westlichen Ausländern, um den frischen und verführerischen Duft der Freiheit zu schnuppern, der ihre Träume vom glücklichen Leben ohne Zwänge jenseits der iranischen Grenze immer von Neuem nährt.

»Wie sieht es mit Alkohol aus?«, frage ich Nimo aus reiner Neugier und nehme einen tiefen Zug aus der Wasserpfeife.

Ich genieße den Geschmack von Orangen, den der Rauch sanft auf meine Zunge legt. Das Blubbern verbreitet ein Gefühl der Entspannung.

»Alkohol kann ich dir besorgen.« Er lacht rebellisch auf. »Wenn du ein kaltes Bier oder Whisky brauchst, kein Problem«. Unser Gastgeber will sich erheben. Ich halte ihn zurück.

»War nur eine Frage. So dringend ist es noch nicht. Reine Neugier.«

Nimo führt mich in die persische Geschichte des Mittelalters ein. Er erzählt mir davon, dass zu Zeiten des Schah Abass I. nackte Schönheiten in dem großen Teich im Zentrum des Imam-Platzes herum schwammen. Von seinem Balkon, da wo wir gestern das Teehaus besucht haben, habe der Schah sie beobachtet.

»Ja ja, es war prima, Schah zu sein!« Ich lasse ein weiteres Mal die Wasserpfeife blubbern.

Für meine Bierdosensammlung begnüge ich mich mit einem iranischen Bier. Alkoholfrei versteht sich, dafür erhältlich in Erdbeer- oder Aprikosengeschmack. Der erst Schluck ist an Grauen nicht zu übertreffen. Alle Zehennägel stellen sich auf. Das Gebräu ist eine Ausgeburt der Hölle. Die peruanische Elektrolytlösung war dagegen der reinste Gourmettrunk. Der Inhalt verschwindet im Ausguss. Was zählt, ist schließlich die Verpackung. Mittlerweile zieren ganze achtunddreißig Bierdosen aus verschiedenen Ländern meinen Fahrradrahmen.

Immer noch sind wir uns nicht ganz sicher, was wir eigentlich vom Iran halten sollen.

»Welcome to Iran!«, verfolgt uns wie ein Echo durch das ganze Land. Auch, oder ganz besonders auf dem Land, wo Traditionen noch lebendiger sind als in der Stadt. Aber der Iran zeigt uns auch seine andere Seite. Es ist das erste Land, wo wir tatsächlich offen auf Ablehnung stoßen. In einem kleinen Dorf unweit der türkischen Grenze zertrümmert ein steinernes Wurfgeschoss gezielt unseren vorderen Scheinwerfer. Der Absender gibt sich nicht zu erkennen.

Der Iran bedeutet für Susi die größte Umstellung der bisherigen Reise. Sich alleine auf die Straße zu wagen, ist für sie kaum möglich. Eine Frau allein unterwegs ist man nicht gewohnt. Susi muss sich zurückhalten, kann in der Öffentlichkeit kaum etwas selbstständig unternehmen. Ohne mein Beisein sind die Männer oft aufdringlich. Auf einem Basar wird sie sogar von einem unbeherrschten Mann begrabscht. Was wie zufällig scheinen sollte, war pure Absicht.

»Dem Kerl hätte ich am liebsten einen Tritt in die Eier verpasst!«, erzählt sie mir am Abend immer noch voller Wut im Bauch.

Die Wut sollte noch viele Tage anhalten. Ihre offene Art auf Menschen zuzugehen, muss sie genauso verhüllen wie ihre Haare.

Doch wir merken, dass das was die Menschen in diesem Land wirklich beschäftigt, Dinge sind, die mit den Themen westlicher Medien nichts zu tun haben. Das Gegenteil finden wir vor. Es sind Existenzsorgen wie Arbeitslosigkeit, fehlende Perspektiven und Armut. Wir treffen Menschen, die uns offen ihr Herz ausschütten, uns selbstlos ihre Hilfe anbieten und wir erfahren große Gastfreundschaft. Menschen halten uns an, nur um uns eine Tüte Datteln zu schenken, laden uns von der Straße weg zu sich nach Hause ein, freuen sich über ein gemeinsames Foto mit dem Tuk Tuk. Der Iran ist ein Paradebeispiel dafür, dass man einen großen Unterschied machen muss, zwischen der Regierung, in der die Mullahs, islamische Gelehrte und Geistliche, großen Einfluss auf die Politik nehmen, und der dortigen Bevölkerung. Wenn Religion und Politik sich mit einander vermischen, war das meist keine gesunde Konstellation.

»Sollten wir mit dem Tuk Tuk jemals bis in die Türkei kommen, wäre das ein Wunder!«, hatte ich noch vor Abfahrt in Bangkok unsere Chancen eingeschätzt.

Das gleiche Gefühl wie damals, als wir kurz vor Feuerland standen, macht sich in uns breit. Ungläubigkeit, vermischt mit tiefster Zufriedenheit und einer Portion Überraschung. Überraschung darüber, dass ein großes Ziel plötzlich greifbar nahe scheint.

Kurz vor der türkischen Grenze wollen wir nochmal auftanken. Mit dem Iran und der Türkei prallen zwei Extreme aufeinander. Die Türkei ist das Land mit den höchsten Benzinpreisen der Welt. Knapp zwei Euro soll der Liter kosten. Da müssen wir handeln. Auf einem Basar decken wir uns mit fünf großen Kanistern für zweihundert Liter Extrasprit ein. Das müsste reichen, um die Türkei zu durchqueren.

»No!« Der Tankwart winkt mit schwenkendem Zeigefinger ab. Sprit gibt es nur für den Tank. Die Kanister müssen leer bleiben. Bei der nächsten Tankstelle das gleiche Spiel. Damit haben wir überhaupt nicht gerechnet. Unser gesamter Plan steht auf der Kippe. Bis zur Grenze sind es nur noch wenige Kilometer.

»Ich hab eine Idee!«, lässt Susi mich ihre neue Strategie wissen.

Eine geschlagene Stunde dauert es, bis wir den Tank mit einem Schlauch in zwei der Kanister gezapft haben. Laut Auskünften von Einheimischen liegen noch zwei Tankstellen vor uns. Wir wiederholen das Spiel solange, bis Kanister und Tank randvoll sind.

»Prima!«, freuen wir uns über diesen gelungenen Trick. Damit haben wir ein tolles Schnäppchen geschlagen.

Das schwere Metalltor knarrt und ächzt, als es für uns geöffnet wird. Wir sind an der Reihe. Der Grenzbeamte winkt uns herein. Wieder stehen wir vor einer Grenze. Wir stehen an der Schwelle Europas.

KAPITEL IX

Naher Osten, Nordafrika und Europa

»Dahoam is' hoid dahoam!«

Keine Chance! Der türkische Grenzer mit der schief sitzenden Schirmmütze und der goldbeknöpften Uniform lässt sich nicht erweichen. Unvermindert freundlich verweist er uns auf die Bestimmungen. Die verrutschte Plane auf dem Dachgepäckträger wurde uns zum Verhängnis. Die türkischen Zöllner hatten das Tuk Tuk als unverdächtiges Fahrzeug abgestempelt und sich mehr darüber amüsiert als sich ernsthaft damit abgeben. Nicht nur der Kanister auf dem Dach, sondern auch die restlichen Behälter mit dem rund zweihundert Liter billigen Extrasprit waren unter den Kleidungstücken und Tüten schnell entdeckt. Die Grenzer scheinen uns die unerlaubte Einfuhr von iranischem Benzin nicht übel zunehmen. Mit dem Fund steigt sichtlich ihre Laune. Die werden doch den Sprit nicht offiziell abrechnen?! Nein, das Benzin wird beschlagnahmt. Alles weg!

»Sie kann ihr Kopftuch abnehmen. Hier in der Türkei muss sie keines tragen!«, weist uns einer der türkischen Grenzbeamten zum Abschied darauf hin.

Erwartungsvoll stehen alle Zöllner um uns herum und blicken auf Susi. Wir nicken. Ich sehe Susi an, wie unwohl sie sich fühlt.

»Ja, das wissen wir, aber der Fahrtwind ist sehr zugig!«

Noch vor Wochen hätte Susi diesen Augenblick sehnlichst herbeigewünscht. Doch in Anbetracht der gaffenden Männermeute will sie den Moment der ›Befreiung‹ noch hinauszögern. Später erzählt sie mir, dass sie sich nach den Wochen im Iran zwar nicht an das Kopftuch gewöhnt hatte, aber ohne hätte sie sich in dieser Situation seltsam unbekleidet und entblößt gefühlt.

Unsere Laune ist trotz des Verlustes kaum getrübt. Denn mit dem Überschreiten der Grenze macht sich eine Art Heimkommen-Gefühl breit. Egal, ob Europa geografisch gesehen erst am Bosporus beginnt, wir sind jetzt in Europa. Das steht für Susi und mich zweifellos fest. Hier, weit entfernt im Osten des Landes, gelten schließlich das gleiche Gesetz, die gleichen Regeln wie in den drei Prozent des türkischen Territoriums, auf dem europäischen Kontinent. Wie so oft schon an anderen Grenzen wundern Susi und ich uns darüber, wie man einfach eine Linie ziehen und behaupten kann, dass hier abrupt die eine Welt ende und eine andere Welt beginne. Innerhalb eines Kilometers verlieren grundlegendste Prinzipien an Wert und Gültigkeit und neue elementare Regeln fangen an zu greifen. Was zuvor noch richtig war, ist plötzlich falsch und umgekehrt. Dabei hat die Reise unser Bewusstsein genau in die entgegengesetzte Richtung gelenkt. Für uns ist die Welt nicht nur kleiner, sondern auch zu einer Einheit geworden. Zu Beginn der Reise hatten wir uns als Radreisende aus Deutschland gefühlt. Irgendwann fingen wir an auf die Frage »Woher?« mit »Europa!« zu antworten. Wir sind weder aus Nordamerika, noch Australien. Wir sind Europäer. Das muss reichen. Wir empfanden diese Lokalisierung unserer Herkunft nicht nur als ausreichend, sondern wir identifizierten uns sogar damit. In den vielen Momenten während dieser Reise fühlten wir uns jedoch oft schlichtweg als Teil des Ganzen, als zwei Menschen auf dem Planeten Erde.

Bei einem kurzen Stopp an einer kleinen Dorftankstelle, wo wir die Luft in den Reifen kontrollieren, treffen wir tags darauf Mike aus Deutschland. Mit seiner weiten Schlabberhose, dem offenen Oberteil im Stil eines Judoanzuges und einem einfarbigen Kopftuch, zum Glatze verhüllen, könnte er in einem Piratenfilm anheuern. Nur seine Begleiter passen nicht so recht in den Streifen. Die zwei beleibten Türken im schwarzen Anzug wären besser in einem Actionmovie der Blues Brothers aufgehoben. Mike tut geheimnisvoll. Er ist freiberuflicher Dokumentarfilmer und hat gerade eine ganz heiße Sache am Laufen, erzählt er uns leise. Aus Begeisterung an unserem ›geilen Schlitten‹ spendiert er uns an dem gegenüberliegenden Straßenstand gefüllte Teigtaschen. Die drei sind auf dem Weg nach Esendere, erfahren wir. Zur türkisch-iranischen Grenze, die wir gestern überquert haben.

»Hamid und Mustafa sind auf Shoppingtour!«, erzählt uns Mike fast flüsternd und blickt etwas nervös hin und her. Sein Blick schweift zu den Kämmen der nahen Gebirgskette an der Grenze, die quer durch Kurdistan verläuft.

»Aus dem Benzin- und Waffenhandel halten sich die beiden aber raus. Benzin ist nicht so rentabel und Waffen zu heiß.

Auf ihrer Einkaufsliste stehen Digitalkameras, DVD-Player und Computerzubehör. Im Iran werden sie die Hightech-Geräte günstig erwerben und dann mit Pferden über verborgene Pfade in die Türkei bringen!

»Ich werde sie begleiten und Aufnahmen machen«, klärt uns Mike über seine geheime Mission auf.

Wir erfahren, dass die Regierung in Ankara den Benzinschmuggel nur nach außen hin unterbindet und solange es sich dabei nur um Sprit handelt, vieles einfach ›übersieht‹. Dadurch will sie die nach Unabhängigkeit strebenden Kurden bei Laune halten und noch mehr Konflikte mit ihnen vermeiden. Schmuggel und Schwarzmarkt sind in der wirtschaftlich schwächsten Region des Landes eine der wichtigsten Einkommensquellen.

»Ein Maultier kostet zweitausend Euro. Ganze Dorfgemeinschaften legen zusammen, um sich einige Pferde zu kaufen. Innerhalb weniger Jahre sind arme Bauern auf geheimen Pfaden zu Wohlstand gelangt!«, berichtet er Details seiner bisherigen Recherchen.

»Braucht ihr noch Sprit?«, fragt er uns plötzlich.

Keine halbe Stunde später stehen wir vor einem Mann mit markanter Hakennase. Er trägt eine traditionelle grüne Pluderhose, wie sie von vielen Kurden hier im Osten der Türkei noch getragen wird. Wie bei den umliegenden ärmlichen Behausungen weisen säuberlich gestapelte Kanister darauf hin, mit welcher Ware hier gehandelt wird. Die Straße des kleinen Ortes unterhalb einer alten Burgruine ist mit verschüttetem Benzin durchtränkt. Mike und seine beiden Dolmetscher verhandeln den Preis. Plötzlich wird Susi ganz unwohl bei dem Gedanken, geschmuggeltes Benzin zu kaufen.

»Ich weiß nicht, ob das eine gute Idee ist. Sicher kommen noch weitere Militärkontrollen!« Mit sorgenvollem Blick zupft Susi an meinem Ärmel.

»Ein kleiner Posten kommt noch, dann habt ihr freie Fahrt nach Westen! Lkws sind fürs Militär viel interessanter!«, winkt Mike gleich ab.

»Wie gesagt, die sind mehr auf Waffenschmuggler aus!«

»Zudem haben uns in der Türkei bisher alle durchgewunken!«, füge ich hinzu.

Mir gefällt der Gedanke, billigen Sprit zu tanken. Ich habe an dem Benzinspiel mittlerweile Spaß gefunden. Zudem bestätigen Mike und seine Begleiter unsere Vermutung, dass der beschlagnahmte Sprit direkt in die privaten Tanks der Zöllner fließt. Um die Sache jedoch nicht zu übertreiben, befüllen wir nur unseren Tank und zwei große Kanister, die wir auch als Ersatzkanister für lange Strecken deklarieren könnten, mit dem Hinweis auf das angeblich winzige Fassungsvermögen des Fahrzeugtanks. Wir zahlen die Hälfte des offiziellen Spritpreises und achten diesmal genau darauf, dass die Kanister vollkommen verdeckt sind.

Susi rutscht nervös auf dem Fahrersitz herum. Mike hat uns die Position des Checkpoints auf der Karte eingezeichnet. Einige Kilometer davor hält Susi an.

»Den Benzindeal hast du dir ausgedacht, also fährst auch du!«

Wir tauschen die Sitze. Der Kontrollpunkt ist größer als erwartet. Massives Militäraufgebot mit vielen jungen Soldaten und Panzerwagen. Wir werden angehalten.

»Ich hab's doch gewusst!«, zischt mir Susi verärgert zu.

Der junge Uniformierte mit geschultertem Maschinengewehr und abstehenden Ohren verlangt die Pässe und grinst unser Fahrzeug an. Das Fahrzeug grinst gewohnt zurück.

»Ja, sauba! Von wo kummt's na ihr her?«, fragt er uns plötzlich im tiefsten bairischen Dialekt.

Die Überraschung ist ihm gelungen. Zunächst fällt uns auf diese einfache Frage keine passende Antwort ein.

»Aus Thailand!«, antwortet Susi stotternd.

»Ja, i spinn! Mit dem Ding da, vo' Thailand bis da her! Ja, verreck'! Ihr seid's ja narrisch!«

Ein Bayer in türkischer Uniform. Osman ist begeistert von unserem Fahrzeug und wir sind es von ihm. Er ist ein lustiger Kerl. Seine Ohren lassen ihn noch witziger wirken. Umringt von einigen Kameraden quetscht er uns über die Reise aus.

»Wo gehts'n jetzt hi'? ... Aha, hoam! ... Ja, ja, dahoam is hoid dahoam!«

Auch wir erkundigen uns nach seiner Geschichte. Osman ist in München geboren und aufgewachsen. Derzeit leistet er seinen Militärdienst ab.

Als sein Vorgesetzter auf der Bildfläche erscheint, winkt uns Osman plötzlich zügig durch.

»Willkommen in der Türkei! Servus, macht's ses guat!«, ruft uns unser Landsmann zum Abschied hinterher. Wir winken zurück und sind irgendwie erleichtert. Von den Kanistern hat keiner Notiz genommen.

Am Abend erreichen wir den Van-See, Anatoliens größten See. Es ist Ende September, der Herbst hat hier längst Einzug gehalten. Während die Tage noch angenehm warm sind, verkünden die frostigen Nächte bereits den nahenden Winter. Und der herrscht im Ostanatolischen Bergland hart. Am Ufer des Sees, wo wir unser Zelt aufgeschlagen haben, ist die Luft spürbar noch um ein paar Grad niedriger. Der warm bekleidete Besitzer der kleinen Campinganlage lässt uns kostenlos logieren. Die Duschen sind bereits abgestellt und wir die einzigen Besucher. Die Urlaubsaison ist vorbei. Bevor auch wir unsere Daunenwesten hervorkramen, betreiben wir Körperpflege. Susi frönt einem, wenn auch kurzen Bad im See. In mir weckt das Respekt, aber keinen Neid. Auf unserem Kocher erhitze ich mir zwei Liter Wasser und fülle sie in den kleinen Duschsack. Manchmal ist es angenehm, ein ›Weichei‹ zu sein. Bier darf kalt sein, aber nicht die Dusche. Nach der Durststrecke Iran kommen wir hier seit Wochen wieder in den Genuss eines richtigen Feierabendbiers. In die Schlafsäcke eingewickelt sitzen wir auf alten Klappstühlen und genießen den friedlichen Abend am Ufer des spiegelglatten Sees. Die gelöste Atmosphäre nutzt Susi, um ein Thema anzusprechen, das uns beiden seit Wochen im Kopf schwirrt, aber nie richtig zur Aussprache kam. Zu sehr hat der Iran unsere Aufmerksamkeit vereinnahmt. Zudem war unsere Konzentration auf das große Etappenziel Türkei gerichtet.

»Ich bin im Kopf mehr in Deutschland als hier unterwegs!«, gesteht mir Susi.

Beide wissen wir, dass unsere Vorstellung über den weiteren Verlauf der Reise in verschiedene Richtungen geht.

»Ich bin müde. Müde, mich jeden Tag auf neue Menschen und Situationen einzulassen. Ich vermisse einen Tag ohne große Überraschungen, an dem ich mich nicht ständig anpassen muss, an dem ich weiß, wie die Menschen in meinem Umfeld reagieren. Ich möchte einfach nur mal in den Supermarkt gehen, Sachen kaufen ohne zu verhandeln, die Gewissheit haben, dass heißes Wasser am Abend aus der Dusche kommt. Ich vermisse meine Familie und meine Oma. Sie ist jetzt dreiundachtzig. Ich möchte sie wiedersehen. Spätestens Weihnachten möchte ich zu Haus sein!«

Susi hat ihre Entscheidung längst für sich gefällt.

Ich nicke. Man müsste blind und taub sein oder ein Ignorant, um die Veränderungen der letzten Wochen an ihr zu übersehen. Immer öfter sprach sie von zu Hause, ohne dabei direkt die Rückkehr anzusprechen. Sie erzählte viel von der Zeit, bevor wir los sind, in welche Kneipe sie gerne mal wieder gehen würde und zu welchem Friseur. Bei Gesprächen mit anderen Reisenden erzählte Susi bewusst oder unbewusst, dass wir auf dem Heimweg sind. Geografisch gesehen sind wir das ja eigentlich, seit wir gestartet sind. Bei diesem Gedanken finde ich es seltsamerweise befremdlich, dass wir vorhatten, ›nur‹ nach Feuerland zu fahren. Das wäre, wie bei der Hälfte Schluss zu machen. Seit Wladiwostok fahren wir nun direkt Richtung Westen, immer auf Europa zu. Wie Pferde, die sich auf den Rückweg zum heimatlichen Stall befinden, hat sich auch unser Tempo in den letzten Monaten merklich verselbstständigt. Der Taktschlag hat sich erhöht. Immer seltener verbleiben wir länger an einem Ort, Umwege nehmen wir kaum noch auf uns, trotz motorisiertem Fahrzeug. Die Unruhe, die uns zu dieser Reise angetrieben hat, lenkt uns jetzt nach Europa, durch die Türkei.

Ich kann Susi verstehen. Längst habe auch ich keine Lust mehr, bei jeder Rast, an jedem Abend den Pausenclown zu spielen, zu erklären, wie man das Zelt aufstellt, wie der Kocher funktioniert oder den Leuten ein verwundertes Erstaunen zu entlocken, wenn ich wieder mal den Fahrersitz hebe und darunter wie durch Zauberei der Motor zum Vorschein kommt. Auch bei mir hat die Bereitschaft, sich auf neue Gesichter, neue Bekanntschaften einzustellen, merklich nachgelassen. Längst nehmen wir nicht mehr jede Einladung an. Unsere eigenen Fotos langweilen uns schon seit Langem. Und vor allem haben wir keine Lust mehr, uns von Menschen zu verabschieden, mit denen wir Freundschaft geschlossen haben. Wir sind an einem ähnlichen Punkt wie damals in dem kleinen staubigen Nest in Indonesien, als Susi den Vorschlag machte, auf ein Tuk Tuk umzusteigen. Die neue Herausforderung des Fahrzeugtausches hatte damals von den Abnutzungserscheinungen der Reise abgelenkt.

»Weihnachten schon?«, frage ich dennoch überrascht.

Auch ich weiß, dass die Reise sich dem Ende neigt. Wir können nicht ewig um den Globus weiterreisen. Doch der Gedanke an die Rückkehr in das ›normale‹ Leben weckt Unbehagen in mir, ohne dass ich genau sagen könnte, warum.

»Lass uns bis nächstes Jahr warten! Vielleicht bis zum Frühjahr, wenn das Wetter uns und dem Tuk Tuk die Rückkehr vereinfacht.« Ich versuche, Zeit zu schinden. Warum eigentlich?

»Ich würde gern noch nach Afrika!«, gestehe ich Susi wahrheitsgetreu.

Beide wissen wir, dass unser Geld nicht mehr lange reicht. Für eine komplette Afrikadurchquerung auf keinen Fall. Unsere Lebenshaltungskosten fallen dabei kaum ins Gewicht. Doch jede Grenze, jedes neue Visum reißt ein tiefes Loch in unsere Reisekasse. Der Schnitt unseres Tagesbudgets hat sich seit Bangkok auch durch die Gebühren für unser Fahrzeug fast verdoppelt. Das Benzin fiel dagegen kaum ins Gewicht, zumindest nicht bis zur Türkei. Auch das Tuk Tuk selbst ist ein Unsicherheitsfaktor. Sollen wir uns Afrika aufsparen?

Wir reden bis spät in die Nacht, bis die Kälte unsere Schlafsäcke durchdringt. Weihnachten ist in drei Monaten. Genug Zeit durch Nordafrika bis Marokko und über Gibraltar zurück nach Europa zu fahren, kalkulieren wir. Was wäre eine Weltreise ohne Afrika? Dabei könnten wir meinen Bruder Dominik, der mittlerweile nach Spanien gezogen ist, ebenso wie Gilles, unseren französischen Radkollegen besuchen.

Noch drei Monate! Irgendwie passt die Jahreszeit zu dieser finalen Entscheidung. Die Würfel sind gefallen, die Sanduhr ein letztes Mal umgedreht.

In der Türkei fühlen wir uns mehr als willkommen. Die Menschen begegnen uns äußerst freundlich und offen. Männer sitzen in der wärmenden Nachmittagsonne auf kleinen Hockern vor Geschäften oder Teehäusern und spielen Backgammon oder Dame. Nie darf dabei ein Glas Tee fehlen. Zuckersüß, mehr Zucker als Tee. Oft werden wir herangewunken und eingeladen. Verständigungsschwierigkeiten gibt es kaum. In jedem noch so kleinen Dorf findet sich jemand, der in Deutschland gelebt und gearbeitet hat. Es wird viel gelacht. Zum Abschied bekomme ich meist die ganze türkische Herzlichkeit zu spüren. Nach türkischer Tradition gibt es zwischen den Männern ein Küsschen links und ein Küsschen rechts auf die Wangen. Wie das immer auf der Haut sticht!

Nemrut Dag, der legendäre Berg in der Provinz Adiyaman im Südosten der Türkei, gehört zu den absoluten touristischen Highlights des Landes. Er liegt direkt an unserer Route nach Ankara. In der türkischen Hauptstadt wollen wir uns für die Fahrt durch den Nahen Osten mit Visa eindecken. Auf drei riesigen, steinernen Terrassen stehen Statuen der griechischen und persischen Götter- und Herrscherwelt verteilt. Unter einem fünfzig Meter hohen Schotterhügel auf dem Gipfel wird das Grabmal des Königs vermutet. Doch bis heute ist es nicht gefunden worden. Die Aussicht ist majestätisch: Die Berge von Malatya und Adiyaman zeigen sich in ihrer ganzen Pracht, die zahlreichen Stauseen des Gebietes liegen einem zu Füßen. Kurz vor Sonnenuntergang herrscht hier oben auf über zweitausend Metern Hochbetrieb. Touristenbusse spucken ihre menschliche Ladung aus. Wie von einem Magneten angezogen wendet sich die Menschenmasse ehrfürchtig Richtung Westen. Eine kleine Gruppe hat sich sogar mit Rotweingläsern bestückt, was in dieser Umgebung etwas dekadent wirkt, aber wohl dem bevorstehenden Ereignis zu noch mehr Bedeutung verhelfen soll.

»Ooooohhhh, aaaaaaahhhhhhh!«

Der letzte, purpurrot leuchtende Zipfel der Sonne versinkt in einem spektakulären gelb-violett-rotenLichtspiel am Horizont. Um uns herum erstrahlt die Welt in wärmendem Rosarot. Kaum ist der Feuerball gänzlich verschwunden, spendet die faszinierte Menge spontanen Beifall.

Diese Erde hätte öfter eine solche Anerkennung und Respekt verdient.

In Zentralanatolien passieren wir Göreme, den Hauptort Kappadokiens. Die Felsenwelt in dieser Region wirkt fast surreal: Canyons, Türme, Pyramiden, Kamine, Kegel und die merkwürdigsten Gesteinsformationen aus weichem Tuffstein strahlen in den unterschiedlichsten Pastellfarben: rosa, gelb, bläulich, hellgrau oder weiß.

»Es fehlen eigentlich nur noch Kobolde und Feen zu einer perfekten Märchenlandschaft!« Susi lässt ihrer Fantasie freien Lauf.

»Und mutierte Maulwürfe!«, füge ich hinzu.

Diese skurrilen Bergformationen gleichen einem Schweizer Käse. Die einstigen Bewohner gruben und meißelten, stemmten und hämmerten ganze Wohnungen in das weiche, aber dennoch stabile Gestein. Versteckte Kirchen mit bunt bemalten Deckenfresken und ganze unterirdische Städte sind dadurch entstanden. Meine Neugierde ist geweckt. Ich möchte mehrere Tage hier verbringen und durch den Irrgarten der Schluchten und Gesteinsformationen auf Entdeckungstour gehen. Ein paar Tage Pause würden uns zudem mal wieder gut tun. Seit zwei Wochen sind wir jetzt jeden Tag unterwegs. Noch will ich mich nicht dem Zeitdruck beugen, der jeden Tag mehr Einfluss auf unsere Reise nehmen wird.

»Da wir sowieso auf dem Weg nach Syrien hierher zurück müssen, könnten wir doch einfach mit dem Bus nach Ankara fahren. Das macht sicher weniger Stress!«, ist Susis sinnvoller Vorschlag.

Darin spiegelt sich unsere beständige Abneigung, Strecken zweimal zu fahren. Der Fahrzeugtausch hat an dieser Aversion nichts geändert. Die Fahrt in die dreihundert Kilometer entfernte Hauptstadt sehen wir als notweniges Übel an. Ankara liegt in genau entgegengesetzter Richtung zur syrischen Grenze. Göreme bietet sich geradezu an, das Tuk Tuk an einem Campingplatz abzustellen. In zwei Tagen hoffen wir, wieder zurück zu sein. Danach wollen wir ein paar Tage dranhängen und auf Entdeckungsreise in der Umgebung gehen.

Trotz ersten Busses am Tag kommen wir zu spät. Wir werden auf morgen vertröstet, die Syrische Botschaft hat heute schon geschlossen. Wir treffen dort ein junges Pärchen mit beladenen Rädern. Der lange Denis aus Deutschland und seine spanische Freundin Lea. Mit ihnen verbringen wir den Nachmittag. Wunderbar, wieder Spanisch zu sprechen. Beide stammen aus der ›alternativen Szene‹, wie sie selbst von sich sagen. Das ist kaum zu übersehen. Vor allem Denis erregt bei den Türken großes Aufsehen. Blonde, halblange, verfilzte Haare und die Ohren mit Ringen behängt, gleicht er dem prachtvollsten Weihnachtsbaum. Leas Großmutter stammt aus Syrien, deshalb wollen beide ihre Türkeitour dorthin ausweiten.

Am nächsten Morgen gehen wir gemeinsam zur Botschaft. Die Syrer verlangen eine Art Führungszeugnis der Deutschen Vertretung. Also zuerst dorthin. Dann wieder zurück zur Syrischen. Wieder Formulare ausfüllen. Leas und Denis' Antrag wird abgelehnt.

Warum? Die Angestellte deutet auf das Formular. Denis und Lea haben das Feld der Religionszugehörigkeit freigelassen. Sie haben keine Religion, sagen sie. Dass jemand keinen Glauben hat, ist aber nicht vorgesehen. Beide bezeichnen sich als ›überzeugte Atheisten‹ und entpuppen sich als ziemlich standhaft.

»Aber wir glauben nicht an irgendetwas Überirdisches!« Beide bleiben hartnäckig.

»Wenn ihr keine Religion eintragt, dann werdet ihr kein Visum bekommen!«, gibt sich Susi geduldig und versucht ihnen die Sachlage zu erklären.

Unterwegs wurden wir oft nach unserer Religion gefragt. Seltsamerweise war das für viele Menschen eine elementare Frage. Für sie bedeutet der Glauben Halt und Hoffnung, ist Tradition und Leitfaden. Die

Frage hier zielt aber nicht auf die Art der Religion, sondern darauf, ob man überhaupt an etwas glaubt. Allah, Gott oder Buddha egal, wichtig ist nur, dass man religiös ist.

Lea und Denis nehmen das Alternativ-Sein allzu genau. Es geht um das Prinzip, das sie ihrerseits wie eine Religion hüten. Sie befürchten einen Verrat an ihrer Grundeinstellung. Zwei Welten treffen aufeinander. Dabei steht ihnen mehr die Bereitschaft, als die mangelnde Fähigkeit sich anzupassen, im Weg. Susi und mein Pass werden eingehendst geprüft und bei der Anzahl der Einreisestempel und Visa dauert das. Sollte sich auch nur der kleinste Hinweis finden, dass wir Israel besucht haben, würde uns die Einreise nach Syrien verweigert. Eine halbe Stunde später haben wir unsere Visa im Pass.

»Seht ihr, tut auch nicht weh!«, meint Susi scherzhaft.

Doch Lea und Denis sind sich gar nicht mehr so sicher, ob sie wirklich noch nach Syrien wollen. Sie werden sich in den nächsten Tagen entscheiden. Wahrscheinlich eher doch nicht, meinen beide beim Abschied.

Nach unserer Rückkehr in Göreme erkunden wir drei Tage lang die Umgebung und schrauben dafür unsere Räder zusammen. Trotz der Hügel und knackigen Steigungen macht es unglaublich Spaß, wieder auf dem Rad zu sitzen. Danach steuern wir direkt die syrische Grenze an. Die kleinen, arabischen Länder Syrien und Jordanien betrachten wir als Durchgangsländer auf unserem Weg nach Ägypten. Doch dieses uralte Siedlungsgebiet zwischen dem Mittelmeer und den nahöstlichen Wüsten, eine der kulturgeschichtlich bedeutendsten Landschaften der Erde, zieht uns mehr in seinen Bann als gedacht. Hier einfach durchzupreschen, hätte etwas von kulturhistorischer Ignoranz. Griechen und Römer dehnten ihr Reich fast rund ums gesamte Mittelmeer aus. Davon erzählen die unzähligen Ruinen ihrer Städte, die unseren Weg nach Süden säumen. Die herbstlichen Temperaturen haben wir in der Türkei zurückgelassen. Je weiter wir nach Süden kommen, desto mehr dehnt sich die spätsommerliche Wärme aus und schlägt in Hitze um. Wir genießen die natürliche Klimaanlage unseres offenen Vehikels, die sich immer dann einschaltet, wenn wir fahren. Nach der dritten Anlage aus Amphitheater, Säulenstraße und Thermen können wir jedoch den antiken Ruinen keine neuen Geheimnisse entlocken. Dazu fehlt uns das geschichtliche Hintergrundwissen und wohl auch die Energie und der Enthusiasmus, den man braucht, um bei sengender

Hitze stundenlang durch die weiten Steinfelder zu spazieren. Unsere Aufmerksamkeit können aber andere historische Bauten auf sich ziehen, die es ebenso in großer Anzahl zu bestaunen gibt. In mächtigen Wehrbauten verewigte sich die mittelalterliche Epoche der Kreuzfahrer. Eine der größten ist die Kreuzritterburg Krak de Chevaliers. Hoch oben auf einem Plateau des kargen Küstengebirges gelegen, mit weitem Blick hinüber zu den im Winter schneebedeckten Gipfeln des Libanongebirges. Im Mittelalter ein bedeutender strategischer Stützpunkt des militanten Johanniterordens. Der gewaltige Steinkoloss mit seinem doppelten Mauerring, seinen Türmen und Bastionen gilt als besterhaltene Festung im christlichen Orient und als Inbegriff der Kreuzritterburg schlechthin.

Bei unserem Besuch treffen wir auf eine deutsche Archäologengruppe, die Vermessungen vornimmt. Einer der älteren Archäologen hat in uns zwei Opfer gefunden und drückt uns in kürzester Zeit die geschichtliche Zeittafel des Nahen Ostens auf.

»... und die Kalifen der Omaijadendynastie machten das paradiesische Damaskus zu ihrer Hauptstadt, um von nun an dem Land einen muslimischen Stempel aufzudrücken. Dieser ersten Kalifendynastie folgten weitere arabische Herrscherhäuser, dann fiel das islamisierte Turkvolk der Selçuken in Syrien ein, wurde abgelöst von der ebenfalls turkstämmigen Militärkaste der Mameluken und vom frühen 16. Jahrhundert bis zum Ende des 1. Weltkriegs herrschten osmanische Sultane über das Land ...!«

Geschichtsunterricht im Crash-Kurs. Mir raucht der Kopf.

»Warum wird denn die Burg erst jetzt vermessen?«, versuche ich die Geschichtsstunde in eine andere Richtung, in die für mich greifbarere Gegenwart, zu lenken.

»Wie? Ach so! Ja, vor einigen Jahrzehnten haben die Franzosen das schon gemacht, aber schlampig! Um ganze acht Meter haben die sich vermessen. Acht Meter, das muss man sich mal vorstellen ...!« Immer wieder schüttelt der ergraute Archäologe fassungslos seinen Kopf.

»Findest du acht Meter so tragisch?«, will ich später von Susi wissen.

»Acht Meter? Das sind nur knapp drei Tuk-Tuk-Längen, oder?«

Entlang des King's Highways durchqueren wir das moderne Königreich Jordanien. Seit wenigen Tagen hat der Ramadan begonnen. Die Tage hier beginnen nun nur zögerlich zu erwachen. Es herrscht die uns aus Indonesien so bekannte, typisch verschlafene Aufbruchstimmung, die einen mehr oder weniger arbeitsreichen Tag einläutet, sich aber bis kurz vor Sonnenuntergang hartnäckig hält. Die Menschen gehen den Tag an, wie sie ihn bis zum Abend fortführen. Ohne Hast und Druck.

Die zum großen Teil baumlose, eintönige, grau-braune Hügellandschaft Syriens setzt sich fort, bis wir von der ostjordanischen Hochebene ehrfurchtvoll hinunter auf den Jordangraben blicken. Nicht so sehr aus religiösen Gründen. Dank meiner Kinderbibel ist das Tote Meer wohl der mir am längsten bekannte, markante geografische Punkt dieser Erde. Der Abstieg unter den Meeresspiegel auf minus vierhundert Meter erzeugt einen gewaltigen Druck in den Ohren. Vom Berg Nebu, von dem Moses dem Alten Testament nach das Gelobte Land sehen durfte, zieht sich die Straße stetig fallend ins Tal hinab, wo wir auf das riesige Salzloch stoßen. Als Wasserratte freut sich besonders Susi auf ein Bad an diesem geschichtsträchtigen Ort. Doch davor müssen wir noch Wasser auffüllen. Zum einen brauchen wir Trinkwasser, zum anderen Wasser, um uns nach dem Bad im See abzuduschen.

»As-salâmu aleikum!– Friede sei mit Euch!«, begrüße ich eine Gruppe Einheimischer vor einem kleinen schäbigen Gebäude, das wir aufgrund zweier Pappkartons mit Melonen als Dorfgeschäft ausgemacht haben.

Mehrere Männer und Jugendliche sitzen im Schatten des kleinen Vordaches aus Palmenblättern. Susi wartet derweilen beim Tuk Tuk. Sind nur Männer anwesend, ist das Einkaufen meine Aufgabe.

»Wa aleikum as-salâm!«, kommt es vom Ältesten der Gruppe zurück.

Er begleitet mich in den dunklen Laden. Bevor ich nach Wasser bitte, kaufe ich zwei Melonen und zwei Packungen Nudeln.

»Maiy – Wasser?«, fragt mich der Alte und zeigt auf den kleinen, leeren Kanister, den ich in der Hand halte.

Ich nicke und ziehe fragend die Augenbrauen nach oben.

»Mû muschkila – kein Problem!«, murmelt der Mann und führt mich zu einem kleinen Bassin im Hinterhof. Dessen Inhalt, eine übel riechende, braune Brühe, dreht mir fast den Magen um. Da wäre selbst unser Wasserfilter überfordert. Nicht einmal zum Duschen würde ich die Brühe verwenden wollen. Ich lehne dankend ab und frage mich, ob die Einheimischen dieses Wasser wirklich trinken.

Unser Wasser bekommen wir einige Kilometer weiter am Ende eines kleinen Wadis, einem Trockental. Der Blick in die Schlucht ist ein Genuss. Von oben plätschert ein Bach über die Felsen und führt gerade genügend Wasser, um unsere Kanister, mehrere Flaschen und den schwarzen Duschsack aufzufüllen. Auch wenn das dauert. Dicht an dicht stehen an ihm die Dattelpalmen. Ihr sattes Grün erfreut unser Auge und bildet einen reizvollen Kontrast zum daneben aufragenden, rotbraunen Felsen aus Sandstein. So langsam passt sich die Landschaft unserer Vorstellung vom wüstengeprägten Lebensraum der Beduinen an.

An einer felsigen, seicht abfallenden Stelle finden wir nahe der Straße einen passenden Einstieg in das Tote Meer. Dank seines Mineralreichtums ist es für seine Heilwirkung bei Hautkrankheiten seit Menschengedenken bekannt. Doch länger als zehn Minuten hält es selbst Susi im Wasser nicht aus. Ein öliger, brennender Film legt sich auf die Haut, der sich nur mit viel klarem Wasser abspülen lässt.

»Israel wäre bestimmt interessant!«

Frisch geduscht sitzen wir noch eine ganze Zeit lang an der felsigen Küste, die nahe am Wasser von einer getrockneten Salzschicht überzogen ist. Susis Blicke schweifen auf die im Dunst aufragenden rötlichgelben Berge am weit entfernten, gegenüberliegenden Ufer. Israel. Doch die politischen Spannungen zwischen Palästina, Israel und unterdessen auch Libanon haben sich in den letzten Wochen immer weiter verstärkt. Fast täglich berichten die Medien über Bombenanschläge und Zwischenfälle an den Grenzen der umstrittenen Gebiete. Die Lage im Nahen Osten ist spürbar angespannt, das bekommen wir einige Kilometer weiter an einem Militärkontrollpunkt wieder mal zu spüren. Trotz reichlich Erfahrung wecken die Stopps in diesem Teil der Erde in uns Unbehagen. Ging es in der Vergangenheit meist nur darum, wer den längeren Atem hat, lässt die Atmosphäre an den Kontrollen in Jordanien wie vorher in Syrien spüren, dass es sich diesmal um kein Spiel, sondern um einen todernsten Konflikt handelt.

»Seid ihr Israelis?«, werden wir von dem Soldaten, mit der Waffe im Anschlag grob und nervös gefragt. Diese Frage wurde uns schon mehrmals bei dieser Gelegenheit gestellt. Wir fühlen uns unbehaglich.

»Warum glaubt ihr, dass wir Israelis sind!« Susi will endlich eine Antwort.

Der Soldat deutet auf das Nummernschild. Dass die thailändischen Buchstaben Ähnlichkeit mit hebräischen Schriftzeichen haben, wäre uns nie im Traum eingefallen. Plötzlich ist uns in unserem fröhlichen Gefährt, das wir nur als Sympathieträger kennen, gar nicht mehr wohl. Da wir keine Lust haben, sei es auch nur aus Dummheit oder

Unwissenheit, Zielscheibe eines durchgeknallten Fanatikers zu werden, kleben wir beim nächsten Stopp den Großteil des Kennzeichens mit Klebeband ab. Bis auf zwei Buchstaben sind nur noch die Zahlen zu erkennen.

Unsere Sightseeingtour im Nahen Osten findet ihren absoluten Höhepunkt in der alten Felsenstadt Petra. Waren in Kappadokien, abgesehen von den Kirchen, meist nur einfache Stollen und Löcher im Felsen geblieben, verschlagen uns jetzt die kunstvoll, aus dem roten, senkrecht aufschießenden Felsen gemeißelten Fassaden der Tempel und monumentalen Gräber den Atem.

Im Ort Wadi Musa, dem touristischen Ausgangspunkt, informieren wir uns per Internet über unsere weitere geplante Route. Wir erfahren weniger Erbauliches. Was wir in Südostasien noch umgehen konnten, scheint jetzt unvermeidlich. Wie in China, so bleibt man auch in Libyen nicht sich selbst überlassen. Das Visum gibt es nur auf Einladung einer Reiseagentur und nur in Verbindung mit dem Dienst eines Führers. Das bedeutet, einen ständigen Begleiter mit im Fahrzeug zu haben. An sich haben wir ja nichts gegen Fahrgäste – aber sie nicht aussuchen zu können und auch noch dafür bezahlen zu müssen, stößt bei uns auf Ablehnung.

Bis vor wenigen Jahren galt der Wüstenstaat als einer der Top-Schurkenstaaten der Erde und wurde von der westlichen Welt geächtet. Das änderte sich erst, als der seit fast vier Jahrzehnten regierende Revolutionsführer Gaddafi vor wenigen Jahren den Massenvernichtungswaffen abschwor. Durch Tourismus will Libyen sein Image weiter verbessern. Individualtourismus ist dennoch in Libyen ausdrücklich unerwünscht. Zusätzlich zu den Gebühren für den staatlich verordneten Begleiter müssen sämtliche anfallende Kosten, wie Unterkunft und Verpflegung, von uns getragen werden. Wir kalkulieren. Der Preis würde sich bei einer schnellen Durchquerung des Landes im Gegensatz zu China aber noch im Rahmen halten. Wir könnten das Land in drei Tagen durchqueren – wenn das Tuk Tuk mitspielt. Sollte Ägypten nicht zu einer Sackgasse werden, müssen wir wohl oder übel in den saueren Apfel beißen. Eine Ausweichroute steht diesmal nicht zur Wahl.

Seit dem Iran stellen Susi und ich abends selten unser Zelt auf. Trotz kalter Nächte, wie in der Türkei, breiten wir abends nur noch die große thailändische Sitzmatte aus und legen uns mit unseren Schlafsäcken darauf. So haben wir nicht nur unsere Umgebung besser im Blick, sondern auch den grandiosen Sternenhimmel. Je weiter wir nach Süden vordringen, umso mehr nimmt die Landschaft wüstenhafte Züge an, desto zahlreicher und funkelnder scheinen die Sterne, wie Tausende Diamanten am nachtschwarzen Gewölbe. Campieren wir unweit einer Ortschaft oder eines Dorfes, trägt die Nacht die Rufe des Muezzins zu uns herüber. Im Iran haben wir seltsamerweise kaum Gebetsrufe aus den Lautsprechern der Minarette vernommen. Hier ruft der Muezzin in seinem Singsang die Gläubigen nachts gleich dreimal zum Gebet. Wenn die Sonne untergegangen ist, zum Abendgebet, dem ›maghrib‹. Ein weiteres Mal in der Nacht, wenn es völlig dunkel geworden ist, zum ›ischa‹ und in der Morgendämmerung zum ›fadschir‹, dem Frühgebet.

»Allahu akbar, Allahu akbar, asch-hadu al-la ilaha il-Allah! ...-Allah ist größer als alles und mit nichts vergleichbar, Allah ist größer .... Ich bezeuge, dass es keinen Gott gibt außer Allah! ...«, beginnen die Gebete.

Nach und nach setzten weitere Rufe anderer umliegender Moscheen ein, bis sich ein Stimmgewirr über die Nacht legt. Mittlerweile haben wir uns längst daran gewöhnt. Zumindest solange wir einen gewissen Abstand zu den Moscheen einhalten können.

Die Sorge, dass es mit dem Tuk Tuk schwieriger als mit dem Fahrrad wird, einen versteckten Schlafplatz zu finden, hat sich als unbegründet erwiesen. Meist verschanzen wir uns abends hinter einer der zahlreichen Ruinen alter Häuser, einem Hügel oder Erdhaufen. Wie beim Fahrradfahren auch, hat sich bisher immer ein Platz gefunden. Im Fall, dass bis zur Dämmerung wirklich kein uneinsehbares Versteck auftaucht, wird die Dunkelheit zu unserem Versteck. Abseits der Straße schlagen wir unser Lager auf und verlassen es wieder, bevor die Hirten der Umgebung den morgendlichen Gebetsruf des Muezzins folgen können. Nach gut zwei Wochen Naher Osten erreichen wir Aqaba, die einzige Hafenstadt Jordaniens ganz im Süden des Landes. Ein großes Fährschiff bringt uns über den aufgewühlten Golf von Aqaba zur Sinai-Halbinsel. Nachdem klar wird, dass man uns arabische Nummernschilder verpasst, nehmen wir den Ägyptern ihr bürokratisches Chaos an der Grenze gar nicht mehr so übel.

Mittlerweile können wir uns die vielen Namen der kulturellen Schätze, die wir in den letzten Wochen besichtigt haben, gar nicht mehr merken. Das Aufnahmevermögen ist erschöpft. Der Geist schreit nach Pause, die Seele braucht Ruhe. In Ägypten wollen wir nur ein abgespecktes, kulturelles Pflichtprogramm absolvieren, das aus den Pyramiden und dem Ägyptischen Museum in Kairo besteht. Dadurch, dass wir auch durch Libyen mehr rasen als reisen werden, ergibt sich ein unerwartetes Zeitloch, das wir mit einem längeren Aufenthalt in Dahab füllen. Das ehemals unscheinbare Beduinendorf am Roten Meer hat sich zu einem kleinen, aber schmucken Ferienziel auf der Sinaihalbinsel verwandelt. Vom Ramadan ist in Dahab kaum etwas zu spüren. Die Touristen wollen schließlich weiter versorgt werden und der zahlende Kunde sorgt für Toleranz. Wir bleiben knapp zwei Wochen, bis zum Ende der Fastenzeit.

Einhundertzwanzig Kilometer vor dem Suezkanal springt der Tacho auf dreißigtausend Kilometer. Mit der Durchfahrt des Straßentunnels unter dem künstlichen Wasserweg, der das Mittelmeer mit dem Roten Meer verbindet, überschreiten wir abermals eine unsichtbare Linie. Wir betreten Afrika. Nur wenige Kilometer weiter beginnt Kairo, die größte Stadt der arabischen Welt. Eine Stadt, deren Besuch mit dem eigenen Fahrzeug zu Beginn der Reise sicher der reinste Albtraum gewesen wäre. Doch auf der vierspurigen Einfallstraße ist die Atmosphäre entspannt wie die bei einem Oldtimerrennen im Altmühltal. Für Susi, die Kairo bereits aus einem früheren Besuch kennt, eine unreale Situation.

»Das ist nicht das Kairo, das ich kenne!«, versichert sie mir.

Damals hatte sie Kairo als eine Zeitbombe, eine Stadt kurz vor dem Herzinfarkt empfunden. Extrem, laut und voll. Damals war sie direkt aus Deutschland eingeflogen. Von null auf hundert in die Höhle des Löwen. Der Löwe hat sich in ein Lamm verwandelt, zumindest in den Feiertagen nach Ramadan.

Kurz nachdem wir den Nil überqueren, tauchen im Dunstgemisch aus Smog- und wüstensandgesättigter Luft die Silhouetten der Pyramiden zwischen erbärmlichen Hochhäusern auf.

Die Pyramiden von Gizeh sind, auch für Susi aufs Neue, beeindrukkend. Bemerkenswert finde ich aber nicht nur ihre Größe, sondern auch ihre Lage. In meiner Vorstellung stehen die Pyramiden mitten in der Wüste, einzig umgeben vom Sand der Sahara. Doch Kairo, die Stadt, die mittlerweile ein Drittel der ägyptischen Bevölkerung beherbergt, hat sich ausgedehnt. Langsam, aber unaufhörlich. Die Welle aus Chaos, Lärm, Armut und schäbigen Hochhäusern hat sich bis zu den monumentalen Grabmälern der Pharaonen vorgeschoben. Nur wenige hundert Meter, bevor sie die gewaltigen Steinhaufen überrollt hätte, ist sie zum Stillstand gekommen. Man könnte meinen aus Respekt und Ehrfurcht. Der Schein trügt. Der Sphinx hat man direkt vor ihre nicht mehr vorhandene Nase einen amerikanischen Fastfood-Tempel gesetzt.

Susis Prophezeiungen treffen auch hier nicht ein. Von der Meute der Souvenirhändler ist nichts zu sehen. Nur vereinzelt wird uns eine Kameltour oder eine Postkarte angeboten und dann auch nur überraschend wenig hartnäckig.

»Ägypten hat sich verändert!«, schüttelt Susi nur ungläubig den Kopf.

»Nicht nur Ägypten, sicher längst auch dein Blickwinkel!«

Wir bleiben einige Tage in Kairo. Wie geplant statten wir, sonst trotzig bekennende Museumsmuffel, dem Ägyptischen Museum einen Besuch ab. Auf dem großen El-Khalili-Basar wollen wir uns anschließend eine große, extradicke Decke als Alternative zu der nicht vorhandenen Heizung unseres Fahrzeuges besorgen. In Europa wird nicht nur das Wetter eine Umstellung werden.

»What is this – Was ist das?«, fragt mich unser Verkäufer und deutet auf Susi.

Dass die arabischen Männer statt Susi direkt anzusprechen, mich über sie ausfragen, ist uns hinlängst bekannt. Doch als neutralen, geschlechtslosen Gegenstand wurde sie bislang noch nie bezeichnet. Wir führen das auf mangelnde Sprachkenntnisse zurück. Unser Verkäufer nennt sich Mohammed, aber wir sollen ihn Robby nennen. Tatsächlich hat er verblüffende Ähnlichkeit mit Mister Williams, mit einem gravierenden Unterschied, dem Wohlklang seiner Stimme. Na ja, und auch das lange unbestickte Hemd, den ›Thob‹, und das rotweiß gemusterte Kopftuch, genannt ›Hatta‹, das von einem schwarzen Reif an Ort und Stelle gehalten wird, passt nicht ganz zu dem Erscheinungsbild eines Popstars. Egal, Susi mag Robby – nachdem er endlich mit dem Singen aufgehört hat. Eigentlich ist er ja ein ganz netter Kerl. Klar, schließlich geht es ums Geschäft. Doch auch Robby lässt nichts von der einst gefürchteten Geldgier der Souvenirverkäufer erkennen. Mit ihm kann man gut verhandeln. So scheint es. Mit uns auch, wird er sich denken. Zusätzlich zu unserer ›Rettungsdecke‹ für Europa schwatzt er uns zwei große Wasserpfeifen und Tabak auf.

»In drei Tagen wartet der libysche Begleiter an der Grenze, um sie dort in Empfang zu nehmen« lautet die kurze und knappe E-Mail. Über Internet haben wir von der Reiseagentur das festgelegte Einreisedatum für Libyen bekommen. Das war eine schwierige Geburt. Die deutsche Agentur hat sich in den letzten Wochen als unzuverlässig erwiesen, E-Mails wurden oft nicht beantwortet und wenn, dann nur dürftig. Ein ewiges Hin und Her. Nur spärlich sind Informationen über den genauen Ablauf geflossen.

Mit gemischten Gefühlen machen wir uns auf den Weg. Sich auf jemand anderen zu verlassen, sind wir nicht gewohnt. Wie soll das funktionieren? Was für ein Gesicht wird der Begleiter wohl machen, wenn er unser Tuk Tuk sieht?

Die Abfahrt aus Kairo fällt auf einen Freitag. Wieder kein Verkehr. Flaches, steiniges Land zieht an uns vorbei. Der Himmel hat sich hinter einer grauen Wolkenschicht versteckt, dennoch sieht es nicht nach Regen aus.

Nabel ist groß, rothaarig und hellhäutig. Er könnte genauso gut Ire wie Libyer sein.

»What ist that?- Was ist das?«, sind seine ersten Worte.

Sein überraschter Gesichtsausdruck spricht Bände. Ich blicke verwundert zu Susi. Noch so einer?

»Er meint das Tuk Tuk, nicht mich!«

»Ach so!«

Der Anblick des Tuk Tuks ist für unseren zukünftigen Begleiter im ersten Moment ein Schock. Zugig, eng und nicht besonders zuverlässig.

»Damit wollt ihr durch mein Land?«, steht in seinen Stirnfalten geschrieben. Und gleich dahinter: »Warum ausgerechnet ich?«

Nabel rümpft die Nase und ist dennoch um Haltung bemüht. Begrüßt man so Besucher? In Sekundenbruchteilen besinnt er sich und setzt ein neues Gesicht auf. Er begrüßt uns. Unser Begleiter lotst uns an der langen Schlange aus verbeulten Autos vorbei in die Kontrollzone. Westliche Ausländer haben einen anderen Status. Trotz eines Funken schlechten Gewissens sind wir froh darüber, bevorzugt zu werden. Schließlich kostet jeder Tag Geld.

»Wartet hier und redet mit keinem!«, weist uns Nabel an und verschwindet mit unseren Pässen.

Das kann ja heiter werden!

»Also, ich habe die Route schon ausgearbeitet, die Hotels und Unterkünfte festgelegt!«, erklärt uns unser Begleiter stolz, als er mir die libyschen Kennzeichen aushändigt, die wir am Fahrzeug anbringen müssen.

»Wie«, denken wir, »bereits ausgearbeitet?« Dabei weiß er doch noch gar nicht, was wir vorhaben. Seine Route führt entlang der Mittelmeerküste, über die Stadt Bengasi. Ich unterbreche ihn.

»Wir wollten diese Route nehmen!« Ich fahre mit dem Zeigefinger auf der Karte entlang einer Straße, die gut einhundertfünfzig Kilometer kürzer ist.

»Diese Route führt direkt durch die Wüste. Das ist sehr gefährlich!«

»Warum?«

Nabel kommt in Erklärungsnot, will ausweichen.

»Für mich ist das kein Problem, ... aber für euch, ihr seid Ausländer, ihr kennt die Leute dort nicht, keine Hotels ...!«

»Für uns ist das auch kein Problem!«

Die Entscheidung steht. Wer zahlt, schafft an, so ist das zumindest in Bayern. Nabel stöhnt auf. Diesen Trip hat sich unser Begleiter anders vorgestellt. Statt Luxushotel und einer bequemen Fahrt in einem voll klimatisierten Allradfahrzeug droht eine Fahrt mit zwei rebellischen Deutschen in einem zugigen, wahrscheinlich unzuverlässigen Fahrzeug auf drei Rädern, in dem er nicht mal seine Beine ausstrecken kann. An die Nächte will er gar nicht denken. Sein ganzes Gepäck besteht aus einem kleinen Tagesrucksack. Schlafsack und Zelt hat unser Begleiter nicht dabei, obwohl wir per E-Mail mehrmals darum gebeten haben.

Spaghetti mit Weißbrot und Salat? »Kein Problem« ist Nabels Antwort, als wir uns erkundigen, ob unser Speiseplan für diesen Abend seine Zustimmung findet. Das hindert ihn jedoch nicht daran, hinter der Grenze den ersten kleinen Laden aufzusuchen und sich dick mit Lebensmitteln einzudecken. Kekse, Chips, Streichwurst aus der Dose und Weißbrot.

Wir verlassen den Grenzort und befinden uns nach einigen Kilometern auf einer Asphaltstraße ohne nennenswerte Schlaglöcher, ohne Kurven oder Hindernisse. Sie führt geradeaus, rechts und links ist Wüste. Flache, ebene Steinwüste. Zweimal passieren wir Plakate, die einmal nicht die Zukunft sondern Gaddafi zeigen, ›unseren revolutionären Führer‹, wie Nabel ihn nennt. Doch der einst gefährlichste Mann der Welt wirkt eher wie ein schlecht frisierter und unrasierter Abklatsch eines Sektenführers in Berbertracht. Ob es auch normale Werbeplakate gebe, fragt Susi.

»Natürlich, überall«, sagt Nabel und macht eine vage Handbewegung.

Wir sehen auf unserer ganzen Fahrt kein einziges. Na ja, wir sind ja auch in der Wüste. An diesem Tag sitzt Susi die meiste Zeit hinter dem Steuer. Sie zieht es vor, mich mit Nabel hinten sitzen zu lassen. Wir legen so gut wie keine Pause ein. Unser Begleiter erzählt mir, dass er in Frankreich studiert und danach als Ingenieur gearbeitet hat. Ob er da auch einen Führer gehabt hätte, frage ich ein wenig stichelnd.

»Das ist doch nur gut für euch. Ihr kennt die Menschen hier nicht, könnt euch nicht mit ihnen verständigen, kennt euch nicht aus. Dazu bin ich da, um euch zu helfen!«, versucht er seine Existenz in unserem Tuk Tuk zu rechtfertigen.

»Wir haben mittlerweile vier Kontinente durchquert, Afrika ist der fünfte und bis jetzt haben wir uns immer zurechtgefunden!«, entgegne ich ihm. »Wir wollen was über die Menschen erfahren, mit ihnen reden, von ihnen lernen. Deshalb machen wir diese Reise!«

Da zwinkern seine Augen hinter der Brille nervös und er zieht ein wenig schneller an seiner Zigarette.

»Den Menschen hier fehlt es an nichts. Alle haben genug zu essen. Bei uns in Libyen hat jeder das Recht auf ein Auto. Kriminalität und Korruption gibt es auch nicht«, sagt Nabel stolz und lenkt das Gespräch in eine andere Richtung.

Und er zählt auf: Benzin kostet neun Cent pro Liter, der Staat subventioniert Autos für die Armen, und die Zinsen für einen Autokredit sind nicht höher als die Inflation.

Was stimmt, ist, dass Fundamentalismus und religiöse Eiferer im Staat Gaddafis kaum eine Chance haben. Nicht der Koran, sondern sein Grünes Buch bestimmt die Richtlinien der Politik.

Als der purpurrote Feuerball direkt vor uns den spiegelglatten Horizont küsst, halten wir Ausschau nach einem geeigneten Übernachtungsplatz. Doch um uns herum herrscht nur eine brettebene, flache Landschaft aus Stein und Sand ohne jegliche Erhebung. An einer alten Steinruine, gut ein Kilometer abseits der Straße, richten wir uns für die Nacht ein. Schon unter dem ersten Stein, den ich wegkicke, um die Fläche unseres Lagers zu säubern, liegt ein schwarzer Skorpion. Nichts, was Susi und mich noch erschrecken könnte. Nabel sagt gar nichts, verdreht die Augen. Wir erklären ihm, dass Susi und ich wie immer draußen schlafen und er unser Zelt, eine Isomatte und die warme Decke aus Ägypten bekommen kann. Er scheint beruhigter. Wir stellen ihm das Zelt sogar auf. Die Spaghettis mit Salat, die Susi ihm anbietet, lehnt Nabel dankend ab. Warum, sagt er nicht. Er hält sich an sein Weißbrot mit Streichwurst und Chips. Bevor uns die Kälte der Wüstennacht in die Schlafsäcke zwingt, spendiert Nabel jedem von uns eine Dose Bier aus seiner Einkaufstüte. Ein feiner Zug, auch wenn es sich um Bier mit Aprikosengeschmack handelt – alkoholfrei. Die Geste zählt!

Es ist mühsam. Wir geben uns Mühe mit Nabel und damit, Libyen möglichst schnell hinter uns zu lassen. Das Land hat sicher mehr Aufmerksamkeit verdient – aber unter anderen Umständen. Die Nacht war kalt, doch Nabel hat im Zelt nichts davon gespürt. Zumindest beschwert er sich nicht. Kaum Pausen, kaum Unterbrechungen. Warum wir es denn so eilig haben, will Nabel wissen. Die Antwort gibt er sich keine halbe Stunde später selber. Zwei Männer, die uns kurz zuvor überholt haben, stehen am Straßenrand und winken uns freundlich zu. Der eine hält seine Kamera hoch.

»Die wollen ein Foto vom Tuk Tuk!«, sagt Susi.

»Haltet nicht, fahrt weiter!«, gibt Nabel ein weiteres Mal nervös die gleiche Anweisung.

»Warum?«, frage ich nach.

»Warum wollt ihr euch mit ihnen unterhalten? Mann kann den Leuten in Libyen nie trauen!« Hatte er nicht gestern noch gesagt, dass es keine Kriminalität gibt? Dass es sich dabei um einen plumpen Versuch seinerseits handelt, unseren Kontakt mit der Bevölkerung auf ein Minimum zu beschränken, ist unübersehbar. Natürlich halten wir. Jetzt erst recht! Nabel fordert uns eindringlichst auf zu verschweigen, dass er libyscher Begleiter ist. Die Männer freuen sich und lachen, heißen uns in ausgezeichnetem Englisch in ihrem Land willkommen. Nabel verschwindet hinter einer Düne und zündet sich eine Zigarette an.

Obwohl wir täglich zwölf bis vierzehn Stunden fahren, schaffen wir es erst am vierten Tag, in die Nähe der Tunesischen Grenze zu gelangen. Bis auf morgendliche Startprobleme hält das Tuk Tuk tapfer durch. Seit wir die nordöstliche libysche Steinwüste hinter uns gelassen haben, fahren wir entlang des schmalen, fruchtbaren Küstenstreifens zwischen Mittelmeer und Sahara. Es ist ein dumpfes, stupides Dahinfahren, durch kontrastlose, flache Landschaft. Spaß macht das keinen!

Nabels Dorf liegt unweit der Grenze. Er lädt uns auf einen Tee zu sich nach Hause ein. Es ist erst Vormittag und so willigen wir ein. Wir bleiben eine Stunde, in der Nabel und sein Bruder für uns traditionelle Berbermusik auf der Gitarre und der Trommel vorspielen, während wir am Boden sitzend von seiner Mutter mit leckerem Gebäck verköstigt werden. Plötzlich sind wir von einer zwanglosen und entspannten Stimmung umgeben. Nabel haben wir bis dahin noch nie so locker gesehen. Doch wir wissen immer noch nicht: Ist unser Begleiter ein netter, gebildeter Kerl, der manches denkt, dass er nicht aussprechen darf oder ein eifriger Diener seines Führers Gaddafi?

Nach dem Besuch begleitet uns Nabel noch zur Grenze. Zurück wird er ein Taxi nehmen. Bezahlt haben wir das, ebenso wie seinen Flug von Tripolis an die ägyptische Grenze im Vorfeld mit den Gebühren. Wir schrauben die libyschen Nummernschilder ab und Nabel zieht mit unseren Pässen los, um die Formalitäten zu erledigen. Als er zurückkommt, zahlen wir ihm noch die Gebühr für den vierten, noch nicht bezahlten Tag.

»O. k., das war's!«, reicht er uns freundlich die rechte Hand und übergibt uns die abgestempelten Pässe. In seiner linken befinden sich immer noch die Nummernschilder. Um sicher zu gehen, frage ich nach.

»Alles in Ordnung, alles erledigt? Wir können also ausreisen?«

»Ja, alles erledigt. Gute Reise!« Unser Begleiter will uns in tunesische Hände entlassen.

Susi und ich schauen uns an. Auf die Nummernschilder haben wir rund vierzig Dollar Kaution hinterlassen. Bei der Ausreise, so wurden wir von unserer deutschen Reiseagentur darauf hingewiesen, erhalten wir das Geld wieder zurück. Ganz offensichtlich will sich Nabel das Geld unter den Nagel reißen will. So hatten wir ihn nicht eingeschätzt. Wir konfrontieren ihn damit. Erschrocken streitet er alles ab. Von einer Kaution habe er angeblich nichts gewusst, obwohl er uns beteuert hatte, bereits unzählige Touren begleitet zu haben. Wir nehmen die Sache selber in die Hand und ohne Probleme erhalten wir an einem Schalter bei der Rückgabe der Schilder das Geld zurück.

Erleichtert in Tunesien zu sein, atmen wir beide erst einmal so richtig auf. Nach nur vier Tagen Libyen fühlen wir uns, als wären wir aus jahrelanger Haft entlassen worden. Heilfroh sind wir auch darüber, dass das Tuk Tuk uns nicht im Stich gelassen hat. Bevor wir uns auf den Weg nach Norden machen, führt uns ein Abstecher in die südliche Wüstenzone des Landes. Unser Ziel ist das kleine Oasennest Douz am Rande der Sahara, sechzig Kilometer von der algerischen Grenze entfernt. Was uns dort hinzieht, ist das gewaltige Sandmeer des Erg Oriental. Die Sahara reicht direkt bis vor die Tore des Ortes. Wir wollen zumindest den großen Zeh in das ewige Meer aus Sand, Geröll und Nichts halten. Die Sahara ist die größte Trockenwüste der Erde, gut fünfundzwanzigmal größer als Deutschland. Trotz der Erfahrung, dass unser Dreirad nicht wirklich das geeignetste Fahrzeug für eine Teilnahme an der Rallye Paris-Dakar ist, erliege ich der Anziehung der Wüste.

»Fahr da nicht rein!« warnt Susi mich noch. Doch es kommt, wie es kommen musste. Bei der ersten kleinen Düne versinkt das Tuk Tuk hoffnungslos im Sand. Um weiter in die Wüste zu gelangen, bräuchten wir ein Allradfahrzeug. Doch allein am Rande zu stehen, den Blick über das Meer der hellgelben Dünen schweifen zu lassen, zieht uns in den Bann. Dazwischen unterbrechen einzelne Palmeninseln das Bild.

»Typisch Mann, ihr müsst immer alles ausprobieren!« Susi ist verärgert.

Während sie demonstrativ genüsslich den Kocher anschmeißt, um sich einen Kaffee zu kochen, packe ich die Schaufel und unsere laotischen Bretter aus. Bis wir wieder festen Boden unter den Reifen haben, vergeht ein ganzer Nachmittag.

»Ich komme mir vor, als hätte ich die ganze Sahara umgebuddelt!«

Meine Haut überzieht ein Film aus Schweiß und Sand. Ich bin total am Ende. Entkräftet sitze ich neben dem Tuk Tuk. Ein echter Targi trottet mit seinem Wüstenschiff im Schlepptau an uns vorbei. Der Mann trägt die von den Tuareg verwendete Kopfbedeckung, einen so genannten ›Chech‹. Eine Art Turban, der so gewickelt wird, dass er auch das Gesicht bis auf die Augen verdeckt. Diese Kopfbedeckung schützt vor Sonne, Wind und Sand, hat jedoch auch die Funktion, die Atemluft zu filtern. Er bestaunt unsere asiatische Karre und fängt zu lachen an, als er die Schaufel und die Bretter sieht. Ja, ja, schon gut, wir wissen ja nun, dass wir damit keine fünfzig Meter weit kommen. Als wir sein Angebot, eine Kameltour, ablehnen, trottet er gleichmütig, aber immer noch kichernd von dannen.

Algerien bereitet uns ebenso wie zuvor Libyen Kopfzerbrechen. Die Einreise mit dem eigenen Fahrzeug ist nur unter vielen Auflagen möglich, verbunden mit ständiger Begleitung eines Führers. Darauf haben Susi und ich keine Lust mehr. Wir sehen keinen Sinn darin, nochmals viel Geld zu bezahlen, nur um wieder nur durchzurauschen. Zudem bringen wir nicht mehr die Motivation und nötige Geduld auf, um den aufwendigen Papierkrieg zu erledigen. Die Luft ist raus. Was erwartet uns in Algerien, was wir nicht schon irgendwo und irgendwie erlebt und gesehen haben? Wir sind immer noch neugierig, ja, aber nicht nach Neuem. Wir sind neugierig auf zu Hause. Die Abfahrt aus Kairo war der Beginn der letzten Etappe. Mit diesem Bewusstsein hat sich auch in mir Vorfreude auf die Rückkehr eingestellt und Tag für Tag gesteigert. Ich spüre, dass es auch für mich Zeit ist, die letzten Jahre setzen zu lassen, zu verarbeiten, neue Energie und Kraft zu tanken. Plötzlich spüre ich, dass nicht nur der Körper, sondern nun auch der Geist bereit ist, zurückzukehren.

Im Gegensatz zu Libyen besteht die Möglichkeit, Algerien zu umfahren. Wir tuckern direkt nach Tunis, der tunesischen Hauptstadt an der Mittelmeerküste und nehmen die nächste Fähre nach Civitavecchia, keine fünfzig Kilometer nördlich von Rom. Mit im Gepäck eine Dose Frühstücksfleisch aus Indonesien, zwei Dosen russischer Streichwurst und vier Packungen ägyptischer Spaghetti.

Bibbernd stehen Susi und ich an der Reling und beobachten das Anlegemanöver vom Deck aus. Uns pfeift ein lausig kalter Novemberwind um die Ohren. Im Schritttempo docken wir an Europa an. Ein spärlich beleuchtetes Schild begrüßt uns mit ›Benvenuti a Civitavecchia‹. Das Autodeck ist nur mit einigen wenigen Autos von Tunesiern belegt, die auf dem Rückweg zu ihrem Arbeitsplatz in Italien sind. Da nur der Fahrer im Fahrzeug sitzen darf, muss Susi den Personenausgang benutzen. Ich bin genauso angespannt wie damals, als wir Europa verließen und nach Amerika geflogen sind. Vielleicht hilft es ja, dass in Italien Dreiräder nichts Unbekanntes sind. Sorgen bereitet mir, dass wir keine gültige Fahrzeugversicherung für Europa besitzen. Die Uhr zeigt kurz nach sieben am Abend. Draußen ist es stockdunkel. Einer der beiden äußeren Scheinwerfer ist ausgefallen. Auch das noch! So lassen die uns nie nach Europa einreisen. Ich schalte die äußeren Hauptscheinwerfer ab und dafür nur den mittleren ein. Die Ausleuchtung ist miserabel, aber Hauptsache, wir haben eine funktionierende Beleuchtung, denke ich mir. Als einer der Ersten verlasse ich die Fähre und werde direkt auf das von gelben Laternen spärlich beleuchtete Zollgelände gelotst. Vor mir befindet sich ein kleiner Transporter mit italienischem Kennzeichen. Von Susi ist noch nichts zu sehen. Ich fahre vor. Es herrscht hektische Betriebsamkeit. Der Atem des Zöllners steht als weißer Hauch vor seinem Gesicht. Wenn es nur nicht so kalt wäre!

»Bona sera! Passaporto!«

Ich zeige dem Grenzer meinen Pass. Seine zwei Kollegen widmen sich bereits dem hinteren Fahrzeug. Einem tunesischen Pkw.

»Ah, tedesco!« Ich werde als Deutscher entlarvt.

Das dreirädrige Fahrzeug scheint ihn nicht besonders zu irritieren. Das thailändische Kennzeichen registriert er nicht einmal. Er lässt seine Blicke kurz ins Innere schweifen und gibt mir den Pass zurück.

»Grazie! Ciao!«

»Como – Wie?« frage ich auf Spanisch, in der Hoffnung, dass sich die Wörter ähnlich sind.

Tatsächlich, ich soll weiter fahren. Aber halt, so einfach kann das dann doch nicht sein. So geht das doch nicht! Keiner interessiert sich für mich. Dabei benötigen wir dringend einen Stempel in unserem Carnet für die spätere Einfuhr nach Deutschland. Alle Zöllner sind mit der Durchsuchung der tunesischen Fahrzeuge beschäftigt. Die werden komplett auf den Kopf gestellt. Ich gehe zum Zöllner, halte ihm das Carnet unter die Nase. Dieser zeigt nur auf das kleine Grenzhäuschen. Ich sehe Susi in der Warteschlange. Vor ihr drei Tunesier, deren Gepäck gründlichst gefilzt wird. Ich schnappe mir einen Beamten und halte auch ihm das Carnet unter die Nase. Irgendwie läuft das hier anders als sonst. Hat uns die Liebe zum Stempel an den bisherigen Grenzen das Leben schwer gemacht, sind wir nun auch nicht zufrieden, wenn man darauf verzichtet. Der Beamte knallt ohne große Umschweife den Stempel aufs Carnet und widmet sich wieder den Tunesiern. Jetzt bin ich zufrieden. Susis Pass wird gecheckt.

»Ah, tedesca!«, grinst sie der junge Beamte an und schmeißt ihr sein schmachtenstes Macholächeln hinüber. Und schon ist sie durch.

Der große Temperaturunterschied zum Norden Afrikas wird uns mit dem Fahrtwind so richtig bewusst. Susi und ich sind dennoch in Hochstimmung. Plötzlich durchschallen laute Fehlzündungen die Nacht. Der Motor fährt hörbar statt auf drei, nur auf zwei Zylindern.

»Fängt das schon wieder an?«, stöhnt Susi auf. »Vielleicht ist es ihm einfach zu kalt!«

Wir fahren Richtung Norden, zumindest soviel wissen wir dank eines kleinen Verkehrsschildes. Der Motor hustet und spuckt. Das einzige Licht in einer stockfinsteren, kalten italienischen Nacht ist eine hell erleuchtete Werbetafel. Eine große Anzeige wechselt im Sekundentakt von Uhrzeit auf Temperatur. Wir haben zwei Grad unter null.

»Oh Mann, tut das gut!«, beide sitzen wir in der Tankstelle und schlürfen heißen Cappuccino, den wir krampfhaft mit unseren eiskalten Händen umklammern. Gemeinsam werfen wir einen Blick auf die Karte, die wir uns gleich mit dem heißen Getränk besorgt haben. Trotz aufflammender Zweifel, ob das Tuk Tuk der Strecke und den Temperaturen noch gewachsen ist und der Tatsache, dass die direkte Route über die Alpen nach Hause um dreitausend Kilometer kürzer ist, wollen wir dennoch an dem Plan festhalten, meinen Bruder in Spanien zu besuchen.

»Schwierig jemanden zu erklären, dass man um die ganze Welt gefahren ist, aber ein Abstecher nach Spanien einen zu großen Umweg darstellt!«

»Lass uns das morgen entscheiden, nachdem wir uns das Tuk Tuk genauer angeschaut haben!«, schlägt Susi vor.

»Gut, mañana es otro dia- morgen ist auch noch ein Tag!« stimme ich Susi zu und schlürfe an dem wärmenden Getränk.

Der Tankwart hat nichts dagegen, dass wir in einer Ecke des Geländes unser Zelt aufstellen. Das letzte Mal, dass wir an einer Tankstelle genächtigt haben, war in Argentinien, kommt es mir in den Sinn. Wie lange ist das schon her?!

Am nächsten Morgen ist unser Zelt mit Eiskristallen überzogen. Der Tankwart der Nachtschicht bestätigt uns kurz vor seiner Ablösung, dass die Temperaturen dieses Jahr extrem sind. Ganz ungewohnt für diesen Breitengrad und diese Jahreszeit. Zwei Tassen Cappuccino braucht Susi drinnen, bis ich draußen das Problem am Tuk Tuk gefunden und behoben habe. Der Zündverteiler hat zu viel Wüstensand geschluckt. An sich eine Kleinigkeit, doch bei den lausigen Temperaturen kein Spaß. Wie machen die das eigentlich in Sibirien im Winter? Als Belohnung bestellt Susi mir ebenfalls einen Cappuccino mit viel Milchschaum.

In Livorno nahe Pisa besorgen wir uns beim Büro des Italienischen Automobilklubs eine vier Wochen gültige Versicherung für Europa. Ohne ist uns nicht ganz wohl. Es ist sicher nur eine Frage der Zeit, bis man uns mit unserem auffälligen Dreirad kontrolliert.

War es im Iran die Hitze, ist es jetzt die beißende Kälte, die uns nur in einem Stop-and-go-Rhythmus vorankommen lässt. Die Kälte macht uns mächtig zu schaffen. Die Temperaturen erreichen tagsüber nicht einmal die Zehn-Grad-Marke. Der Fahrtwind verwandelt sie in Minusgrade.

»Ich glaube, meine Füße sind schon abgestorben!«, sagt Susi hinten zitternd.

Dank Windschutzscheibe ist vorne der angenehmere Platz. Hinten bekommt man die gesamte Ladung ab. Der eisig kalte Fahrtwind durchdringt jede noch so dicke Faserschicht bis auf die Haut. Am Körper tragen wir alles, was wir zur Verfügung haben, inklusive dicker Handschuhe und Mütze. Susi hat sogar ihre bolivianischen Alpakasocken ausgepackt. Der Hintermann wickelt sich zusätzlich mit der ägyptischen Decke ein. Regelmäßig alle halbe Stunde wechseln wir uns mit dem Fahren ab. Dabei nutzen wir die Gelegenheit, um an der einzigen Wärmequelle des Fahrzeugs unsere eingefrorenen Körperteile wieder aufzutauen. Den Fahrersitz klappen wir weg und halten jedes Mal ganz dicht Hände und Füße über den wärmenden Motorblock.

»Gibt es eigentlich Schneeketten für Tuk Tuks?«, fragt mich Susi, als wir am Morgen unschlüssig neben dem verschneiten Zelt auf einem Feldweg stehen und die schweren, dicken Wolken betrachten. Das Grau des Himmels lässt auf mehr Schnee schließen. In der zweiten italienischen Nacht holt uns der Winter endgültig ein. Am Morgen erwachen wir mitten in einer winterlichen Märchenlandschaft. Die Bergkämme der nördlichen Apenninen sind tief verschneit. Die bergige Landschaft bettet sich im Schnee, ebenso unser Zelt und die Straßen. Das eingeschneite Tuk Tuk ist ein besonders ungewohnter Anblick. Unser Fahrzeug stammt schließlich aus einer Region mit anderem Klima. Mit jeder Art von Untergrund haben wir mittlerweile Bekanntschaft gemacht, aber nicht mit Schnee. Schwer abzuschätzen, wie das Dreirad darauf reagiert.

Ein vorbeifahrendes Auto auf der nahen zugeschneiten Hauptstraße legt direkt vor unserem Auge an der steilen Kurve eine volle Drehung hin. Doch der Fahrer kann das Fahrzeug wie durch ein Wunder ohne Schaden wieder unter Kontrolle bringen. Kaum zwei Minuten später nimmt ein kleines italienisches Dreirad – der Werbung nach ein Brotlieferant – die gleiche Kurve souverän. Darüber, ob das an der Anzahl der Räder oder den Fahrkünsten eines Bäckers liegt, lässt sich spekulieren.

Die einzige, sinnvolle Option zur glatten, ungeräumten Landstraße, sehen wir in der nahen Autobahn im Tal. Auch dort hat es geschneit, doch hoffen wir, dass die Räumfahrzeuge dort bereits durchgefahren sind.

»Daniel, da vorne ist schon wieder eine Mautstelle!«, ruft Susi zu mir nach hinten. Ich reiche ihr den Geldbeutel.

»Motocicletta!«, teilt Susi die Kategorie unseres Fahrzeugs der Kassiererin mit.

Sie schaut etwas unglaubwürdig und steigt aus ihrem Kassenhäuschen heraus, stellt sich mit prüfendem Blick vors Tuk Tuk. Wir bekommen den Motorradtarif. Keine Viertelstunde später folgt ein Polizeiauto mit eingeschaltetem Martinshorn.

»Wahrscheinlich ein Unfall!«, meint Susi.

Der Verkehr ist seit der Maustelle immer dichter geworden. Doch nicht ein Unfall, sondern wir sind es, denen die Aufmerksamkeit der Polizei gilt. Das Auto schert vor uns ein und man gibt uns Zeichen, zu folgen.

Die Polizisten lotsen uns zum nächsten Parkplatz. Sie teilen uns mit, dass Dreiräder auf der Autobahn nicht erlaubt seien. Die italienischen Dreiräder haben keine Autobahnzulassung. Wir entgegnen, dass es sich bei unserem um ein thailändisches, kein italienisches Modell handelt. Die Beamten sind sich unsicher. In unseren Papieren können sie nichts finden, was gegen eine Autobahnbenutzung spricht.

»O. k., ihr könnt weiterfahren!«, gibt mir der Beamte zu verstehen, als er mir die Papiere reicht.

»Aber achtzig Stundenkilometer!«, fügt er noch hinzu.

»Ja, klar! Auf keinen Fall fahren wir schneller!«, bestätige ich ihm

»No«, dreht er sich nochmals um. »Mindestens achtzig!«

Mit dem Tuk Tuk auf der Autobahn. Wir fühlen uns tatsächlich etwas fehl am Platz. Das muss schon ein seltsamer Anblick sein. Porsche, ... BMW ..., Mercedes ..., BMW ..., Audi ..., VW ..., Audi, zwischendrin mal ein Ferrari ...und ein kleines langsames Tuk Tuk. Während wir mit maximal achtzig Sachen dahin rollen, rauschen die anderen Fahrzeuge an uns vorbei. Selbst die Lkws schaffen es bergauf, uns abzuhängen. Ungewohnt. Bisher waren meist Eselkarren, Mopeds oder altersschwache Rostlauben, in sämtlichen Stadien der Auflösung, unsere Konkurrenten der Straße.

Bis kurz vor der französischen Grenze lässt man uns in Ruhe dahin tuckern. Doch die erneute Kontrolle ist hartnäckiger. Nachdem die Polizisten ein halbe Ewigkeit ihr Paragrafenbuch gewälzt haben, steht fest, wir müssen runter. Laut Papieren ist das Leergewicht unseres Fahrzeuges, um damit die Autobahn zu benutzen, um sage und schreibe fünfzig Kilogramm zu leicht. Was es nicht alles gibt, denken wir uns. Bis zur nächsten Ausfahrt werden wir eskortiert. Keine zehn

Kilometer Landstraße später befinden wir uns in Frankreich und nehmen die nächste Autobahnauffahrt. Mal sehen, was die Franzosen sagen.

Bei Sonnenschein und warmen Temperaturen folgen wir während der nächsten Tage der Autobahn entlang der französischen Mittelmeerküste. Wir passieren das kleine Fürstentum Monaco und erreichen Nizza und Marseille. Das Wetter hat sich zum Glück wieder etwas stabilisiert. Von Schnee ist hier nichts zu spüren, zumindest im Flachland nicht. Tagsüber erreichen wir gute zehn Grad und Sonne. Doch auch in den Pyrenäen hat sich bereits der Winter festgebissen. Um die Pyrenäen zu umgehen, ziehen wir an deren Nordseite entlang Richtung Westen. Mein Bruder wohnt mit seiner Frau und dem Nachwuchs in Pamplona, im äußersten Norden Spaniens, keine zwei Tuk-Tuk-Stunden von der Atlantikküste entfernt.

Wir hatten schon bessere Nächte. Am Rande eines Waldstückes unweit der Straße bauen wir kurz vor der Dunkelheit unser Zelt auf. Die nahe Autobahn trägt kaum Lärm zu uns herüber. Im Osten türmen sich die schneebedeckten Gipfel der Pyrenäen auf. Vom Fahrtwind des Tages ausgekühlt, kriechen Susi und ich, kaum steht das Zelt, in unsere Schlafsäcke. Wir sind müde, der Körper von der anhaltenden Kälte ausgezehrt. Wir sehnen uns nur noch nach der molligen Wärme einer Wohnung und einer langen, langen heißen Dusche. Mit dem Bewusstsein, morgen, vorausgesetzt unser Tuk Tuk hat keine schlechte Laune, Pamplona und die heiße Dusche erreichen zu können, fallen wir bald in einen bleiernen Schlaf.

Weit entfernte, unklare Wortfetzen dringen zu mir durch.

»Daniel, Daniel!«

Doch das Gerüttel ist real und reißt mich aus dem Schlaf.

»Daniel, Daniel!« flüstert Susi, kaum zu hören, doch umso eindringlicher.

An ihrem Tonfall erkenne ich sofort, dass sie äußerst angespannt ist. Noch nie habe ich sie bisher so nervös erlebt.

»Daniel, wach auf! Da ist jemand am Tuk Tuk!«, reißt sie mich rüttelnd, heiser flüsternd endgültig aus meinen Träumen.

Ich setzte mich auf. Aus der kleinen Öffnung des Lüftungsschlitzes blicke ich nach draußen auf unser thailändisches Taxi. Es steht keine fünf Meter von uns entfernt. Nichts! Ich kneife die Augen zusammen. Im spärlichen Licht des Halbmondes erblicke ich tatsächlich die schemenhaften Umrisse dreier Gestalten. Sofort bin ich hellwach. Ich merke, wie mein Adrenalinpegel steigt.

Wer ist da draußen? Was wollen die? Warum schleicht jemand nachts um drei durch den Wald? Ich blicke zu Susi. Sie hat die Augen weit aufgerissen. Sollten wir jemals nachts Besuch von ungebeten Gäste erhalten, haben wir die Abmachung getroffen, dass nur ich als Mann mich zu erkennen gebe. Wenn wir einen Vorteil haben, dann den, dass der da draußen nicht genau weiß, wer sich im Zelt befindet. Wenn es überhaupt ein Vorteil ist. Trotzdem lege ich ihr den Zeigefinger auf die Lippen, zum Zeichen, dass sie sich ruhig verhalten soll. Wo ist das Pfefferspray? Ich taste mit meiner Hand zum Kopfende des Schlafsacks. Mist! Ich kann es nicht finden. Stattdessen halte ich das GPS-Gerät in der Hand. Ich stöhne unmerklich auf, als mir einfällt, dass ich das Spray im Tuk Tuk gelassen habe. Schließlich sind wir in Europa, was soll hier passieren? Ich beiße mir auf die Zunge. Haben wir denn aus der verschwundenen Kamera in der Mongolei nichts gelernt?

Die drei Gestalten haben bemerkt, dass sich in dem Zelt etwas rührt. Erleichtert sehe ich, wie sie sich langsam und gemächlich in Richtung der nahen Straße entfernen. Leise atme ich auf.

»Bleib hier!«, flüstere ich Susi zu, »ich hole erst mal das Pfefferspray!«

Sie nickt ängstlich. Nur mit T-Shirt und Unterhose bekleidet, schlüpfe ich in meine Schuhe und begebe mich in die eiskalte Nacht. Am Tuk Tuk fallen mir sofort die durchgeschnittenen Bänder der Tasche mit den Diafilmen, Tonaufnahmegeräten, samt Aufnahmen der letzten Wochen auf. Die Tasche selber ist verschwunden. Der Inhalt ist für die Diebe wertlos, für uns nicht zu ersetzten.

Zurück im Zelt, erkläre ich Susi hastig, dass wir hier weg müssen.

»Jetzt sofort! Wir ziehen uns an und hauen ab!«

Sie nickt nur. Beide ziehen wir uns im Zelt blitzschnell unsere Hosen und Jacken über. Gerade als ich wieder das Zelt verlassen will, sehe ich die drei Gestalten zurückkommen. Damit wird die Lage zu einer ernsthaften Bedrohung.

»Die Beute war ihnen nicht genug!« Ich greife nach dem Pfefferspray. »Du musst jetzt was tun!«, schießt es mit durch den Kopf. »Aber was?«

Drei gegen einen. Das Verhältnis ist denkbar ungünstig. Noch wissen sie nicht, dass eine Frau dabei ist. So weit darf es nicht kommen. Ich habe nur ein Pfefferspray, aber was haben die Kerle dabei? Messer?

Schießeisen? Tausend Gedanken rasen mir binnen Bruchteilen von Sekunden durch den Kopf.

Hilfe holen! Wo? Weglaufen? Zu spät!«

Die Gestalten haben sich dem Tuk Tuk genähert und steuern jetzt unser Zelt an. Ich spüre Susis ängstliche Blicke in meinem Rücken. Sie zittert.

»Hätte ich bloß ein Telefon! Dafür habe ich nur so ein unnützes GPS-Gerät.«

In meiner Verzweiflung schalte ich das GPS-Gerät ein. Das Display beginnt zu leuchten. Ich halte mir das handygroße Gerät ans Ohr und nuschle laut vor mich hin. Immer wieder lasse ich dabei das Wort ›police‹ fallen! Ich öffne den Reißverschluss des Zeltes und steige aus. Die Männer stehen wenige Schritte vor dem Zelt. Auf einmal höre ich, den Anführer der Gruppe sagen: »We are the police!«

Diese Dreistigkeit macht den Ernst der Lage besonders deutlich. Zu was sind die drei Männer fähig?

Sämtliche Muskeln sind angespannt. In der anderen Hand umklammern meine Finger krampfhaft das Pfefferspray. Der Zeigefinger am Knopf.

»Stopp! Ihr seid nicht die Polizei. Die habe ich gerade verständigt! In zwei Minuten werden sie hier sein!«, sage ich mit lauter, fester Stimme auf Englisch und halte das leuchtende GPS-Gerät demonstrativ in die Höhe.

Plötzlich geht alles ganz schnell.

Kaum ausgesprochen, drehen sich die beiden hinteren Männer um und laufen Richtung Hauptstraße. Der Anführer ist unschlüssig. Als er aber bemerkt, dass seine Kumpane ihn im Stich lassen, dreht auch er sich um und rennt ihnen hinterher. Alle drei Männer verschwinden in der Dunkelheit.

Während Susi hektisch beginnt, das Gestänge aus dem Zelt zu ziehen, versuche ich das Tuk Tuk zu starten. Ich höre sie nervös schimpfen, aber sie hält sich tapfer.

»Komm schon! Komm schon!«, versuche ich den jaulenden Motor zum Leben zu erwecken. Die Nacht ist eisig. Immer wieder drehe ich den Zündschlüssel.

»Komm schon, nur dieses eine Mal noch!«

Minuten werden zu einer halben Ewigkeit, bis der Motor endlich aufheult. Tortur, Quälerei. Ich schalte sämtliche Lichter und die Warnblinkanlage ein. Das riesige Knäuel aus Zelt, Schlafsack und Isomatte schmeißen wir ins Tuk Tuk. Der Boden ist gefroren, Eiskristalle glitzern auf der Straße. Sie ist spiegelglatt.

Eine halbe Stunde später hocken wir in der nächsten Autobahnraststätte und wärmen uns an einem heißen Cappuccino. Susi hat sich wieder beruhigt und wirkt gefasst. Es ist kurz nach vier. Erst langsam können wir wieder klare Gedanken fassen. Da haben wir die ganze Welt umrundet und die mit Abstand gefährlichste Situation der gesamten Reise erleben wir kurz vor der Haustür, mitten in Europa. Wir versuchen uns gar nicht erst auszudenken, wie der Überfall hätte ausgehen können.

»Hast du denn keine Angst gehabt?«, fragt mich Susi.

Ich zögere. »Nein! Ich glaube, ich hatte einfach keine Zeit.«

Mich beschäftigten eher Gedanken darüber, ob wir heute Abend zu unserer ersehnten Dusche kommen oder welche Videokassetten sich in der gestohlenen Tasche befinden. Der Verlust der Ausrüstung ist mehr als schmerzlich. Dennoch überwiegt die Erleichterung, zumindest körperlich unbeschadet aus dieser Situation rausgekommen zu sein. Eins ist uns beiden klar: Wäre uns das zu Beginn der Reise passiert, wir wären sicher nie bis Feuerland gefahren.

Gegen Mittag erreichen wir die Atlantikküste, am frühen Nachmittag endlich Pamplona. Mein Bruder und ich liegen uns freudestrahlend in den Armen.

Wenige Tage später sind wir wieder in Frankreich. Gilles hatte uns in Südamerika ständig mit Beschreibungen französischer Spezialitäten den Mund wässrig gemacht. Auf halber Strecke nach Deutschland besuchen wir ihn in Portier. Wie versprochen, verköstigt er uns mit auserlesenen französischen Gerichten. Die langen Abende vor dem offenen Kamin mit einem Glas Rotwein in der Hand vergehen viel zu schnell.

Bis zum 17. Dezember, dem bei der Ankunft in Europa festgelegten Datum unserer Rückkehr ist noch knapp eine Woche Zeit. Zwei Tage nachdem wir Gilles verlassen haben, überqueren wir die deutsche Grenze bei Baden-Baden über den Rhein.

»Glückwunsch, Daniel, Glückwunsch!«, klopft mir Susi ausgelassen von hinten auf die Schulter.

Wir passieren das blaue Schild mit dem gelben Sternenkreis, in dessen Mitte der Schriftzug ›Bundesrepublik Deutschland‹ ankündigt, dass wir deutsches Hoheitsgebiet betreten. Ich kann es selbst kaum begreifen. Wir sitzen in einem alten dreirädrigen Taxi aus Thailand, die beiden Räder, mit denen wir von Deutschland gestartet sind, hinten drauf.

Nahe Stuttgart besuchen wir noch Walli und Steffen, die wir auf der Baja California trafen. Die letzten Tage der Reise verbringen wir im Allgäu bei Bane und Elke, unserem Motorradpärchen aus Mexiko. Obwohl wir uns riesig freuen, unsere Reisekameraden aus Lateinamerika wiederzusehen, sitzen wir auf Kohlen. Am 16. Dezember machen wir uns, bei starkem Schneefall, endlich auf den Weg nach Eichstätt. Keine zehn Kilometer von Eichstätt entfernt, schlagen wir uns in den Wald. So, wie wir es die letzten Jahre immer gemacht hatten. Diesmal nur zehn Minuten von dem kleinen Haus im Wald entfernt, in dem ich den größten Teil meiner Jugend verbracht habe. Später haben Susi und ich dort gemeinsam gewohnt. Alles ist uns so vertraut. Ein Gefühl, das wir lange nicht mehr hatten.

Seit der genaue Tag unserer Rückkehr bekannt ist, haben wir viele E-Mails von Freunden und Bekannten erhalten. Wir sollen doch unbedingt durchgeben, wo wir die letzte Nacht verbringen. Man würde uns entgegenfahren und gemeinsam feiern.

Doch den letzten Abend der Reise wollen wir alleine verbringen. Wir erhitzen ein Flasche Glühwein auf dem neuseeländischen Kocher, zünden ein kleines Lagerfeuer an und wollen den letzten Abend eigentlich fröhlich begießen. Doch eine ausgelassene Party sieht anders aus. Weder Susi noch mir ist nach reden zumute. Jeder für sich hängt seinen Gedanken nach. Und die schweifen ab, suchen sich ihren eigenen Weg. Der führt ins isländische Hochland, zum Chimborazo, nach Feuerland, zum Äpfelpflücken nach Neuseeland, in die kleine Lagerhalle am Rande Bangkoks oder in die iranische Wüste.

Ein letztes Mal bauen wir am nächsten Morgen eines der Räder zusammen. Wir wollen mit beiden Fahrzeugen, die uns einmal um den Erdball gebracht haben, die Reise beenden. In der Nacht hat es weiter kräftig geschneit. Die Bäume stöhnen unter der Last des Schnees. Die Luft ist klar und bitterkalt. Über uns streifen erste Sonnenstrahlen des Tages die schneebedeckten Baumwipfel.

Die Schaltung an meinem Fahrrad ist hoffnungslos eingefroren. Da hilft nur Morgenpipi.

Mit gemischten Gefühlen nehmen wir die letzten Kilometer unter die Räder. Susi fährt mit dem Tuk Tuk, ich mit dem Rad vorneweg. Selten habe ich das Radfahren so genossen, wie auf den letzten Kilometern der Reise. Tief ziehe ich die kalte Morgenluft in meine Lungen.

Am Eichstätter Ortsschild halten wir für einen kurzen Fotostopp. Während der Fahrt zum Marktplatz winken uns viele Passanten zu.

Die letzte Kurve. Noch dreihundert Meter. Ohne Absprache halten wir beide noch mal an. Der kalte Wind weht erste Fetzen der Blaskapellenmusik zu uns rüber. Der Marktplatz ist voller Menschen. Über uns weht ein Banner mit der Aufschrift ›Herzlich Willkommen‹. Mir fällt die rote Linie auf unserem aufblasbaren Globus ein. Niemals hätte ich gedacht, dass unsere Reise da endet, wo sie vor fast vier Jahren begonnen hat. Am Eichstätter Marktplatz, im tiefsten Bayern.

Die Menge hat uns entdeckt und beginnt zu klatschen.

Auch Susi atmet nochmals tief durch. Sie sieht zu mir herüber. Wir schauen uns an. Beide grinsen wir von einem Ohr zum anderen.

»Pack' mas!«, sagt sie lachend.

Ich nicke. Pünktlich schlägt die Rathausuhr elfmal.

Der Kreis hatte sich geschlossen. Die Erde ist tatsächlich rund.

*»D' Erdn is kloana,
ois ma 'dacht ham!«*

»Die Erde ist etwas kleiner als angenommen!«

So stand es in einem naturwissenschaftlichen Zeitungsartikel, den Susi und ich einige Wochen vor Fertigstellung dieses Buches entdeckten. Diese Schlagzeile können wir vollauf bestätigen. Ob aber wir oder die Astronomen den größeren Aufwand betrieben haben, um das herauszufinden, lassen wir mal dahingestellt. Laut neusten Berechnungen der Forscher fehlen dem Blauen Planeten einige Millimeter am bisher geltenden Durchmesser. Nach unserer ›Vermessung‹ ist der Erdball jedoch um ein Vielfaches geschrumpft.

Die Erde ist überschaubarer geworden. Die Reise hat uns unserem Ziel, die Welt besser zu verstehen, ein wenig näher gebracht. Antworten haben wir gefunden. Zumindest ein paar. Aber viele Puzzleteile fehlen noch und einige werden sich wohl nie finden lassen.

Aus einem kurzen Südamerikatrip ist eine ausgewachsene Weltumrundung geworden. Am Ende platzten die Pässe, gefüllt mit Stempeln und Visa aus siebenundvierzig Ländern, aus allen Nähten. Dabei durchreisten wir alle fünf Kontinente und sämtliche Klimazonen der Erde. Mit dem Fahrrad legten wir über 36 000 Kilometer zurück. Der Tuk-Tuk-Tacho zeigte beim Abschalten des Motors am Eichstätter Marktplatz exakt 37 410 zurückgelegte, holprige Kilometer an. Für so ein altes Fahrzeug eine respektable Leistung. Ein Jahr nach unserer Rückkehr erhielten wir Post aus England. In dem furchtbar unspektakulären Briefumschlag befand sich die Urkunden zum Guinness-Weltrekord. Ohne es geplant zu haben, hatten wir die längste Reise unternommen, die jemals mit einem dreirädrigen Gefährt zurückgelegte wurde.

Doch, was für Susi und mich wirklich von Bedeutung bleibt, ist, dass wir keinen von diesen Tausenden von Kilometern verpasst haben.

Jeden einzelnen haben wir erlebt und gespürt, waren an allem hautnah dran. Manchmal sogar zu nahe.

Mit vielen Menschen, die wir unterwegs trafen, haben wir heute noch Kontakt, aus vielen dieser Begegnungen sind Freundschaften geworden. Der Island-Josef beispielsweise, drehte auch noch bei Drucklegung der zweiten Auflage seine Runde um die Insel, mit über achtzig Jahren. Das alte Postrad hat er mittlerweile gegen einen nicht minder alten Suzuki-Jeep eingetauscht.

Die Hutterer auf der ›Green Acres Colony‹ haben ein weiteres ›Voneinander gehen‹ vollzogen und eine weitere Kolonie gegründet.

Gilles hat eine weitere lange Reise, diesmal durch Asien unternommen. Sie dauerte wieder über ein Jahr.

Gut vier Monate nach unserer Rückkehr klingelte bei uns im Altmühltal das Telefon, am Apparat die französische Polizei. Susis Impfpass aus der in einem Straßengraben aufgefundenen Tasche, zweihundert Kilometer vom Ort des Überfalls entfernt, führte die Behörden auf unsere Spur. Die vermissten Videokassetten und Diafilme hatten die Tortur unbeschadet überstanden. Wir können das bis heute kaum glauben.

Mister Anuwat besuchte uns ein Jahr später in Deutschland. Er platzte fast vor Stolz, als er vor ›seinem‹ Dreirad aus Bangkok stand. Natürlich hält er weiterhin an seinen Plänen für die Rallye Paris – Dakar fest, jetzt erst recht. Mittlerweile hat er Tuk Tuks bereits nach Europa exportiert. Mai pen rai!

Ja, und unser Tuk Tuk, das haben wir keine zwei Wochen nach unserer Rückkehr komplett auseinander gebaut, überholt, gesäubert und wieder auf Vordermann gebracht. Mister Anuwats Arbeiter wären sicher stolz auf uns.

Als wir danach beim TÜV vorfuhren, kam uns die folgende Reaktion nur allzu bekannt vor: »Mit so etwas haben wir keine Erfahrung ...!«

Alles andere hätte uns auch irgendwie gewundert. Doch es gibt immer einen Weg, man muss ihn nur finden. Es dauerte gut eineinhalb Jahre, bis wir grünes Licht bekamen und mit unserem Fahrzeug erneut auf öffentlichen deutschen Straßen fahren durften. Aber das ist eine ganz andere Geschichte ...

»Was würdet ihr anders machen, wenn ihr nochmals losfahren würdet?«, fragte uns ein Zuschauer nach einem unserer Live Dia- und Filmvorträge.

Die Antwort war einfach: Wir würden nichts ändern! Nichts Wesentliches. Schließlich sind wir gesund und munter wieder nach Hause zurückgekehrt.

»Die Erde ist kleiner als angenommen!« Doch sie wird immer groß genug bleiben, um dort Neues zu entdecken und auf neue Herausforderungen zu stoßen. Unter Astronauten kursiert der Spruch: ›Wer mit beiden Beinen zu fest am Boden steht, kommt nie vom Fleck.‹

Das Leben ist etwas Einmaliges. Man sollte es nutzen!

Die abschließenden Worte wollen wir denjenigen Menschen widmen, die uns nicht nur auf der Reise, sondern bis heute mit Respekt und Aufrichtigkeit begegnet sind, uns mit ihrer selbstlosen Hilfe unterstützt und mit ihrer Freundschaft und ihrem Lachen beschenkt haben. Menschen, die die Erde so anziehend machen. Wir hatten das Glück, bis heute vielen dieser Menschen begegnet zu sein.

Wir danken euch von ganzem Herzen!

Susi und Daniel

Auf ihrer Weltumrundung legten Susi Bemsel und Daniel Snaider 73 000 Kilometer auf dem Fahrrad und mit einem alten, dreirädrigen Taxi, genannt Tuk Tuk zurück. Die Reise führte in knapp vier Jahren durch 47 Länder auf fünf Kontinenten. Bereits während der Tour berichteten internationale, wie nationale Medien wie TV, Radio und Zeitung über die außergewöhnliche Weltumrundung. Für die 37 410 Km-Etappe mit dem Tuk Tuk erhielten Susi Bemsel und Daniel Snaider den Eintrag im Guinness Buch der Rekorde.

Im Anschluss folgt ein Auszug aus verschiedenen Interviews, die nach der Rückkehr mit den beiden Altmühltaler Abenteurern geführt wurden.

Wenn Ihr zurückblickt, was ist für Euch die größte Leistung dieser Reise?
(Daniel) *Daß wir als Paar losgefahren und als Paar zurückgekommen sind...(lacht)*

Nicht etwa der Guinness-Weltrekord?
(Susi) *Der Weltrekord bedeutet für uns eigentlich nur eine nette Zugabe. Für uns stehen andere Aspekte der Reise im Vordergrund. Viele hatten uns fast dazu gedrängt, die Fahrt mit dem Tuk Tuk bei Guinness World Records (TM) in London nach der Rückkehr anzumelden. Ein Jahr hat es dann gedauert, bis die Urkunden, in einem schrecklich unspektakulären, grauen Umschlag mit der normalen Tagespost in unserem Briefkasten lag.*

Euer ursprünglicher Plan sah vor, mit dem Fahrrad bis nach Feuerland zu fahren. Warum Feuerland und warum ausgerechnet mit dem Fahrrad?
(Daniel) *Feuerland deshalb, weil es in Südamerika liegt und das südlichste Ende des Kontinents ist. Wir wollten nach Südamerika weil es mich dorthin zog, wo ich aufgewachsen war und viele, viele Jahre nicht mehr gewesen bin. Warum mit dem Fahrrad? Das frage ich mich auch heute noch! (lacht). Das Fahrrad war damals nicht gerade mein bevorzugtes Fortbewegungsmittel.*

Aber unsere Motivation für die Reise war die Neugier. Warum ist die Welt so, wie sie ist? Mit dem Fahrrad verpasst man keinen einzigen Meter. Man ist immer mittendrin. Das war uns wichtig. Mit dem Fahrrad hat die zurückgelegte Strecke zudem eine ganz andere Wertigkeit. Nach jeder geschafften Etappe stellte sich ein Gefühl vollster Zufriedenheit ein. Wir haben uns den Weg bis Feuerland selbst erarbeitet.

Fast 4 Jahre, 24 Stunden, Tag für Tag zusammen. Wie hält man das aus?

(Susi) *Sicher gab es Situationen oder Entscheidungen, bei denen wir verschiedener Meinung waren. Im Großen und Ganzen haben wir uns aber eher ergänzt. Man lernt sich viel besser kennen. Wichtig ist, sich im Vorfeld genau abzusprechen. Etwa, wozu man bereit ist und wozu nicht. Sonst steht man mit dem Fahrrad in den Anden oder mit dem Tuk-Tuk in der Mongolei und der eine sagt plötzlich: «Ich mag nicht mehr». Patentrezepte gibt es indes keines. Entweder es funktioniert – oder eben nicht. Die schwierigste Zeit war sicher der Anfang auf dem Rad. Man muss sich zuerst finden, abstimmen. Mit der Zeit wird die Aufgabenverteilung klar, Automatismen beginnen zu spielen. Der eine baut das Zelt auf, der andere fängt an zu kochen. Oft mussten wir gar nicht mehr viel reden, jeder wusste genau was der andere denkt und wie es weitergeht.*

Auf welchen Luxus konntet Ihr unterwegs einfach nicht verzichten?

(Susi) *Die abendliche Dusche aus dem Wassersack! Der Partner dankt es einem. Wenn es sein musste, dann rationierten wir sogar das Trinkwasser. Am Ende kamen wir tatsächlich mit 1 Liter pro Person und Dusche aus, inklusive Haarwäsche.*

Hattet Ihr mal einen Punkt erreicht, wo Ihr ans Aufgeben dachtet?

(Daniel) *Sicher gab es Tage wo der nächste Anstieg nie zu enden schien, das Wetter es einem alles andere als angenehm macht, oder man nach einem körperlich harten Tag nur trockene, zerkrümelte Cracker zu essen bekam. Aber auch das sind Momente die zu so einer Reise dazu gehören. Und im Grunde sind das auch nur Momentaufnahmen. Diese Situationen rütteln einen aber auch wach und lassen einen spüren, das man wirklich am Leben ist. Und die vielen, einzigartigen Begegnungen und Erlebnisse entschädigten für alle Strapazen und Unannehmlichkeiten. Ernsthaft ans Aufgeben haben wir nie gedacht.*

Wo habt Ihr geschlafen?
(Susi) *Überall dort, wo Platz für zwei Leute war. Im Zelt, im Freien, in Garagen... Das knappe Budget ließ nichts anderes zu. Luxus waren Kirchen, Tankstellen, Krankenstationen und Schulen. Noch mehr Luxus bedeuteten die vielen Gästezimmer freundlicher Menschen, die uns spontan aufgenommen haben. Nur ganz selten, meist in den Städten, leisteten wir uns ein Zimmer für wenige Dollar.*

Was waren die Gründe, dass Ihr am eigentlichen Ziel „Feuerland“ angekommen, die Reise fortgesetzt habt?
(Susi) *Das Unterwegs sein kann zu einer Droge werden. Irgendwann wird man süchtig auf die täglich neuen Erlebnisse und Begegnungen. Jeder Tag ist einfach voll mit Leben. Das saugt man auf. Hinzu kommt die Neugier und das Gefühl der uneingeschränkten Freiheit. Ziehen im Osten Wolken auf, drehen wir einfach nach Süden ab. Wir wussten ein halbes Jahr vor Ankunft in Feuerland, daß die Reise dort nicht zu Ende sein wird.*

Ihr seid dann, nach zweieinhalb Jahren auf dem Rad auf ein motorisiertes Transportmittel umgestiegen. Hattet Ihr keine Lust mehr zu radeln?
(Daniel) *Die Idee mit einer eigenen Rickshaw zu reisen, kam uns schon in den Anden. Genauer gesagt in Peru, wo uns zum ersten Mal solche dreirädrigen Taxis begegneten. Vor uns lag der nächste 5000er Pass und ich hatte überhaupt keinen „Bock“ drauf. Der Fahrzeugtausch wäre sehr verlockend gewesen. Aber der Ehrgeiz auch wirklich in Feuerland einzuradeln hat zu dem Zeitpunkt einen Umstieg nicht zugelassen. Als wir dann in Indonesien ankamen, hatten wir eine Art Tiefpunkt. Es hatte sich tatsächlich so eine Art Reisealltag eingestellt. Vor Sonnenaufgang aufstehen, die Tagesetappe bis Mittag abradeln. die gleichen Fragen wie am Tag zuvor, ... irgendwie fehlte uns die Spannung vom Beginn der Reise.*
Wir hatten von den Tuk Tuks in Thailand gehört. Wir brauchten eine neue Herausforderung. Hätte der Umstieg nicht geklappt, wären wir wohl aber mit den Rädern weitergefahren.

An welche Begegnung(en) auf dieser Reise werdet Ihr Euch Euer Leben lang erinnern?
(Susi) *Wir hatten viele unvergessliche Begegnungen. Das waren Begegnungen mit eindrucksvollen Landschaften, unerwarteten, spektakulären Tierbegegnungen und vor allem Begegnungen mit den Menschen aus den*

verschiedensten Kulturkreisen. Diese besonderen Begegnungen und Momente können zur Sucht werden und waren wohl der Grund, warum die Reise nicht wie geplant in Feuerland zu Ende war.

Am Ende standen 36000 Kilometer auf dem Fahrradtacho und 37410 Kilometer auf dem Tuk Tuk-Kilometerzähler. Wie hat der Fahrzeugtausch die Reise verändert ?
(Susi) *Endlich konnten wir eine Kühlbox mitnehmen und hatten so immer kalte Cola (lacht). Mit dem Tuk Tuk mussten wir nicht bei jedem mitgeschlepptem Gramm abwägen, ob es auch wirklich notwendig ist. Spannend am Tuk Tuk war aber vor allem, das wir auch Platz für so manch skurrilen Fahrgast hatten. Vor allem in Südostasien wurden wir oft angehalten, weil man uns für ein Taxi hielt. Und natürlich erregten wir mit dem Tuk Tuk noch mehr Aufmerksamkeit. Man kann es sicher mit vielen Worten beschreiben, aber nicht als „unauffällig". So ergaben sich viele interessante und auch witzige Situationen.*
Aber vieles wurde durch das Tuk Tuk auch komplizierter. Grenzüberschreitungen, Papierkram, Polizeikontrollen, technische Probleme,... Mit dem Fahrrad fühlten wir uns seltsamerweise unabhängiger.

Was braucht man als Tuk-Tuk-Fahrer?
(Daniel) *Geduld, Kontaktfreudigkeit und Zeit!*

Eis, Gebirge, tropischer Regenwald, Wüste – Ihr habt sämtliche Klimazonen der Erde durchquert. Wie kamt Ihr mit den verschiedenen Temperaturen zurecht. Welche Landschaftsform hat euch am meisten beeindruckt?
(Daniel) *Mit den unterschiedlichen klimatischen Gegebenheiten kamen wir relativ gut zurecht. Durch das langsame Reisen waren die Übergänge fließend. Der Körper hatte die Möglichkeit sich darauf einzustellen. Wenn es allerdings in extreme Bereiche ging, dann mussten wir schon mal auf unkonventionelle Methoden zurückgreifen. Im Isländischen Hochland waren wir in einen Schneesturm geraten. Die Gangschaltungen der Fahrräder waren danach hoffnungslos eingefroren. Da hilft nur Morgen-Pippi...*
Beeindruckt haben uns immer die Nächte in der Wüste, egal ob in Australien, Afrika oder Südamerika. Die Stille und der Sternenhimmel sind hier etwas ganz besonderes. Die Gesetze des Lebens sind plötzlich klar und überschaubar.

Wie finanziert man so eine Tour?
(Daniel) *Wir hatten das Geld um bis Feuerland zu fahren. Das hatten wir vor der Reise angespart. Mit dem Fahrrad unterwegs, kann man mit sehr wenig Geld auskommen. Als wir entschieden weiter zu fahren, wurden wir unterwegs noch sparsamer. Ab dann gab es wirklich nur noch Nudeln mit Ketchup. Wir hatten Glück, dass geographisch danach Neuseeland und Australien lag. Das Geld war zu Ende. Dort arbeiteten wir ein halbes Jahr als Erntehelfer. Ein harter Job, aber finanziell konnten wir uns damit sozusagen die Heimreise finanzieren. Das Tuk Tuk wurde uns größtenteils gesponsert. Nach der Rückkehr fingen wir bei Null an.*

Habt ihr noch Kontakt zu Menschen, die ihr während der Reise kennen gelernt habt?
(Susi) *Zurück kamen wir mit einem dicken Adressbuch voll von Anschriften aus allen fünf Kontinenten. Mit vielen Menschen haben wir noch Kontakt. Mit allen ist das natürlich nicht möglich. Aus zufälligen Begegnungen sind Freundschaften geworden…*
Einige wenige, die auch die finanziellen Möglichkeiten haben, haben uns in Deutschland besucht. So waren wir mit Freunden aus Sibirien auf dem Oktoberfest, mit thailändischen Freunden haben wir das zweite Weihnachten nach der Rückkehr gefeiert.

Ihr habt insgesamt 47 Länder auf der Tour durchquert. Wo hat es Euch am Besten gefallen?
(Daniel) *Jetzt werden die Fragen immer schwieriger! Island ist einzigartig, USA landschaftlich der Hammer, Südamerika meine zweite Heimat, die Durchquerung des australischen Outback eine besondere Erfahrung, die Mongolische Steppe ein Kapitel für sich, der arabische Kulturkreis eine intensive Begegnung. Aber auch Deutschland ist ein wirklich tolles Land. Wir leben gerne hier.*

Sicher gab es auf der Reise auch unangenehme Situationen. Gab es Momente in denen Ihr Euch gefürchtet hattet?
(Daniel) *Sagen wir mal so, wir hatten oft Respekt. Zum einen vor den Naturgewalten. Tiere haben meist mehr Angst vor Dir, als du vor ihnen. Vor ihnen kann man sich auch schützen. Unberechenbarer als die Natur ist sicher der Mensch. So lange unterwegs entwickelt man aber ein Gespür für herannahende Gefahr und lernt die Menschen einzuschätzen. Fast unglaublich, aber die gefährlichste Situation der gesamten Reise, erlebten wir kurz*

vor der Haustür, mitten in Europa. Wir wurden Nachts im Wald von drei Männern beim Zelten überfallen und ausgeraubt.

Nach so einer langen Reise, vielen Eindrücken und Erlebnissen, wie ist das Heimkommen? Findet man wieder zurück in den normalen Deutschen Alltag?
(Daniel) *Das geht schneller als man denkt. Dusche aufdrehen und schon kommt warmes Wasser, ins Auto steigen und im Winter einfach Heizung einschalten. Das kommt einem alles am Anfang tatsächlich paradiesisch vor. Plötzlich ist alles so einfach und im Supermarkt findet man alles was das Herz begehrt. Wir hatten keine Angst vor der Rückkehr. Wir mussten uns vier Jahre lang, Tag für Tag anpassen. Das hatten wir gelernt und ist eine Grundvoraussetzung fürs Reisen.*

Zurückblickend, würdet Ihr nochmals losfahren? Was würdet Ihr dann anders machen?
(Daniel) *Grundsätzlich würden wir nichts Wesentliches ändern. Wir sind gesund und munter nach Hause zurückgekehrt. Vielleicht das Gepäck noch weiter abspecken. Erstaunlich, wie wenig Materielles man wirklich braucht und dennoch glücklich und vollkommen zufrieden sein kann.*

Was habt Ihr in der Ferne am meisten vermisst?
(Susi) *Natürlich die Familie und Freunde. Mit dem Internet klappte die Kommunikation mit zu Hause aber ganz gut.*
(Daniel) *Leberknödelsuppe.*

Hat diese Reise Euch verändert?
(Daniel) *Wir sind vier Jahre älter geworden... Ansonsten glaube ich sind wir die selben geblieben. Ansichten haben sich vielleicht verschoben, man sieht die Welt und das Leben mit anderen Augen. Der Grundmensch, der Charakter ist aber immer noch der gleiche...*

Drei Dinge, die Ihr auf jeden Fall wieder mitnehmen würdet.
(Susi) *Guten Kaffee, Kocher um den Kaffee zu kochen und ein gutes Buch, um auch mal vom Reisen abzuschalten.*
(Daniel) *Ausreichend Klopapier, gutes Kartenmaterial und ... Susi.*

Ihr präsentiert Eure Live-Dia- und Filmshow über das Abenteuer Weltumrundung mit großem Erfolg im gesamten deutschsprachigen Raum. Was sollen die Leute von Eurer Veranstaltung mit nach Hause nehmen?
(Daniel) *In aller erster Linie wollen wir die Besucher natürlich unterhalten, zum staunen bringen und ein wenig aus dem Alltag entführen. Die Show soll aber auch zum träumen anregen, inspirieren und begeistern. Begeistern für unseren einzigartigen Planeten, der manchmal sicher ein wenig mehr Aufmerksamkeit verdient hätte. Manchmal vergessen wir, welches Glück wir haben in Europa zu leben und wie gut es uns hier eigentlich geht. Uns stehen alle Tore offen…*

Weitere Informationen zu Susi Bemsel und Daniel Snaider
finden Sie auch im Internet unter:
www.susanne-bemsel.de / www.daniel-snaider.de

Im Verlag Weltsichen erschienene Bildbände

Der letzte Häupling
Begenungen mit den Sioux
Peter Hinz-Rosin und Dirk Rohrbach nehmen Sie mit zu einer Reise, die Vergangenheit und Gegenwart eines stolzen Volkes auf einmalige Weise verbindet.
ISBN 3-934996-08-6

Island
Insel aus Feuer und Eis
Gletscher und Geysire, Wüsten und Vulkane. Kaum ein Ort faszinierte den Fotografen Peter Gebhard mehr als diese Insel voller mystischer Urlandschaften. In den Bildern spüren Sie seine Begeisterung.
ISBN 3-934996-09-4

Im Auftrag des Khan
auf Marco Polos Spuren
Wie einst Marco Polo reisten Axel Brümmer und Peter Glöckner quer durch Asien und über den Indischen Ozean zurück. Unterwegs sammelten sie Bilder einer einzigartigen, vergänglichen Welt.
ISBN 3-934996-12-4

Aphorismen AnSichten
Amüsant und nachdenklich sind die AnSichten Thomas Spaniers – eine Kombination aus Lebensweisheiten und treffenden Bildern aus aller Welt von Axel Brümmer und Peter Glöckner.
ISBN 3-934996-11-6

Reihe Weltsichten

Weltsichten
Fünf Jahre mit dem Fahrrad unterwegs
Ferne Länder kennenlernen, Abenteuer erleben – Axel Brümmer und Peter Glöckner erfüllten sich diesen Traum. Nach dem Fall der Mauer schnappten sie ihre Räder und starteten ohne Geld zu einer Reise um die Welt.
ISBN 3-934996-00-0

Unterwegs zum Amazonas
mit Faltbooten zu Goldsuchern und Indianern
Zahllose Reisen führten Axel Brümmer und Peter Glöckner zum Amazonas. Gemeinsam mit ihrem Freund Jörg Buhl brachen sie zu einer ihrer gewagtesten Herausforderungen im größten Urwald der Erde auf.
ISBN 3-934996-01-9

Grenzenlose Weite
Radabenteuer durch die Wüsten Australiens
Gemeinsam mit ihrem norwegischen Freund Gunnar Bømer durchquerten Axel Brümmer und Peter Glöckner den roten Kontinent auf einsamen, wasserlosen Sandpisten.
ISBN 3-934996-10-8

auf Marco Polos Spuren
mit dem Fahrrad von Venedig nach Peking
Schwertgeißler und Kugelhagel, Sandsturm und Krankheit - nichts bleibt den beiden Extremreisenden Axel Brümmer und Peter Glöckner auf dieser spannenden Reise erspart.
ISBN 3-934996-03-5

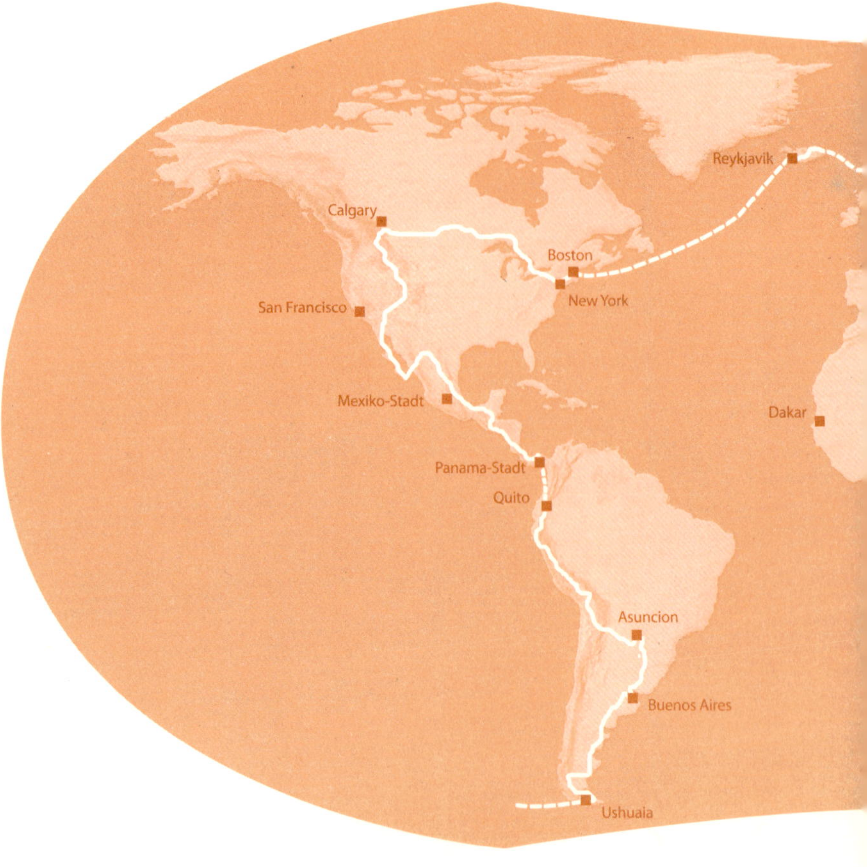

+++ die grosse Reise +++ die gr